감산의 『백법논의』·『팔식규구통설』 연구와 유식불교

불교총서 21

감산의 『백법논의』·『팔식규구통설』 연구와 유식불교
A study on the discussion of *Baifalunyi · Bashiguijutongshuo* of Hanshan and Yogacara Buddhism

지은이 허암(김명우)·구자상
펴낸이 오정혜
펴낸곳 예문서원

편집 유미희
인쇄 및 제책 주) 상지사 P&B

초판 1쇄 2022년 11월 11일

출판등록 1993년 1월 7일(제307-2010-51호)
주소 서울시 성북구 안암로 9길 13, 4층
전화 925-5913~4 | 팩스 929-2285
전자우편 yemoonsw@empas.com

ISBN 978-89-7646-475-0 93220

YEMOONSEOWON 13, Anam-ro 9-gil, Seongbuk-Gu, Seoul, KOREA 02857
Tel) 02-925-5913~4 | Fax) 02-929-2285

값 36,000원

불교총서 21

감산의 『백법논의』·『팔식규구통설』 연구와 유식불교

허암(김명우)·구자상 지음

예문서원

추천의 글

유식은 미륵보살에 의해 창시되어, 무착보살을 거쳐 세친보살에 의해 완성된 불교사상입니다. 이후 십대논사 중의 한 분인 호법과 그 제자 계현을 거쳐 현장스님에게 전해져 동아시아로 이식되었으며, 현장스님의 제자 자은대사 규기스님에 의해 법상종으로 발전합니다. 유식사상을 압축하면 삼계유심三界唯心, 만법유식萬法唯識, 유식소변唯識所變, 유식무경唯識無境, 일체유심조一切唯心造 등으로 말할 수 있습니다. 즉 '존재하는 모든 것은 오직 식識(心)이 변한 것으로, 식과 무관한 대상은 존재하지 않는다'는 뜻입니다.

이 가운데 우리에게 친숙한 것은 원효대사의 일화로도 유명한 '일체유심조一切唯心造'라는 말이 아닐까 합니다. 알다시피 젊은 시절 원효스님은 의상대사와 함께 중국의 선진불교를 배우기 위해 당나라로 유학을 떠나게 됩니다. 고구려군에 의해 육로를 통한 유학길에 실패하자 뱃길을 이용하기 위해 서해로 가고 있었습니다. 그러던 어느 날 밤 며칠간의 폭풍우로 인한 배고픔과 갈증으로 토굴에서 잠시 쉬어 가게 되었는데, 어둠 속에서 물이 담긴 바가지를 발견했습니다. 오랜 배고픔과 갈증에 시달린 탓에 원효스님은 거의 반사적으로 그 물을 마셨습니다. 너무나 달콤한 맛이었습니다. 그리고 잠시 눈을 붙이고 깨어나 보니, 어젯밤에 마셨던 것은 해골에 담긴 썩은 물이었습니다. 어젯밤 그토록 달콤했던 물이 해골에 담긴 썩은 물임을 알았을 때, 원효스님은 심한 구역질과 구토를 하였습니다. 그 순간 원효스님은 '일체유심조', 즉 모든 것은 오직 마음에 연유한다는 것을 깨달았다고 합니다. 다시 말해 어젯밤 그토록 달콤했던 물과 오늘 아침에 본 썩은 물은 같은데, 그 둘을 다르게 구분한 것은 다름 아닌 자신의 '마음'임을 깨달았던 것입니다. 그 길로 원효스님은 당나라 유학을 포기하고 신라로 되돌아왔다고 합니다. 이 일화는 대한민국 사람이라면 모르는 사람이 없을 정도로 너무나 유명한 이야기이지만, 원효스님이 체득한 '일체유심조'가 바로 '삼계유심 · 만법유식'의 또 다른 말이라는 것을 알고 있는 분은 그다지 많지 않습니다.

이번에 김명우 교수가 대중들을 위해 3년간 심혈을 기울여 연구한 결과물인 『감산의 『백법논의』 · 『팔식규구통설』 연구와 유식불교』라는 책을 출간하게 되었습니다. 이 책은 중국 명나라 시대 선 수행자이자 교학의 제일인자였던 감산스님의 유식사상을 알 수 있는 좋은 안내서가 될 것입니다.

감산스님은 5위백법을 간략하게 설명한 세친보살의 『대승백법명문론』을 주석한 『대승백법명문론논의』와 현장스님이 팔식八識을 12개의 게송으로 남긴 『팔식규구』를 주석한 『팔식규구통설』을 저작하였습니다. 이 두 주석서를 김 교수가 이번에 집필한 것입니다. 김 교수는 집필을 하면서 유식을 깊이 있게 공부하고자 하는 사람을 위해 세친보살의 저작인 『대승오온론』, 호법보살의 『성유식론』, 안혜보살의 『대승광오온론』과 『유식삼십송석』, 감산스님의 손상좌인 우익 지욱스님의 『대승백법명문론직해』와 『팔식규구직해』 등의 논서를 번역하여 참고 자료로 제시하고 있습니다. 또한 대중들이 유식에 쉽게 접근할 수 있도록 별도로 '용어해설' 항목을 마련하여 어려운 유식의 용어나 개념을 알기 쉽게 풀이하고 있습니다.

특히 소납의 스승이신 성철 큰스님은 『백일법문』에서 "감산스님은 선교(선종 · 교종)에 해통한 명말明末의 거장이다. 감산스님 · 위산스님 같은 분들은 만고의 표본이 될 대선지식들이다. 이런 분들의 간절한 경책의 말씀을 귀감으로 삼지 않는다면 도대체 누구의 말을 따르겠다는 것인가?"라고 하시면서, 감산스님의 유식사상을 표본으로 삼아 유식 법문을 하셨는데, 이에 대해 김 교수가 감산스님과 성철 큰스님의 유식사상을 비교하여 연구해 주신 것에 대해 감사할 따름입니다.

되돌아보니, 김 교수와의 인연이 벌써 20년이 다 되어 갑니다. 소납이 성철 큰스님의 유지를 받들어 부산 중구 중앙동에 고심정사古心精舍를 창건하면서, 불교 교육의 저변 확대를 위해 불교대학을 설립하였는데, 그때 고심정사불교대학 교무처장 소임을 맡김으로써 김 교수와의 인연이 시작되었습니다. 김 교수는 유식사상으로 박사학위를 받은 이래로 누구나 어려워하는 세친보살의 유식사상을 꾸준하게 연구하고 있는 불교학자입니다.

이 책은 그동안 많은 시간을 들여 독자들의 이해를 높이려고 애써 집필한 것입니다. 이 책을 부지런히 읽고 또 읽어 감산스님의 "마음을 참구하는 참선 수행자로 하여금 팔식이 생기거나 사라지는 것을 잘 알게 하고, 번뇌나 분별을 다스리기 쉽게 하고, 유식에 대해 전혀 모른 채 맹목적으로 참선하거나 수행하지 않게 하고자 한다"는 바람과 '미세한 아뢰야식을 완전히 끊어야 견성'이라고 하신 성철 큰스님의 가르침대로 우리 모두 깨달음의 길로 나아가기를 간절히 서원합니다.

2022. 10.

해인사 백련암 염화실에서

벽해원택 화남

들어가는 말

이 책은 명나라 시대의 선 수행자이자 교학의 제일인자였던 감산 덕청스님(1546~1623, 이하 감산스님)의 유식사상에 대해 알고 싶거나 유식의 입문자 또는 유식을 깊이 있게 공부하고 싶은 분을 위해 쓴 것입니다. 더불어 감산스님의 손상좌인 우익 지욱스님(1599~1655)과 근대 한국 선불교를 대표하는 퇴옹 성철스님(1912~1993)의 유식사상을 깊이 있게 공부하고자 하는 분에게 도움을 주고자 하는 뜻도 담겨 있습니다. 유식에 대해서는 불교 신자는 물론 불교학자조차도 어렵고 힘든 공부라는 선입견이 있지만, 선입견은 선입견일 뿐 사실 그렇지는 않습니다. 따라서 그런 걱정은 잠시 내려놓고 지금부터 저와 함께하는 유식 여행에 동참해 주기를 바랍니다.

먼저 이 책을 출판하게 된 인연부터 소개하고자 합니다. 몇 해 전 성철선사상연구원에서 성철스님의 '유식사상'에 대해 논문 발표를 해 달라는 요청이 있었습니다. 요청을 받고 과연 내가 이 작업을 해낼 수 있을지 걱정이 앞서 망설였지만, 성철스님의 상자이신 원택스님과의 오랜 인연과 은혜에 보답한다는 마음으로 응하게 되었습니다. 이후 논문을 준비하기 위해 성철스님의 『백일법문』을 읽기 시작했습니다. 그러다가 성철스님의 유식 법문은 감산스님의 유식사상에 토대를 두고 있다는 것을 알게 되었습니다. 그리하여 『백일법문』의 사상적 토대가 되는 감산스님의 『대승백법명문론논의大乘百法明門論論義』(이하 『백법논의』)와 『팔식규구통설八識規矩通說』을 읽기 시작하여 대략적인 번역을 마치게 되었습니다. 『백법논의』는 세친보살이 5위백법을 간략하게 정리한 『대승백법명문론』에 대한 감산스님의 주석이며, 『팔식규구통설』은 현장스님이 8가지 식(八識)을 12개의 게송으로 압축해서 설명한 『팔식규구』에 대한 감산스님의 주석입니다. 감산스님은 『백법논의』와 『팔식규구통설』의 두 저작을 합본하여 『성상통설』이라고 하였습니다. 그리고 저는 이 『성상통설』의 해석을 바탕으로 '『백일법문』에 나타난 퇴옹 성철의 유식사상'이라는 주제로 논문을 발표하였습니다. 이후 감산스님의 번역본은 뇌리에서 거의 잊혔는데, 어느 날 식사 자리에서 제가 평소 친형님처럼 따르고 존경하는 강경구 교수님께서 "교수님, 감산스님의 원고는 어떻게 되었나요?"라고 물었습니다. 그 말을 듣고 다시 용기를 내어 감산스님의 원고작업을 마무리하게 되었습니다. 그리고 강 교수님께서 완성된 초고에 대한 감수까지 해 주셨는데, 아마도 강 교수님의 격려와 도움이 없었다면 이 책은 완성될 수 없었을 것입니다. 다시 한 번 감사의 인사를 드립니다.

그런데 또 다른 고민이 있었습니다. 많은 사람이 어렵다며 꺼리는 유식 관련 책을 출판해 줄 출판사를 구하는 것이었습니다. 원고를 완성한 다음 출판사에 출판 의뢰 메일을 보냈지만, 너무 전문적인 내용이라며 출판을 꺼렸습니다. 그런데 이처럼 고민에 빠져 있던 저에게 또 다른 인연이 다가왔습니다. 저의 출판 의뢰를 받고 예문서원 오정혜 사장님께서 불교총서로 출판하자는 제안을 해 주셨던 것입니다. 이런 선법善法의 인연으로 인해 비로소 이 책을 출판하게 되었습니다. 오정혜 사장님과 예문서원 관계자분께도 깊은 감사의 말씀을 드립니다.

그러면 감산스님은 어떤 의도로 『백법논의』와 『팔식규구통설』을 지었을까요? 본문에서 다시 자세하게 설명하겠지만, 간단하게 말하면 『백법논의』와 『팔식규구통설』은 '참선 수행을 하는 사부대중'을 위한 수행 지침서로서 지은 것입니다. 감산스님은 주석을 통해 끊임없이 유식과 참선 수행을 연관시키고, 참선 수행자는 반드시 유식을 공부해야 한다고 역설합니다. 이런 까닭에 집필자도

『백법논의』와 『팔식규구통설』은 참선 수행을 하는 분들이 꼭 읽어야 할 필독서라고 생각합니다. 감산스님의 바람대로 많은 분이 두루 읽어서 수행의 지침으로 삼았으면 합니다.

요즈음 명상冥想이 세계적으로 유행하고 있습니다. 명상이란 부정적인 생각(想)을 어둡게 하여(冥), 즉 부정적인 생각을 가라앉히고 호흡 등에 집중하는 훈련입니다. 이를 통해 '자신의 마음'을 편안하게 하여 행복하게 살자는 것이 그 목적입니다. 따라서 명상을 잘하려면 우선 자신의 마음 상태나 움직임을 알아야 합니다. 여기서 자신의 마음작용을 안다는 것은 마음공부, 즉 유식을 아는 것입니다. 또한 그 때문에 유식을 공부하는 것입니다. 이런 이유로 심도 있는 명상 수행을 하고자 하는 분에게도 이 책은 하나의 지침이 될 것입니다.

이 책은 전체 4부로 구성되어 있습니다. 1부는 세친보살의 저작으로서 5위 백법을 간략하게 기술한 『대승백법명문론』의 한역본과 한글 번역입니다. 2부는 이에 대한 감산스님의 주석인 『백법논의』에 대한 번역과 주해입니다. 그리고 3부는 현장스님의 저작으로서 8가지 식識을 12게송으로 압축하여 설명한 『팔식규구』의 한역본과 한글 번역을 『팔식규구통설』에서 발췌하여 실었습니다. 4부는 이에 대한 감산스님의 주석인 『팔식규구통설』의 번역과 주해입니다.

감산스님의 주석에 등장하는 주요 개념이나 설명이 필요한 부분, 그리고 감산스님이 주석을 생략한 부분에 대해서는 별도로 '각주'와 '용어해설' 항목을 마련해 두었는데, 유식을 처음 접하는 초심자에게는 많은 도움이 되지 않을까 합니다. 그리고 유식을 깊이 있게 공부하고자 하거나 유식의 독특한 개념에 대해 자세히 알고자 하는 분은 '용어해설'을 참고하면 많은 도움이 될 것입니다.

이 책을 집필하면서 많은 생각이 교차했습니다. 처음 감산스님의 주석을 번역할 때는 논문 준비를 위해 마지못해 한 탓도 있겠지만, 선 수행자의 글을 처음 접한 터라 더 쉽지 않았습니다. 게다가 감산스님은 삼교(불교 · 유교 · 도교)의 융화에 힘쓴 분으로서 주석 중에 유교의 용어를 자주 차용하기도 해서 번역하는 데 적지 않은 어려움이 있었습니다.

그런데 초고 번역을 마치고 한참 후에 다시 읽어 보니 너무나 재미있고 흥미로웠습니다. 때마침 겨울방학이 시작되어 매일 새벽까지 부족한 부분을 첨가하고 수정하는 작업을 반복했습니다. 예술작품이 작가와 인연이 있듯이 책도 인연이 있다는 것을 절감하는 시간이었습니다. 공자의 말대로 뭔가를 '즐기면서' 하는 기쁨을 알게 되었던 것 같습니다. 개인적으로 너무나 좋은 경험이었는데, 이 책을 읽는 독자 여러분도 이와 같은 기쁨을 함께 누렸으면 합니다.

끝으로 이 어려운 작업에 함께 참여하며 아낌없는 조언을 해 준 구자상 교수에게 감사의 마음을 전합니다. 또한 불교학자의 노고를 인정해 주고 아낌없이 지원해 주시는 백련불교문화재단 이사장이신 원택스님과 고심정사 일성 주지스님, 일란스님, 일생스님께 감사의 말씀을 드립니다. 더불어 고심정사불교대학 법우님들께도 감사의 인사를 전합니다.

무심한 자식을 말없이 지켜봐 주시는 부모님, 반려자 현숙, 사랑하는 아들 한솔과 딸 세진, 음으로 양으로 도움을 주는 친구 대현 · 복철 · 재호에게도 마음을 담아 감사함을 전합니다.

namaste

집필자를 대표하여 허암이 쓰다

차례_ 감산의 『백법논의』·『팔식규구통설』 연구와 유식불교

이끄는 글: 『백법논의』·『팔식규구통설』 및 저자에 대하여

1. 『성상통설』이란

『성상통설』은 감산스님이 유식의 핵심인 8가지 식(八識)과 5위백법에 대해 간략하게 저술한 것이다. 『성상통설』은 처음에는 독립된 저작이었으나 이후 『백법논의』와 『팔식규구통설』을 합본하여 다시 편찬한 것이다. 좀 더 자세하게 말하면, 세친보살이 유식의 '5위백법'을 압축하여 해설한 『대승백법명문론』을 주석한 감산스님의 『백법논의』와 현장스님이 8가지 식(八識)을 12개의 게송으로 남긴 『팔식규구』를 주석한 감산스님의 『팔식규구통설』을 합본하여 편집한 것이다. 그 이유에 대해 『감산자전』에서는 "법개스님이 상종相宗(법상종)에 관한 더 자세한 가르침을 청했으므로 『성상통설』을 저술했다"라고 기술하고 있다.

『성상통설』이란 '본성(性)과 현상(相)을 개괄적(通)으로 해설(說)한다'는 의미이다. 좀 더 구체적으로 말하면, 상이란 '존재하는 모든 것'을 총괄해서 이르는 말이고, 성이란 '존재하는 것의 본성'이라는 뜻이다. 유식에서는 상을 현상적 존재, 즉 '만들어진 것'이라는 유위법有爲法으로 분류하고, 성을 궁극적 진리(진여), 즉 만들어지지 않은 무위법無爲法이라고 한다. 두 단어를 합쳐서 '성상'이라고 한다. 그래서 일반적으로 성을 본성, 상을 현상이라고 번역한다. 유식은 요가 수행을 통해 상을 관찰하여 성을 체득하는 것을 목적으로 하기 때문에, 유식의 종파인 법상종을 '본성과 현상을 연구하는 학문(학파)'이라고 하여 '성상학性相學'이라고 부르기도 한다. 그러므로 『성상통설』이란 '유식(성상)을 개괄적으로 해설한다'는 뜻이 되는 것이다. 그러면 이제 『백법논의』와 『팔식규구통설』

은 어떤 내용을 담고 있는지 살펴보자.

2. 『백법논의』란

1) 『백법논의』는 어떤 책인가

앞에서 언급했듯이 『백법논의』는 유식사상을 완성한 세친보살(400~480)의 저술 『대승백법명문론』에 대한 감산스님의 주석서이다. 『대승백법명문론』은 '존재하는 모든 것'(萬法)을 '5위백법'으로 분류하여 간략하게 기술한 유식 논서이다. 좀 더 자세히 말하면, 유식의 창시자인 미륵보살의 『유가사지론』에서 '존재하는 모든 것'을 660법으로 분류한 것을 세친보살이 다시 '백법百法'으로 축약하여 분류한 것이다. 그래서 『대승백법명문론』이라고 한다. 『대승백법명문론』이란 '백법이 대승으로 들어가는 문이 되는 것을 밝힌 논서'라는 뜻이다. 그리고 이것을 현장스님이 황제의 명으로 한역(奉 詔譯)하였다. 이후 중국 법상종의 창시자 자은대사 규기의 『대승백법명문론해大乘百法明門論解』를 필두로 이것에 대한 많은 주석서가 나왔다. 이 책은 현존하는 많은 주석서 중에서 명나라 시대의 고승인 감산스님의 주석인 『백법논의』를 주해한 것이다. 감산스님은 '삼계유심三界唯心'의 가르침인 성종(화엄종, 천태종)과 '만법유식萬法唯識'의 가르침인 상종(법상종)을 『백법논의』의 주석을 통해 『대승기신론』의 일심一心사상으로 통합하고자 시도한다. 특히 감산스님은 『백법논의』를 주석한 이유에 대해 '인무아人無我'와 '법무아法無我'를 깨달아 진실로 현상(相)에서 본성(性)으로 돌아가기를 바라는 마음과 참선에 뜻이 있는 자가 올바르게 수행하기를 바라는 간절함 때문이라고 한다. 결국 감산스님의 『백법논의』는 참선 수행자를 위한 것으로서, 이것이 또한 다른 주석서와 다른 점이자 특색이라고 할 수 있다. 그래서 집필자도 참선을 수행하는 '사부대중'에게 조금이나마 도움이 되기를 바라는 간절한 마음으로 『백법논의』를 해석하고 주해하였다.

2) 『백법논의』의 구성과 내용

『백법논의』의 전체적인 구성을 크게 나누면 다음과 같다.

Ⅰ. 서문序文: 『대승기신론』으로 유식의 핵심 내용을 개관하다
 1. 삼계유심 · 만법유식
 2. 백법이란 만법유식(상종)의 가르침이다
 3. 5위백법이란
Ⅱ. 6위 51심소법
 변행(5법)
 별경(5법)
 선심소(11법)
 근본번뇌(6법)
 수번뇌(20법)
 부정(4법)
Ⅲ. 색법(11법)
Ⅳ. 심불상응행법(24법)
Ⅴ. 무위법(6법)
Ⅵ. 무아(인무아 · 법무아)

먼저 감산스님은 『백법논의』의 서문에서 『대승기신론』의 일심一心에 근거하여 '존재하는 모든 것은 오직 식뿐임'(만법유식)을 기술한다. 그러면서 『대승기

신론』에서는 일심－심진여문·심생멸문－본각·불각－근본불각·지말불각－삼세·육추의 종적인 방식으로 설명(수설)하지만, 유식 논서에서는 심(심왕)과 심소(마음작용)를 횡적인 관계로 설명(횡설)하는 차이가 있다고 한다. 다시 말해 유식에서는 심왕과 심소를 서로 상응하는 관계로 설명하고 있다는 것이다.

이어서 '백법' 중에서 6위 51심소법을 주석한다. 6위란 '51심소법'을 크게 나눈 것으로서 변행, 별경, 선, 근본번뇌, 수번뇌, 부정을 말한다. 6위를 다시 세분하면 변행은 작의, 촉, 수, 상, 사의 5개이다. 그래서 오변행이라고 한다. 별경은 욕, 승해, 념, 정, 혜의 5개이다. 그래서 오별경심소라고 한다. 그런데 변행과 별경은 선과 불선(악)의 양쪽으로 작용한다. 반면 선으로만 작용하는 선심소는 신, 참, 괴, 무탐, 무진, 무치, 근, 경안, 불방일, 행사, 불해의 11개이다. 또한 우리를 괴롭히는 번뇌는 근본번뇌와 수번뇌(근본번뇌로부터 파생한 번뇌)로 나눈다. 근본번뇌는 탐, 진, 치, 만, 의, 부정견(사견)을 말한다. 수번뇌는 근본번뇌에서 파생한 것으로서 다시 대수번뇌, 중수번뇌, 소수번뇌로 분류한다. 소수번뇌는 분, 한, 뇌, 부, 광, 첨, 교, 해, 질, 간의 10개이고, 중수번뇌는 무참, 무괴의 2개이며, 대수번뇌는 불신, 해태, 방일, 혼침, 도거, 실념, 부정지, 산란의 8개이다. 그리고 선인지 불선(악)인지 정해지지 않은 부정심소는 수면, 악작, 심, 사의 4개이다. 감산스님은 이 6위 51심소법을 순서대로 주석한다. 그런데 감산스님은 변행, 별경, 근본번뇌, 부정심소에 대해서는 비교적 자세히 주석하고 있는 반면, 수번뇌에 대해서는 명칭만 언급할 뿐이다.

계속해서 색법인 안근·이근·비근·설근·신근의 오근, 색경·성경·향경·미경·촉경의 오경 및 법처소섭색[1]의 11개를 총괄적으로 주석한다. 그리고 색에도 마음에도 속하지 않는 24종류의 심불상응법인 득, 명근, 중동분, 이생성, 무상정, 멸진정, 무상보, 명신, 구신, 문신, 생, 주, 노, 무상, 유전, 정이, 상응,

---

1) 의식의 대상인 법처(법)에 포섭되는(所攝) 색(물질)을 말한다.

세속, 차제, 방, 시, 수, 화합성, 불화합성에 대해서는 너무 세세하게 논하면 참선 수행에 방해가 된다고 하여 명칭만 언급한다. 이것으로 96종류의 유위법에 대한 주석을 마무리한다. 이어서 6종류의 무위법인 허공무위, 택멸무위, 비택멸무위, 부동멸무위, 수상멸무위, 진여무위에 대해서는 비교적 자세하게 주석한다.

이것을 '5위백법'이라고 하는데, 앞에서 언급했듯이 5위란 '백법'을 크게 나눈 것으로서 심법, 심소법, 색법, 심불상응행법, 무위법의 5개를 말한다. 그리고 이 5위법을 다시 자세하게 나눈 것이 '백법'이다. 사실 심법(심왕)인 8가지 식(전오식, 제6 의식, 제7 말나식, 제8 아뢰야식)에 대해서는 별도의 저작인 『팔식규구통설』에서 주석하고 있어 백법 가운데 심법(심왕)인 8가지 식에 대해서는 주석하지 않는다.

그런데 감산스님은 5위백법을 간략하게 설명한 『대승백법명문론』의 주석인 『백법논의』를 먼저 저작한 다음 8가지 식을 게송으로 압축하여 설명한 『팔식규구』의 주석서인 『팔식규구통설』을 저술한다. 이것은 심법(심왕)을 먼저 설명하고 이에 부수하는 심소법을 나중에 설명하는 일반적인 방식과는 다르다. 특별한 의도가 있는 것인지 그 이유를 정확히 알 수는 없지만, 추측하건대 주석에서의 "유식을 알고자 하면 반드시 먼저 이 백법을 밝혀야 한다"(故欲知唯識, 要先明此百法)라는 구절을 통해 어느 정도 그 이유를 짐작할 수 있다. 또는 사부대중이 참선 수행을 할 때 심층의 마음인 제8 아뢰야식보다는 심소(마음작용)를 즉각적으로 알아차릴 수 있기 때문에 먼저 주석했을 것이라는 추측도 가능하다.

마지막에서는 인무아와 법무아에 대해 주석하는 것으로 마무리한다. 인무아人無我란 범어 '푸드갈라 니르아틈야'(pudgala-nirātmya)의 한역으로서, 먼저 '푸드갈라'는 생명이 있는 존재, 곧 인간을 말한다. '니르아틈야'는 부정어 'nir'와 '자아'라는 뜻의 아틈야(ātmya)의 합성어로서 음사하여 보특가라무아補特伽羅無我라고도 한다. 결국 인무아란 생명이 있는 존재, 즉 인간은 수많은 조건(인연)에 의해 생기한 것이기 때문에 고정적이고 실체적이지 않다는 말이 된다. 법무아法無我(dharma-nirātmya)란 존재(법)의 구성요소가 고정적이고 실체적이지 않다는 뜻이다. 즉 사물은 실체가 없다는 것이다. 인무아와 법무아는 부파불교(소승)와 대승불교의 가르침을 구분하는 중요한 용어로서, 부파불교는 인무아만을 주장하고, 대승불교는 인무아와 법무아를 함께 주장한다. 결론적으로 말하면 존재하는 모든 것은 다른 것에 의지하여 생긴 것, 즉 연기적 존재이기 때문에 실체가 없는 공空한 존재라는 것이다.

3) 『백법논의』와 『백일법문』

감산스님은 『백법논의』를 저술하면서 번잡한 내용은 참선 수행자에게 도움이 되지 않는다고 하여 간추리거나 주석을 생략한 경우가 있다. 앞에서도 언급했듯이 특히 수번뇌(대수번뇌, 중수번뇌, 소수번뇌) 20종류와 심불상응행법 24종류에 대해서는 그 명칭만을 언급하고 있을 뿐이다. 그래서 독자의 이해를 돕기 위해 감산스님의 손상좌인 지욱스님의 주석서인 『대승백법명문론직해大乘百法明門論直解』(이하 『직해』)도 번역하여 인용하였다. 왜냐하면 지욱스님은 법상종의 소의 논서인 『성유식론』과 감산스님의 입장을 충실하게 반영하면서도 핵심 내용을 매우 간명하게 주석할 뿐만 아니라 자신의 입장도 분명하게 밝히고 있기 때문이다. 더불어 감산스님과 지욱스님이 그 사상적 토대로 삼고 있는 호법보살의 『성유식론』은 물론 부파불교와 유식사상의 가교 역할을 한 저작으로서 『대승백법명문론』의 저자이자 유식의 완성자인 세친보살의 『대승오온론』[2]의 범본과

---

2) 『대승오온론』이란 세친보살의 저작으로, 제목 그대로 '오온의 가르침으로 대승의 유식사상을 설명하는 논서'라는 뜻이다. 『대승오온론』에서는 오온, 즉 색온, 수온, 상온, 행온, 식온으로 유식의 5위백법을 설명하는데, 특히 행온으로 수와 상을 제외한 나머지 심소법을 배치하여 해설한다. 이것에 대한 자세한 설명은 모로 시게키 지음, 허암(김명우) 옮김, 『오온과 유식』(민족사)을 참조하길 바란다.

한역본도 해석하여 참고 자료로 첨부하였다.

한편 근대 한국 선불교를 대표하는 성철스님은 "감산스님은 선교(선종 · 교종)에 해통한 명말明末의 거장이다.…… 감산스님 · 위산스님 같은 분들은 만고의 표본이 될 대선지식들이다. 이런 분들의 간절한 경책의 말씀을 귀감으로 삼지 않는다면 도대체 누구의 말을 따르겠다는 것인가?"[3]라고 하여, 감산스님을 자신이 깨달은 경지의 의지처로 삼고 있다. 성철스님의 유식사상은 감산스님의 『백법논의』와 『팔식규구통설』을 토대로 전개된다. 예컨대 성철스님은 『백일법문』[4]을 통해 유식(법상종)의 핵심 사상인 '8가지 식', '51심소법', '사분설', '삼량', '삼류경' 등에 대해 법문하고 있는데, 그 가운데 6위 51심소법에 대한 '해설'에서 감산스님의 유식사상을 계승하면서 자신의 입장을 밝히고 있다. 이후 자세하게 설명하겠지만, 성철스님은 변행심소와 별경심소를 해설하는 부분에서 "작의는 마음을 처음으로 움직여서 대상에 향하도록 하는 마음작용이며, 촉은 마음을 이끌어 대상에 나아가게 하는 마음작용, 수는 대상을 품고 받아들이는 마음작용, 상은 스스로 대상을 세워 언어를 부여하는 마음작용, 사는 마음을 부려서 선악업을 짓게 하는 마음작용"이라고 정의한다. 그리고 별경심소에 대해 "욕은 좋아하는 것을 하고자 하는 마음작용, 승해는 뛰어난 지해知解이고 대상을 알게 하는 마음작용, 념이란 분명한 기억, 정이란 오로지 집중하는 것, 혜란 아주 교묘한 지혜"라고 정의하고 있는데, 감산스님의 주석을 이어받으면서도 독창적인 해설을 가하고 있다. 게다가 성철스님은 "지금부터 내가 해설하는 것은 감산스님과 지욱스님의 주해를 위주로 하였습니다"[5]라고 하여 감산스님의 『백법논의』와 지욱스님의 『직해』를 중심으로 6위 51심소법에 대한 자기의 입장을

3) 성철, 『옛 거울을 부수고 오너라(선문정로)』(개정판, 장경각, 2006), pp.242~243.

4) 『백일법문』은 퇴옹 성철(1912~1993) 스님이 해인사 초대 방장으로 취임한 1967년에 동안거를 맞아 백일(1967년 12월 4일[음 11월 3일]부터 1968년 2월 18일[음 1월 20일]) 동안 해인사 대적광전에서 법문한 것을 녹취하여 책으로 출판한 것이다.

5) 성철, 『백일법문』 중권(개정증보판, 장경각, 2014), p.327.

밝히면서 해설하고 있다. 이에 집필자도 지욱스님의 『직해』를 번역하여 '용어 해설'이나 각주에 첨가하였는데, 독자에게 감산스님, 지욱스님뿐만 아니라 성철스님의 유식사상을 이해하는 데 조금이나마 도움을 주기 위함이다.

3. 『팔식규구통설』이란

1) 『팔식규구통설』은 어떤 책인가

『팔식규구통설八識規矩通說』은 삼장법사 현장스님(602~664)이 8가지 식(八識), 즉 전오식, 제6 의식, 제7 말나식, 제8 아뢰야식을 간략하게 요약 정리한 『팔식규구八識規矩』에 대한 감산스님의 주석서이다. 좀 더 구체적으로 말하면, 『팔식규구』는 현장스님이 중국 법상종의 창시자인 자은대사 규기스님의 청원을 받아들여 방대한 『성유식론』의 내용 중에서 8가지 식識의 대의를 12게송, 즉 7언절구의 48구句, 336자로서 핵심 내용을 압축하여 저술한 것이다. 이후 진가眞可스님의 『팔식규구송해八識規矩頌解』를 비롯하여 많은 불교 연구자가 다양한 입장에서 『팔식규구』를 주석하였다. 그리고 명나라 시대의 선 수행자인 감산스님도 참선 수행자를 위한 주석서로서 『팔식규구통설』을 저술하였다. 『팔식규구통설』의 저술 목적과 이유에 대해 감산스님은 다음과 같이 말한다.

> 참선 수행자가 유식의 교의를 널리 공부할 겨를이 없으므로 이것(『팔식규구통설』)으로 마음을 인증하여 깨달음으로 들어가는 것(悟入)의 깊이와 얕음을 증명하고, 보고 듣고 느끼고 아는 중에 또한 마음이 생멸하는 이치(數)를 능히 통찰할 수 있게 하기 위해서……

또한 다음과 같이 참선 수행자에게 유식의 핵심 내용을 제시하기 위함임을 밝히기도 한다.

> 마음을 참구하는 학인(참선 수행자)으로 하여금 8가지 식이 생기거나 사라지는 것을 잘 알게 하고, 번뇌나 분별을 다스리기 쉽게 하고, 유식에 대해 전혀 모른 채 맹목적으로 참선하거나 수행하는 것에 이르지 않게 하고자 한다.

이 말은 곧 참선 수행자를 위해 『팔식규구통설』를 저술했다는 의미이다. 나아가 감산스님은 참선 수행자가 유식에 대해 밝지 못하면 마음공부(수행)를 제대로 할 수 없으니 반드시 유식을 공부해야 한다는 것을 역설한다. 이상과 같이 『팔식규구통설』은 『백법논의』와 더불어 참선 수행자를 위해 유식의 대의를 밝힌 저작이라고 할 수 있다.

2) 『팔식규구통설』의 구성 체계

『팔식규구통설』의 전체적인 구성을 크게 나누면 다음과 같다.

Ⅰ. 서문序文: 『팔식규구통설』은 참선 수행자를 위해 저작된 것이다
Ⅱ. 대강大綱: 유식의 핵심 내용을 대략적으로 강설하다
Ⅲ. 팔식송八識頌
 1. 오식송(전오식)
 2. 육식송(제6 의식)
 3. 칠식송(제7 말나식)
 4. 팔식송(제8 아뢰야식)
Ⅳ. 사지송四智頌

이처럼 감산스님은 다른 주석과 달리 '팔식송'을 주석하기 전에 먼저 '서문'

과 '대강'을 기술한다. 그리고 '팔식송'의 주석을 마친 후에는 6조 혜능대사의 「사지송四智頌」을 첨가하여 주석하고 있다.

서문에서는 『팔식규구』의 저자와 제목 및 핵심 내용을 밝힌다. 이어서 『팔식규구통설』의 저작 동기 및 이유를 밝히는데, 저작 동기는 '담거개'라는 사람이 성종과 상종의 근본 가르침을 배우고자 청원했기 때문이라고 한다. 그리고 저작 이유는 '참선 수행자가 유식을 알게 하기 위해서'임을 밝힌다. 이어서 참선 수행자가 세세하게 노력하지 않아도 쉽게 유식을 이해할 수 있도록 '대강大綱', 즉 8가지 식識의 핵심 내용을 간략하게 서술한다. 특히 『팔식규구통설』은 참선 수행자를 위해 마명보살의 저작인 『대승기신론』의 입장에서 8가지 식을 주석한다고 밝히고, 일심一心－이문(진여문 · 생멸문)－본각 · 불각－근본불각 · 지말불각으로 유식의 '식識'을 설명한다. 또한 3가지 인식주체(마음)인 삼량(現量 · 比量 · 非量), 인식대상인 삼경(성경 · 대질경 · 독영경), 감수작용(受)에 대해 간략하게 설명한다. 그리고 마지막으로 '존재하는 모든 것은 오직 식뿐임'(萬法唯識)을 밝힌다.

이어서 감산스님은 본문에 해당하는 「팔식송」(8가지 식에 대한 게송)의 주석을 크게 유루 부분과 무루 부분으로 나누어 주석한다. 유루 부분은 8가지 식의 구체적인 작용에 관한 것으로, 전오식, 제6 의식, 제7 말나식, 제8 아뢰야식과 함께 작용하는 대상 및 심소법과 그 작용이 멈추는 단계를 설명한다. 무루 부분은 실천 수행에 관한 것으로, 전오식이 전변하여 얻는 지혜인 성소작지, 제6 의식이 전변하여 얻는 지혜인 묘관찰지, 제7 말나식이 전변하여 얻는 지혜인 평등성지, 제8 아뢰야식이 전변하여 얻는 지혜인 대원경지에 대해 각각 주석한다.

마지막에서는 6조 혜능대사의 『육조단경』에서 발취한 전식득지(識을 전변[轉]하여 지혜[智]를 얻다[得])의 「사지송四智頌」을 추가하여 주석한다. 「사지송」은 혜능대사의 10대 제자 가운데 한 명인 지통智通과의 문답 내용 중에 등장하는 법문이다.[6] 이를 통해 감산스님은 참선 수행자에게 유식의 입장도 참선 수행(선종)과 다르지 않음을 밝히고 있다.

3)『팔식규구통설』과『백일법문』

앞서 언급했듯이, 감산스님은『팔식규구통설』을 저술하면서 번잡한 내용은 참선 수행자에게 도움이 되지 않는다고 하여 간추리거나 주석을 생략한 경우가 있다. 이에 집필자는 독자의 이해를 돕기 위해 감산스님의 손상좌인 지욱스님의『팔식규구』에 대한 주석서인『팔식규구직해八識規矩直解』도 번역하여 인용하였다.

일찍이 감산스님의 유식사상에 주목한 사람은 근대 한국 선불교를 대표하는 성철스님이다. 성철스님은『백일법문』에서 유식의 핵심 사상인 '8가지 식'을 12개의 게송으로 압축한 현장스님의『팔식규구』게송을 풀이하고 있는데, 그 사상적 근거를 "감산스님과 지욱스님의 주해를 위주로 했습니다"라고 스스로 밝히고 있다. 그리고 성철스님은 해설을 통해 감산스님과 지욱스님의 주석을 계승하면서 자기의 입장을 개진한다. 예를 들면 전오식(五識頌)에 대한 주석인 '여전히 불과위(부처님의 경지)에서도 스스로 진여를 증득하지 못한다'(果中猶自不詮眞)에서 감산스님은 '전詮'을 "진여무상의 도리를 친히 조건으로 삼지 못한다"(不能'親緣'眞如無相理)라고 하여 '전詮'을 '조건'(緣)으로 주석하고, 지욱스님은 "진여의 체성을 스스로 친히 증득할 수 없다"(自不能'親證'眞如體性)라고 하여 '전詮'을 '증證'으로 주석한 반면, 성철스님은 '전詮'을 '설명하다'라고 하여, 독자들이 이해하기 쉽게 바꾸어 해설한다. 이처럼 성철스님은 감산스님의 주석을 계승하면서도 독자적인 입장을 개진한다. 그래서 본문의 각주에서는 성철스님의 8가지 식에 대한 해설을 밝히고, 여기에 집필자의 생각도 덧붙였다. 더불어 앞에서 말했듯이 지욱스님의『팔식규구』에 대한 주석서인『팔식규구직해』도 번역하여 '용어

6) 강경구,『평설 육조단경』(세창출판사, 2020), p.354.

해설'이나 '각주'에 첨가하였는데, 감산스님과 지욱스님뿐만 아니라 성철스님의 유식사상을 공부하고자 하는 사부대중 및 유식의 입문자에게 조금이라도 더 도움을 주기 위해서이다.

4. 감산덕청의 생애와 저술

『백법논의』와 『팔식규구통설』의 저자인 감산덕청憨山德淸(1546~1623) 스님은 명나라 불교 사상계를 대표하는 선 수행자이자 교학의 제일인자이다. 그는 지금의 안휘성安徽省 금릉金陵 전초현全椒縣 출신으로, 속성俗姓은 채蔡이고 이름은 덕청德淸이며 자는 징인澄印이다.

그는 11세에 출가하여 19세 때 무극無極대사에게 청량淸凉대사 징관澄觀(738~839)의 『화엄현담華嚴玄談』에 대한 법문을 듣고 법계의 원융무진의 도리를 깨달았다고 한다. 이후 청량대사의 경지를 실감하고 스스로 징인澄印이라는 호號를 사용하였다. 그리고 감산이라는 호號는 그의 나이 28세 때 "정월에 오대산을 찾아갔다. 그러던 중 북대北臺에 이르니 여기에 감산憨山이 있다고 나와 있었다. 그래서 그 산이 어디에 있느냐고 물어보았더니 어느 스님이 산을 가르쳐 주었다. 과연 수려하고 빼어난 산이었다. 그래서 혼자 마음속으로 산명을 내 호號로 삼았다"[7]는 기록에 근거한다.

그는 화엄종을 배운 화엄학자이었지만 오대산 중의 북대인 감산에서 선법을 닦아 화엄과 선의 융합을 시도하였다.

아울러 그는 주굉袾宏(1536~1615) · 진가眞可(1543~1603) · 지욱智旭(1596~1655)과 더불어 명나라 시대 4대 고승高僧 중의 한 명으로, 특히 동시대에 활동했던

7) 감산덕청 지음, 대성 옮김, 『감산자전』(탐구사, 2015), p.41.

진가와의 교류는 유명하다. 또한 지욱스님[8]은 그의 손상자이다. 지욱스님도 『팔식규구』에 대한 주석서인 『팔식규구직해』와 『대승백법명문론』의 주석서인 『대승백법명문론직해』를 남겼다.

그는 중생 교화뿐만 아니라 사찰 중수에도 힘을 쏟았는데, 사찰 중수를 위해 당시 황태후의 시주를 받기도 하였다. 그러나 이것은 한편으로 황제의 노여움을 사는 계기가 되었다. 그리하여 50세(1595)에 '도교의 사원터를 빼앗고 황실의 공금을 유용하여 절을 지은 죄'로 모함받아 투옥되었다. 이후 황제는 대중의 건의로 단지 황제의 명 없이 사사로이 절을 창건한 죄만을 물어 광동성 뇌주雷州에 있는 군 주둔지로 감산스님을 유배 보낸다. 그의 유배 생활은 66세 때(1606)까지 이어졌는데, 유배 중임에도 56세(1601) 때 조계산 혜능스님의 유적지(남화사)를 복원한다. 그 당시 조계산은 시정잡배에게 점거당하고 있었는데, 그는 "정말 가슴 아픈 일이다. 만약 이것을 제거하지 않으면 6조의 도량이 난장판이 되겠구나"[9]라며 그때의 심정을 토로하고 있다. 또한 사회활동과 구제

8) 우익 지욱스님(1599~1655)은 명나라 말기를 대표하는 불교 사상가이다. 그는 스스로를 '八不道人'이라고 불렀으며, 일반적으로는 운봉대사로 알려져 있다. 그는 강소성 吳縣 출신으로, 젊은 시절 육상산과 양명학에 빠져 『闢佛論』을 비롯한 여러 편의 글을 지어 불교를 비난하기도 하였으나, 1632년 연지대사 주굉의 『自知錄』과 『竹窓隨筆』을 읽고 크게 감명받아 불교에 귀의하였다. 이후 감산스님에게 감화받아 몇 번이나 만남을 시도하였지만 실패하고, 감산스님의 제자를 은사로 삼아 출가하였다. 그래서 감산스님의 손상자가 되었다. 그는 천태종의 출가자였지만, 평생을 선과 정토의 융화에 노력하였으며, 특히 성종(천태종)과 상종(법상종)을 회통시키고자 하였다. 그는 '선은 佛心이요, 교는 佛語이며, 율은 佛行'이라고 하여 三學一致의 가르침을 펴서 여러 종파의 융합을 시도하였다. 특히 불교 내부의 융합을 위해 유식과 기신론을 조화시켜 『기신론열망소』, 『대승백법명문론직해』, 『팔식규구직해』를 저술하였으며, 선과 염불을 조화시켜 『아미타경요해』 등을 저술하였다. 이 밖에도 『능엄경현의』, 『능가경현의』, 『금강경관심석』, 『반야심경석요』, 『유교경해』 등의 저작이 있으며, 천태사상 관련 저작으로는 『교관강요』, 『대승지관석요』, 『법화회의』가 있고, 율장 관련 저작으로 『열장지율』, 『재가율요후집』, 『비니집요』 등이 있다. 한편 기독교에 반대하면서 유교와 불교의 융합을 도모하기도 하였는데, 『주역선해』, 『사서우익해』, 『유석종전절의』 등이 거기에 해당한다. 특히 『사서우익해』는 유학의 四書를 불교적인 입장에서 해석한 것이다.(가마다 시게오 저, 정순일 역, 『중국불교사』[경서원, 1985], p.264)

활동에도 적극적으로 참여하여 사대부와 대중의 존경을 받았다. 한때 여산에서도 주석하였으며, 다시 조계산에 돌아와 76세(1623)로 입적하였다. 그는 입적할 때도 좌선 상태였으며, 입적한 후에도 며칠 동안 육신이 썩지 않고 생전의 모습 그대로 유지되었다고 한다. 현재 그의 육신은 중국 조계산 보림사에 육조 혜능스님과 함께 보존되어 있다.

감산스님은 『화엄경강요』, 『묘법연화경강의』, 『묘법연화경통의』, 『능엄경현경』, 『능엄경통의』, 『금강경결의』, 『능가경직해』, 『원각경직해』, 『대승기신론직해』 등 많은 주석서를 남겼다. 또한 삼교(유교·불교·도교)의 조화를 추구한 저서들도 있는데, 『중용직지中庸直指』, 『노자해老子解』, 『장자내편주莊子內篇註』, 『논어해』, 『대학결의』, 『춘추좌씨심법』 등이 그것이다.[10] 그는 불교를 기초로 하여 삼교를 융화시키고자 하였는데, 특히 삼교의 교승敎乘을 비판하면서 삼교의 성인이 사람의 근기에 따라 가르침을 설했기 때문에 그 가르침에도 깊고 얕음이 있다고 하였다. 즉 공자는 인승人乘의 성자이기 때문에 하늘을 받들어 사람을 다스리고, 노자는 천승天乘의 성자이기 때문에 청정무욕하여 사람을 떠나 하늘로 들어가고, 성문과 연각은 인천人天을 초월한 성자이기 때문에 인천을 버리고 다시 인천으로 돌아오지 않으며, 보살은 성문과 연각을 초월한 성자이기 때문에 인천을 떠났으나 다시 인천으로 돌아오며, 부처는 오승五乘의 범부와 성자를 초월했기 때문에 어떨 때는 성인이 되기도 하고 어떨 때는 범부가 되기도 한다는 것이다. 결국 감산스님은 삼교에 있어 성인의 가르침이 비록 방편이나 형식적인 차이는 있을지라도 그 근본은 같다고 말하고 있는 것이다.

감산스님은 삼교의 가르침이 욕망에서 벗어나는 것을 행위의 근본으로 삼고 있다고 한다. 공자나 노자 역시 인간의 모든 고통의 근본 원인을 욕망에서

---

9) 감산덕청 지음, 대성 옮김, 『감산자전』(탐구사, 2015), p.133.

10) 감산스님의 저작 목록은 『감산자전』(감산덕청 지음, 대성 옮김, 탐구사, 2015, pp.245~246)을 참조하길 바란다.

찾고, 그러한 욕망에서 벗어나기 위한 가르침을 펼치고 있으며, 노자나 장자도 '삼계유심 · 만법유식'을 이해하고, 존재하는 모든 것(세계)은 유심唯心의 영향 안에 있다는 것을 알고 있다고 한다. 즉 『논어』, 『중용』, 『노자』, 『장자』 등의 가르침은 '욕망에서 떠나는 것을 근본으로 삼고 있다'(離欲爲本)는 것이다.[11]

한편 감산스님은 현장스님의 저작인 『팔식규구』에 대한 주석서인 『팔식규구통설』, 유식의 심소법을 설명한 세친보살의 『대승백법명문론』의 주석서인 『백법논의』와 구마라집의 제자인 승조僧肇의 『조론肇論』에 대한 주석서인 『조론약주』을 지어 우리에게 중관사상과 유식사상이 대승불교의 사상적 토대임을 재차 확인시켜 주고 있다.

namaste

11) 구보타 료온 지음, 최준식 옮김, 『중국유불도 삼교의 만남』(민족사, 1994), p.250.

: 일러두기

1. 『백법논의』와 『팔식규구통설』은 'CBETA'(chinese electronic tripitaka collection) X48과 X55를 저본으로 삼았다. 그리고 지욱스님의 주석인 『대승백법명문론직해』와 『팔식규구직해』는 'CBETA' X55를 저본으로 삼았다.
2. 한역본 『대승백법명문론』, 『성유식론』, 『대승오온론』은 T31을 저본으로 삼았다. 『대승오온론』 범본은 *Vasubandhu's Pañcaskandhaka*(critically edited by Li Xuezhu and Ernst Steinkeller with a contribution by Toru Tomabechi Beijng: China Tibetology Publishing House/Vienna Austrian Academy of Sciences Press, 2008)를 기본 텍스트로 삼았으며, 『대승오온론』 안혜소는 *Jowita Kramer Sthiramati's Pañcaskandhakavibhāṣā, Part1: Diplomati Edition*(Beijing: China Tibetology House/Vienna Austrian Academy of Sciences Press, 2014)을 텍스트로 삼았다.
3. 원문에 충실하게 번역하고자 했지만, 의미가 통하지 않는 경우 독자의 이해를 돕고자 집필자가 임의로 삽입한 부분은 〈 〉로 표시했다.
4. 아뢰야식은 제8 아뢰야식, 말나식은 제7 말나식, 의식은 제6 의식, 오식은 전오식으로 통일해서 사용했다.
5. 이 책의 본문은 한자 원문, 한글 해석, 용어해설로 구분했다. 특히 문맥의 해석에 도움이 되는 중요한 용어(개념)에 대해 각주와 더불어 '용어해설' 부분을 별도로 마련하여 제시하였다. 유식을 이해하는 데 도움이 되었으면 한다.
6. 김명우의 저서인 『유식삼십송과 유식불교』나 역서인 『오온과 유식』 및 橫山紘一의 『唯識 佛教辭典』에서 인용한 것은 인용 페이지를 세세하게 밝히지 않았다. 독자의 양해를 구한다.
7. 『대승오온론』의 한역본과 범본 번역은 허암(김명우)의 역서인 『오온과 유식』을 참고로 작성된 것이다. 자세한 것은 『오온과 유식』을 참조하길 바란다.
8. 『성유식론』의 한글 번역은 『한글대장경 성유식론』(묘주 옮김)과 『주석 성유식론』(김윤수 옮김)을 참조하였다.
9. 집필자는 심소를 '마음작용'이라고 번역한다. 번역을 통일하는 것이 원칙이겠지만, 심소, 심소법, 마음작용은 같은 의미이기 때문에 혼용해서 사용했다. 독자의 양해를 구한다.
10. 根은 인식기관(indriya)·감각기관, 境은 대상·인식대상(viṣaya)·所緣, 識은 인식작용(vijñāna)·能緣·인식주체라고 혼용하여 사용했다. 착오 없으시기를 바란다.
11. 범어는 한국인이 발음하기 쉽게 표기했다. 예를 들면 'vijñapti'는 '비쥬냐프티'로 표기했다.
12. 緣은 대상 또는 조건으로 혼용해서 번역했다. 착오 없으시기를 바란다.
13. 相은 문맥에 따라 모습, 모양, 현상, 형상, 특징 등으로 번역했다.
14. 대정신수대장경은 T, 卍新纂大日本續藏經(만신찬대일본속장경)은 X로 약칭한다.

제1부 『대승백법명문론』 원문과 해석

Ⅰ.『대승백법명문론』 원문

大乘百法明門論本事分中略錄名數

天親菩薩造

大唐 三藏法師 玄奘譯

[1]如世尊言. 一切法無我. 何等一切法. 云何爲無我.

一切法者. 略有五種. 一者心法. 二者心所有法. 三者色法. 四者心不相應行法. 五者無爲法.

一切最勝故. 與此相應故. 二所現影故. 三分位差別故. 四所顯示故. 如是次第.

第一心法略有八種. 一眼識. 二耳識. 三鼻識. 四舌識. 五身識. 六意識. 七末那識. 八阿賴耶識.

第二心所有法. 略有五十一種. 分爲六位. 一遍行有五. 二別境有五. 三善有十一. 四煩惱有六. 五隨煩惱有二十. 六不定有四.
一遍行五者. 一作意二觸三受四想五思.
二別境五者. 一欲二勝解三念四定五慧.
三善十一者. 一信二精進. 三慚四愧. 五無貪六無嗔七無癡. 八輕安九不放逸十行捨十一不害.
四煩惱六者. 一貪二嗔. 三慢四無明. 五疑六不正見.

---

1)『대승백법명문론』, T31, 855b15-c22.

五隨煩惱二十者. 一忿二恨. 三惱四覆. 五誑六諂. 七憍八害. 九嫉十慳. 十一無慚十二無愧. 十三不信十四懈怠. 十五放逸十六惛沈. 十七掉擧十八失念. 十九不正知二十散亂.
六不定四者. 一睡眠二惡作. 三尋四伺.

第三色法. 略有十一種. 一眼二耳三鼻四舌五身. 六色七聲八香九味十觸. 十一法處所攝色.

第四心不相應行法. 略有二十四種. 一得二命根. 三衆同分. 四異生性. 五無想定. 六滅盡定. 七無想報. 八名身九句身十文身. 十一生十二老. 十三住十四無常. 十五流轉. 十六定異. 十七相應. 十八勢速. 十九次第. 二十方. 二十一時. 二十二數. 二十三和合性. 二十四不和合性.

第五無爲法者. 略有六種. 一虛空無爲. 二擇滅無爲. 三非擇滅無爲. 四不動滅無爲. 五受想滅無爲. 六眞如無爲.

言無我者. 略有二種. 一補特伽羅無我. 二法無我.

大乘百法明門論

Ⅱ. 『대승백법명문론』 해석

『대승백법명문론』은 『유가사지론』 「본사분」 제1권 중에서 660법의 이름과 숫자(名數)를 100법으로 간략하게 기술한 것이다.

천친보살이 짓다.

대당 삼장법사 현장이 한역하다.

세존께서 "일체**법**은 무아"라고 말씀하셨다. 〈그러면〉 무엇을 '일체법'이라고 하고, 어째서 '무아'라고 하는가?

일체법은 대략 5종류가 있다. 첫째는 '심법', 둘째는 '심소유법', 셋째는 '색법', 넷째는 '심불상응행법', 다섯째는 '무위법'이다.

첫째, 심법은 일체〈법 중에서〉 최고로 뛰어난 법이기 때문에,
둘째, 심소유법은 이것(심왕)과 더불어 상응하기 때문에,
셋째, 색법은 둘(심왕과 심소법)이 나타낸 영상(影)이기 때문에, 〈그래서 색법은 심법과 심소법을 떠나지 않는다.〉
넷째, 심불상응행법은 셋(심법, 심소법, 색법)에 〈의지하여〉 위치와 차이가 있기 때문에, 〈그래서 심불상응행법은 심법, 심소법, 색법을 떠나지 않는다.〉
다섯째, 무위법은 넷(심법, 심소법, 색법, 심불상응행법의 유위법)을 드러내 보여 주기 때문에, 〈그래서 무위법은 4개의 유위법과 같지도 다르지도 않다.〉
이와 같이 순서대로 기술하였다.

첫 번째의 심법은 대략 8종류가 있다. 첫째는 안식, 둘째는 이식, 셋째는 비식, 넷째는 설식, 다섯째는 신식, 여섯째는 제6 의식, 일곱째는 제7 말나식, 여덟째는 제8 아뢰야식이다.

두 번째의 심소유법은 대략 51종류가 있다. 이것을 크게 나누면 6가지 단계이다. 첫째는 변행 5종류가 있으며, 둘째는 별경 5종류가 있으며, 셋째는 선심소 11종류가 있으며, 넷째는 근본번뇌 6종류가 있으며, 다섯째는 수번뇌 20종류가 있으며, 여섯째는 부정의 4종류가 있다.
첫째 변행 5종류는 작의 · 촉 · 수 · 상 · 사이다. 둘째 별경 5종류는 욕 · 승해 · 념 · 정 · 혜이다. 셋째 선심소 11종류는 신 · 정진 · 참 · 괴 · 무탐 · 무진 · 무치 · 경안 · 불방일 · 행사 · 불해이다. 넷째 근본번뇌 6종류는 탐 · 진 · 만 · 무명 · 치 · 부정견이다. 다섯째 수번뇌 20종류는 분 · 한 · 뇌 · 부 · 광 · 첨 · 교 · 해 · 질 · 간(소수번뇌), 무참 · 무괴(중수번뇌), 불신 · 해태 · 방일 · 혼침 · 도거 · 실념 · 부정지 · 산란(대수번뇌)이다. 여섯째 부정 4종류는 수면 · 악작 · 심 · 사이다.

세 번째의 색법은 대략 11종류가 있다. 즉 안 · 이 · 비 · 설 · 신(오근), 색 · 성 · 향 · 미 · 촉(오경), 법처소섭색이다.

네 번째의 심불상응행법은 대략 24종류가 있다. 즉 득 · 명근 · 중동분 · 이생성 · 무상정 · 멸진정 · 무상보 · 명신 · 구신 · 문신 · 생 · 주 · 노 · 무상 · 유전 · 정이 · 상응 · 세속 · 차제 · 방 · 시 · 수 · 화합성 · 불화합성이다.

다섯 번째의 무위법은 대략 6종류가 있다. 즉 허공무위 · 택멸무위 · 비택멸무위 · 부동멸무위 · 수상멸무위 · 진여무위이다.

'무아'라고 하는 것은 대략 2종류가 있다. 보특가라무아(인무아)와 법무아이다.

'백법이 대승으로 들어가는 문門이 되는 것을 밝힌 논서'를 마치다.

용어해설

• 천친(세친)

천친보살(세친보살)에 대해서는 위진남북조시대 인도에서 중국에 온 진제眞諦스님의 『바수반두법사전婆藪槃豆法師傳』을 중심으로 간략하게 기술한다. 『바수반두법사전』에 따르면 세친보살은 부처님의 열반으로부터 900년이 지난 후 인도 서북 간다라 지방의 푸르샤푸라(페샤와르)에서 바라문 집안의 차남으로 태어났다. 그의 이름은 바수반두(Vasubandhu)였는데, 바수(vasu)는 부富·보석·바수천(天의 이름), 반두(bandhu)는 친족·붕우朋友라는 의미이다. 이런 의미를 살려 진제스님은 세친보살을 '천친天親보살'이라고 번역하였다. 그는 처음 부파불교의 일파인 설일체유부에 출가하였는데, 경량부經量部(Sautrāntika)의 입장에서 설일체유부의 사상을 정리한 『구사론』을 지어 명성을 얻었다. 그 후 친형인 무착보살의 권유로 대승불교로 전향하여 수많은 유식 논서를 저술하였을 뿐만 아니라 다수의 대승경전에 대한 주석도 남겼다. 그리고 80세에 아요디아에서 입적하였다. 한편 티베트 출신의 출가자인 부톤(Buton)의 『인도불교사』에서는 세친보살에 관한 흥미로운 이야기를 전한다. 간단하게 그 내용을 소개한다.

어떤 여성신자가 불교의 쇠퇴를 걱정하고 있었다. 그녀는 여자의 몸으로는 불교를 홍기하기 어렵다고 생각하여 남자아이들을 낳아 그들에게 불교의 홍기를 의탁하기로 결심하였다. 그녀는 먼저 크샤트리아 출신의 남자와 관계하여 남자아이를 낳아 '무착'이라고 하였다. 다음에는 바라문 출신의 남자와 관계하여 두 번째 자식을 낳아 '세친'이라고 하였다. 그녀는 둘을 홀로 키웠다. 그런데 당시 인도의 관습상 자식은 부친의 직업을 세습하였기에 그녀의 두 아들도 부친의 직업을 잇기 위해 "어머니! 부친의 직업을 가르쳐 주십시오"라고 물었다. 그러자 그녀는 "너희들을 낳은 것은 아버지의 직업을 이어받기 위한 것이 아니다. 불교를 세상에 널리 퍼뜨리기 위해 너희들을 낳았다. 너희 형제는 출가하여 불교를 배우고, 불교를 널리 전파하기를 바란다"고 하였다. 그리하여 두 형제는 출가하였다.2)

세친보살의 저작은 분량도 많고 내용도 실로 방대하기 때문에 그 모두를 언급하기는 어렵다. 따라서 여기서는 간략하게 몇 가지만 말하기로 한다. 먼저 유식 관련 논서와 주석서를 보면 다음과 같다. 유식 논서로는 유식사상을 30개의 게송으로 총정리한 『유식삼십송唯識三十頌』(triṃśikāvijñaptikārikā), 업 사상을 유식의 입장에서 기술한 『대승성업론大乘成業論』(karmasiddhi), 20개의 게송으로 외계실재론자와 대론하면서 유식무경을 논증한 『유식이십론唯識二十論』(viṃśatikāvijñaptimātratāsiddhiḥ), 오온으로 5위백법을 설명한 『대승오온론大乘五蘊論』(pañcaskandhaka), 삼성설(변계소집성, 의타기성, 원성실성)을 체계적으로 정리한 『삼성론三性論』(trisvabhāva), 5위백법을 압축하여 간결하게 기술한 『대승백법명문론』 등이 있다.

유식 논서에 대한 주석서로는, '대승을 포괄하는 논서'라는 의미를 지닌 무착보살의 『섭대승론』을 주석한 『섭대승론석攝大乘論釋』(mahāyānasaṃgraha-bhāṣya), 대승경전의 장엄을 목적으로 기술한 미륵보살의 『대승장엄경론』을 주석한 『대승장엄경론석大乘莊嚴經論釋』(mahāyāna-sūtrālaṃkāra-bhāṣya), 역시 미륵보살의 저작으로 중도와 유무의 양극단을 밝힌 『변중변론』의 주석서인 『변중변론석辯中邊論釋』(madhyāntavibhāga-bhāṣya) 등이 있다.

이 외에도 불교학의 기초가 되는 문헌으로서 불교 전체에 커다란 영향을 준 『구사론』(Abhidharmakośa-bhāṣya)이 있고, 『승의칠십론勝義七十論』·『제일의제론第一義諦論』(현존하지 않음)·『무의허공론無依虛空論』(현존하지 않음) 등 설일체유부 계통의 저작이 있다.

또한 경전의 해석방법론에 대해 기술하고 있는 『석궤론釋軌論』(Vyākhyāyukti)을 비롯하여 경전주석서로서 『연기초분분별경론緣起初分分別經論』(Pratītyasamutpāda-vyākhyā), 『금강반야바라밀경론金剛般若波羅蜜經論』, 『묘법연화경우바데사妙法蓮華經優波提舍』, 『십지경론十地經論』, 『무량수경우바데사無量壽經優波提舍』(일반적으로 『淨土論』), 『문수사리보살문보리경론文殊師利菩薩問菩提經論』, 『승사유범천소문

2) 김명우, 『마음공부 첫걸음』(민족사, 2011), pp.47~49.

경론勝思惟梵天所問經論』, 『보계경사법우바데사寶髻經四法優波提舍』, 『전법륜경우바데사轉法輪經優波提舍』, 『삼구족경우바데사三具足經優波提舍』, 『금강반야론金剛般若論』, 『육문다라니경六門陀羅尼經』, 『대승사법경석大乘四法經釋』, 『불수념광주佛隨念廣註』, 『열반론涅槃論』, 『열반경본유금무게론涅槃經本有今無偈論』(위작 가능성 있음), 『열반경여의주게해지涅槃經如意珠偈解旨』(위작 가능성 있음), 『유교경론遺敎經論』, 『사아함모초해四阿鋡暮抄解』 등이 있다.

그리고 중관파 논서에 대한 주석서로서 『순중론의입대반야바라밀경초품법문順中論義入大般若波羅蜜經初品法門』이 있다.

논리학 관련 저작으로는 『여실론如實論』(Tarkaśāstra), 『논궤論軌』(Vādavidhi. 현존하지 않음), 『논식論式』(Vādavidhāna. 현존하지 않음), 『논심論心』(Vādasāra 혹은 Vādahṛdaya. 현존하지 않음) 등이 있다. 세친보살의 저작에 대해서는 허암(김명우)의 『오온과 유식』[3]을 참조하길 바란다.

이런 엄청난 저작 때문에 '세친 2인설', 즉 역사적으로 세친보살이 2명 존재했다고 주장하는 학자도 있다.[4]

• 법

'법法'(dharma)은 불교에서 중요한 개념 중의 하나다. 법, 즉 다르마는 범어의 동사 √dhṛ로부터 파생된 것으로, '보존하다 · 유지하다'의 의미지만, 불교에서 사용하는 법에는 ① 존재 또는 존재자, ② 행위의 규범 · 교설(가르침), ③ 성질 · 속성의 세 가지의 의미가 있다. 현재 국어사전에서는 ① 법칙 · 정의 · 규범, ② 부처님의 교설, ③ 덕德 · 속성, ④ 인因, ⑤ 사물의 다섯 종류를 들고 있다. 그런데 5세기경의 대주석가 붓다고사(Buddhaghosa, 불음)는 『청정도론淸淨道論』(Visuddimagga)에서 초기경전에 나타난 여러 가지의 법을 ① 성전, ② 인因, ③ 덕德, ④ 비정물非情物, ⑤ 교설敎說의 다섯 가지로 분류한다. 이것에 의하면 국어사전에서 정의한 법의 의미와 거의 일치한다. 붓다고사가 말한 법의 정의를 간단하게 설명하면 다음과 같다.

3) 모로 시게키 지음, 허암(김명우) 옮김, 『오온과 유식』(민족사, 2018).

4) E · Frauwallner, *On the date of the Buddhist Master of the Law Vasubandhu*, Serie Orientale Roma, Vol.3(1951).

첫째, 법은 교설(교법)이다. 교설은 부처님이 일생을 통해 사람들을 위해 설한 '가르침'이다. 부처님이 설한 가르침은 '법'(dharma)과 '율'(vinaya)의 두 종류인데, 그중에 법은 교법에 해당한다. 나중에 법은 '경장經藏', 율은 '율장律藏'으로 발전한다.

둘째, 법은 인因이다. 인이란 현상세계의 생멸변화의 원인이며, 인과관계의 인因을 의미한다. 즉 모든 현상에서 바른 인과관계를 나타낸 것이 법이다. 이 경우의 법은 인과가 정합한 합리성을 가진 것으로, 이른바 '진리'를 의미한다.

셋째, 법은 덕德이다. 덕이란 윤리나 도덕을 말한다. 다시 말해 사회의 인륜에 부합하는 정의나 선을 말한다. 종교가 단지 자신의 마음을 만족시키는 주관적(개인적)인 것이라고 한다면 신행이나 윤리는 반드시 필요한 것이 아니다. 그러나 신행심을 가진 사람도 개인적인 생활만 하는 것이 아니다. 개인은 주변의 사회·환경과 함께 공동생활을 영위하기 때문에, 사회·환경과 협력하고 조화하지 않으면 진정한 행복은 얻을 수 없다. 따라서 개인이 공동생활을 하기 위해서는 합리성도 필요하지만, 인륜의 도道로서의 윤리도덕도 필수불가결한 것이다.

넷째, 법은 비정물이다. 비정물이란 존재하는 모든 것, 즉 우리가 지각이나 감각에 의해 경험하고 인식할 수 있는 현상적 '존재'를 말한다. 이것은 제법무아 중의 '법'에 해당하는 말이며, 『대승백법명문론』에서 말하는 '일체법'의 '법'도 '존재·존재자'라는 의미이다.

한편 유식(『성유식론』)에서는 법을 '궤지軌持'라고 정의한다.[5] 그리고 『성유식론』의 주석인 『성유식론술기』에서는 '궤軌란 사물에 대한 이해를 생기게 하는 것'(軌可生物解)이라고 하고, '지持란 주지住持(독자적인 본질이나 성질을 보존하는 것)하는 것이므로 자상을 버리지 않는 것(不捨自相)'이라고 주석한다. 그래서 법상종에서는 전통적으로 법에 대해 '임지자성任持自性', '궤생물해軌生物解'라고 정의한다. 임지자성이란 독자적인 본성을 가지고 존재하고 있다는 의미이며, 궤생물해란 독자적인 본성을 가지고 변화하지 않으며 사물의 이해 기준이 된다는 의미이다. 모든 존재는 각각 독자적인 성질을 가지고 있다. 책이란 책의 성질을 가지고 존재하고 있기 때문에 노트와 혼동하는 일이 없다. 이것이 임지자

5) 『성유식론』, T31, 1a21.

성의 측면이다. 그리고 우리는 무의식중에 책이라는 것은 책의 속성이라는 기준에 비추어 판단을 내리고, 노트는 노트의 속성이라는 기준에 비추어 판단한다. 이와 같이 사물의 이해 기준이 되는 측면이 궤생물해이다. 그렇다고 임지자성과 궤생물해가 별도로 존재하는 것은 아니다.[6]

• 5위75법

유식에서는 일체법을 '5위백법'으로 구분한다. 하지만 『구사론俱舍論』, 특히 설일체유부에서는 인因과 연緣에 의해 만들어진 인간과 세계를 구성하는 구성요소構成要素로서 5위75법을 상정한다. 75법 중에 72법은 시간과 함께 끊임없이 변화하는 유위법有爲法이고, 나머지 3법은 시간의 경과에도 결코 변화하지 않는 무위법無爲法이다. 설일체유부說一切有部(sarvāsti-vādin)[7]에서 법(dharma)이란 인간을 포함한 전 세계를 구성하는 최소한의 구성요소이고, 자성自性(svabhāva)과 자상自相(svalakṣaṇa, 자기의 특징)을 가지고 있으며, 삼세(과거, 현재, 미래)에 실유實有(dravya)한다고 본다.

설일체유부에서 주장하는 법은 크게 색법色法(물질), 심법心法(마음), 심소법心所法(마음작용), 심불상응행법心不相應行法(물질도 아니고, 심적인 요소도 아닌 법), 무위법無爲法의 다섯 가지로 나누는데, 색법은 11법, 심법은 1법, 심소법은 46법, 심불상응행법은 14법, 무위법은 3법으로 모두 75개이다. 이것을 세분하면, 색법은 안·이·비·설·신의 오근五根과 색·성·향·미·촉의 오경五境, 그리고 무표색無表色이고, 심법은 마음, 심소법은 대지법大地法 10개·대선지법大善地法 10개·대번뇌지법大煩惱地法 6개·대불선지법大不善地法 2개·소번뇌지법小煩惱地法 10개·부정지법不定地法 8개이다. 또한 심불상응행법은 득得·비득非得·명근命根·동분同分·무상과無想果·무상정無想定·멸진정滅盡定·생生·주住·이異·멸滅·명名·구句·문文의 14개, 무위법은 허공虛空·택멸擇滅·비택멸非擇滅의 3개

6) 김명우, 『유식삼십송과 유식불교』(예문서원, 2009), pp.80~82.

7) 說一切有部, 즉 사르바아스티 바딘(sarvāsti-vādin)이란 '사르바(sarva)+아스티(asti)'로서, 사르바(sarva)는 '일체', 아스티(asti)는 동사어근 √as(존재하다)에 3인칭 단수어미인 'ti'가 붙은 것으로 '그는 존재하다'라는 의미이다. 여기서 ti(그, he)는 '법'(존재)을 가리킨다. 그리고 바딘(vādin)은 '派'를 뜻하는 것으로서, 설일체유부란 이른바 '一切의 법이 존재(有)한다고 설하는(說) 학파(部)'라는 의미이다.

이다. 반면 유식에서는 5위백법을 상정하는데, 이것들은 식전변識轉變, 즉 식이 변한 것이라고 한다.

III. 5위백법五位白法

심왕법心王法 (8)	안식眼識(cakşur-vijñāna) 이식耳識(śrota-vijñāna) 비식鼻識(ghrāṇa-vijñāna) 설식舌識(jihva-vijñāna) 신식身識(kāya-vijñāna) 의식意識(ṣaḍ-vijñāna) 말나식末那識(mano-vijñāna) 아뢰야식阿賴耶識(ālaya-vijñāna)

심소법心所法 (51)	변행遍行 (sarvatraga, 5)	촉觸(sparśa, 대상과의 접촉) 작의作意(manaskāra, 대상에 집중하는 마음작용) 수受(vedanā, 대상을 감수하는 마음작용) 상想(saṃjñā, 대상을 표상하는 마음작용) 사思(cetanā, 대상을 意志하는 마음작용)
	별경別境 (viniyata, 5)	욕欲(chanda, 바람, 의욕) 승해勝解(adhimukti, 대상을 확신하고 단정하는 마음작용) 염念(smṛti, 과거에 경험한 것을 잊지 않는 마음작용) 정定(samādhi, 대상에 집중하는 마음작용) 혜慧(prajñā, 대상을 선택하는 마음작용)
	선善 (kuśala, 11)	신信(śraddhā, 믿음) 참慚(hrī, 내면적인 부끄러움) 괴愧(apatrāpya, 외면적인 부끄러움) 무탐無貪(alobha, 탐욕이 없는 것) 무진無瞋(adveṣa, 성내거나 분노하지 않는 것) 무치無癡(amoha, 진리에 대해 어리석음이 없는 것) 근勤(vīrya, 악을 끊고 선을 닦는 것에 용맹하게 노력하는 것) 경안輕安(praśrabdhi, 마음이 가볍고 편안한 상태) 불방일不放逸(apramāda, 악을 방지하고 선을 닦는 것에 게으르지 않는 것) 행사行捨(upekṣā, 마음의 평정) 불해不害(avihiṃsā, 해를 끼치거나 괴롭히지 않는 것)

심소법心所法 (51)	번뇌煩惱 (kleśa, 6)	탐貪(raga, 탐욕) 진瞋(dveṣa, 분노) 치癡(moha, 어리석음) 만慢(māna, 타인과 비교하여 자신을 높이려는 마음작용) 악견惡見(dṛṣṭi, 진리에 대한 나쁜 견해) 의疑(vicikitsā, 진리를 의심하는 마음작용)
	수번뇌隨煩惱 (upakleśa, 20)	분忿(krodha, 격렬하게 분노하는 것) 한恨(upanāha, 한을 품는 것) 부覆(mrakṣa, 자신의 잘못을 숨기는 것) 뇌惱(pradāśa, 폭언하는 것) 질嫉(īrṣyā, 질투) 간慳(mātsarya, 인색) 광誑(māya, 자신의 이익을 위해 남을 속이는 것) 첨諂(śathya, 아첨하는 것) 교憍(mada, 마음속으로 자만하는 것) 해害(vihiṃsā, 남을 해치고자 하는 마음작용) 무참無慚(āhrīya, 나쁜 짓을 하고도 스스로 부끄러워하지 않는 것) 무괴無愧(anapatrāpya, 타인에 비추어 부끄러워하지 않는 것) 혼침惛沈(styāna, 지나치게 의기소침한 것) 도거掉擧(auddhatya, 지나치게 들뜬 상태) 불신不信(ācraddhya, 진리에 대해 믿음이 없는 것) 해태懈怠(kausīdya, 선을 닦고 악을 끊는 것에 게으른 것) 방일放逸(pramāda, 나태함) 실념失念(muṣitā, 진리를 기억하지 못하는 것) 산란散亂(vikṣepa, 집중력이 없는 것) 부정지不正知(asaṃprajanya, 바른 지식이 아닌 것)
	부정不定 (aniyata, 4)	악작惡作(kaukṛtya 또는 悔, 악을 행한 후에 후회하는 것) 수면睡眠(middha) 심尋(vitarka, 대략적으로 사색하는 것) 사伺(vicāra, 자세하게 사색하는 것)

색(色法) (11)	오근	안근眼根(caksur-indriya) 이근耳根(śrota-indriya) 비근鼻根(ghrāna-indriya) 설근舌根(jihva-indriya) 신근身根(kāya-indriya)
	오경	색경色境(rūpa-viṣaya) 성경聲境(śrota-viṣaya) 향경香境(ghrāṇa-viṣaya) 미경味境(jihvā-viṣaya) 촉경觸境(sparśa-viṣaya)
	법처소섭색法處所攝色(dharmāyatana-paryāpanna-rūpa)	

심불상응행법 心不相應行法 (24)	득得(prāpti) 명근命根(jīvita-indriya) 중동분衆同分(nikāya-sabhāga) 이생성異生性(pṛthag-janatva) 무상정無想定(asaṃjñā-samāpatt) 멸진정滅盡定(nirodha-samāpatti) 무상보無想報(āsaṃjñika) 명신名身(nāma) 구신句身(pada) 문신文身(vyañjana) 생生(jāti) 노老(jāra) 주住(sthiti) 무상無常(anitya) 유전流轉(pravṛtti) 정이定異(pratiniyama) 상응相應(yoga) 세속勢速(java) 차제次第(anukrama) 방方(diśa) 시時(kāla)

심불상응행법 心不相應行法 (24)	수數(saṃkhya) 화합성和合性(sāmagrī) 불화합성不和合性(asāmagrī)

무위법無爲法 (6)	허공虛空(ākāśa) 택멸擇滅(pratisaṃkhyā-nirodha) 비택멸非擇滅(apratisaṃkhyā-nirodha) 부동멸不動滅(āniñya-nirodha) 수상멸受想滅(vedayita-saṃjñā-nirodha) 진여眞如(tathatā)

* 심소의 순서와 명칭은『유식삼십송』에 따른 것이기 때문에『대승백법명문론』과는 조금 차이가 있다. 착오 없으시길 바란다.

제2부 『백법논의』 주해

百法論義

天親菩薩 造

천친보살이 짓다.

唐 三藏法師 玄奘 奉 詔譯

당나라[1] 삼장법사 현장이 조칙(황제의 명령)을 받들어 번역하다.

明 憨山 沙門 德淸 述

명나라 감산 사문 덕청이 풀이하다.[2]

용어해설

• 삼장법사

삼장법사三藏法師란 '삼장三藏'(tri-piṭaka) 즉 경장經藏(sūtra-piṭaka), 법장法藏(dharma-piṭaka), 율장律藏(vinaya-piṭaka)에 두루 통달한 뛰어난 법사法師라는 뜻이다. 동아시아불교에서 삼장법사로서 인정받는 분은 현장스님을 포함해 4명인데, 삼장법사 구마라집鳩摩羅什(Kumārajīva, 350~409), 삼장법사 진제(Paramārtha, 499~569), 삼장법사 현장(600~664), 삼장법사 불공不空(705~774)이다. 그런데 요즈음 출가자 중에 '삼장법사'라는 말을 아무렇지도 않게 쓰는 자도 있는데, 이 말은 아무나 함부로 써서는 안 되는 호칭이다. 삼장법사 네 분을 연대순으로 간략

---

1) 현장은 중국 당나라(618~907) 출신임을 밝히고 있다.

2) 『대승백법명문론』에 대한 주석서로는 대략 다음과 같이 것이 있다.

① 『大乘百法明門論解』(本地分中略錄名數), 唐 慈恩法師 窺基 註解, 明 魯庵法師 普泰 增修(T44, 1838).

② 『大乘百法明門論疏』, 唐 大乘光撰(T44, 1837).

③ 『大乘百法明門論開宗義記』, 唐 曇曠撰(X85, 2810).

④ 『大乘百法明門論直解』, 明 智旭 解(X48).

⑤ 『大乘百法明門論(本地分中略錄名數)贅言』, 慈恩寺 三藏法師 窺基 解, 明 蜀輔慈沙門 明昱 贅言(X48) 등이 있다. 자세한 것은 'CBETA'(中華電子佛典協會)를 참조하길 바란다.

하게 소개한다.

◯ 구마라집鳩摩羅什: 구마라집이라는 이름은 범어 '구마라지바'(Kumārajīva)를 음사한 것으로, 한역하여 '동수童壽'라고 한다. 구마라집 스님은 중앙아시아 구차국(Kucha, 한역: 龜玆) 출신이다. 그의 명성이 인도와 중앙아시아를 넘어 중국에까지 전해지자, 전진의 왕 부견苻堅(338~385)은 당시 최고의 학승이었던 도안道安(312~385)의 권유로 구마라집 스님을 초청하기 위해 서역을 공략한다. 그의 부하 장군이었던 여광呂光은 382년 장안(서안)을 떠나 여러 나라를 평정하고 서역으로 들어간다. 그리고 반년간의 싸움 끝에 384년 7월에 구차국을 정벌하고, 구마라집 스님을 포로로 잡는다. 그때 구마라집 스님의 나이 35세였다. 그런데 귀국하는 도중 부견이 죽는 바람에 여광은 군대를 양주涼州에 머물게 하고, 후량이라는 나라를 세운다. 이후 여광은 399년 죽을 때까지 14년 동안 왕으로 군림하였고, 그의 아들 여찬이 왕위를 계승한다. 구마라집 스님은 36세에서 52세까지 16년 동안 양주에 머물며 한자와 중국 고전을 배우면서 불전을 설하였는데, 그의 명성이 멀리 장안까지 알려져 승예 등이 설법을 들으러 양주까지 오기도 하였다.

그런데 구마라집 스님이 중국에 머물고 있을 때 후진이라는 나라가 흥기한다. 그리고 후진의 왕 요장이 전진의 군대를 격파한다. 요장이 죽은 후 그 뒤를 이은 아들 요흥이 서방 원정으로 후량을 정벌하고, 그의 부친 요장 때부터의 염원이었던 구마라집 스님에 대한 초청작업이 실현된다. 이리하여 구마라집 스님은 401년 12월 20일 장안에 들어와 장안의 북쪽 소요원에 설치된 역경원에서 마침내 불전 번역 사업을 시작하게 된다. 구마라집 스님의 번역은 직역보다는 거의 창작에 가까울 정도로 의역에 치중하였는데, 특히 번역문의 간결함과 화려함이 뛰어나다. 그의 제자 승조는 구마라집 스님의 번역에 대해 "문장은 간결하나 뜻이 깊고, 원문의 본뜻은 은근하나 또렷하게 드러나니, 미묘하고도 심원한 부처님 말씀이 여기서 비로소 확실해졌다"라고 평가하고 있다. 승조의 말처럼 안세고와 지루가참에 의해 시작된 불전 번역은 한자 술어에 많은 혼란이 있었지만, 구마라집 스님에 의해 거의 해소되었던 것이다. 구마라집 스님 이전의 번역을 고역古譯, 구마라집 스님의 번역을 구역

舊譯이라고 하는데, 이와 대비해서 뒷날 현장스님의 번역을 신역新譯이라고 부른다.

구마라집 스님이 번역한 대승경전으로는 『대품반야경』·『범망경』·『묘법연화경』·『소품반야경』·『금강경』·『십주경』 등이 있고, 중관학파의 논서로는 『중론』·『백론』·『성실론』·『십주비바사론』·『용수보살전』, 계율 계통으로는 『십송률』·『십송비구계본율』 등이 있다. 이처럼 구마라집 스님은 반야 계통의 경전과 용수의 중관학파(중관부) 논서를 주로 번역하여 삼론종 성립의 근거를 마련하였다. 특히 동북아시아에서 가장 많이 독송하는 『금강경』, 『아미타경』, 『묘법연화경』(법화경)이 모두 구마라집 스님의 번역이라는 점에서, 그가 동북아시아 불교계에 끼친 영향은 지대하다고 할 것이다.[3)]

○ 진제眞諦: 진제스님(Paramārtha)은 서인도 우선니국優禪尼國 사람으로 양무제梁武帝 태청太淸 2년(548) 건업建業에 도착하였다. 그가 활동한 시대는 양梁나라 말기인데, 나라가 무너지고 혼란스러워 제대로 전법할 수가 없었다. 또한 비록 경론經論을 번역한다고 하더라도 정처 없이 떠도는 시기라 제대로 기록할 수도 없었다. 그 후 진陳나라 무제武帝 영정永定 2년(558)에 예장豫章으로 돌아왔다가 다시 임천臨川·진안晉安 등 여러 군郡을 전전하였다. 이 기간 동안 진제는 비록 경론을 전하기는 하였으나, 도는 결함이 있고 정은 떨어져서 본뜻을 제대로 펴지는 못하였다. 그 후 문제文帝 천가天嘉 4년(562) 양도楊都 건원사建元寺에서 『섭대승론攝大乘論』 등을 번역하였다. 다만 그는 이리저리 떠도는 신세라 마음 편히 의탁할 곳이 없었다. 그러다가 광주廣州 남해사南海寺에 이르러 제자 혜개慧愷 등과 『광의법문경廣義法門經』 및 『섭대승론』, 『중변분별론』, 『섭대승론석』, 『전식론』, 『대승유식론』, 『불성론』, 『대승기신론』, 『구사론석』 등을 번역하였는데, 이렇게 해서 남긴 번역이 68부 278권이다. 특히 『섭대승론』과 『섭대승론석』의 영향력이 매우 커서 중국 섭론종이 성립하는 계기가 되었다. 그는 태건太建 1년(569) 병에 걸려 입적하는데, 그때 그의 나이 71세였다.[4)]

---

3) 김명우, 『왕초보 반야심경박사되다』(민족사, 2011), pp.34~35.

4) 구미숙, 「『유식이십론』 한역 3본의 경명 변천과 역자 이설에 대한 고찰」, 『동아시아불

○ 현장玄奘: 현장스님은 서기 600년(수문제 16년) 또는 602년에 출생하였으며, 664년 2월 5일에 입적하였다. 그는 10세에 부친이 죽자 형을 따라 낙양의 정토사로 출가한다. 13세 때 수양제가 낙양에서 학업성적이 뛰어난 27명을 뽑아 정식으로 승적을 인정하는 칙령을 내리자, 이에 응시하여 합격하고 법명을 '현장'이라고 하였다. 한국에서는 현장이라는 법명보다 '삼장법사'라는 명칭이 더 알려져 있는데, 그것은 아마도 16세기 명나라 시대 때 지어진 『서유기西遊記』라는 유명한 소설 때문일 것이다. 『서유기』의 주인공인 삼장법사는 7세기경 당나라 때 실존했던 현장스님을 모델로 한 것이다.

현장스님이 활약한 7세기경의 중국(당나라)에는 많은 불교 서적이 번역되어 있었다. 그리고 현장스님도 이렇게 한역된 불교 서적들을 통해 유식을 배웠다. 이른바 구역舊譯의 유식이었다. 『대당대자은사삼장법사전』에 의하면, 현장스님이 유식을 공부하면서 생긴 많은 의문을 풀기 위해 유식불교의 근본 논서인 『유가사지론』(Yogacārābhūmi)을 배우고자 인도 유학을 결심한다. 또한 스승 계현이 유학의 목적을 묻자 "스승에 의지해서 『유가사지론』을 비롯한 불법을 배우러 중국에서 왔습니다"라고 답하였는데, 이것 역시 현장스님이 유식의 핵심을 공부하기 위해 머나먼 인도로 갔다는 것을 보여 주는 것이다. 그러나 구법의 길은 쉽게 열리지 않았다. 당시 당나라 황제였던 태조 이연이 물러나고 그의 둘째 아들 태종 이세민이 즉위한다. 현장스님의 나이 26세 때이다. 그는 동료 승려들과 의논하여 인도에 가고 싶다는 탄원서를 정부 당국에 제출하였다. 그러나 당시 당나라의 국법은 옥문관玉門關(지금의 감숙성 서단)까지만 중국인이 왕래할 수 있도록 규제하고 있었다. 그들은 몇 번이고 인도에 가고 싶다는 탄원서를 제출하였지만, 정부 당국은 끝내 그들의 요청을 받아주지 않았다. 결국 그의 동료들은 인도로의 구법을 모두 포기한다. 하지만 현장스님은 포기하지 않고 계속해서 탄원서를 제출하였는데, 끝내 인도 구법의 길은 열리지 않았다. 이에 그는 국법을 어겨서라도 인도로 갈 결심을 한다. 때마침 장안, 낙양 등지에 기근이 발생하였는데, 현장스님은 식량을 구하러 성 밖으로 나가는 피난민으로 위장하여 몰래 인도로의 구법 여행을 떠난다. 그의 출국 날짜가 언제인지 정확하게 알 수는 없지만, 그가 귀국한

교문화』 31집(부산: 동아시아불교문화학회, 2018).

것은 정관貞觀 19년(645)이다. 그의 구법 활동은 왕복 18년이라는 장기간에 걸친 인도 여행이었다. 그는 당시 인도불교의 중심지인 나란다(Nālandā)사원에서 5년간 계현戒賢(Śīlabhadra, 529~645)으로부터 유식사상을 수학하였다고 한다. 현장스님이 수학한 것은 호법護法(Dharmapāla, 530~561) 계통의 유식불교였다. 그는 범본梵本 경전 657부를 가지고 당나라로 귀국하여 태종(이세민)과 고종의 2대 황제에 걸쳐 존경을 받았다. 그 이후 20년간 현장스님은 황제의 보호 아래 오로지 인도의 불교문헌 번역에 매진하였다. 현장스님이 한역한 불전은 모두 74부 1,335권이다. 『대정신수대장경』이 총 32책인데 그중에서 현장스님의 번역이 7책으로 전체 한역 경전의 5분의 1이 넘는다. 중국불교에서 '번역 4대가', 이른바 구마라집 · 진제 · 불공 · 현장 중에서 특히 현장스님의 번역 부수가 양적으로 가장 많다. 그는 당나라에 귀국하여 664년 입적할 때까지 20년 동안 5일에 한 권꼴로 경전을 한역하였다.

참고로 구마라집 스님은 384권, 진제스님은 274권, 불공스님은 143권을 번역하였는데, 이들의 번역을 합친 것보다 현장스님의 번역이 양적으로 더 많다. 오늘날 우리가 팔만대장경을 볼 수 있는 것도 이처럼 뛰어난 번역승들의 노고와 구법정신이 있었기 때문이다. 현장스님이 번역한 74부 1,335권의 역경서에 대한 설명은 허암(김명우)의 역서인 『오온과 유식』[5]을 참조하길 바란다.

○ 불공不空: 불공스님(Amoghavajra, 705~774)은 당나라 시대의 역경승이자 밀교를 중국에 정착시킨 인물이다. 그는 주로 밀교경전을 한역하였는데, 110부 143권에 이른다. 구마라집 · 진제 · 현장과 더불어 사대역경승四大譯經僧이라 불린다. 그의 출신에 대해서는 여러 설이 있는데, 인도 남부 또는 중국 양주涼州로 기록되어 있다. 그의 부친은 북인도 출신의 바라문, 어머니는 소구트 계통이라고 알려져 있다.

714년 장안에서 스승 금강지金剛智로부터 밀교를 배웠는데, 스승이 입적하자 그의 유언과 왕명을 받들어 『금강정경金剛頂經』과 『대일경大日經』 등의 밀교경전을 구하러 남인도로 구법여행을 떠나 태장胎藏 · 금강金剛의 양부兩部를 전수받았다. 746년 장안으로 돌아왔는데, 755년 안사(안녹산 · 사사명)의 난을 계기로

5) 모로 시게키 지음, 허암(김명우) 옮김, 『오온과 유식』(민족사, 2018), p.26.

본격적인 교화 활동을 하였다. 안녹산이 낙양을 점령하자, 불공은 칙령에 따라 장안으로 돌아와 대흥선사大興善寺에 주석하면서 권정灌頂의 단壇을 쌓고 조복調伏의 수법修法을 행하기도 했다.[6]

• 봉 조역

조詔 자 앞에 여백을 둔 것은 일부러 그렇게 한 것이다. 조詔는 '황제의 명령'이라는 뜻이다. 당시는 황제가 가장 높았기 때문에 조詔 자 앞에 다른 글자를 두는 것은 불경스럽다고 생각하여 여백을 둔 것이다. 봉奉이란 '받들다'라는 의미이고, 조詔란 '윗사람(황제)이 아랫사람(신하)에게 명령을 내린다'는 의미이다. 구체적으로는 황제인 이세민이 현장스님에게 명령한다는 것이다. 따라서 봉奉 조역詔譯이란 황제의 명령을 받들어 불전을 번역한다는 의미이다. 황제의 보호 아래 실시된 불전 번역은 공적 사업으로서 개인적인 작업과는 사뭇 달랐다. 기록에 의하면 방대한 조직체계를 갖추고 있었는데, 그 조직은 다음과 같다.

역주譯主: 정면에 앉아 범본의 문장을 읽으며, 번역과 강해를 하는 번역의 중심인물이다.

증의證義: 역주 왼쪽에 앉아 범본을 비판 · 검토하는 역할(타당성 여부 검토)을 담당하였다.

증문證文: 역주 오른쪽에 앉아 범본에 잘못이 없는가를 확인하고(사본을 바로 읽었는가) 잘못을 바로잡는 역할을 담당하였다.

서사書寫: 범어의 발음을 한자로 나타내는 역할을 담당한 인물이다. 역주가 중국어를 몰라 번역하지 못한 부분이 있을 때, 이를 원문 그대로 중국어로 음사하였으며, 역주가 중국어에 능통하면 불필요하였다.

필수筆受/철문綴文: 범어의 음역을 의역하는 등 번역문을 교정하는 역할을 담당하였다.

참역參役: 범본의 문장과 한문을 비교하여 잘못을 바로잡는 역할을 담당하였다. 번역문을 범어로 바꾼 다음 범어 원문과 맞는지 대조하여 번역문

6) 『佛光大辭典』; wikipedia, japan.

의 타당성을 검토하였다.

간정刊定: 지나치게 긴 문장이나 중복되는 문장을 줄이고, 구句의 의미를 정하는 역할을 담당하였다.

윤문潤文: 남면南面에 앉아 문장을 아름답게 하는 역할을 담당하였다.

범패梵唄: 번역문을 낭독하기 좋게 교정하는 역할을 담당하였다.

감호대사監護大使: 번역작업을 보호하고 감독하는 관리로, 번역이 끝나면 황제에게 번역물을 진상하였다.

이처럼 봉 조역은 개인 번역과는 달리 역할 분담이 분명하였다. 그리고 조직도 체계적일 뿐만 아니라 정확하고 공정하였다.7)

• 사문

감산스님은 명나라(1368~1644) 시대의 인물로, 감산(오대산 북대) 출신의 사문(출가자)임을 밝히고 있다.

인도에서는 수행자 일반을 사문(śramaṇa)이라고 한다. 범어 스라마나(śramaṇa)는 '어려움을 무릅쓰고 노력한다'는 의미의 동사원형 √śram(스람)에서 파생하는데, 사문沙門은 이것의 음사이다. 이것을 한역해서 근식勤息(부지런히 힘써 번뇌를 쉬는 자), 식심息心, 공노功勞라고도 한다.

전통적인 인도 사회의 사제계급인 바라문은 수행하는 청년시기에만 성적 금욕을 지켰을 뿐 대부분의 생애는 결혼하여 가정을 이루고 자손의 번영을 위해 노력하였다. 바라문 수행자들은 자신의 후계자가 성장한 후에는 가정을 등지고 숲에서 수행하였으며, 노후老後에는 유행생활을 하였다. 이것을 사주기四住期라고 한다. 그러나 기원전 5~6세기경에 사문이라는 새로운 사상가가 다수 출현하였다. 그들은 가정을 버리고 한곳에 머물지 않고 유행하였으며, 전 생애를 독신으로서 금욕적인 생활을 했을 뿐만 아니라 걸식만으로 생명을 유지하면서 고행과 명상에 몰두하였다. 부처님도 처음에는 한 사람의 사문에 지나지 않았다. 다만 중국에서는 이 말을 불교 수행자에 한정해서 사용한다.

첨언하자면, 불교에서는 출가자를 비구와 비구니로 나눈다. 비구란 '걸식하

---

7) 김명우, 『유식삼십송과 유식불교』(예문서원, 2009), p.59.

는 남자'라는 뜻의 팔리어 'bhikkhu'(SKT: bhikṣu)를 음사한 것이다. 현장스님은 비구를 『금강경』에서 필추苾芻로 한역하였다. 그리고 비구니는 '걸식하는 여자'라는 뜻의 팔리어 'bihkkhunī'를 음사한 것이다. 결국 비구와 비구니란 오로지 유행하면서 걸식하는 자로서, 부처님도 깨달음을 얻은 후 입멸하기 전까지 45년간 오로지 유행하면서 걸식하였다. 또한 부처님의 직제자들도 부처님과 마찬가지로 걸식하면서 평생을 보냈다.

Ⅰ. 서문—『대승기신론』으로 유식의 핵심 가르침을 개관하다

1. 삼계유심 · 만법유식

[8]① 佛說一大藏教. 只是說破三界唯心. 萬法唯識. 及佛滅後. 弘法菩薩解釋教義. 依唯心立性宗. 依唯識立相宗.
② 各豎[9]門庭[10]. 甚至分河飮水. 而性相二宗不能融通. 非今日矣.
③ 唯馬鳴大師作起信論. 會相歸性. 以顯一心迷悟差別. 依一心法立二種門. 謂心眞如門. 心生滅門. 良以寂滅一心. 不屬迷悟. 體絕聖凡. 今有聖凡二路者. 是由一心眞妄迷悟之分. 故以二門爲聖凡之本. 故立眞如門. 顯不迷之體. 立生滅門. 顯一心有隨緣染淨之用.
故知一切聖凡修證迷悟因果. 皆生滅門收.
④ 其末後拈華爲教外別傳之旨. 乃直指一心. 本非迷悟. 不屬聖凡. 今達磨所傳禪宗是也. 其教中修行. 原依一心開示. 其所證入. 依生滅門悟至眞如門以爲極則[11].
⑤ 其唯識所說十種眞如. 正是對生滅所立之眞如耳. 是知相宗唯識. 定要會歸一心爲極. 此唯楞嚴所說一路涅槃門. 乃二宗之究竟也.
⑥ 學人不知其源. 至談唯識一宗. 專在名相上作活計. 不知聖人密意. 要人識破妄相以會歸一心耳. 故今依生滅門中. 以不生滅與生滅和合成阿賴耶識. 變起根身器界. 以示迷悟之源.
了此歸源無二. 則妙悟一心. 如指諸掌矣.

① 부처님께서 설하신 대장경의 가르침은 단지 삼계(욕계, 색계, 무색계)가

---

8) 『백법논의』, X48, 308a11.
9) 세울 수(豎=竪).
10) 문 문(門) / 뜰 정(庭): 문정이란 동문 · 집안을 뜻하므로, 문도 · 분파 · 학파 · 종파 등의 의미로 해석했다.
11) 법칙 칙(則).

오직 마음뿐이고(三界唯心), 존재하는 모든 것은 오직 식뿐(萬法唯識) 임을 밝혀(破) 말씀하신 것이다. 부처님께서 입멸하신 후 **홍법보살**이 가르침의 의미를 해석하여, 오직 마음(唯心, citta-mātra)에 의지하여 **성종**을 세우고, 오직 식(唯識, vijñapti-mātra)에 의지하여 **상종**을 세웠다.

② 하지만 각자 종파(門庭)를 세우고서는, 심지어 강에서 물도 같이 마시지 않았다. 그리하여 성종과 상종의 두 종파는 서로 융통할 수 없게 되었다. 〈이와 같이 된 것은〉 오늘의 일이 아니다.[12)]

③ 그렇지만 오직 **마명대사**만이 **『대승기신론』**을 저작하여, 상(현상)을 거두어 성(본성)에로 돌아가(會相歸性) **일심一心**[13)]으로 미혹과 깨달음의 차이를 나타내셨다. 그리고 일심법에 의지하여 두 종류의 문을 세웠는데, 이른바 심진여문과 심생멸문이 그것이다.[14)] 진실로(良) 적멸인 일심一心은 미혹과 깨달음에 속하지 않으며, 〈일심에서는〉 본질적으로(體) 성인과 범부의 〈구별도〉 없어진다(絕).

지금 성인과 범부의 두 가지 길이 있는 것은 일심을 진실과 거짓, 미혹과 깨달음의 〈이분법으로〉 나눈 것이 그 연유(由)이다. 그리하여 두 가지 문(심진여문과 심생멸문)으로 성인과 범부의 근본으로 삼았다. 그래서 진여문을 세워 미혹함이 없는 본체를 드러내고, 생멸문을 세워 일심은 조건(緣)에 따라 더러움과 청정함의 작용이 있다는 것을 나타내셨다. 그러므로 일체의 성인과 범부, 수행과 증득, 미혹과 깨달음, 원인과 결과가 모두 생멸문

12) 이것은 인도불교사에서 여러 부파로 분열된 부파불교, 그리고 대승불교가 중관파, 유식학파 등으로 갈라진 것을 비판한 것이다. 더불어 중국에 전해진 불교도 천태종, 화엄종, 법상종 등으로 종파를 형성하고, 각 종파는 서로 자기 종파의 우수성을 과시하기 위해 오교, 오시, 삼시교판을 세운다. 즉 화엄종은 소승교 · 대승시교 · 종교 · 돈교 · 원교(화엄종)의 五教, 천태종은 화엄시 · 녹야시 · 방등시 · 반야시 · 법화열반시(천태종)의 五時, 법상종은 유교 · 공교 · 중도교(법상종)의 三時教判을 세워 서로 대립하였는데, 감산스님이 이것을 비판하고 있는 것이다.

13) 박태원 교수는 『열반종요』에서 일심을 '하나로 통하는 마음'이라는 새로운 번역을 제시하고 있다.(박태원, 『열반종요』, 세창출판사, 2019)

14) 『대승기신론』의 一心 · 二門(심진여문과 심생멸문)을 말한다.

에 포함됨을 알 수 있다.

④ 〈가섭존자는 부처님께서 법문〉 끝에 보이신 꽃을 들어 교외별전의 종지로 삼았으니 곧바로 일심一心을 가리켜 본래 미혹과 깨달음도 없으며, 성인과 범부에도 속하지 않는다고 했다. 지금 달마대사가 전한 선종이 바로 이것이다. 그 선종의 수행은 원래 일심에 의지해서 열어 보였고, 그 깨달음은 생멸문에 의지하여 깨달아 진여문에 이르는 것을 궁극의 법칙으로 삼았다.

⑤ 유식에서 말하는 10종류의 진여는 바로 생멸문에서 세운 진여에 대응된다. 이것으로 상종의 유식임을 알 수 있다. 그러므로 법상종의 유식은 반드시 일심으로 모여 돌아감을 궁극(근본)의 길로 삼아야 한다. 이것은 『능엄경楞嚴經』에서 말하는 오직 '열반문으로 가는 하나의 길과 같은 것이다'[15]. 이것이 바로 두 종(성종과 상종)의 궁극적 경지이다.

⑥ 학인들은 이러한 근원을 알지 못하고 단지 유식종唯識宗만을 말하며, 오로지 명칭과 개념만을 일삼고 있다. 〈그래서〉 성인(부처님)의 비밀스러운 가르침을 알지 못하고, 단지 망상을 타파하여 일심으로 돌아가기만을 요구하고 있을 뿐이다. 이 때문에 지금 생멸문에 의지하여 불생멸심不生滅心과 생멸심生滅心을 화합하여 제8 아뢰야식이 되고, 그것이 유근신(몸)과 기세간(세계)을 생기시킨다는 점을 가지고서(變起) 미혹과 깨달음의 근원을 제시하고자 하는 것이다. 이것(제8 아뢰야식)의 근원으로 돌아가 둘이 아님을 이해한다면, 곧 일심을 완전하게 깨달아 손바닥에 있는 것을 내보이는 일과 같을 것이다.[16]

15) "시방의 박가범은 열반문〈으로 가는〉 하나의 길이다."("十方薄伽梵, 一路涅槃門." 『大佛頂首楞嚴經』, T19, 124c29)
참고로 감산스님은 『楞嚴經』에 대한 주석서인 『楞嚴經懸鏡』을 남기고 있다.

16) 如指諸掌, 즉 '그 손바닥을 가리키는 것처럼 쉽다'는 의미이다. 『論語』「八佾篇」에 처음 등장하는 말로, 대해종고 스님의 『서장』에도 인용되어 있다.

용어해설

• 삼계유심

'삼계유심'이라는 말은 『십지경』에 등장한다. 그리고 세친보살은 『유식이십론』 서두에서 "삼계는 오직 마음뿐(traidhātuka-cittamātra)이다"라고 하여 『십지경』의 이 구절을 인용하고, "심(citta)은 상응법인 심소(caitta)를 가진 것으로 의도되고, '오직'(唯, mātra)이라는 것은 외부대상(artha)을 부정하기 위한 것이다"17)라고 하여 '유심'이라는 말의 의미를 설명한다. 즉 심이란 심소(마음작용)를 포함하는 말이며, 외부대상을 부정하는 말(無境)이라는 것이다. 그래서 유식사상을 정의할 때 보통 '유식무경唯識無境'이라고 하는 것이다.

• 홍법弘法보살

어떤 보살인지 구체적으로 알 수 없지만, 글자대로 해석하면 '법(부처님의 가르침)을 널리(弘) 퍼트리는 보살'이라는 의미로 고유명사가 아니라 일반명사인 것 같다.

그리고 보살이라는 말은 범어 '보디사트바'(bodhi-sattva)의 줄임말로, 중국에서 '보리살타菩提薩埵'로 음사되었는데, 줄여서 보살이라고 한다. 먼저 '보디'(bodhi)는 동사원형 √budh(깨닫다)에서 파생한 것으로서 '깨달음'(覺)이라는 뜻이고, '사트바'(sattva)는 동사원형 √as(존재하다 · 있다)에서 파생한 현재분사 '사트'(sat)를 명사화(tva)한 것으로서, 이른바 보살이란 '깨달음(菩提)을 위해 노력하는 사람(sattva, 중생)'을 말한다.

오늘날 보살이라는 말은 용수나 세친보살처럼 주로 인도의 학승으로서 뛰어난 저작을 남긴 분에 대한 존칭으로 사용된다. 이 외에도 전생을 포함해 성도하기 이전의 부처님이나 구도심을 가지고 수행하는 사람들 또는 관음보살이나 지장보살과 같은 부처님의 분신을 의미하기도 한다. 현재 우리나라에서는 일반적으로 여성 재가신자를 보살이라고 부르고 있는데, 틀린 명칭은 아니라고 생각한다. 왜냐하면 부처님의 가르침대로 '깨달음을 위해 노력하는 모든 사람'은 모두 보살의 범주에 포함되기 때문이다. 대승불교의 이념은

---

17) cittam atra sasaṃprayogam abhipretam/mātra ity artha pratiṣedhārtham/(VV, p.2)

바로 보살정신과 육바라밀의 실천에 있다. 대승의 길(道)로 나아가는 주체는 보살이고, 그 길로 나아가는 실천은 육바라밀(saḍ-pāramitā)이다. 육바라밀이란 자신의 재물이나 능력을 아낌없이 베푸는 보시바라밀(dāna-pāramitā), 오계 · 팔재계 등을 계속해서 지키는 지계바라밀(śila-pāramitā), 고난 등을 참고 분노를 일으키지 않는 인욕바라밀(kṣānti-pāramitā), 기쁨으로 수행 노력하는 정진바라밀(vīraya-pāramitā), 바른 선정을 실천하여 마음을 집중하는 선정바라밀(dhyāna-pāramitā), 부처님의 바른 가르침을 배워 진리(진실)를 아는 지혜를 얻는 반야바라밀(prajñā-pāramitā)을 말한다. 그리고 보살은 성문聲聞(śrāvaka), 독각獨覺(pratyeka-buddha)의 이승二乘과도 대비된다. 목적론적으로 말하면 성문승은 부처님의 가르침에 따라 수행하여 아라한阿羅漢이 되는 것이 최종 목표이고, 독각승은 어디에 의존하지 않고 자신의 노력만으로 깨달음을 얻는 것이 최종 목표이다. 그렇지만 보살승은 부처가 되는 것, 즉 최상의 바르고 완전한 깨달음인 무상정등각無上正等覺(anuttarā-samyaksaṃbodhi)을 목표로 한다. 따라서 대승불교의 입장에서 보면 '깨달음을 목표로 노력하는 유정(중생)'은 모두 보살이 되는 것이다.

• 성상/성종 · 상종

'성상性相'이란 존재의 두 가지 측면으로서 만물의 진실한 본성本性 · 본체本體인 성性과 현상現象으로서 나타나는 모습인 상相을 말한다. 그리고 성종과 상종이란 성상이라는 개념을 종파적으로 해석한 것이다. 중국불교에서 성종은 중관에서 출발한 삼론종 · 화엄종 · 천태종 등을 말하며, 상종相宗은 유식학파인 법상종을 말한다.

우리는 일상적으로 모든 것을 차별하고 분별하지만, 깨달음의 세계에서 보면 이와 같이 차별되고 분별된 모든 것은 진여가 나타난 것이다. 이처럼 부처의 세계에서 출발하여 현상세계를 해석해 가는 것이 성종(화엄종, 천태종)이다. 즉 깨달음에서 출발하여 미혹의 세계를 해석하는 것이다. 반면 법상종(유식)은 미혹에서 깨달음에 이르는 과정, 즉 어떻게 하면 미혹한 범부가 부처가 될 수 있는가를 중시한다. 이런 의미에서 깨달음에 근거를 둔 화엄종이나 천태종을 '성종性宗'이라고 하고, 미혹에서 깨달음에 이르는 과정을 중시하는 유식사상, 즉 법상종을 '상종相宗'이라고 한다. 예를 들어 손으로 책상을 칠

때 나는 '탁탁'한 소리를 어떻게 파악할 것인가? 성종의 입장에서 보면, 이 소리는 진여가 나타난 것이다. 또한 저 산속의 아름다운 꾀꼬리의 울음소리도 진여가 나타난 것이다. 그래서 상종에서는 꾀꼬리의 울음소리를 통해 진여에 도달할 수 있다고 믿고, 좌선이나 요가 수행을 할 때 그 울음소리에 공부삼매工夫三昧하고자 한다. 즉 꾀꼬리의 울음소리가 미혹에서 깨달음에 도달하기 위한 매개체라는 것이다.

• 마명보살

마명馬鳴(Aśvaghoṣa)보살은 대략 80~150년경에 활동한 인도의 승려이다. 바라문 출신으로 처음에는 불교를 비난했지만, 부나사富那奢 또는 협비구脇比丘와의 논쟁에서 패한 다음 혀를 잘라 사죄하려고까지 했다. 이후 부나사 비구에게 용서받고 불교에 귀의하여 포교활동에 전념하였다. 그는 많은 희곡 작품을 제작하여 민중을 교화했을 뿐만 아니라 많은 사람을 출가시켰는데, 특히 500명의 왕자를 출가시켜 왕으로부터 희곡 공연 금지 명령을 받기도 했다. 그 후 쿠산왕조의 카니시카 왕의 보호 아래 불교를 널리 전파하여 '태양처럼 덕이 있는 사람'이라고 불리며 존경을 받았다. 대표적인 저작으로는 부처님의 일생을 그린 『불소행찬』(buddhacarita), 『대승기신론大乘起信論』 등이 있다. 그의 전기는 『마명보살전馬鳴菩薩傳』이나 『부법장인연전付法藏因緣傳』 등에 전해지고 있다.[18]

• 염화

염화란 염화미소拈華微笑의 줄임말이다. 염화미소란 직역하면 '꽃을 집어 들자 웃음을 띠다'는 의미로서, 부처님께서 대중에게 꽃을 들어 보이자 오직 가섭만이 미소를 지었다는 고사에서 유래한다. 이것은 글이나 말에 의지하지 않고 마음에서 마음으로 전한다는 의미에서 이심전심以心傳心, 대중에게 꽃을 보인다는 의미에서 염화시중拈花示衆이라고도 한다. 선종에서는 염화미소, 이심전심, 염화시중을 교외별전教外別傳, 즉 '가르침 밖에 별도로 전해지는 가르침'이라고 한다.

18) 『佛光大辭典』; wikipedia, japan.

• 10진여

10진여란 10개의 진리를 말한다. 보살의 10단계(십지)에서 10가지의 뛰어난 실천(십승행)에 의해 10가지의 무거운 장애(십중장)를 끊고서 얻은 10가지의 진여를 말한다. 구체적으로 다음과 같다. 변행진여遍行眞如, 최승진여最勝眞如, 등류진여勝流眞如, 무섭수진여無攝受眞如, 〈유〉무별진여〈類〉無別眞如, 무염정진여無染淨眞如, 법무별진여法無別眞如, 부증감진여不增減眞如, 지자재소의진여智自在所依眞如, 업자재등소의진여業自在等所依眞如를 말한다.[19]

2. 백법이란 만법유식(상종)의 가르침이다

1-① 相宗百法者. 正的示萬法唯識之旨也. ② 以不生滅心與生滅和合成阿賴耶識. ③ 以此識有覺不覺義. 其覺義者. 乃一心眞如. 爲一切衆生正因佛性. 其不覺義者. 乃根本無明.

2-① 迷此一心而成識體. 故此識有三分. 謂自證分. 見分. 相分. 又一師立四分. 增證自證分. 其證自證分. 卽不迷之眞如. 其自證分. 乃眞如一分迷中之佛性. 是爲本覺.

② 以衆生雖迷. 而本有佛性不失不壞. 以有眞如自體可證. 故云自證. 良由一心眞如. 有大智慧光明義故. 今迷而爲識.

③ 以湛寂[20]之體. 忽生一念. 迷本圓明. 則將本有無相之眞如. 變起虛

---

19) 十眞如者. **一遍行眞如**, 此眞如爲我法二空所顯, 一法無所不在, 故名遍行. **二最勝眞如**, 此眞如具足無邊之德, 於一切法爲最勝, 故名最勝. **三勝流眞如**, 此眞如所流之教法極爲殊勝, 故名勝流. **四無攝受眞如**, 此眞如無所繫屬, 非我執等之依所取, 故名無攝受. **五無別眞如**, 此眞如無差別之類, 非如眼等之有異類, 故名無別. **六無染淨眞如**, 此眞如本性無染, 非後方爲淨, 故名無染. **七法無別眞如**, 此眞如多數法種種安立無別異, 故名法無別. **八不增減眞如**, 此眞如離增減之執, 非隨淨染而有增減, 故名不增減. 又名相土自在所依眞如, 以若證得此眞如已, 現身相現國土自在故也. **九智自在所依眞如**, 若證得此眞如已, 則於無礙解得自在, 故名. **十業自在等所依眞如**, 若證得此眞如已, 則於一切神通之作業陀羅尼定門, 皆得自在, 故名. 眞如之性, 實無差別, 今隨勝德而假立十種. 菩薩於初地中已達一切而能證行, 然猶未圓滿, 故爲使圓滿後後建立之.(『성유식론』, T31, 54b9)

20) 맑을 잠(湛) / 고요할 적(寂).

空四大之妄相. 名爲相分. 將本有之智光. 變爲能見之妄見. 是爲見分. ④ 是知一切衆生世界有相之萬法. 皆依八識見相二分之所建立. 故云萬法唯識. 此實相宗之本源也.

1-① 상종(유식)의 백법이란 〈무엇인가?〉 바로 '존재하는 모든 것(만법)은 오직 식뿐'(萬法唯識)이라는 요지를 적시하는 것이다. ② 그리고 불생멸심(진여심)[21]과 생멸심(중생심)[22]이 화합[23]하여 제8 아뢰야식[24]이 성립한다.[25] 〈그래서 『대승기신론』에서는 제8 아뢰야식을 진망화합식眞妄和合識, 즉 진여의 본심과 중생의 망상심을 화합한 식이라고 한 것이다.〉 ③ 이 식(제8 아뢰야식)에는 각覺과 불각不覺의 의미가 있다.[26] 각(깨달음)이란 곧 일심진여로서 그것이 일체중생의 직접적인 인연으로서의 불성(正因佛性)이라는 뜻이다. 반면 불각(무명에 의한 미혹)은 곧 근본무명이다.

2-① 이 일심을 미혹하여 식의 본체로 삼으므로 식에 3가지(3분)가 있게 된다. 자증분, 견분, 상분이 그것이다. 또한 한 스승(호법보살)이 4분설을

21) 불생불멸심은 중생의 번뇌망상이 일어나고 소멸하는 생멸심이 아니다. 그래서 불생멸심이라고 하며, 진여심 · 여래장이라고도 한다.

22) 생멸심이란 번뇌망상이 일어나고 소멸하며, 생사윤회하는 마음을 의미한다. 다시 말해 중생이 일상에서 일으키는 마음이기 때문에 중생심이라고 한다.(정성본 역주 해설, 『대승기신론』 상 · 하, 민족사, 2019, p.194)

23) 여래장은 중생의 번뇌망상으로 생멸심이 되지만, 여래장과 중생의 생멸심이 서로 떨어져 있는 것이 아니라 진여심(불생불멸심)으로 화합하여 작용하고 있다는 의미이다.

24) 『대승기신론』에서는 제8 아뢰야식을 진여의 本心과 중생의 妄心이 화합하였다는 뜻에서 眞妄和合識이라고 하며, 여래장이라고도 한다. 다시 말해 제8 아뢰야식이 진망(세간법과 출세간법)을 모두 포섭하며, 또한 스스로 일체법을 생성한다는 것이다. 여기서 제8 아뢰야식은 생사윤회하기도 하지만, 번뇌 망념을 자각한 출세간의 지혜이기도 하다. 즉 둘이 따로 있는 것이 아니라 번뇌 망상이 일어나면 망식이고, 깨달으면 진여심(여래장 · 자성청정심)이라는 것이다.

25) 생멸이 없는 진여심(불생불멸심)과 생멸이 있는 중생심(생멸심)은 진여심으로 화합한다. 생멸이 없는 진여심과 생멸이 있는 중생심은 같은 것이 아니다. 그러나 똑같은 중생의 一心이 작용하기 때문에 다른 것도 아니다. 두 가지를 함께 지닌 중생의 일심이 생멸심으로 작용하는 것을 제8 아뢰야식이라고 한다.(정성본 역주 해설, 『대승기신론』 상 · 하, 민족사, p.191)

26) 제8 아뢰야식은 깨달음(본각)과 무명에 의한 미혹(불각)이 화합한 상태이다.

세웠는데, 〈**3분설**에〉 증자증분을 더한 것이다. 증자증분은 미혹하지 않는 진여심을 말한다. 한편 그 자증분은 바로 진여의 일부분으로 미혹 속에 있는 불성이다. 이것을 본각(본래적 깨달음)[27]이라고 한다.

② 중생은 비록 미혹한 존재이지만, 본래 불성이 있어 잃어버림도 없고 망가지지도 않는다. 이로써 진여 자체를 증득할 수 있기 때문에 '자증'(스스로의 증득)[28]이라고 한다. 진실로 일심의 진여로 말미암아 커다란 지혜광명의 뜻을 지니고 있지만, 지금 미혹하여 식이 되었다.

③ 맑고 고요한 본체에 홀연히 한순간의 생각(一念)이 생겨, 본래 원만하고 맑은 〈마음〉이 미혹하게 되어, 무릇 본래 존재하는 모양 없는 진여(無相之眞如)가 무위법인 허공[29]과 유위법인 사대(四大[30])의 망상(실체 없는 모양)으로 변화하여 생기하는 것을 상분이라고 한다. 또한 본래 존재하는 지혜의 빛(智光, 자증분)이 변화하여 주체로서 허망하게 보는 것을 견분이라고 한다.

④ 그런즉 이 일체중생과 세계는 형상이 있는 만법임을 알 수 있으며, 〈이 만법은〉 모두 8가지 식(전오식, 제6 의식, 제7 말나식, 제8 아뢰야식)의 견분과 상분의 두 가지 분(二分)에 의지하여 임시로 세워진 것임을 알 수 있다. 그러므로 '존재하는 모든 것은 오직 식뿐이다'라고 한다. 이것이 진실로 상종(유식)의 본원(근원)이다.

---

27) 본각에 대해 박태원 교수는 『열반종요』(p.297)에서 '깨달음의 본연'이라는 새로운 번역을 제시한다. 그 이유를 "한자의 어순으로 보면 '본연적 깨달음, 본래적 깨달음'으로 번역하는 것이 자연스럽지만, 그렇게 번역할 경우 본각을 '본래 존재하는 완전한 본체나 본질 혹은 실체'로 간주할 가능성이 높기" 때문이라고 한다.

28) 자증이란 '스스로 깨닫다'(증득함)는 뜻이다. 언어에서 벗어나 진리를 자기 내면에서 직접 획득한 것을 말한다. 그래서 自內證이라고도 한다.

29) 무위법 항목에서 자세하게 설명할 것이다.

30) 색법 부분에서 자세하게 설명할 것이다.

용어해설

• 정인불성, 연인불성, 요인불성

불성佛性에는 정인正因불성, 연인緣因불성, 요인了因불성의 3가지가 있다. 정인불성이란 모든 중생이 본래 갖춘 진리를 말한다. 연인불성이란 지혜를 일으키는 조건이 되는 선행善行을 말한다. 예를 들면 선지식이 옆에서 발심하도록 도와주는 것이다. 그리고 요인불성이란 부처님의 진리를 깨달아 얻은 지혜이다. 정인불성과 연인불성이라는 두 가지의 인과 연이 함께 갖추어져야 비로소 깨달음을 체득할 수 있다. 예를 들면 나무를 비벼 불을 피울 때 나무의 타는 성질은 정인불성, 사람이 나무를 비비는 행위는 연인불성, 불이 피어올라 나무가 타는 것은 진리를 증득하는 요인불성에 해당한다.[31]

• 3분설(상분 · 견분 · 자증분), 4분설(상분 · 견분 · 자증분 · 증자증분)

『성유식론』에서는 식識을 4개로 파악하여 '사분의四分義'라고 한다. 상분相分, 견분見分, 자증분自證分, 증자증분證自證分이 그것이다. 여기서 자증분은 사분四分 중에서 가장 중심적인 것이기 때문에 자체분自體分이라고도 한다. 『성유식론』에서는 자증분이 상분과 견분으로 분리되어 나타나는 것을 "식의 본체(識體)가 전轉하여 이분二分으로 사似한다"(식의 본체[자증분]가 전변하여 견분과 상분의 둘로 나누어진다)라고 한다. 이처럼 식識의 활동은 바로 견분, 상분의 이분二分이 나타나는 것이다.

그러면 식(자증분)은 어떻게 나누어지는가? 먼저 상분은 소연(ālambana, 인식대상), 즉 대상화되어 인식(파악)된 것이다. 견분은 능연(ālambaka, 인식작용), 즉 대상화된 것을 대상으로 인식(파악)하는 측면이다. 예를 들면 '꽃'이 상분이고, 꽃을 꽃으로 인식하는 것이 견분이다. 자증분(자기[自]를 확인[證]하는 부분[分])은 견분, 즉 꽃을 보고 있는 자신을 내면으로부터 인식하는 측면이다. 자증분이라는 말이 인식의 구조에서 식을 파악한 것이라면, 자체분은 존재의 관점에서 식을 파악한 것이라고 할 수 있다. 그리고 증자증분(자기[自證]를 재차 확인[證]하는 부분[分])은 자증분의 배후에 있는 것으로서, 자증분을 대상으로 확인하는 식(마음)이

31) 『대반열반경』 19권, T12, 477b28; 박태원, 『열반종요』(세창출판사, 2019), p.278.

다. 이렇듯 자증분이 견분을 확인하고, 증자증분이 자증분을 확인한다면, '증자증분을 확인하는 것이 필요하지 않는가'라는 의문이 생길 수밖에 없다. 그렇지만 유식에서는 증자증분을 확인하는 마음은 필요 없다고 한다. 왜냐하면 증자증분을 확인하는 것은 자증분이기 때문이다. 자증분은 견분을 확인하고, 한편으로 증자증분을 확인한다고 한다. 이처럼 견분에 관계하는 것은 자증분이지만, 견분은 자증분에 관계하지 않는다. 견분이 관계하는 것은 상분뿐이다. 즉 상분과 견분, 그리고 자증분 사이에는 일방적 관계만이 성립하지만, 자증분과 증자증분 사이에는 상호 관계가 성립한다는 것이다.

그리고 사분의는 인식대상인 상분과 그것을 대상으로 파악하는 식(능연)의 측면, 즉 견분, 자증분, 증자증분의 두 종류로 나눌 수 있다. 견분, 자증분, 증자증분은 모두 주관적인 측면에 속하는 것으로 합쳐서 후삼분後三分이라고도 한다. 규기스님은 『성유식론술기』에서 사분四分에 대해 전통적으로 4개의 입장이 있다고 한다. 예컨대 안혜는 자증분만을 인정하는 일분설一分說, 난타는 상분과 견분을 인정하는 이분설二分說, 진나는 상분(prameya, 所量), 견분(pramāṇa, 能量), 자증분(pramāṇa-phala, 量果)을 인정하는 삼분설三分說, 호법은 상분, 견분, 자증분, 증자증분을 인정하는 사분설四分說을 주장한다고 기술하고 있다.[32]

• 호법

호법護法(dharmapala)보살은 인도 유식학파의 학승으로 십대논사 중의 한 사람이다. 그는 세친보살 이후 유식의 최대 논사로 알려져 있다. 그는 남인도 출신으로 일찍이 나란다사원의 학장이 되었으나 29세에 은퇴하고 32세에 요절하였다고 한다. 호법보살의 학풍은 그의 제자 계현戒賢(Śīlabhadra, 529~645)에게 전해져 중국의 현장스님으로 이어졌다. 특히 현재 한역본만 남아 있는 『성유식론』은 현장스님과 규기스님에 의해 한역되어 중국 법상종이 성립하는 데 결정적인 단서를 제공하였다. 이 외에도 『대승백론석론大乘百論釋論』, 『성유식보생론成唯識寶生論』, 『관소연론석觀所緣論釋』 등이 있다.

참고로 유식은 미륵彌勒-무착無著-세친世親-화변-진나陳那-무성無性으로 이어지는데, 이 계통을 티베트에서는 무상유식학파라고 한다. 반면 미륵-

---

32) 김명우, 『유식삼십송과 유식불교』(예문서원, 2009), pp.110~111.

무착－세친－호법護法으로 이어진 것을 유상유식학파라고 한다. 그리고 호법의 제자 계현戒賢－현장－규기窺基－혜소慧沼－지주智周로 전승되어 중국에서 성립한 유식종파를 법상종이라고 한다.

3. 『대승백법명문론』을 지은 목적과 이유를 밝히다

① 今唯識宗. 但言百法者. 始因彌勒菩薩修唯識觀. 見得萬法廣博. 鈍根衆生難以修習. 故就萬法中最切要者. 特出六百六十法. 造瑜伽師地論以發明之. 可謂簡矣.
② 及至天親菩薩從兜率稟受[33]彌勒相宗法門. 又見其繁[34]. 乃就六百六十法中. 提出綱要. 總成百法. 已盡大乘奧義.
③ 故造論曰. 百法明門. 謂明此百法. 可入大乘之門矣. 故欲知唯識. 要先明此百法. 以此百法. 乃八識所變耳.
④ 以一切衆生. 皆依此識而有生死. 三乘聖人. 皆依此識而有修證. 通名世出世法. 卽此百法收盡. 然一切聖凡. 皆執爲我. 故論首標云. "如世尊言. 一切法無我." 卽顯此一無字. 便見世尊出世說法四十九年. 單單只說破聖凡之我見耳. 我見旣離. 則八識無名. 而一心之義顯矣. 由是觀之. 何相而不歸性耶.

① 지금 유식종에서 단지 백법만을 말하는 것은 〈어떤 이유인가?〉 처음으로 **미륵보살**이 유식관[35]을 닦아 만법이 드넓음(廣博)을 깨달은 것(見得)에서 비롯한 것이다. 그러나 근본이 아둔한 중생은 닦고 익히기 어렵기 때문에, 이에(就) 〈미륵보살이〉 만법 중에서 가장 중요하고 긴요(切要)한 660법을 특별히 뽑아 **『유가사지론』**을 지어 그 의미를 밝힌 것이다(發明). 가히 간결

---

33) 받을 품(稟) / 받을 수(受): 받다.
34) 번거로울, 복잡할 번(繁).
35) 선정 또는 定心에 머물면서 '오직(唯) 識뿐', 즉 마음만이 존재한다고 관찰하는 수행 방법(法)을 말한다.

하다고 할 수 있다.

② 천친보살에 이르러 도솔천에서 미륵보살에게 상종(유식)의 법문을 받았지만,[36] 또다시 이것(660법)도 번잡하다는 것을 알았다. 이에 〈천친보살께서〉 660법 중에서 핵심요지(綱要)[37]를 내어놓아 모두 백법으로 완성하여, 이것으로 대승의 깊은 뜻을 이미 다 밝혔다.

③ 〈천친보살이〉 론을 지어 '대승백법명문'[38]이라고 한 것은, '백법百法이 대승으로 들어가는 문門이 되는 것을 밝힌다'는 의미이다. 그러므로 유식을 알려고 하면 반드시(要) 먼저 이 백법을 밝혀야 한다. 이 백법은 바로 제8 아뢰야식[39]이 전변(변화)한 것(識所變)이다.

④ 일체중생은 모두 제8 아뢰야식에 의지하여 생사윤회한다. 삼승(성문승, 연각승, 보살승)과 성인도 모두 제8 아뢰야식에 의지하여 닦고 깨달았다. 통칭 세간법과 출세간법이라고 하는 것들은 이 백법에 모두 다 포섭된다는 뜻이다. 그러나 일체 성인과 범부는 모두 자아를 집착한다. 그래서 『대승백법명문론』의 서두에 나타내어 말하기를, "세존께서 말씀하신 것처럼 일체법은 무아로서" 바로 이 '무無' 자 하나를 드러낸 것이다. 이처럼 세존께서 세상에 출현하여 49년을 설법한 것이 오로지 성인과 범부의 아견我見을 완전하게 깨뜨리기 위한 것이었다. 아견을 이미 떠나면 곧 제8 아뢰야식의 이름은 없어져 일심의 도리가 드러난다. 이렇게 본다면 모든 모양(相)이 다 본성(性)으로 돌아가게 되지 않겠는가!

---

36) 무착보살이 도솔천에서 미륵보살로부터 상종(유식)의 법문을 받아 천친보살(세친보살)에게 전했다는 뜻이다.

37) 綱이란 그물을 짤 때 중심이 되는 줄을 말하고, 要는 요긴, 근본이라는 뜻이다. 따라서 綱要란 '가장 핵심의 요지'라는 뜻이 된다.

38) 『대승백법명문론』을 세친보살의 저작이 아니라, 위작으로 보는 학자도 있다.

39) 5위백법 중에서 심법은 전오식, 제6 의식, 제7 말나식, 제8 아뢰야식의 8가지 식을 말한다. 7가지 식은 제8 아뢰야식에서 생기한 것으로서, 이른바 제8 아뢰야식의 전변이다. 다시 말해 심법의 7가지 식을 포함하여 5위백법의 원천이 제8 아뢰야식이라는 것이다. 그래서 집필자는 '八識'을 '8가지 식'이 아닌 제8 아뢰야식으로 해석해도 큰 무리는 아니라고 생각해서 8가지 식(八識)으로 해석하지 않고 제8 아뢰야식으로 해석하였다.

용어해설

• 미륵(Maitreya)과 『유가사지론』

미륵彌勒보살(350~430)은 유식의 창시자이다. 그런데 미륵보살이 '역사적으로 실존한 인물인지 가공의 인물인지'에 대해서는 학자들 사이에서도 의견이 갈린다. 게다가 그의 저서는 중국 전승의 문헌과 티베트 전승의 문헌 사이에 약간의 차이가 있다. 티베트 문헌에는 『대승장엄경론大乘莊嚴經論』(Mahāyānasūtrā laṃkāra), 『중변분별론中邊分別論』(Madhyāntavibhāga), 『법법성분별론法法性分別論』(Dharmadharm-atāibhāga), 『구경일승보성론究境一乘寶性論』(Ratnagotravibhāga-mahāyānanottaratantra), 『현관장엄경론現觀莊嚴經論』(Abhisamyālaṃkāra)이 미륵보살의 저작으로 기록되어 있다. 반면 중국 문헌에는 『유가사지론瑜伽師地論』(Yogācāra-bhūmi), 『분별유가론分別瑜伽論』(산실), 『대승장엄경론』, 『중변분별론』, 『금강반야바라밀다경金剛般若波羅密多經』이 미륵보살의 저작으로 기록되어 있다. 양자를 비교해 볼 때 공통적인 저작은 『대승장엄경론』과 『중변분별론』 둘 뿐이다. 따라서 최소한 이 두 권은 미륵보살의 저작으로 봐도 무방할 듯하다.

이처럼 『유가사지론』은 중국 문헌에는 미륵보살, 티베트 문헌에는 무착보살의 저작으로 기록되어 있다. 한역본은 현장스님이 번역하였으며, 총 5부 100권으로 구성된 방대한 논서이다. 『유가사지론』은 유식을 실천하는 사람(유가사)들이 가야 할 17단계(17地)를 서술한다. 특히 이 저서는 유식사상을 정리된 형태로 기술한 최초의 논서로, 그중에 「보살지」가 가장 유명하다. 그리고 『유가사지론』 말미에는 법상종의 소의경전인 『해심밀경解深密經』의 전문全文이 수록되어 있다. 『해심밀경』이란 '아직 명확하게 밝혀지지 않은 붓다의 가르침에 관한 비밀의 의미(saṃadhi)를 해명하는 경전(nirmocana-sūtra)'이라는 뜻이다. 특히 중생의 마음 근저에서 집착을 일으키는 종자種子인 아타나식阿陀那識이 있다고 설하고, 이 마음(識)으로 인해 중생이 생사윤회한다고 한다.

• 무착보살과 『섭대승론』

진제스님의 저작인 『바수반두법사전婆藪槃豆法師傳』에 의하면, 무착無着보살(Asaṅga, 395~470)은 인도 북서지방 간다라국에서 바라문의 3형제 중 장남으로 태어났다고 한다. 3형제 중 첫째가 무착이고, 둘째가 세친이며, 셋째가 비린지

발바(Viriñcivasta)였는데, 비린지발바는 나중에 설일체유부에 출가하여 아라한이 되었다는 것 이외에는 기록이 남아 있지 않다.

무착보살은 설일체유부에 출가하여 수행했지만, 깨달음의 경지에 이르지 못하자 자살하려고 하였다. 그때 동방 비데하국의 아라한 빈두라賓頭羅를 만나 대승의 가르침을 전수받고 수행에 전념하였다. 그러나 그는 이에 만족하지 않고 이미 체득한 신통력으로 도솔천에 올라가 미륵보살에게 가르침을 청했다. 미륵보살에게서 대승의 공관을 배운 무착보살은 다시 지상에 내려와 가르침의 내용대로 수행을 실천하여 드디어 공의 교리를 깨달았다. 그 후에도 그는 도솔천을 왕래하면서 미륵보살에게 대승경전의 가르침을 받아 지상의 사람들을 가르쳤다. 그렇지만 지상의 사람들은 그의 가르침을 믿으려 하지 않았다. 그래서 그는 미륵보살에게 지상으로 내려와 대승의 교리를 설해 줄 것을 간청하였다. 그의 간청을 받아들인 미륵보살은 지상으로 내려와 사람들을 가르쳤다. 사람들은 4개월 동안 밤에는 미륵보살의 가르침을 받고, 낮에는 무착보살의 가르침을 받았는데, 그로 인해 드디어 대승의 교리를 믿게 되었다. 한편 무착보살은 만년에 그의 친동생인 세친보살이 대승을 비방한다는 소식을 접하자 동생에게 대승의 가르침을 설하였고, 그의 가르침을 받아 세친보살도 대승에 귀의하였다.

현장스님의 『대당서역기大唐西域記』에 의하면, 무착보살은 부처님 입멸 후 1000년 뒤에 간다라국에서 태어나 처음에는 화지부에 출가하였지만, 나중에는 대승으로 전향하였다고 한다. 그리고 신통력을 발휘하여 천궁에 올라가 미륵보살에게서 『유가사지론』, 『대승장엄경론』, 『중변분별론』 등을 배우고 낮에는 지상에 내려와 사람들에게 가르침을 펼쳤다고 한다.

무착보살의 대표적인 저서는 '대승을 포괄한 논서'라는 제목의 『섭대승론』이다. 『섭대승론』은 제목명과 같이 대승사상을 일목요연하게 총정리한 유식사상의 논서이다. 이것은 총 10장으로 구성되어 있는데, 특히 제1장(제8 아뢰야식), 제2장(삼성설), 제3장이 중요하며, 내용상으로도 거의 대부분을 차지한다. 제5장은 수행론, 제6장은 육바라밀, 제7장은 십지, 제8장은 대승의 삼학(계정혜), 제9장과 제10장은 수행의 결과에 대해 기술하고 있다. 제1장과 제2장은 많은 학자에게 주목되어 이미 많은 연구가 이루어져 있다.

『섭대승론』의 주석서로는 세친보살의 『섭대승론석』과 무성無性의 『섭대승론석』이 현존한다. 그러나 양 주석서 모두 티베트역과 한역만 있고, 범본은 현존하지 않는다. 한역본은 불타난다 역의 『섭대승론』, 진제 역의 『섭대승론』, 현장 역의 『섭대승론본』이 현존한다. 『섭대승론』 이외 무착의 저작으로 『대승아비달마집론』, 『유가사지론』의 요지를 해설한 『현양성교론顯揚聖教論』, 『중론』의 부분 주석인 『순중론順中論』, 『금강반야경론金剛般若經論』 등이 있다.

• 식소변/식전변/전변

'식소변識所變'(vijñāna-pariṇāma)이라는 개념은 세친보살의 저작인 『유식삼십송』에 처음 등장하는데, "〈언어에 기초한〉 가설의 아와 법이 갖가지의 모습으로 전변轉變한다. 저것(아와 법)은 식의 소변(識所變)에 의지한다. 이 능변은 오직 3종류뿐이다. 이른바 마음(식)은 이숙식(제8 아뢰야식)과 사량식(제7 말나식) 및 요별경식(제6 의식)이다"[40]라고 하여, 존재하는 모든 것(아와 법)은 식이 전변한 것(識所變)이라고 한다. 이것을 또한 식전변識轉變이라고 한다. 이 말(識轉變, 識所變)의 범어는 'vijñāna-pariṇāma'인데, 현장스님이 『유식삼십송』의 한역(제1게송)에서 식소변, 식전변으로 혼용함으로써 독자들이 오해할 수도 있지만, 실은 같은 뜻이다. 현장스님이 두 말을 혼용한 이유에 대해서는 아직 밝혀진 바가 없다. 그리고 전변轉變(pariṇāma)이란 '원인의 찰나 존재가 소멸함과 동시에 성질을 달리하는 결과가 발생한다'는 의미인데, 자세한 것은 김명우의 『유식삼십송과 유식불교』[41]를 참조하길 바란다.

---

40) 한역본: 由假說我法. 有種種相轉. 彼依識所變. 此能變唯三. 謂異熟思量. 及了別境識.(『유식삼십송』, T31, 60a27-28)

범본: ātmadharmopacāro hi vividho yaḥ pravartate/vijñānapariṇāme 'sau pariṇāmaḥ sa ca tridhā(2ab)//(TV, p.15, 16)

41) 김명우, 『유식삼십송과 유식불교』(예문서원, 2009), p.88.

4. 5위백법이란

⑤ 今言百法. 通名有爲無爲世出世法. 其世間名有爲法有九十四. 出世間名無爲法有六種.[42] 故一切兩字. 包括殆盡. 雖云出世. 猶未離我. 故總無之. 所以論主標一切法無我一句. 爲性相之宗本. 則了無剩法矣.
⑥ 其有爲法九十四者. 謂一心法有八. 心所法有五十一. 色法有十一. 不相應行法有二十四.

⑤ 지금 〈여기서〉 '백법'이라고 말하는 것은 무위법과 유위법, 세간법과 출세간법을 통칭한 것이다. 세간법은 유위법이라 불리며 94종류가 있고, 출세간법은 무위법이라 불리며 6종류가 있다. 그러므로 모든 것은 두 글자(백법)로 거의 다 포괄된다. 비록 출세간법이라고 해도 여전히 '자아'(我)를 떠난 것이 아니기 때문에 그것을 모두 다 '무'가 되게 하라는 〈뜻이다.〉 이런 이유로 논주(천친보살)는 **"일체법은 무아"**라는 한 구절을 드러내어(標) 성종과 상종의 근본 가르침으로 삼았다. 그런즉 조금도(了) 남는 법이 없게 되었다.
⑥ 〈백법 중에서〉 유위법은 94종류인데, 그중에 심법은 8종류, 심소법은 51종류, 색법은 11종류, 심불상응행법은 24종류이다.

5. 심왕과 심소의 이칭을 말하다

⑦ 然心法八者. 謂眼識 · 耳識 · 鼻識 · 舌識 · 身識 · 意識 · 第七末那識, 亦名意, 亦名染淨依, 俗呼傳送識 · 第八阿賴耶識, 亦名無沒識, 又名含藏識.
⑧ 此八識通名心王. 以第八識乃自證分爲生死主. 其前七識乃屬見分.

---

42) CBETA에는 "出世間名無爲法有六. 種故一切兩字"로 되어 있지만, "出世間名無爲法有六種. 故一切兩字"로 해석했다.

以爲心用. 故楞嚴云"元以一精明分成六和合"[43]. 八識心王. 無善無惡. 不會造業. 其作善作惡者. 乃心所也. 故五十一心所. 又名心使[44]. 如世人家之奴僕. 主人固善. 而奴僕作惡累及主耳.

⑦ 이 중에 심법 8종류는 안식 · 이식 · 비식 · 설식 · 신식 · 의식, 의意[45] · **염정의**染淨依 혹은 **전송식**傳送識이라 속칭하는 제7 말나식과 **무몰식**無沒識 또는 함장식含藏識[46]이라고도 하는 제8 아뢰야식이다.

⑧ 이 8가지 식은 일반적으로 '심왕'이라고 한다. 이 중에 제8 아뢰야식은 자증분으로서 생사의 주인이 되며, 그리고 앞의 칠전식七轉識(안식 · 이식 · 비식 · 설식 · 신식 · 제6 의식 · 제7 말나식)은 〈제8 아뢰야식의〉 견분에 속하며, 마음의 작용이 된다. 그래서 『능엄경楞嚴經』에서 "원래 하나의 정명이 나뉘어 6화합(여섯 가지 식의 화합)으로 성립하였다"고 말한 것이다. 그렇지만 8가지 식인 심왕은 선도 악도 없으며, 업을 지을 가능성도 없다(不會). 선을 짓고 악을 짓는 것은 곧 심소[47]이다. 51개의 심소를 또 다른 이름으로 마음의 심부름꾼(心使)이라고도 한다. 〈예를 들면〉 세상 사람의 집에서 〈부리는〉 하인(奴僕)처럼, 주인이 한결같이 선善하더라도 하인이 악을 지으면 주인에게 누가 되는 것과 같다.

---

43) 『대불정수능엄경』에서는 "6근도 또한 이와 같다. 원래 하나의 정명에 의지하여 6화합으로 나누어 성립하였다"("六根亦如是, 元依一精明, 分成六和合." 『대불정수능엄경』 6권, T19, 131a)라고 한다. 감산스님은 '依'를 '以'로 바꾸어 인용하고 있다.(元以一精明分成六和合) 감산스님이 의도적으로 바꾼 것 같지만, 그 의미는 크게 다르지 않다.

44) 부릴 사(使): 심부름꾼, 하인.

45) 意란 제7 말나식의 또 다른 명칭이다. 意란 어근 √man(사량 · 사고하다)에서 파생한 명사형 '마나스'(manas)의 번역이다. 그래서 '思量'이라고 번역하는데, 제7 말나식을 '사량식'이라고도 하며, 음사하여 '말나'라고 한다.

46) 행위의 결과인 종자를 품고 저장하는 식이라는 뜻이다.

47) 심소에 대해 『성유식론』에서는 "항상 심왕(8가지 식)에 의지하여 일어나고, 심왕과 상응하며, 심왕에 繫屬된다. 그래서 심소라고 한다"고 주석한다. 다시 말해 심소는 심왕에 의지해서 생기며, 심왕이 없으면 심소도 생기지 않는다는 것이다. 이처럼 심소는 반드시 심왕과 상응하며, 심소는 심왕에 속박(繫屬)된다. 마치 임금(심왕)의 명령에 신하(심소)가 따라야 하는 것처럼.

용어해설

• 염정의 · 염오의

제7 말나식은 선도 악도 아닌 '무기無記', 특히 유부무기이다. 그렇다고 제7 말나식은 나쁜 마음이 아니다. 제7 말나식은 '나'(자신)라는 생각에 더럽혀진 마음(染汚意)이다. 요즈음 말로 하면 '더러운 마음'이다. 그래서 제7 말나식을 더러운 마음이라는 뜻에서 '염오의染汚意'라고 한다. 예를 들어 축구 경기 중에 더티 플레이(dirty-play)를 하는 선수가 있다고 하자. 비록 관중이 야유를 보내더라도 심판은 휘슬을 불지 않는다. 더티 플레이지만 반칙은 아니기 때문이다. 제7 말나식은 운동경기로 치면 일종의 '더티 플레이'라고 할 수 있다. 『성유식론』에서는 "4번뇌, 즉 아치, 아견, 아만, 아애와 언제나 함께 작용하기 때문에 염오의(kliṣṭa-manas)라고 한다"48)고 기술하고 있다.

또한 제7 말나식을 염정의染淨依라고 한다. 염정의란 사의四依 중의 하나이다. 사의란 전오식 중의 어떤 하나를 생기게 하는 4가지 의지처(기반) 즉 그 원인으로서의 동경의同境依, 분별의分別依, 염정의染淨依, 근본의根本依를 말한다. 이 중에 동경의란 '근根'을 말한다. 근(감각기관)은 식識과 같은(同) 대상(境)을 가지기 때문에 동경의라고 한다. 분별의란 제6 의식을 말한다. 제6 의식은 식識과 함께 작용하여 대상을 명료하게 지각시키기 때문에 분별의라고 한다. 또는 명료의明了依라고도 한다. 염정의란 제7 말나식을 말한다. 제7 말나식은 식識의 심층에서 언제나 작용하며, 제8 아뢰야식을 대상으로 삼아 '자아'라고 착각함으로써 식識이 오염된다. 다만 제7 말나식이 완전히 청정하게 되어 평등성지로 전변되면 식識도 완전히 청정하게 된다. 그래서 제7 말나식을 염오와 청정의 성질을 가진 식이라는 뜻에서 염정의라고 한다. 이런 이유에서 감산스님도 『팔식규구통설』에서 제7 말나식을 "염정의의 의지처"라고 하면서 "참선 수행자는 반드시 4번뇌를 끊는 것에 뜻을 두어야 한다"고 주석한다. 그리고 근본의란 제8 아뢰야식을 말한다. 식識은 모두 제8 아뢰야식의 근원인 종자로부터 생기하기 때문에 근본의라고 한다.

---

48) 『성유식론』, T31, 24c.

• 전송식

전송이란 이쪽에서 저쪽으로 사람이나 물건을 보내거나 전하는 것을 말한다. 전송식은 곧 제7 말나식을 말하는데, 이른바 전송하는 역할을 하는 마음이라는 뜻이다. 다시 말해 제7 말나식은 제8 아뢰야식과 제6 의식의 중간에 위치하면서 심층으로는 제8 아뢰야식, 표층으로는 제6 의식에 전달하는 역할을 한다는 것이다. 이처럼 제7 말나식은 심층(제8 아뢰야식)과 표층(제6 의식)으로 전송하는 역할을 하기 때문에 두 마음을 연결하는 마음이기도 하다. 그래서 중국 화엄종의 실질적인 개창자라고 할 수 있는 현수스님(643~712)도 "제7 말나식은 위로는 제8 아뢰야식과 합하고, 아래로는 제6 의식과 합한다"(上合第八, 下合第七)고 하여 제7 말나식이 두 식(제8 아뢰야식과 제6 의식) 사이에서 전송자의 역할을 한다고 정의한 것이다. 그리고 이처럼 제7 말나식이 중간의 전송자 역할만을 하기 때문에, 현수스님은 다른 식(마음)과 달리 정확한 자기 역할이 없는 마음이라고 규정하며 필요 없는 마음이라고 주장한다.

그런데 성철스님은 『백일법문』에서 현수스님의 "〈제7 말나식은 별도로 자체가 없어〉 위로는 제8 아뢰야식과 합하고, 아래로는 제6 의식과 합하기 때문에 〈별도로 세우지 않는다〉"(〈別無自體〉 上合第八, 下合第六 〈不別立也〉)는 구절을 인용하며, "이것도 일리가 있는 말이지만 엄격하게 우리의 정신상태를 분석해 보면 제7식을 두는 것이 논리상 더 적합하다고 볼 수 있습니다"[49]라고 하여 현수스님의 입장을 비판한다.

다만 1981년에 출간한 『선문정로』에서는 현수스님의 설을 취해 제7 말나식에 회의적 입장을 취한다. "부처님의 말씀인 『능가경』에서도 제7식은 본체가 없는 것이라 하였고, 명말 고승 중 한 분인 감산스님도 제7식은 본체가 없다고 하였다. 어디 거기에 그치겠는가? 8식설이 유식의 학설이기는 하지만 정작 법상종의 소의경전인 『해심밀경』에서는 제6과 제8식만 거론하였을 뿐 제7식은 나오지 않는다. 이런 여러 자료를 근거로 추론할 때 제7식설은 『해심밀경』

---

49) 성철, 『백일법문』 상권(개정증보판, 2014), pp.371~372.
그런데 이 구절(上合第八, 下合第六)의 출처를 『백일법문』에서는 현수스님의 『大乘起信論義記』 권2로 표기하고 있지만, 집필자가 조사한 바로는 확인되지 않는다. 아마도 성철스님이 『大乘起信論義記』에 나타난 현수스님의 입장을 요약, 정리하여 "上合第八, 下合第六"이라고 표현한 것 같다.

이후 호법 계통 유식학파의 학설이지 부처님의 말씀이라 단정할 수 없다"라고 한다.[50] 성철스님의 입장 변화에 대해서는 강경구 교수의 『정독 선문정로』[51]를 참조하길 바란다.

• 무몰식

무몰식無沒識이란 진제스님의 번역이다. 진제스님은 아뢰야의 원어 'ālaya'를 'a(無)-laya(沒)'로 파악하여 '빠뜨림이 없는 식, 없어지지 않는 식, 모든 것을 기억하는 식'이라고 해석하였다. 진제스님의 이러한 해석은 제8 아뢰야식에 한 번 심어진 종자는 결코 소멸하지 않는다는 것을 전제한다. 즉 과거에 행한 행위의 결과인 종자는 결코 없어지지 않는다는 것이다. 과거의 행위는 어딘가에 침잠하여 있는 것이지 없어지는 것이 아니다. 이처럼 과거 행위의 결과물인 종자를 유지하고 보존하는 심층의 마음이라는 뜻에서 무몰식이라고 한다.[52]

6. 횡설로 심왕과 심소의 관계를 해설하다

⑨ 起信論中不分王所. 但竪說三細 · 六麤生起之相. 通名五意. 六種染心. 但云心 · 念 · 法異一語而已. 然心卽八識心王. 念卽心所. 法卽善惡境界.

⑩ 此唯識相宗乃橫說八識王所業用. 故不同耳. 其五十一心所. 分爲六位.

⑨ 그런데 『대승기신론』에서는 심왕과 심소를 나누지 않고 단지 **삼세육추**三細六麤의 생성하는 상황을 종적으로 말한다(竪說)[53]. 또한 **오의**五意와 **6종**

50) 성철, 『선문정로』(장경각, 2015), p.324.

51) 강경구, 『정독 선문정로』(장경각, 2022), pp.120~123.

52) "無沒識者. 無相論云. 一切諸種無所隱沒故無沒也."(『成唯識論了義燈』, T43, 729b28)

53) 세울 수(竪)란 세로나 수직, 가로 횡(橫)이란 좌우 · 동서를 의미하는데, 이른바 수설은 상하(종)로 말하는 것이고, 횡설은 가로(옆)로 말하는 것이다.

염심六種染心을 총괄하여 단지 심과 념과 법이 다르다는 한마디로 개괄한다. 여기서 심은 8가지 식인 심왕이고, 념은 51개인 심소이며, 법은 선악의 경계(대상)를 말한다.
⑩ 반면 유식의 상종은 8가지 식인 심왕과 〈51개인〉 심소의 작용(業用)을 횡적으로 설명(橫說)한다. 〈이처럼 유식에서는 심왕과 심소의 관계에 대한 설명방식이 『대승기신론』과〉 같지 않다. 그 51개의 심소는 6대 범주(6단계)로 구분된다.

용어해설

• 삼세육추

불각이란 중생 자신과 대상을 집착하여 미혹한 번뇌망상으로 생사윤회하게 하는 중생의 망념을 말한다. 불각은 근본불각과 지말불각으로 나뉜다. 근본불각은 근본무명이며, 지말불각은 삼세육추三細六麤를 말한다. 미세한 3가지 번뇌인 삼세는 근본불각인 중생의 무명에서 일어난다. 거친 번뇌인 육추는 중생의 마음(의식)과 대상을 조건으로 하여 생긴 번뇌망상이다.

구체적으로 말하면, '삼세상'이란 중생의 근본무명에 의해 무명업상無明業相·능견상能見相·경계상境界相이라는 3가지의 미세한 번뇌망상이 일어나는 것이다. 여기서 무명업상이란 무명에 의해 중생의 마음(망심)이 움직여 업이 일어나는 것이며, 능견상이란 중생의 망심이 대상(相)을 설정하여 능동적으로(能) 보는 것(見)이다. 경계상이란 중생의 망심에 의해 나타난 경계(인식대상)이다.

'육추상'이란 6가지 거친 번뇌망상을 말한다. 이른바 지상智相·상속상相續相·집취상集取相·계명자상計名子相·기업상起業相·업계고상業繫苦相이 그것이다. 지상이란 중생의 망심(마음)이 본 대상을 좋아하거나 싫어하는 분별심을 일으키는 것이다. 여기서 지智는 지혜의 의미이다. 하지만 대상(사물)을 인식하는 지혜, 즉 대상에 대해 좋아하거나 싫어하는 분별의 지혜이지, 깨달음의 지혜는 아니다. 상속상이란 지상에 의해 생긴 좋음과 싫음을 고락(즐거움과 괴로움)으로 받아들여 계속해서 지속하는 것(相續)이다. 집취상이란 상속상에 의해 지속되는 고락(즐거움과 괴로움)의 대상에 대해 집착하는 것이며, 계명자상이란 대상의 명칭이나 형상을 언어(名子)로 분별하고 집착하는 것(計)이다. 기업상이란 계명자상에 의해 나타난 대상을 분별하고 집착하여 갖가지의 업을 짓는 것이며, 업계고상이란 무명으로 삼업(業)을 지어 윤회하는 고통(苦)의 과보를 초래하는 인연과 연결된다(繫)는 뜻이다.

• 오의

『대승기신론』에서 오의五意란 의식(意)이 생기고 전개되는 과정을 다섯 가지 단계로 나눈 것을 말한다. 이른바 업식業識 · 전식轉識 · 현식現識 · 지식智識 · 상속식相續識이 그것이다.

업식이란 중생이 자신의 진여 자성을 알지 못하고 무지와 무명으로 번뇌 망상의 마음이 움직이기 시작하는 것을 말한다. 여기서 업이란 번뇌가 '움직여서 일어난다'는 의미이다. 삼세로 말하면 무명업상에 해당한다.

전식轉識이란 중생의 주관적인 마음작용을 말한다. 즉 주관적인 마음작용(主觀作用)으로 대상(相)을 설정하여 능동적으로(能) 보는 것(見)이다. 유식의 용어로 말하면 견분에 해당한다. 그리고 삼세로 말하면 능견상에 해당한다.

현식現識이란 객관적 작용(客觀作用)으로 나타나는 의식의 '대상'(경계), 즉 인식작용(마음)에 의해 나타난 여러 가지 대상을 말한다. 유식의 용어로 말하면 상분에 해당하고, 삼세로 말하면 경계상에 해당한다.

지식智識이란 의식에 나타난 대상을 실재한다고 망상(그릇된 분별)하는 인식 작용이다. 중생의 마음으로 분별하고 판단하여 아는 마음작용이다. 육추로 말하면 지상에 해당한다.

상속식相續識이란 이런 망상된 마음(그릇된 분별)을 지속, 성숙, 유지하는 것을 말한다. 육추로 말하면 상속상에 해당한다.

그런데 현수스님(『대승기신론의기』)은 미세한 번뇌 망상인 '삼세는 화합이 아뢰야식(아리야식)이며, 거친 번뇌 망상인 육추는 분별사식(의식)'이라고 한다. 이렇게 보면 『대승기신론』에서는 제7 말나식을 설정하지 않았으며, 그 때문에 현수스님도 제7 말나식의 존재를 부정했다고 할 수 있다. 현수스님의 이런 입장은 『대승기신론』과 『능가경』의 영향을 받은 것 같다. 왜냐하면 『능가경』에서는 제7 말나식을 따로 세우지 않고 진식(여래장식, 암말라식, 제9식, 진식), 현식

(제8 아뢰야식), 분별사식(의식, 여러 가지 일을 분별하는 식)만을 말하고 있기 때문이다.(謂眞識. 現識. 分別事識) 또한 감산스님도 "『능가경』에서 '모든 식에는 3가지가 있다. 즉 진식, 현식, 분별사식'이 그것이라고 하였다. 그러므로 지금 『대승기신론』에서 '일심에 의지하여 두 가지 문을 세웠다'라는 것은 이른바 진식에 의해 진여문을 세우고, 현식과 분별사식에 의지해 생멸문을 세웠다는 것이다. 그러므로 지금 진여란 곧 일심의 진여이기 때문에 모든 명칭·형상·일체 망상은 〈참이 아니므로〉 하나의 법으로 세울 수 없으며, 사구를 벗어나 있다. 그렇지만 두 가지 식(현식, 분별사식)에 의지하여 삼세·육추·오의·육념은 명칭·형상·망상에 속해 모두 생멸문에 수습된다"[54]고 했는데, 이것은 『능가경』에 근거하여 제7 말나식을 부정하는 입장이라고 할 것이다.

• 6종염심

6종염심六種染心이란 여섯 종류의 더러운 마음을 말한다. 이른바 집상응염심執相應染心, 부단상응염심不斷相應染心, 분별지상응염심分別智相應染心, 현색불상응염심現色不相應染心, 능견심불상응염심能見心不相應染心, 근본업불상응염심根本業不相應染心이 그것이다.

집상응염심이란 자아에 집착(執)하여(아집) 대상과 상응相應한 오염(染)된 마음(心)이다.

부단상응염심이란 중생이 오염된 망념을 차단하지 못하고 아집과 법집에 계속해서 상응하여 끊어지지 않는 더러운 마음(염심)이다. 오의로 말하면 상속식, 육추로 말하면 상속상에 해당한다.

분별지상응염심이란 분별지(너와 나 또는 좋아하거나 싫어하는 것 등으로 구별하고 차별하는 것)에 상응하여 집착하는 더러운 마음이다. 오의로 말하면 지식智識이고, 육추로 말하면 지상에 해당한다.

현색불상응염심이란 현색(나타난 색, 즉 색, 소리 등의 대상)과 상응하지 않는 더러운 마음이다. 여기서 '현'이란 거울에 대상(사물)이 그대로 비추듯이 마음

54) 以經云諸識略有三種相. 謂眞識. 現識. 分別事識. 故今論依一心立二門者. 葢依眞識立眞如門. 依現識分別事識立生滅門. 故今眞如. 乃一心之眞如. 故名相妄想一切皆非. 一法不立.四句俱遣. 以依二識. 故三細六麤五意六染. 總屬名相妄想. 皆生滅門收.(『대승기신론직해』, X45, 488c)

의 거울이 사물을 그대로 비추는 것(나타내는 것)을 말하고, '색'이란 색경, 성경, 향경, 미경, 촉경을 말한다. 현색불상응염심은 오의로 말하면 현식現識이고, 삼세로 말하면 경계상에 해당한다. 오의 중의 현식, 전식, 업식은 미세한 번뇌이기 때문에 마음(망념)과 대상(경계)이 서로 상응하지 않는다. 그래서 '불상응염'이라고 한다.

능견심불상응염심이란 중생이 무명심에 의지하여 대상을 보려는 미세하고 더러운 마음이다. 오의로 말하면 전식이고, 삼세로 말하면 능견상에 해당한다.

근본업불상응염심이란 근본업(불각[근본무명]의 번뇌 망상에 의해 생긴 업)에 의지하여 작용하는 미세하고 더러운 마음이다. 진여의 마음과 상응하지 않고 불각(근본무명)의 망령된 마음이 작용하기 때문에 '불상응염심'이라고 한다. 오의로 말하면 업식이고, 삼세로 말하면 무명업상에 해당한다.[55]

• 수설 · 횡설

유식에서는 심왕과 심소의 관계를 상하(수직) 또는 종적으로 설명하지 않는다. 감산스님의 표현을 빌리자면 '수설'로 설명되는 것이 아니다. 즉 심왕과 심소는 서로 상응하는 횡적 관계에 있는 것이다. 반면 『대승기신론』에서는 일심-이문(심진여문, 심생멸문)으로 나누고, 다시 심생멸문(제8 아뢰야식)은 각覺과 불각不覺으로 구분한다. 그리고 불각은 근본불각과 지말불각으로 나눈다. 또한 지말불각은 삼세와 육추로 구분하여 설명한다. 이처럼 『대승기신론』에서는 종적인 관계로 마음을 설명하는데, 이것은 유식에서 마음을 설명하는 방식과는 다르다. 그래서 감산스님도 『대승기신론』은 수설, 유식은 횡설로 설명하기 때문에 다르다(不同)고 한 것이다.

---

55) 정성본 역주 해설, 『대승기신론』 상 · 하(민족사, 2019), pp.400~416.

Ⅱ. 51심소법

1. 51심소법을 개괄하다

1) 偏行五法. 謂意·觸·受·想·思.
2) 別境五法. 謂欲·解·念·定·慧.
3) 善心所有十一. 謂信·進與慚·愧·無貪等三根·輕安·不放逸·行捨及不害.
4) 根本煩惱有六. 謂貪·嗔·癡·慢·疑·不正見.
5) ① 隨煩惱二十. 分小中大. 小隨有十者. 謂忿·恨·惱·覆·誑·諂·驕·害·嫉·慳, 中隨二者. 謂無慚并無愧. 大隨八者. 謂不信并懈怠·放逸及昏沉·掉舉·失正念·不正知·散亂.
② 所言隨者. 乃隨其根本煩惱分位差別.
③ 分小中大者. 以有三義. 一. 自類俱起. 二. 徧染二性. 謂不善有覆. 三. 徧諸染心.
④ 三義皆具名大. 具一名中. 俱無名小.
6) 不定法四者. 謂悔·眠·尋·伺. 以此四法不定屬善屬惡故.
此五十一心所. 皆作善作惡之具也. 而有麤細之不同.

1) 변행의 5가지 법은 이른바 작의, 촉, 수, 상, 사이다.[1)]
2) 별경의 5가지 법은 이른바 욕, 승해, 념, 정, 혜이다.
3) 선심소 11개는 신, 정진, 참, 괴, 무탐 등의 삼선근, 경안, 불방일, 행사 및 불해이다.[2)]

---

1) 『유식삼십송』과 『대승오온론』에서는 촉 → 작의 → 수 → 상 → 사의 순서이지만, 『대승백법명문론』에서는 작의 → 촉 → 수 → 상 → 사의 순서이다. '촉 → 작의 → 수……'의 순서인지, '작의 → 촉 → 수……'의 순서인지에 대해 여러 주장이 있지만, 번잡하여 생략한다.
2) 『유식삼십송』에서 선심소의 순서는 신·참·괴·無貪·無癡·無瞋·근·안·불방일·

4) 근본번뇌는 6종류가 있다. 이른바 탐, 진, 치, 만, 의, 부정견[3]이다.

5)-① 〈근본번뇌에서 파생한〉 수번뇌는 20종류이다. 〈수번뇌는 다시〉 소수번뇌, 중수번뇌, 대수번뇌로 나눈다. 소수번뇌 10종류는 분, 한, 뇌, 부, 광, 첨, 교, 해, 질, 간이다. 중수번뇌 둘은 무참 및 무괴이다. 대수번뇌 8종류는 불신 및 해태, 방일 및 혼침, 도거, 실정념[4], 부정지, 산란이다.[5]

② 〈수번뇌에서〉 수隨라는 말은 근본번뇌에 따라서 단계(位)를 차별하여 나눈 것이다.

③ 〈수번뇌를〉 소수번뇌, 중수번뇌, 대수번뇌로 나누는 것은 세 가지 의미가 있다. 첫째는 자류自類와 함께 일어난다는 것이다. 둘째는 두 가지 성품을 두루 더럽힌다는 것이다. 〈이것은〉 이른바 불선(악)과 유부무기이다. 셋째는 모든 염심(번뇌에 의해 더럽혀진 마음)에 두루 〈미친다는 것이다.〉

④ 이 세 가지 의미를 모두 갖춘 것을 '대수번뇌'라고 한다. 하나를 갖춘 것(불선에 두루 작용하는 것)을 '중수번뇌'라고 한다. 〈아무것도〉 갖춘 것이 없는 것(자류와도 함께 작용하지 않고, 불선 · 염심도 작용하지 않으며, 각각 별도로 대상에 작용하는 성질이 강한 것)을 '소수번뇌'라고 한다.[6]

행사 · 불해이다.

3) 『유식삼십송』에서는 '악견'이라고 한다.

4) 『유식삼십송』에서는 '실념'이라고 한다.

5) 『유식삼십송』에서의 대수번뇌 순서는 도거 · 혼침 · 불신 · 해태 · 방일 · 실념 · 산란 · 부정지이다.

6) 감산스님의 수번뇌에 대한 주석은 『성유식론』과는 조금 차이가 있다. 『성유식론』에서는 "분 등의 10개는 각각 따로 일어나기 때문에 소수번뇌라고 한다. 무참 등의 2가지는 불선에 두루 〈작용하기〉 때문에 중수번뇌라고 한다. 도거 등의 8가지는 잡염심에 두루 〈작용하기〉 때문에 대수번뇌라고 한다."("謂忿等十各別起故名小隨煩惱. 無慚等二遍不善故名中隨煩惱. 掉擧等八遍染心故名大隨煩惱." 『성유식론』, T31, 33b05)라고 하여 소수번뇌, 중수번뇌, 대수번뇌를 각각 구별하고 있다. 이 중에서 소수번뇌는 '각각 따로 대상으로 삼아 일어나기 때문'에 이런 이름이 붙은 것이다. 즉 소수번뇌는 독자적인 성격이 강하고 각각 별도로 작용한다는 것이다. 중수번뇌는 '불선'의 마음속에 널리 편재하는 수번뇌이다. 대수번뇌는 염심(더러운 마음)에 두루 존재하는 수번뇌이다. 여기서 '염심'이란 '불선'과 '유부무기'뿐만 아니라 번뇌에 의해 오염된 마음을 말한다. 이처럼 대수번뇌는 불선과 같은 확실한 성질을 가졌을 뿐만 아니라 더럽고 아주 미세한 성질을 가진 심소이다. 그래서 제6 의식과 함께 작용할 뿐만 아니라 집요하게 자아에 집착하는

6) 부정법 4개는 이른바 회, 면, 심, 사이다. 이 4가지 법은 선에도 속하고 악에도 속하기 때문에 정해지지 않는 것(不定)이라고 한다.

이 51개의 심소는 모두 선을 짓고 악을 짓는 것을 갖추고 있지만, 거침과 섬세함(麤細)[7]이 같지 않다.

2. 변행遍行(sarvatragā)심소

1) 변행은 처음 선악으로 움직이는 생각이다

① 偏行五者. 乃善惡最初之動念也. 雖有五法. 其實總成一念.
② 以第八識元一精明之體. 本無善惡二路.
③ 其前五識. 乃八識**精明**. 應五根照境之用. 同一現量. 亦無善惡.
④ 其六七二識. 正屬八識之見分. 其七乃虛假[8]. 故楞伽云. "七識不流轉. 非生死因." 其六識元屬智照. 今在迷中. 雖善分別. 況是待緣. 亦本無善惡.
⑤ 若無偏行五法. 則一念不生. 智光圓滿. 現量昭然. 卽此名爲大定. 六根任運無爲矣. 無奈八識田中. 含藏無量劫來善惡業習種子. 內熏鼓[9]發. 不覺動念. 譬如潛[10]淵魚. 鼓波而自踊[11]. 是爲作意. 警心令起. 不論善惡. 但只熏動起念處. 便是作意.

① 〈이제 구체적으로 51심소법에 대해 살펴보자. 먼저 촉, 작의, 수, 상, 사의〉 5가지 **변행**은 처음 선악으로 움직이는 생각(念)이다. 비록 5법이 있지만, 사실 총괄해서 말하면 한순간의 생각으로 이루어진 것이다.

제7 말나식과 함께 작용하는 것이다.
7) 거칠 추(麤) / 가늘 세(細).
8) 빌 허(虛) / 거짓 가(假).
9) 두드릴 고(鼓).
10) 잠길, 깊을 잠(潛).
11) 뛸, 춤출 용(踊).

② 제8 아뢰야식은 근본이자 하나(元一)이며 정명의 본체로서 본래 선악의 두 길(자리)이 없다.

③ 전오식은 바로 8가지 식의 정명이다. 〈전오식은〉 응당 오근(안근 등의 5가지 감각기관)의 대상(境)을 비추는(인식하는) 작용이므로 〈대상을〉 동일하게 직접 지각(현량)하며, 또한 선악도 없다.

④ 제6 의식과 제7 말나식의 두 식識은 바로(正) 제8 아뢰야식의 견분에 속한다. 그렇지만 제7 말나식은 비어 있고 임시적인 것(虛假)이다.[12] 그래서 『능가경楞伽經』에서 "제7 말나식은 유전流轉하지 않는다. 그러므로 생사의 원인이 되지 않는다"[13]고 한 것이다. 〈반면〉 제6 의식은 처음 지혜(智)를 비추는 것(인식하는 것)에 속했지만, 지금은 미혹 속에 있기 때문에 비록 잘(善) 분별하더라도 여전히 조건(緣)에 의하므로 또한 본래 선악이 없다.

⑤ 만약 5가지 변행이 작용하지 않으면, 한순간의 생각(一念)도 생기지 않아 지혜의 빛이 완전하고 밝고 분명하게 직접 지각한다. 이것을 대정大定[14]이라고 하며 6근은 저절로 작동하여 인위가 없다. 그러나 유감스럽게도 제8 아뢰야식의 밭[15]에 무량한 겁에 걸친 선과 악의 업과 습기종자가 안에서 훈습되어 현행하여(鼓發) 모르는 사이에 생각이 일어난다. 비유하면 마치 깊은 연못 속의 물고기가 파도가 일어나면 스스로 뛰어오르는 것과 같다. 이것이 작의인데 놀란 마음(警心)[16]이 그것(종자)을 일어나게 하며 선과 악에

---

12) 이 구절은 '제7 말나식은 별도의 자체가 없다'는 의미이다. 성철스님의 표현을 빌리자면 '말나식은 실체가 없다'는 것이다. 그 근거로 감산스님은 『楞伽經』의 문장을 제시한다. 이로 인해 감산스님과 성철스님은 제7 말나식을 단지 전송식으로 파악하고 있었다는 것이 드러난다.

13) 『대승입능가경』 5권, T16, 14c22.

14) 대정(mahaggata-samādhi)은 욕계에서의 小定(작은 선정)의 반대말이다. 색계와 무색계에서의 유루선(여전히 번뇌가 섞여 있는 선, 무루선의 반대말)의 근본적인(커다란) 定(samādhi)을 말한다.

15) 제8 아뢰야식을 '인간이 행위한 결과물인 종자가 저장되는 장소', 즉 식물의 씨앗인 종자가 밭인 제8 아뢰야식에 저장되는 것을 비유적으로 표현한 것이다.

16) 경각(경심)이란 잠자고 있는 마음(제8 아뢰야식에 저장되어 있는 종자)을 놀라게 하여 깨어난 그 마음을 대상에 향하게 한다는 뜻이다.

상관없이(不論)[17] 오로지 훈습으로 생각이 일어나는 자리가 곧 작의이다.

용어해설

• 변행

변행遍行(sarvatragā)에서 변遍은 '두루', 즉 '언제 어디서나'라는 뜻이다. '행行'은 여기서 '작용'이라는 뜻인데, 인식작용이 일어날 때 반드시 함께 작용한다는 것이다. 다시 말해 변행이란 '마음(제8 아뢰야식, 제7 말나식, 제6 의식, 전오식)이 작용하면 반드시 동반해서 작용한다'는 의미이다.

지욱스님은 "4개의 일체를 갖추었기 때문에 변행이라고 한다. 이른바 선·악·무기의 삼성에 두루 〈함께 작용하고〉, 삼계9지에 두루 〈작용하며〉, 유루·무루·세간·출세간에 두루 〈작용하며〉, 8가지 식인 심왕과 두루 함께 작용(상응)한다"[18]라고 하여 '변행'에는 4가지 의미가 있다고 주석한다. 감산스님은 "변행이란 4종류가 모든 마음에 두루 작용하기 때문에 이런 명칭이 붙었다. 이른바 삼성(선, 악, 무기), 8가지 식, 삼계9지, 모든 시간이라는 4종류와 두루 작용한다는 것이다. 즉 〈변행은 앞에서 말한 4종류와〉 항상 함께 작용하는 심소이다"[19]라고 주석한다.

• 습기·훈습·종자

『성유식론』에서는 "종자는 습기의 다른 이름이다"라고 하여, 종자와 습기를 동의어로 취급한다. 그리고 "반드시 훈습으로 말미암아 존재한다"라고 하였는데, 이로 인해 감산스님도 '습기종자'라고 표현한 것 같다.

여기서 잠시 훈습薰習·습기習氣와 종자에 대해 살펴보자. 먼저 훈습이란 '보존하다, 두다, 머무르다'라는 뜻의 동사 √vas(바스)에서 파생된 명사 '바사나'(vāsanā)의 번역이다. 한자의 의미를 설명하면, 훈薰이란 '향기', '(연기가) 스며들다'라는 뜻인데, 훈제 고기 만들 때를 상상해 보면 된다. 훈제 고기를

---

17) 선·악 양쪽으로 작용한다는 의미이다.

18) "具四一切. 名爲遍行. 謂遍於善惡無記三性. 遍於三界九地. 遍於有漏無漏世出世時. 遍與八識心王相應也."(『직해』, X48, 342c4)

19) "言徧行者. 謂徧四一切心得行故. 謂徧三性. 八識. 九地. 一切時也. 是爲恒行心所."

만들기 위해서는 밀폐된 공간에서 고기에 연기를 천천히 스며들게 한다. 즉 연기 냄새가 자연스럽게 고기에 배어들게 만드는 것이다. 습習이란 깃 우(羽)와 일 백(百) 자가 합친 글자로 '새끼 새가 어미 새의 나는 모습을 보고 자기도 날기 위해 백 번(百) 날갯짓(羽)을 한다'는 의미이다. 물론 새끼 새가 날갯짓을 백 번만 하겠는가? 백 번이라는 것은 상징적인 표현으로 아마도 수천 번을 반복해야만 할 것이다. 따라서 여기서 습(習)은 곧 반복한다는 의미이다. 다시 말해 훈습이란 반복해서 한 행위의 결과(종자)가 점차 쌓인다는 것이다.

그리고 반복적으로 행한 행위의 결과(종자)가 점차 훈습되는 장소는 제8 아뢰야식이다. 저장되는 것은 인간 행위의 결과물인 종자이다. 종자라는 말은 범어 '비자'(bīja)의 번역어로, 식물의 씨앗을 가리키는 상징적인 개념이다. 땅속에 묻힌 식물의 종자가 비록 눈에는 보이지 않지만 적당한 온도나 물, 햇빛을 받아 조건을 갖추면 잎을 내고 꽃을 피우듯이, 인간도 자신의 경험을 인격의 근저에 보존하고 있다가 이것이 조건을 갖추면 행위로써 표출하는 것이다. 이와 같이 보존된 경험의 축적을 종자라고 한다.

『성유식론』에서는 종자를 '본식 중에서 친히 결과를 생기시키는 공능'[20]이라고 정의한다. 여기서 본식이란 바로 제8 아뢰야식을 가리키고, 공능功能(śakti)이란 힘 또는 작용 등을 의미한다. 그리고 차별差別(viśeṣa)이란 '특별함'을 뜻하기 때문에 공능차별이란 '결과를 나타내는 특별한 힘' 또는 '결과를 창출하는 특별한 작용'이라고 해석할 수 있다. 그렇다고 종자를 식물의 씨앗과 같은 것으로 생각해서는 안 된다. 종자는 어디까지나 정신적인 '힘', '활동', '에너지'를 말한다. 선한 행위를 하면 인격의 근저에 선한 행위가 축적되어 점차 선한 행위를 생기하는 힘이 강한 인격으로 되는 것이다.[21]

2) 작의作意(manaskāra): 마음을 처음으로 움직여서 대상에 향하도록 하는 마음작용

此生心動念之始也. 由衆生無始以來. 未嘗離念. 故今參禪看話頭. 堵

20) "本識中親生自果功能差別."(『성유식론』, T31, 8a6)

21) 김명우, 『유식삼십송과 유식불교』(예문서원, 2009), p.100.

截[22]意識不行. 便是不容作意耳.

이것(작의)은 마음이 생기고 생각이 작동하는(움직이는) 시작이다.[23] 중생은 무시이래로 일찍이 생각(念)을 떠난 적이 없었다. 그러므로 지금 참선을 하고 화두를 관찰하여(看) 마음(의식)이 〈선으로 흐르게 하여 불선으로〉 작동하지 않도록 막고 끊어야 한다(堵截). 바로 이것이 작의를 용납하지 않는다는 것이다.

용어해설

• 작의

감산스님은 작의에 대해 '마음을 놀라게 해서 깨운다'고 정의한다. 그리고 작의는 '선악 모두에 작용'한다고 한다. 그러므로 우리(참선 수행자)는 참선과 화두를 통해 작의가 선한 쪽으로 작동하도록 해야 한다. 다시 말해 참선 수행자는 불선 쪽으로 마음을 이끌면 안 되고 선한 쪽으로 마음을 이끌어야 한다는 것이다. 작의에 대한 감산스님의 주석과 다른 주석의 차이는 '마음이 생기고, 생각이 움직이는 시작'이라고 한 해석이다. 이것은 오변행 중에서 작의를 가장 먼저 배치한 이유를 설명한 것인데, 이에 따라 집필자도 작의를 '마음을 깨워서 처음으로 대상에 집중하게 하는 마음작용'이라고 정의한 것이다.

그러면 다른 논서에서는 작의를 어떻게 정의하고 있을까? 먼저 세친보살의 저작인 『대승오온론』(한역본)에서는 "능히 마음을 발오發悟하게 하는 것을 본성으로 한다"[24]라고 하고, 범본에서는 "〈그것은 대상에〉 마음을 유도(發悟, ābhog

22) 막을 도(堵) / 끊을 절(截): 막고 끊다.

23) 성철스님은 『백일법문』(중권, p.313)에서 작의에 대해 "마음이 생기고 생각이 움직이는 시작이다"(生心動念之始)라는 감산스님의 주석을 인용하여 정의한다. 그리고 "작의는 최초의 생각이 일어날 때를 말하는 것입니다. 한 생각이 일어났다고 해서 중생이 알 수 있는 그런 생각이 아닙니다. 자재보살 이상의 보살들도 이것을 무심인 줄 알지 실제로는 모릅니다. 그 정도로 미세하기 때문에 저 깊은 데에서 하는 말입니다"라고 풀이한다. 즉 작의는 최초로 마음을 움직이게 하는 역할을 하며, 작용이 미세하기 때문에 그 생각이 움직이는 것을 알지 못한다는 것이다.

24) "謂能令心發悟爲性."(『대승오온론』, T31, 848, c11)

a)하는 것이다"[25]라고 기술하고 있다. 여기서 '발오發悟, 즉 아보가'(ābhoga)는 특정한 대상(ālambana)으로 '마음을 유도하다(이끌다)'라는 의미이다. 그런데 『집론』(AS)에서는 "작의란 특정한 대상에 마음을 유도하는 것(ābhoga)이다. 대상에 대해 마음을 유지하게(dhāraṇa) 하는 작용을 한다"[26]라고 하여, 작의를 2가지 의미로 정의한다. 한역에서는 이것을 '발동심發動心'과 '지심持心'으로써 설명하는데, 이른바 대상에 대해 마음을 유도하는 것(ābhoga)이 발동심이며 유지하는 것(dhāraṇa)이 지심이다.[27] 또한 『유식삼십송석』에서는 "작의란 〈어떤 대상에 대해〉 마음을 유도한다는 것(ābhoga)이다. '유도한다는 것'은 〈마음을 어떤 대상에 오로지 집중시키는 것으로〉, 이것에 의해 마음이 대상(ālambana)에 향하게 되는 것이다. 또한 이것(작의)은 대상에 마음을 유지시키는 작용을 한다. 또한 여기서 '마음을 유지시킨다는 것'은 동일한 대상(소연)에 마음을 반복해서 이끄는 것이다"[28]라고 주석한다.

반면 『성유식론』에서는 "마음을 경각시키는 것(警心)을 본성(性)으로 하고, 마음을 소연경(인식대상)으로 이끄는 것을 작용(業)[29]으로 한다. 이것은 마땅히 일으켜야 할 마음속에 〈저장된〉 종자를 경각시키고 이끌어서 대상으로 가게 하기 때문에 작의라고 한다"[30]고 주석하고 있다.

또한 지욱스님은 작의를 "마음의 종자를 경각시켜 현행을 일으키는 것을 본성(체성)으로 하며, 현기한 마음을 이끌어 소연경(인식대상)으로 나아가게 하는 것을 작용으로 한다"[31]라고 주석하는데, 이른바 '마음의 종자를 깨워서

---

25) manaskāraḥ katamaḥ/cetasa ābhogaḥ/(Li and Steinkellner, p.5, 5)

26) manaskāraḥ/cetasa ābhogaḥ/ālambane cittadhāraṇakarmakaḥ/(Gokhale, p.15, 38).

27) 한역에서는 "무엇을 작의라고 하는가? 발동심을 본질적 성질로 삼는다. 소연경(ālambana)에 대해 마음을 지니도록 하는 것(유지하도록 하는 것)을 작용으로 삼는다"(T31, 664a25-26. "何等作意. 謂**發動心**爲體. 於所緣境**持心**爲業.")고 한다.

28) /manaskāraḥ cetasa ābhogaḥ/ābhujunam ābhogaḥ/ālambane yena cittam abhimukhī krīyate/sa punar ālambane cittadhāraṇakarmakaḥ/cittadhāraṇam punas tatraiva ālambane punaḥ punaścittasyāvarjanam//(TV, p.20, 11-14)

29) 성(본성)과 업(작용)을 설명하면, 먼저 본성이란 1차적인 성질(본질적인 성질)이며, 업(작용)은 2차적인 성질(부수적인 성질)을 말한다. 예를 들면 '불'의 본성은 '뜨거움'이고, 업(작용)은 '사물을 태우는 것'이라고 할 수 있다.

30) "作意謂能警心爲性. 於所緣境引心爲業. 謂此警覺應起心種引令趣境故名作意."(『성유식론』, T31, 11c6)

현행시키고, 마음을 이끌어 대상에 나아가게 하는 마음작용'이라는 것이다. 그리고 이처럼 작의가 '마음속에 저장된 종자를 깨워서 특정한 방향으로 향하여 집중하게 하는(心一境性) 마음작용'이기 때문에 감산스님도 작의를 오변행 중에서 가장 먼저 배치한 것이다.

지금까지의 이야기를 정리하면, 『대승오온론』에서는 작의를 '대상에 마음을 유도하는 것'이라고 정의하지만, 『집론』(AS)과 『유식삼십송석』에서는 '유도'와 '유지'로 나누어 설명한다. 그런데 한역본인 『성유식론』과 『직해』에서는 마음을 '경각'(경각심)시켜 대상에로 나아가게 한다고 하여, 범본과는 차이를 보인다. 즉 『성유식론』과 『직해』에서는 작의에 대해 발오(경각)라고 정의했을 뿐 '유지'(dhāraṇa)한다는 표현이 없는 것이다. 그리고 경각심(경심)이란 범어 '아보가'(ābhoga)의 한역이지만, 풀이하면 잠자고 있는 마음(제8 아뢰야식에 저장되어 있는 종자)을 놀라게 하여 깨어난 그 마음을 대상(새소리, 노을)에 향하게 한다는 뜻이다. 이 'ābhoga'를 발동發動, 동動, 발오發悟, 경각警覺, 경警, 경동警動 등으로 한역한다.

3) 촉觸(sparśa): 마음을 대상에 접촉시키는 마음작용

觸則引心趣境.[32] 葢境有二. 其習氣內熏者. 乃無明因緣所變爲境. 發出現行. 則以比似量所緣前塵影子爲境. 二境返觸自心. 故名爲觸.

〈촉이란 어떤 심소인가?〉 촉은 마음을 끌어당겨 대상(境)에 향하게 하는(趣) 〈마음작용이다.〉 대략 그 대상은 2종류가 있다. 〈첫째는〉 습기(종자)가 안(識)으로 훈습되는 것으로, 바로 무명의 인연으로 변화된 것을 대상으로

---

31) "警覺心種. 令起現行. 以爲體性. 引現起心. 趣所緣境. 以爲業用."(『직해』, X48, 342c5)

32) 성철스님은 『백일법문』(중권, p.313)에서 촉에 대해 감산스님의 주석을 수용하여 "마음을 끌어당겨 경계에 나아간다"(引心趣境)라고 정의한다. 그리고 풀이하기를 "마음을 끌어서 경계에 나아가는 것입니다. 여기에서 능·소가 벌어집니다. 촉은 能의 입장에서 말하는 것이고, 所의 입장에서 말하면 受입니다. 수는 대상의 모양을 받아들이는 것입니다. 사실 이것은 능소가 떨어진 무분별지에서 하는 설명이기 때문에 보통 중생이 말하는 능·소나 촉·수가 아닙니다. 그렇지만 진여무분별지가 아니고, 제8 아뢰야식의 미세식입니다"라고 하여 촉과 수를 함께 설명하고 있다.

삼은 것이다. 〈둘째는 식識에 훈습된 종자가〉 현행을 시작하여 이전에 〈본〉 대상(前塵)의 그림자(影子)를 조건(所緣)으로 하면서 **비사량**比似量(비량을 닮은 것)[33]을 대상으로 삼은 것이다. 두 대상(境)이 자신의 마음으로 되돌아와 접촉하기 때문에 촉이라고 한다.

용어해설

• 촉

촉觸(sparśa)이라고 하면, 영어의 'touch'처럼 '피부(대상)에 접촉하다'라는 '촉경觸境'의 의미로 생각하기 쉽다. 그러나 유식에서의 촉은 단순한 접촉의 의미가 아니다.

감산스님은 촉에 대해 '마음을 이끌어서 대상에 나아가게 한다'(引心趣境)고 정의하는데, 이것은 『성유식론』과 『직해』에서 설명한 작의와 촉의 구별을 어렵게 한 측면이 있다. 이어서 감산스님은 마음이 대상에 접촉하는 방식을 2가지로 나누는데, 첫째는 식識 안에 훈습된 종자로서의 대상이며, 둘째는 식識에 의해 추론(비량)한 과거의 사라진 대상이다. 그러면 다른 주석서에서는 촉을 어떻게 정의하고 있을까?

먼저 『대승오온론』(한역)에서는 "세 가지가 화합하여 분별하는 것을 본성으로 한다"[34]라고 하고, 범본에서는 "〈감각기관(根), 인식대상(境), 인식작용(識)의〉 세 가지가 결합하여 판별判別(paricchedа)하는 것이다"[35]라고 설명한다. 이처럼 『대승오온론』에서는 '화합'(결합)과 '판별'의 둘로 나누어 설명한다. 여기서 화합하는 3가지는 근, 경, 식으로서, 이 3가지가 화합할 때, 인식 즉 마음이 성립하는 것이다. 그리고 판별判別(paricchedа)이란, 근, 경, 식의 화합이 일어나면, 이것에 의해 감각기관(根)의 변이變異(vikāra)가 일어난다. 어떻게 변이하는가? 다음의 감수작용(수), 즉 수온일 때 고뇌·안락·불고불락 등의 판단을 하는데, 그 수온의 생기에 대응하는 것처럼 감각기능이 변화한다.[36] 다시

---

33) 比似量·似比量이란 비량과 닮아 있지만, 마음이 미혹하여 잘못 추론하는 것을 말한다. 예를 들면 안개를 연기로 착각하여, 저곳에 연기가 피어오르고 있다고 추론하는 것이다.

34) "謂三和合分別爲性."(『대승오온론』, T31, 848, c13)

35) trikasamavāye paricchedaḥ/(Li and Steinkeller, p.5, 4)

말해 인식이란 무엇인가 하는 질문에 대해 유식에서는 인식대상과 닮은 것으로서 자신의 감각기관, 이른바 신체가 변한 것이라고 보는 것이다. 그래서 나중에 등장하는 감수작용(수)의 의지처, 즉 촉은 감수작용을 생기게 하는 근거(기반)가 되는 것이다.[37]

『성유식론』에서는 "촉이란 삼이 화합하여(三和) 변이變異로 분별한다. 심과 심소를 대상에 접촉하게 하는 것을 본성으로 하고, 수·상·사 등의 의지처가 되는 것을 작용으로 한다"[38]라고 정의한다.

그리고 지욱스님은 촉 심소를 "근·경·식의 삼화가 일어날 때, 심과 심소를 대상에 접촉시키는 것을 본성(體性)으로 삼고, 수·상·사 등의 의지처가 되는 것을 작용으로 삼는다"[39]라고 하는데, 『성유식론』의 주석과 동일하다. 이처럼 『대승오온론』에서 언급하지 않았지만 두 주석에서는 촉을 '수·상·사 등의 의지처'라고 정의한다. 즉 수·상·사 등은 촉의 작용이 있고 나서, 그 촉에 의지하여 일어난다는 것이다. 그런데 『유식삼십송석』에서는 "감수작용(受)의 의지처가 되는 작용을 한다.…… 촉은 감수작용(수)을 〈생기게 하는〉 의지처가 되는 작용을 한다. 왜냐하면 경전에서 '즐거움의 감수작용(樂受)에 의해 받아들여진 〈인식대상에 대한〉 촉에 의지하여 즐거움의 감수작용이 생긴다는 것을 알아야 한다'라고 말하고 있기 때문이다"[40]라고 하여, 감수작용(수)만이 촉을 기반으로 생긴다고 주석한다. 또한 『집론』(AS)에서도 "촉이란 무엇인가? 〈감각기관, 인식대상, 인식작용이라는〉 3자의 화합에 의한 감각기관의 변이(변화)의 판별이다. 감수작용(수)의 의지처를 작용으로 삼는다"[41]라고 하여, 『유식삼십송석』과 동일한 입장이다. 그리고 지욱스님은 '삼화'(3가지

---

36) PSV, p.34, 15-16.

37) PSV, p.35, 3.

38) "觸謂三和. 分別變異. 令心心所觸境爲性. 受想思等所依爲業."(『성유식론』, T31, 11b16)

39) "于根境識三和之時. 令心心所觸境. 以爲體性. 受想思等所依. 以爲業用."(『직해』, X48, 342c7)

40) vedanāsamniśrayadānakarmakaḥ/(TV, p.20, 3)……/vedanāsaṃniśrayatvam asya karma/evaṃ hy uktaṃ sūtre sukhavedanīyaṃ spraśaṃ pratīyopadyte sukhaṃ veditam iti viraraḥ/(TV, p.20, 10-11)

41) sparśaḥ katamaḥ/trikasamnipāta indriyavikāra paricchedaḥ/vedanāsamniśrayadānakarmakaḥ/(Gokale, p.15, 38-p.16, 1)
한역: "何等爲觸. 謂依三和合諸根變異分別爲體. 受所依爲業."(『집론』, T31, 664a26-27)

의 화합)를 근·경·식이라고 분명하게 주석하고 있다.

두 주석(『성유식론』, 『직해』)에 등장하는 용어를 설명하고자 한다. 먼저 '삼화三和'라는 것은 지욱스님이 주석하고 있듯이, 인식기관(indriya, 根), 인식대상(viṣaya, 境), 인식작용(vijñāna, 識)의 3가지 조건을 가리키며, 이 3가지의 조건이 접촉하는 것을 말한다. 그리고 앞에서 설명했지만, 『성유식론』에서 말하는 '변이變異'란 근根이 대상으로 향할 때 본래의 모습이 변화한다는 의미이다. 다시 말해 근이 대상에 상사相似하여 변화한다는 것이다.[42] 이처럼 촉의 심소는 근, 경, 식의 화합에 의해 변이가 일어나 판별하는 작용을 한다. 예를 들어 보자. 한증탕에 들어가면 더운 열기가 피부에 닿아 피부가 열기를 감지한다. 그리고 피부의 변화에 따라 덥다는 것을 느끼게 된다. 다시 말해 우리가 어떤 것을 안다(인식)고 하는 것은 감각기관(根, 피부)·인식대상(境, 열기)·인식작용(識, 덥다)의 3가지 조건이 만나는 것에 의해 처음으로 성립한다는 것이다. 만약에 근根, 경境, 식識 중에 하나라도 결여되면 우리의 인식은 성립하지 않는다. 이처럼 촉은 감정(인식)을 생기게 하는 근거가 되는 중요한 심소이다. 그래서 『대승백법명문론』과 달리 『유식삼십송』에서는 오변행 중에서 '촉'을 가장 먼저 배치한 것이다.

4) 수受(vedanā): 대상을 받아들이는 마음작용

此妄境一現. 則違順俱非境相. 含受[43]不捨. 是名爲受.

〈감수작용(受)이란 어떤 심소인가?〉 허망한 대상이 한순간 나타나면 좋아하거나(順) 싫어하거나(違) 좋아하지도 싫어하지도 않는(俱非) 대상의 모습

---

42) 부연하면 인식대상(境)도 '감각기관'(根), '인식작용'(識)과 만나는 것에 의해 변화한다. 예를 들면 아무도 모르는 산속에서 피는 한 송이 백합꽃(境)도 누군가의 감각기관(根), 인식작용(識)과 만나는 것에 의해 백합꽃이 된다. 이와 같이 대상이 변화하는 것을 "變異로 분별하다"라고 할 수도 있다. 게다가 인식작용(식)도 마찬가지로 인식대상, 감각기관과 만나는 것(촉)에 의해 변화한다. 즉 변이로 분별한다는 것이다.

43) 성철스님은 『백일법문』(중권, p.313)에서 '受'를 "경계(境)의 모습을 품어서 받아들인다"(含受境相)라고 설명하는데, 이것은 감산스님의 주석인 "則違順俱非**境相**. **含受**不捨"라는 구절 중에서 **'境相含受'**를 발췌한 것이다.

(특징)을 받아들이고 품어서 버리지 않는 것을 감수작용(受)이라고 한다.

용어해설

• 수(감수작용)

'수'란 대상을 받아들이는 마음작용이다. 그래서 집필자는 '감수작용'이라고 번역하였다. 다만 감산스님은 수를 '좋아하거나(順) 싫어하거나(違) 좋아하지도 싫어하지도 않는(俱非) 대상의 특징을 받아들이고 품어서 버리지 않는 것'이라고 주석한다. 감산스님이 '품어서 버리지 않는다'라고 주석한 것은 대상을 받아들일 때 자신의 감정(고락사)을 가지고 받아들이기 때문에 그것에서 벗어나기 어렵다는 이유에서이다. 이것에 대한 다른 주석을 살펴보자.

『대승오온론』(한역)에서는 "무엇을 수온[44]이라고 하는가. 이른바 세 가지의 영납領納(anubhava)이다. 첫째는 괴로움이고, 둘째는 즐거움이고, 셋째는 괴롭지도 않고 즐겁지도 않은 것이다. 이른바 즐거움이란 〈즐거움이〉 소멸할 때 화합의 바람(欲)이 있는 것이다. 괴로움이란 〈괴로움이〉 생겨날 때 괴리乖離(서로 어그러져 떨어짐)의 바람(欲)이 있는 것이다. 괴롭지도 않고 즐겁지도 않음이란 둘(화합과 괴리)의 바람(欲)이 없는 것이다"[45]라고 한다.

범본에서는 "〈다섯 가지 모임(오온) 중에 두 번째의〉 수온受蘊(vedanā)이란 어떤 것인가? 그것은 세 가지 종류의 받아들임(領納 · anubhava)이다. 〈그 세 가지 중에〉 첫 번째는 고뇌苦惱, 두 번째는 안락安樂, 세 번째는 고뇌도 아니고 안락도 아닌 것(不苦不樂)이다. 안락이란 〈그것이〉 소멸할 때 결합이라는 바람이 존재하는 것이다. 고뇌란 〈그것이〉 생기할 때 괴리(벗어남)라는 바람이 존재하는 것이다. 불고불락이란 〈그것이〉 생기할 때 〈결합과 괴리라는〉 둘의 바람이 존재하지 않는 것이다"[46]라고 하여 비교적 자세하게 주석한다.

---

44) 『대승오온론』에서는 오온(색온, 수온, 상온, 행온, 식온)으로 '백법'을 설명하는데, 수온과 상온을 제외하고는 전부 행온에 배치하여 해설한다. 그래서 '수'를 수온, '상'을 상온이라고 한다. 그리고 식온에서 8가지 식을 해설하고, 11가지 '색'은 색온으로 설명한다.

45) "云何受蘊? 謂三領納. 一苦, 二樂, 三不苦不樂. 樂謂滅時有和合欲. 苦謂生時有乖離欲. 不苦不樂謂無二欲."(『대승오온론』, T31, 848b26)

46) vedanā katamā/trividho anubhavaḥ/sukho duhkho aduhkhāsukhaś ca sukha yasya nirodhe saṃyogac chando bhavati/dukkho yasyotpādādviyogac chando bhavati/aduh

또한 『유식삼십송석』에서도 “수란 〈고락 등을〉 영납하는 것을 본성으로 한다. 또한 그것은 〈지금 여기에 있는〉 대상이 즐거움, 괴로움, 둘(고락)의 행상(작용)이 없는 것을 본성으로 하는 것의 차별에 따라 고, 락, 비고비락의 3종류가 있다.…… 이 중에서 락의 영납(anubhava)이란 그것이 생길 때 벗어나고자 하는 욕구(aviyoga-icchā)가 생기지 않고, 〈그것이〉 소멸할 때 다시 한 번 합하고자 하는 욕구(saṃyoga-icchā)가 생기는 것이다. 고의 영납이란 그것이 생길 때 벗어나고자 하는 욕구가 생기고, 〈그것이〉 소멸할 때 다시 한 번 합하고자 하는 욕구가 생기지 않는 것이다. 비고비락의 영납이란 생길 때도 소멸할 때도 둘(벗어나고자 하는 욕구와 합하고자 하는 욕구)이 생기지 않는 것이다”[47] 라고 하여 『대승오온론』과 동일하게 주석한다.

『성유식론』에서는 수受에 대해 “순順(좋아함)과 위違(싫어함)와 구비俱非(순과 위가 아닌 것)인 대상(境)의 특징(相)을 ‘영납領納하는 것’을 본질(性)로 하고, 애愛를 일으키는 것을 구체적인 작용으로 삼는다”[48]고 주석한다. 이렇게 주석한 이유는 ‘받아들임’(영납)이 있고서, 그것에 애욕을 일으키기 때문이다.

또한 지욱스님은 “순順과 위違와 비순비위非順非違(순과 위도 아닌 것)의 대상(境)의 특징(相)을 영납하는 것을 본질(體性)로 하고, 〈즐거운 대상과〉 결합하기를 바라거나(欲合) 〈싫어하는 대상에서〉 벗어나기를 바라거나(欲離) 결합하기도 벗어나기도 원하지 않는 것(欲不合不離)에 대해 애愛를 일으키는 것을 구체적인 작용으로 삼는다”[49]라고 주석하고 있다.

위의 네 주석(『대승오온론』, 『성유식론』, 『직해』, 『유식삼십송석』)에 공통적으로 등장하는 ‘영납’이란 영수증領收證의 영領, 납품서納品書의 납納 자이므로 양쪽 다 ‘받아들인다’는 의미이다. 그러므로 여기서는 ‘받아들임’(감수)이라고 번역한

khāsukho yasyotpādāttadubhayam na bhavati/(Li and Steinkeller, p.3, 10-13)

47) vedanā anubhavasvabhāvā/sā punar viṣayasyāhlādakaparitāpakatadubhayākāravivikt asvarūpasākṣātkaraṇabhedāt tridhā bhavati/sukhā/duḥkhā/aduḥkhāsukhā ca/……tatr a sukho 'nubhavo yasmin utpanne 'viyogecchā niruddhe ca punaḥ saṃyogecchā jāya te/duḥkho 'nubhvo utpanne viyogecchā niruddhe ca punar asaṃyogecchā/aduḥkhās ukho yasmin utpanne niruddhe cobhayaṃ na jāyate/(TV, p.20, 16-p.21, 1)

48) “受謂領納順違俱非境相爲性. 起愛爲業.”(『성유식론』, T31, 11c11)

49) “領納順違非順非違境相. 以爲體性. 起於欲合欲離欲不合不離之愛. 以爲業用.”(『직해』, X48, 342c9)

다. 범어로는 'anubhava'(경험)라고 한다.

그리고 『대승오온론』과 지욱스님의 주석에 등장하는 '욕欲'은 범어 '찬다'(chanda)의 번역이다. 그러므로 '욕합欲合'이란 '안락이 지속되기를 바란다', '욕리欲離'란 '고뇌로부터 벗어나기를 바란다'는 의미가 된다. 그래서 지욱스님도 '수'는 욕에 의해 애욕(愛)을 일으키는 원인이 된다고 주석한 것이다. 이처럼 욕망(애욕)의 원인이 되어 집착하기 때문에 '수'는 윤회의 중요한 원인이기도 하다.

위의 주석 내용에 대해 부연하면, 순順이란 심心에 순응하는 대상(樂), 위違란 심에 대립하는 대상(苦), 구비俱非란 좋지도 싫지도 않은 대상(非苦非樂)을 말한다. 이러한 대상을 받아들이는 것이 수受의 본질적인 작용이고, 이것에 의해 애욕을 일으키는 것이 수受의 구체적인 작용이라는 뜻이다. 현대적으로 풀이하면 '수受'란 받아들이는 작용(감수작용)으로서 이른바 욕망을 일으키는 원인이라는 것이다. 그래서 『성유식론』과 『직해』에서도 대상을 받아들인다는 의미인 '영납領納'이라고 주석한 것이다. 그러나 우리는 외부로부터 센스데이터를 받아들일 때 사물을 있는 그대로, 다시 말해 객관적으로 받아들이지 않고 자신의 주관적인 감각이나 감정(싫어함, 좋아함, 취미)을 가지고 받아들인다. 그래서 감산스님이 '품어서 버리지 않는다'고 주석한 것이다.

또한 유식에서는 수受를 삼수三受와 오수五受로 분류한다. 삼수는 고苦, 락樂, 고도 아니고 락도 아닌 사捨를 말한다. 한편 오수는 고, 락, 우憂, 희喜, 사捨이다. 오수 중에서 고와 락은 감각의 영역이고 우와 희는 정신적인 영역에 속하기 때문에, 식識과의 관계로 말하면 고와 락은 전오식, 우와 희 그리고 사捨는 제6 의식의 활동에 속한다. 이처럼 수受는 우리의 인식 성립 과정에서 매우 큰 역할을 하는 것이다.

5) 상想(saṃjñā): 대상을 분석하여 언어를 부여하는 마음작용

境風飄鼓[50]. 安立自境. 施設名言.[51] 故名爲想.

---

50) 나부낄 표(飄) / 두드릴 고(鼓). 그래서 '휘몰아치다'라고 해석하였다.
51) 성철스님은 『백일법문』(중권, p.314)에서 '想'을 "자신의 경계를 세워서 명언을 시설한

〈상이란 어떤 심소인가?〉 대상의 바람이 휘몰아쳐도 스스로 대상을 안립하고,[52] 언어를 임시적으로 세우기[53] 때문에 상想이라고 한다.

용어해설

• 상

상想(saṃjñā)이란 대상의 특징(相)을 받아들여 정리하며, 언어로써 개념화하는 마음작용을 말한다. 다시 말해 상想은 대상의 특징을 받아들인 후에 단지 정리하면서 이해할 뿐만 아니라 동시에 그 대상에 언어를 부여하는, 즉 개념화하는 마음작용이다. 그래서 감산스님은 '수많은 대상을 받아들여 스스로 대상을 안립하고, 언어를 시설한다'고 주석한다. 그러면 다른 논서에서는 '상'을 어떻게 정의하고 있는지 살펴보자.

먼저 『대승오온론』(한역)에서는 "무엇을 상온이라고 하는가? 경계(대상)에 대해 갖가지의 특징을 취하는 것이다"[54]라고 한다. 범본에서는 "〈다섯 가지 모임(오온) 중에서 세 번째의〉 상온(想, saṃjñā)이란 무엇인가? 그것은 인식대상(viṣaya)의 다양한 특징(相, nimitta)을 파악하는 것이다"[55]라고 주석한다. 그리고 티베트 역에서는 "〈다섯 가지 모임(오온) 중에서 세 번째의〉 상온(想, saṃjñā)이란 무엇인가? 그것은 인식대상의 특징(相, nimitta)을 파악하는 것이다. 그 〈특징에는〉 3종류가 있다. 즉 한정적인 것, 광대한 것, 무량한 것이다"[56]라고 주석하고 있다. 이처럼 티베트 역에서는 범본과 달리 '특징'(相, nimitta)의 종류에 대해서 '그 특징에는 세 종류가 있다. 즉 한정적인 것, 광대한 것, 무량한 것이다'[57]라는 문구를 첨가하고 있다. 또한 『대승광오온론』에서는 다음과

다"(安立自境. 施設名言)라고 해설한다.

52) '대상의 갖가지 모습(특징)을 받아들여 그 대상의 특징에 언어를 부여하여(개념화) 구분한다'는 의미로 이해하면 될 것 같다.

53) 시설(임시적으로 세움)과 안립은 같은 의미이다. 『성유식론술기』(T43, 332a)에는 "건립하여 發起하는 것을 또한 시설하는 것이라고 이름한다"라고 하고 있다.

54) "云何想蘊? 謂於境界取種種相."(『대승오온론』, T31, 848b29)

55) viṣaya-nimittodgrahaṇam/(Li and Steinkeller, p.4, 1)

56) tat trividham parīttaṃ mahadghatam apramāṇaṃ ca//(Li and Steinkeller, p.4, 1-2)

57) 'dus shes gang zhe na/yul la mtshan mar 'dzin pa'o//de ni rnam par gsum ste/chung

같이 주석한다. "〈다섯 가지의 모임(오온) 중에서 세 번째의〉 상(saṃjñā)이란 무엇인가? 그것은 모든 대상(境)의 특징(相, nimitta)을 증대增大(增勝)하여 파악하는 것이다"(云何想蘊. 謂能增勝取諸境相)라고 하여 '증대增大'(增勝)라는 말을 추가하고 있다. 여기서 '증대하여 파악하는 것'이란 멍멍 짖는 네 다리의 무리에 대해 '개'라는 추상개념으로 파악하거나, 개·고양이·원숭이가 섞여 있는 무리에 대해 '동물'이라는 상위개념으로 파악하는 것처럼, 본래 그곳에 없는 개념을 추가한다는 의미라고 생각된다. 이처럼 상이란 '대상(viṣaya)의 특징(相, nimitta)을 파악하는 것'이라고 할 수 있는데, 『유식삼십송석』에서는 '대상(viṣaya), 특징(nimitta), 파악하는 것(udgrahana)'에 대해 다음과 같이 주석한다. "'대상'(viṣaya)이란 소연(ālambana, 현재 지각되는 대상)을 말한다. '특징'(nimitta)이란 대상의 특징인 〈이것은〉 청색, 〈저것은〉 황색 등의 소연(ālambana)을 확정하는 요인(kāraṇa)이다. '그것(특징)을 파악한다'는 것은 '이것은 청색이지 황색이 아니다'라고 확정하는 것이다."[58]

또한 『성유식론』에서는 "대상에서 상像을 취하는 것(取)을 본질적 작용으로 삼고, 갖가지의 명언名言을 시설施設하는 것을 구체적 작용으로 삼는다"[59]라고 주석하는데, 지욱스님이 "대상에서 상像을 취하는 것(取)을 본질(體性)로 삼고, 갖가지의 명언을 시설하는 것을 작용(業用)으로 삼는다"[60]라고 주석한 것과 동일하다.

앞에서 언급했지만 취상取像(nimitta-udgrahana)에 대해 부연하고자 한다. 취상이란 대상의 특징(像)을 파악하는 것(取), 즉 대상이 무엇인가를 지각하는 작용이다. 취상取相과 같은 의미이다. 예를 들면 '이것(대상)은 빨간 것이다'라고 한계를 짓는 것을 말한다. 일종의 '분석'이라고 할 수 있다. 그리고 '갖가지의 명언(언어)을 시설하는 것을 구체적 작용으로 삼는다'는 것은, '이것은 노트북이다' 또는 '이것은 개인택시이지 회사택시가 아니다'라고 하는 것처럼 대상을 확실하게 언어로 파악하여(개념화) 인식하는 작용을 말한다. 그래서 앞에서

---

ngu dang/rgya chen por gyur dang/tshad med pa'o//(P: si 13b2-3, D: shi 12a7)

58) viṣaya ālambanam/nimittaṃ tadviśeṣo nīlapītādy-ālambana-vyavasthā-kāraṇam/tasyodgrahaṇaṃ nirūpaṇaṃ nīlam etan na pītam iti/(TV, p.21, 2-4)

59) "想謂於境取像爲性. 施設種種名言爲業."(『성유식론』, T31, 11c22)

60) "於境取像. 以爲體性. 施設種種名言. 以爲業用."(『직해』, X48, 342c12)

상이란 '외부로부터 들어온 센스데이터를 분석하여 언어를 사용하여 개념을 구성하는 마음작용'이라고 한 것이다.

6) 사思(cetanā): 의지적인 마음작용

微細不斷. 驅役[61]自心. 令造善·惡.[62] 故名爲思.

〈사란 어떤 심소인가? 이것은 그 작용이〉 미세하여 끊기 힘들며, 자신의 마음을 몰고 부려서 선·악을 짓게 하기 때문에 의지적인 마음작용(思)이라고 한다.

용어해설

• 사(의지작용)

감산스님은 '사思'(cetana)를 그 작용은 미세하여 끊기 힘들며, 마음을 몰고 부려서(조작), 선업·악업을 짓게 한다고 정의한다. 집필자는 사思를 선악으로 가게 하는 '의지작용'이라고 번역하였는데, 그 근거를 다른 주석서를 통해 밝혀 보기로 하겠다.

먼저 『대승오온론』(한역)에서는 "공덕과 과실 및 두 가지(공덕·과실)가 아닌 것에 대해 마음으로 하여금 의업을 조작하게 하는 것을 본성으로 하는 것이다"[63]라고 하고, 범본에서는 "성공(guṇa)·실패(doṣa), 그 어느 쪽도 아닌 것에 의해 마음을 형성(citta-abhisaṃkāra)하게 하고, 사고思考에 의한 행위(manaskrama)를 〈생기게 하는 것이다〉"[64]라고 한다. 한역의 경우, '의업意業을 조작造作하는 것'이 '사思'의 작용이라고 하는데, 여기서 의업은 신身·구口·의意의 삼업 가운데 하나이다. 의업은 좋은 것을 생각하거나 나쁜 것을 의도하는 마음속의

---

61) 몰 구(驅) / 부릴 역(役).

62) 성철스님은 『백일법문』(중권, p.314)에서 감산스님의 "자신의 마음을 부려서 선·악업을 짓게 한다"(驅役自心. 令造善惡)라는 구절을 인용하여 '思'를 정의한다.

63) "謂於功德·過失及俱相違, 令心造作意業爲性."(『대승오온론』, T31, 848c16)

64) cetanā katamā/guṇato doṣato 'anubhayataś citta-abhisaṃkāro manaskrama/(Li and Steinkeller, p.5, 6-7)

활동인데, 이 의업에 의해 구업과 신업이 구체적으로 나타난다. 한편 범본에서는 '마음을 형성하는 것'과 '의업(사고에 의한 행위)을 생기게 하는 것'의 둘로 나누어 정의한다. 전통적인 사思의 해석은 범본의 해석이 가깝다고 할 수 있다. 다만 집필자는 한역에서 '마음으로 하여금 의업을 조작하게 하는 것을 본성으로 하는 것'(令心造作意業爲性)이라고 번역하였는데, 『대승오온론』의 범본이나 『유식삼십송석』[65], 『집론』(AS), 『성유식론』, 지욱스님의 주석을 고려하면 '마음을 조작하고, 의업(사고에 의한 행위)을 본성으로 삼는다'라고 해석해도 큰 무리는 없을 것 같다.

『성유식론』에서는 "마음을 조작造作시키는 것을 본질적 작용으로 삼고, 선품善品 등에게로 마음을 부리는 것(마음을 부려서 선한 행위를 하게 하는 것)을 구체적 작용으로 삼는다"[66]라고 주석한다. 또한 지욱스님은 사의 심소에 대해 "마음을 조작시키는 것을 본질로 삼고, 선 · 악 · 무기에게로 마음을 부리는 것을 작용으로 삼는다"[67]라고 주석한다. 『성유식론』의 주석과 동일하다.

두 주석을 정리하면, 사思는 좋은 생각이든 나쁜 생각이든 의지적인(의도적인) 마음작용이다. 의지적인 마음작용은 우리의 마음을 선 · 악 또는 무기로 물들이는 마음작용이다. 다시 말해 선한 의지로 마음을 작용시키면 선업이 생기고, 악한 의지로 마음을 작용시키면 악업이 생기는 것이다. 그리고 사思는 자기가 인식한 대상에 대해 행위를 일으키는 마음작용이다. 예를 들면 마치 자석(대상)의 움직임에 따라 철(마음)이 움직이는 것과 같다. 그러므로 사思는 인간 행위의 근원이 되는 마음작용이라고 할 수 있다. 불교에서는 인간 행위(業)를 신체적 행위(身業), 언어적 행위(口業), 사고적 행위(意業)로 나눈다. 그리고 사고적 행위를 '사업思業'이라고 하고, 사고적 행위로부터 신체적 행위와 언어적 행위가 생기한다는 의미에서 신체적 행위와 언어적 행위를 '사이업思已業'이라고 한다. 이때의 사思가 바로 오변행 심소 중의 사思이다.

---

65) "사란 마음을 작동하게 하는 것이며, 사고에 의한 행위(의업)이다. 그것(사)이 있을 때 소연(ālambana)을 향하여 마음이 움직이듯이, 마치 자석에 의해 쇠가 움직이는 것과 같다."(cetanā cittābhisaṃskāro manasaś ceṣṭā yasyāṃ satyām ālambanaṃ prati cetasaḥ praspanda iva bhavaty ayaskāntavaśād ayaḥpraspandavat//[TV, p.21, 4-5])

66) "思謂令心造作爲性. 於善品等役心爲業."(『성유식론』, T31, 11c13)

67) "令心造作 以爲體性. 於善惡無記之事役心. 以爲業用."(『직해』, X48, 342c13)

7) 5변행이란 모든 마음에 두루 작용하는 마음작용이다

① 其實五法圓滿. 方成微細善惡**總爲一念. 此最極微細.**[68] 故云流注生滅.
② 言徧行者. 謂徧四一切心得行故. **謂徧三性. 八識. 九地. 一切時也.** 是爲恒行心所.
③ 參禪只要斷此一念. 若離此一念. 卽是眞心. 故起信云. "離念境界. 唯證相應故."

① 실로 5가지 변행 심소법은 원만하다. 그렇지만 바야흐로 미세한 선악이 모여 한순간의 생각(일념)을 이루며, 이것은 지극히 미세하다. 그러므로 유주생멸[69]이라고 말한다.
② 〈무엇 때문에 변행이라는 명칭이 붙었는가?〉 변행이란 4종류가 모든 마음에 두루 작용하기 때문에 이런 명칭이 붙었다. 이른바 삼성(선, 악, 무기), 8가지 식, **삼계9지**, 모든 시간이라는 4종류이다. 이것(변행)은 〈앞에서 말한 4종류와〉 항상 함께 작용하는 심소이다.
③ 참선은 단지 이 한순간의 생각을 끊는 것이다. 만약 한순간의 생각을 떠나면, 즉 그것이 진심眞心이다. 그래서 『대승기신론』에서도 "생각(念)을 떠난 경계(경지)는 오직 〈지혜를〉 증득해야만 상응하기 때문이다"[70]라고 설한 것이다.

---

68) 성철스님은 『백일법문』(중권, p.314)에서 감산스님의 "總爲一念. **此**最極微細"라는 구절을 "總爲一念. **現行**最極微細"(총체적으로 일념이니, 현행이 지극히 미세하다), 즉 '此'를 '現行'으로 수정하여 인용한다. 그리고 성철스님은 '5가지 변행은 총괄적으로 하면 일념이지만, 자세하게 분석하면 5가지로 분류된다. 실제로는 무념의 일념'이라고 해설한다. 더불어 '이것의 현행은 아주 미세해서 자재보살이나 등각에서도 그 미세한 작용(행상)을 모른다'고 해설한다.

69) 유주생멸이란 인연(조건)에 의해 만들어진 유위법이 생멸을 끊임없이 반복하면서 존재하는 것(번뇌나 망상이 끊임없이 계속되는 것)을 물에 비유한 것이다. 流轉과 동의어이다.

70) 『대승기신론』, T32, 576b7.
성본스님(『대승기신론』)은 이 구절을 "중생의 번뇌 망상을 여읜 진여법신의 경계(세계)는 오직 불법을 깨달아 증득(證)한 지혜로만이 상응할 수가 있다"라고 해석한다.

용어해설

• 삼계9지

대승불교에서는 삼계(욕계, 색계, 무색계)를 9지地로 나눈다. 이것을 삼계9지三界九地라고 한다. 삼계를 9지로 나누면 욕계를 1지地, 색계 · 무색계를 각각 4지地로 나눈다. 9지는 다음과 같다.

(1) 오취잡거지五趣雜居地: 욕계의 다섯 세계(五趣)에 섞여 머무는(雜居) 단계(地)라는 의미이다. 오취는 지옥 · 아귀 · 축생 · 인 · 천의 미혹한 생존을 말한다. 여기서 취趣(gati)는 '달릴 취' 자이므로, '목적지로 향하여 달려가다'라는 뜻이다. 다시 말해 업에 의해 사후로 향하여 가는 곳 · 가는 장소라는 의미로서, 도道라고도 번역한다. 오취는 천天에서 지옥으로 갈수록 고통이 심해진다. 지옥에 대해서는 김명우(허암)의 『49재와 136지옥』[71]을 참조하길 바란다.

(2) 이생희락지離生喜樂地: 색계의 초선初禪의 경지이다. 욕계를 떠남으로써(離) 생기는 기쁨과 즐거움(喜樂)을 느끼는 수행단계(地)이다. 감산스님이 '초선의 천인은 선열을 주식으로 삼는다'(初禪天人以禪悅爲食)고 하듯이, 이곳에서는 냄새를 맡는 설식과 맛을 보는 비식이 필요 없다. 따라서 이곳은 안식, 이식, 신식만이 작용하는 수행단계이다.

(3) 정생희락지定生喜樂地: 색계의 제2선第二禪의 경지이다. 선정禪定이 깊어져 기쁨과 즐거움(喜樂)이 생기는(生) 수행단계(地)이다.

(4) 이희묘락지離喜妙樂地: 색계의 제3선第三禪의 경지이다. 제2선의 기쁨(喜)을 떠남으로써(離) 묘한 즐거움(妙樂)을 느끼는 수행단계(地)이다.

(5) 사념청정지捨念淸淨地: 색계의 제4선第四禪의 경지이다. 행사行捨(마음이 들뜬 상태인 도거나 지나치게 가라앉은 혼침에서 벗어난 평온한 경지)와 념(생각)이 청정한 수행단계이다. 여기서 행사는 고락사의 사수捨受와는 다르다. 그래서 사捨와 구별하기 위해 행사行捨라고 한 것이다. 행사에 대해서는 선심소 부분을 참조하길 바란다.

71) 김명우(허암), 『49재와 136지옥』(운주사, 2022).

(6) 공무변처지空無邊處地: 무색계의 첫 번째 경지이다. 허공이 무한하다고 체득하는 수행단계이다.

(7) 식무변처지識無邊處地: 무색계의 두 번째 경지이다. 마음의 작용이 무한하다고 체득하는 수행단계이다.

(8) 무소유처지無所有處地: 무색계의 세 번째 경지이다. 〈생각을 일으키는 것이〉 없는 경지를 체득하는 수행단계이다.

(9) 비상비비상처지非想非非想處地: 무색계의 네 번째 경지이다. 생각이 있는 것도 아니고(非想) 생각이 없는 것도 아닌(非非想) 경지를 체득하는 수행단계이다.[72)]

3. 별경別境(vinyata)심소

1) 별경심소는 선업과 악업 모두에 작용한다

① 別境五者. 正是作善作惡之心也. 前徧行五. 雖起一念善惡. 但念而未作. 若肯當下止息. 則業行自消. 及至別境. 則不能止矣.
② 言別境者. 謂別別緣境. 不同徧行. 此乃作業之心耳.
③ 因前徧行. 作後善惡. 體通麤細.

① 5가지 **별경**심소는 〈어떤 것인가? 별경심소는〉 바로 선을 짓고 악을 짓는 마음이다. 앞에서 말한 5가지 변행은 비록 한순간의 생각으로 선악을 일으키지만, 단지 생각만 할 뿐 〈선악을〉 짓지는 않는다.[73)] 만약 바로 그 자리에서 당장 〈작용하는 것을〉 멈춘다면, 〈5가지 변행의〉 작용(業行)은 저절로(自) 사라진다. 그렇지만 별경에 이르러서는 〈그 작용을〉 멈출 수 없다.

---

72) 『佛光大辭典』; wikipedia japan.

73) 이 구절을 성철스님은 『백일법문』(중권, p.316)에서 "변행은 생각뿐이고, 아직 업을 짓지 않는 것이지만(但念而未作), 별경은 각각 경계를 조건으로 삼아 선악업을 짓는 마음이다(則謂別別緣境. 作善作惡之心也)"라는 감산스님의 주석을 인용하여 해설한다.

② 별경이라는 말은 각각 별도로 대상을 조건으로 삼기 때문에 5가지 변행과 〈그 작용이〉 같지 않다. 이것(별경)은 바로 〈선악〉 업을 짓는 마음이다. ③ 앞의 5가지 변행으로 말미암아 나중에 〈별경심소는〉 선악을 짓는다. 그러나 그 본성(體)은 거칠거나 섬세하게 〈작용하는 측면에서 본다면 변행심소와 별경심소는 서로〉 통한다.

용어해설

• 별경

감산스님은 '변행은 단지 선악의 생각을 일으키지만, 별경은 선악을 짓게 한다'고 하면서 변행과 비교하여 별경을 주석한다. 이 말은 곧 변행은 미세하고, 별경은 거칠다고 하는 의미이다.

별경別境(vinyata)이란 각각 별도의 대상에 대해 활동하는 마음작용이다. 별경은 보는 마음이 대상을 보지만 보는 마음이 보이는 그 대상에 의해 변화한다는 것으로, 이른바 자기가 좋아하는 것을 볼 때와 싫어하는 것을 볼 때가 다르다는 것이다. 그래서 『유식삼십송』에서도 '소연(대상)은 각각 동일하지 않다'고 하여 별경이라는 이름을 붙인 것이다. 여기서 소연이란 인식되는 것, 곧 인식대상을 말한다. 반면 인식하는 것(마음)을 능연이라고 하는데, '소연(대상)은 각각 동일하지 않다'라는 것은 이 능연에 대한 소연이 다르다는 것을 말한다. 다시 말해 5개의 별경심소는 대상이 각각 다르다는 것이다. 욕의 심소는 좋아하는 대상(所樂境), 승해의 심소는 결정된 대상(決定境), 념의 심소는 일찍이 익힌 대상(曾受境), 정과 혜의 심소는 관찰된 대상(所觀境)[74]과 같이 각각 그 대상이 다르다. 그래서 별경이라고 한다.

부연하면, 별경심소는 수행의 과정을 염두에 둔 것임에 유의할 필요가 있다. 천태종의 개조인 천태대사 지의智顗(538~597)는 『천태소지관天台小止觀』에서 수행을 위한 수단(方便行)으로서 욕欲·정진精進·념念·교혜巧慧(세간적 안락과 수행에 의해 얻은 안락을 비교하는 지혜)·일심一心을 들고 있는데, 이것은 별경심소와 거의 일치한다. 이렇게 보면 별경이란 수행자의 마음속에 일어나는 작용을

74) 감산스님은, 定의 대상은 '가작경', 혜의 대상은 '소작경'이라고 한다.

특별한 그룹으로 나눈 것이라고 할 수 있는 것이다. 그렇다고 별경심소에서 열거하고 있는 것이 반드시 불교 수행을 할 때만 일어나는 것은 아니다. 명상이나 일상생활에서도 얼마든지 일어날 수 있는 마음작용임을 유념해야 한다.[75]

2) 욕欲(chanda): 대상을 바라고 희망하는 마음작용

欲者. 樂欲. 謂於所樂境. 希望欲作. 此正必作之心也.

〈욕이란 어떤 심소인가?〉 욕이란 '좋아하는 것을 하고자 하는 것'[76]이다. 이른바 좋아하는 대상(所樂境)에 대해 하고자(欲) 희망(희구)하는 것이다. 그래서 이것은 바로 반드시 그렇게 하고자 하는 마음이다.

용어해설

• 욕(희망)

감산스님은 욕을 '좋아하는 대상에 대해 하고자 희망(희구)하는 마음작용'이라고 정의하면서, '반드시 그렇게 하고자 하는 마음'이라고 주석한다. 우선 문자적인 의미부터 살펴보자. 욕欲이란 √chad(원하다)에서 파생한 범어 찬다(chanda)의 한역으로서 의욕, 의지, 바람, 희망 등의 의미를 지닌다. 구체적으로 말하면 어떤 행위를 하기 위한 의지, 바람 등 대상을 향하여 나아가도록 하는 원인이 되는 마음작용이다. 그래서 집필자도 감산스님의 주석에 따라 '희망 · 희구' 또는 '의욕 · 바람'이라고 번역하였다. 그러면 다른 주석에서는 이것을 어떻게 설명하고 있을까?

먼저 『대승오온론』(한역)에서는 욕을 "애락하는 것(可愛事)에 대해 희망하는 것을 본성으로 하는 것이다"[77]라고 하고, 범본에서는 "바라는 것들(abhipreta)에 대해 열망하는 것(희망, abhilāṣa)이다"[78]라고 정의한다.

---

75) 모로 시게키 지음, 허암(김명우) 옮김, 『오온과 유식』(민족사, 2018), p.145.

76) 성철스님은 『백일법문』(중권, p.316)에서 '좋아하는 것을 하고자 하는 것'(樂欲)이라는 감산스님의 '욕'에 대한 주석을 인용하여 정의하고 있다.

77) "謂於可愛事希望爲性."(『대승오온론』, T31, 848c16)

『성유식론』에서는 "욕이란 무엇인가? 좋아하는 대상(所樂境)에 '희망'하는 것을 본질로 한다"라고 정의한다. 이것을 일상적인 말로 표현하면 예쁜 여자나 멋진 남자를 만나려고 하는 것이나 좋은 영화를 보려고 하는 것, 맛있는 음식을 먹으려고 하는 것이나 명품을 사려고 하는 마음작용이라고 할 수 있다. 한편 『성유식론』에서는 욕의 심소를 노력하고자 하는 마음작용, 즉 "근(정진)의 의지처를 작용으로 삼는다"[79]라고 주석한다. 다시 말해 정진은 욕(희망)을 기반으로 생긴다는 것이다. 부연하면, 희망에는 싫어하는 대상(厭境)인 가난에서 벗어나기를 희망하는 경우, 기쁨의 대상(欣境)인 명품을 희망하는 경우, 좋아하지도 싫어하지도 않는 대상(中容境)을 희망하는 경우의 3종류가 있다. 이런 관점에서 보면 "좋아하는 대상을 희망하는 것"(所樂境希望)에서 '좋아하는 대상'(所樂境)은 앞에서 말한 3가지(厭境, 欣境, 中容境) 전부를 포함한다고 생각된다.

또한 지욱스님은 욕을 "좋아하는 대상에 대해 희구기망希求冀望하는 것을 본성으로 하고, 정근(정진)은 이것(욕)에 의지하여 생긴다"[80]라고 주석한다. 다시 말해 '좋아하는 대상에 대해 희구하고 바라는(希求冀望) 마음작용'이라는 것이다. 또한 정근은 욕(희망)에 의지하여 생긴다고 하는데, 여기서 정근精勤이란 선심소 중의 하나인 근根을 말하며, '부지런하게 노력·정진精進'한다는 의미이다.

그런데 이 희망(욕)은 선법욕(좋은 바람)과 불선욕(나쁜 바람)의 양쪽으로 다 작용한다. 다시 말해 우리들의 일상생활의 바람은 좋은 바람과 나쁜 바람이 동시에 존재한다는 것이다. 과욕이나 욕심, 욕망, 사리사욕 등과 같은 나쁜 바람이 있는가 하면, '오늘부터 매일 108배를 해야지', '이제 부처님의 가르침을 열심히 배워야지', '나도 깨달음을 얻고 싶다' 등과 같은 좋은 바람, 즉 선법욕善法欲[81]도 있다. 이처럼 욕의 심소는 내가 어떤 마음을 먹는가에 따라

---

78) abhiprete vastuny abhilāṣaḥ(Li and Steinkeller, p.5, 8)

79) "云何爲欲. 於所樂境希望爲性. 勤依爲業."(『성유식론』, T31, 28a19)

80) "於所樂境希求冀望. 以爲體性. 精勤依此而生. 以爲業用."(『직해』, X48, 342c15)

81) 『유가사지론』에서는 선법욕을 4가지로 분류하고 있다.
첫째는 證得欲이다. 증득욕이란 간단하게 말하면 괴로움로부터의 해방, 즉 해탈하려고 하는 바람이다. 다시 말해 미혹이나 괴로움(생노병사 등)으로부터 벗어나 깨달음을 얻으

좋은 바람이 될 수도 있고, 나쁜 바람이 될 수도 있다. 즉 어떤 대상으로 향하는가에 따라 선으로도 작용할 수 있고, 악으로도 작용할 수 있다는 것이다. 사실 좋은 바람과 나쁜 바람은 동전의 양면과도 같다. 그렇기 때문에 우리의 마음이 악을 끊고 선을 닦기 위해(斷惡修善), 즉 좋은 바람(선법욕)으로 나아가도록 하기 위한 부단한 노력이 필요한 것이다. 그리고 그 노력은 부처님의 가르침이나 진리 추구로 향해야 한다는 점에서, 욕은 용맹하게 정진(노력)하는 실천수행의 기반이 되는 심소이다.

3) 승해勝解(adhimukti): 대상을 확인하고 단정하는 마음작용

解者. 勝解. 謂於境決定. 知其可作. 不能已[82]也.

〈해란 어떤 심소인가?〉 해란 승해(뛰어난 이해)[83]이다. 이른바 결정된 대상(決定境)에 대해 그렇게 실천할 수 있다는 것을 알기는 하지만 완전히 성취하지는 못한다.

려고 바라는 것이다. 둘째는 請問欲이다. 청문욕이란 선지식으로부터 좋은 가르침을 듣고자 바라는 것이다. 그러므로 바른 법문을 해 줄 선지식을 만나는 것이 무엇보다도 중요하다. 이런 의미에서 좋은 선지식을 만나기 위해 찾아다니는 것은 부처님의 가르침을 실천하기 위해 중요한 토대가 되는 것이다. 셋째는 修集資糧欲이다. 수집자량욕이란 깨달음에 이르기 위해 식량(자량)이 되는 것을 익히려고 바라는 것이다. 여기서 資糧이란 식물이 자라기 위한 영양이나 비료를 말한다. 식물이 열매를 맺기 위해서는 영양이 필요하듯이 인간도 영양 공급이 필요하다. 그런데 인간이 깨달음을 얻으려면 장시간 동안 영양이나 비료가 필요하다. 이처럼 수행에 필요한 영양이나 비료를 자량이라고 한다. 우리가 깨달음을 얻는 데 필요한 자량(영양)은 계율을 지키거나 잠을 줄이고 식사를 조절하는 것 등이다. 이처럼 수집자량욕이란 계 등을 지키려고 하는 바람이다. 넷째는 隨順瑜伽欲이다. 수순유가욕이란 요가를 닦으려고 하는 바람이다. 즉 산란한 마음(散心)을 가라앉혀 집중하는 마음(定心)이 되려고 노력하는 것이다.(『유가사지론』 28권, T30, 436a21-23, "欲有四種. 何等爲四. 一爲證得欲. 二爲請問欲. 三爲修集資糧欲. 四爲隨順瑜伽欲.")

82) 마치다, 그치다, 말다, 그만두다(已).

83) 성철스님은 『백일법문』(중권, p.316)에서 '해'(승해)를 감산스님의 '수승한 지해'(勝解)라는 구절을 인용하여 정의한다. 그리고 승해를 '무엇을 안다'는 의미라고 해설한다. 아마도 감산스님의 '知其可作' 중에서 '知'를 '무엇을 안다'고 해석한 것 같다. 그렇다면 무엇을 아는 것인가? 결정된 대상에 대해 실천할 수 있다는 것(可作)을 '안다'(知)는 것이다.

용어해설

• 승해

승해勝解(adhimukti)는 결정된 대상(決定境)에 대해 활동하는 마음작용이다. 다시 말해 이것은 확정된 대상에 대해 그것을 확인하고 단정하는 작용이다.

감산스님은 '뛰어난 이해'라고 정의한 다음, 결정된 대상에 대해 확실하게 이해는 하지만, 어떤 것을 성취하지 못한다고 주석한다. 다시 말해 결정(확정)된 대상에 대해 실천할 수 있다는 것(가작)을 알지만, 그것으로 무언가를 이루지 못한다는 것이다. 이것에 대한 다른 주석을 살펴보자.

먼저 『대승오온론』(한역)에서는 "확정(決定)한 것에 대하여 이해한 대로 인가印可하는 것을 본질로 하는 작용"[84]이라고 하고, 범본에서는 "의심이 없는 것에 대하여(niścite vastuni) 있는 그대로 확실하게 이해하는 것"[85]이라고 한다. 여기서 '확정한 것' 또는 '의심이 없는 것'이란 이치(도리) 또는 신뢰할 수 있는 성전의 가르침에 의해 '의심이 없어진 확정된 것'을 말한다. 그래서 안혜소[86]에서는 '확정된 것'이란 바른 추론으로 얻어진 지식(比量)이나 성전에 쓰인 것(聖言量)이라고 주석한 것이다. 또한 『유식삼십송석』[87]에서도 "확정된 것이란 세상의 이치(yukti) 또는 신뢰할 수 있는 성인(부처님)의 가르침(사성제, 무상, 연기)에 의해 '의심이 없어진 것(vastu)이 확정된 것이다"라고 주석한다.

또한 『성유식론』에서는 "결정된 대상을 인지印持(마음속에 분명히 새겨 그것을 보존, 유지한다는 것)함을 본성으로 하고, 〈다른 것에〉 이끌려 바꿀 수 없는 것(不可引轉)을 작용으로 한다"[88]라고 주석한다. 그리고 지욱스님도 "승해란 결정된 대상을 유예하지 않고 인가(인정)하고 임지(마음속에 지녀서)하는 것을 본질로 하고, 다른 조건(他緣)에 이끌리고 유혹되어 바꿀 수 없는 것(不可改轉)을 작용으로 삼는다"[89]라고 주석한다. 여기서 지욱스님은 '비유예非猶豫'와 '임지任持'라

---

84) "謂於決定事卽如所了印可爲性."(『대승오온론』, T31, 848c17)
85) niścite vastuni tathaiva avadhāraṇam/(Li and steinkeller, p.5, 9-10)
86) PSV, P.37, 5.
87) yuktita āptopadeśato vā yad vastu asaṃdigdham tanniścitam/(TV, p.25, 26-27)
88) "於決定境印持爲性. 不可引轉爲業."(『성유식론』, T31, 28b10)
89) "於決定非猶豫境. 印可任持. 而爲體性. 不可以他緣引誘改轉. 而爲業用."(『직해』, X48, 342c16)

는 말을 삽입하여 의미를 분명하게 하고 있다. 부연하면, 지욱스님과 『성유식론』에서 말하는 '인지印持'에서의 인印은 '확실하게', 지持는 '파악하다'라는 뜻이다. 여기서 '확실하게 파악하다'라는 것은 이른바 'A를 A라고 확실하게 마음속에 새겨서(印刻) 결정적으로 이해하는 것'을 말한다. 그래서 감산스님도 승해를 '뛰어난 이해'라고 주석한 것이다. 그리고 이에 따라 집필자도 '인지·인가임지'를 마음속에 분명히 도장을 새겨 그것을 보존·유지한다는 뜻으로 해석하였다. 또한 『성유식론술기』의 "인순은 즉 승해이다. 저것을 새기고(印) 순응하기(順) 때문이다"[90]는 주석에 따르면 인지는 인가印可, 인해印解, 인순印順과 동의어이다. 그리고 지욱스님의 주석에 등장하는 '개전改轉'이란 '생각을 바꾸거나 뒤집는다'는 의미이다. 예컨대 어제는 A라고 생각했는데 오늘은 B라고 생각하거나, 다른 사람이 반론을 제기하면 자신의 신념이나 생각을 버리거나 바꾸는 것이다. 반대로 불가개전不可改轉 또는 불가인전不可引轉이란 신념이나 생각을 바꾸지 않는다는 의미이다. 그래서 승해란 비량比量이나 성언량聖言量에 의해 확정된 대상(決定境)을 바꾸지 않는 마음작용이라고 하는 것이다.

이것에 대한 『직해』와 『성유식론』의 주석은 다음과 같다. 승해란 어떤 대상이나 상태, 즉 세상의 이치와 부처님의 가르침을 의심하지 않고 확신하여 자신의 마음속에 각인하고 계속해서 유지하려고 하는 마음작용이다. 나아가 다른 조건(他緣)에 이끌려 자신이 가지고 있는 생각이나 사고방식을 바꾸거나 버리지 않는 것이다. 이 승해도 선악 양쪽으로 작용한다. 왜냐하면 다른 것에 이끌리지 않고 자신의 생각을 지키는 것은 좋지만, 자신의 생각만을 옳다고 고집한다면 나쁜 승해가 되기 때문이다.

『성유식론술기』에서는 승해의 심소를 일으키기 위해서는 교敎, 리理, 증證의 3개가 작용해야 한다고 한다. 여기서 교敎(가르침)란 교시敎示와 언설言說을 말한다. 교시란 몸과 마음으로 설하는 것이고, 언설이란 언어에 의한 가르침을 말한다.[91] 리理(이치)란 도리이다. 일반적으로 이치는 불교의 사성제 등을 가리키지만, 여기서는 '일체의 사事(현상)와 그 진리'를 말한다. 증證이란 선정을 닦는 것을 말한다.

---

90) 『성유식론술기』, T43, p.435a.
91) 『성유식론술기』, T43, 429b.

이처럼 『성유식론술기』에서는 승해의 심소가 자기 자신이 가르침이나 도리(진리)를 명백하게 이해하고 자신이 직접 수행을 닦아 체험하고 체득할 때만이 생기하는 것이라고 한다. 따라서 자신의 신념을 지키고 세상살이에 영합하지 않기 위해서는 현상과 진리에 대한 가르침을 듣고 그것을 실천하기 위해 끊임없이 노력(정진)할 수밖에 없는 것이다.

4) 념念(smṛti): 대상을 기억하여 잊지 않는 마음작용

念者. 明記[92]. 謂於可作境. 令心分明記取不忘也.

〈념이란 어떤 심소인가?〉 념이란 〈일찍이 경험한 것을 마음속에서〉 분명히(明) 기억하게 하는 것(記)이다. 이른바 실천할 수 있는 대상(승해로 알게 된 수행의 과정과 목적지)[93]에 대해 마음이 분명하게 기억하여 잊지 않도록 하는 것이다.

용어해설

• 념

감산스님은 념念(smṛti)이란 분명하게 기억하는 것이라고 정의하면서, 승해로 알게 된 실천할 수 있는 대상(수행과정과 목적지)에 대해 분명하게 기억하는 것이라고 주석한다. 즉 념은 수행을 전제로 한 기억이라는 것이다. 다른 논서에서는 어떻게 정의하고 있는지 살펴보자.

『대승오온론』(한역)에서는 념을 "일찍이 〈반복해서〉 익힌 것(串習事)에 대해 마음이 잊지 않고 분명히 기억하게 하는 것(不忘明記)을 본성으로 하는 것이

---

92) 성철스님은 『백일법문』(중권, p.316)에서 감산스님의 '분명한 기억'(明記)이라는 '념'에 대한 주석을 인용하여 념이란 '분명하게 기억하는 것'이라고 해설한다.

93) 『성유식론』과 『직해』에서는 과거에 "일찍이 익힌 대상"(曾受境)이라고 주석한다. 그리고 『대승오온론』(현장 역)에서는 "일찍이 익힌 것"(串習事)이라고 한역한다. 여기서 '일찍이 익힌 대상'이란 과거에 경험한 것(대상)을 말하는데, 감산스님은 '可作境'이라고 주석한다. 그리고 집필자는 이것을 '실천할 수 있는 대상'이라고 번역하였다. 또한 감산스님은 '혜'심소를 주석하면서 '所作境'이라고 표현하는데, 집필자는 이것을 '실천 대상'이라고 번역하였다.

다"[94]라고 하고, 범본에서는 "친숙한 것에 대하여 잊지 않는 것이고, 마음의 말(cetasa-abhilapana)이다"[95]라고 정의한다. 여기서 '마음의 말'은 '상기想起'로 이해하면 될 것 같다. 그 이유는 안혜소[96]에서 "기억한 것을 몇 번이고 되풀이하여 마음속에서 반복함으로써, 정신이 산란해지는 것을 방지하는 효과가 있다"고 주석하고, 『유식삼십송석』에서도 "마음속에서 계속해서 재현하는 것(마음의 말[cetasa-abhilapana])은 이전에 인식한 존재를 반복해서 대상으로써 〈지금, 여기서〉 현현시켜 그 모습을 재현하는 것이다.…… 념은 산란하지 않는 것을 작용으로 삼는다"[97]라고 주석하고 있기 때문이다. 그리고 이 의미를 잘 나타낸 말이 '염불念佛'이다. 염불이라면 일반적으로 입으로 '소리 내어' 부처님에게 간절히 기도하는 것으로 생각하지만, 사실 염불은 '부처님(佛)을 마음속으로 계속해서 떠올리는 것', 즉 기억하는 것(念)이다. 그러면 산란한 마음이 가라앉는 것(定)이다. 그런데 념에 대한 『대승오온론』의 한역본, 『성유식론』, 『직해』 그리고 『대승오온론』의 범본, 안혜소와 『유식삼십송석』을 비교해 보면, 『성유식론』, 『직해』, 『대승오온론』의 한역에서는 '기억'(明記)에 중점을 두고 있는 반면, 범본(『대승오온론』의 범본, 안혜소와 『유식삼십송석』)에서는 '마음의 말'(마음속에서 계속해서 재현하는 것)이라고 하듯이 '기억한 것을 떠올리는 것'에 중점을 두고 있다.

『성유식론』에서는 념을 "일찍이 익힌 대상(曾受境)을 심왕(마음)에 분명히 새겨서 잊지 않는 것(明記不忘)을 본성으로 하고, 정定의 의지처로 작용한다"[98]고 주석한다. 그리고 지욱스님도 "과거에 일찍이 익힌 대상을 마음에서 분명하고 세세하게 기억하여 잊지 않는 것을 본성으로 하고, 정定은 그것(념)을 의지하는 것을 작용으로 삼는다"[99]라고 주석하는데, 『성유식론』의 '명기불망明記不忘'에 '심審'(자세하게, 세세하게) 자를 추가하여 '명심기불망明審記不忘'이라 하고,

94) "謂於串習事令心不忘明記爲性."(『대승오온론』, T31, 848c18)

95) saṃstute vastunyasampramoṣacetasābhilapanatā/(Li and steinkeller, p.5, 11-12)

96) PSV, p.37, 12.

97) pūrvagṛhītasya vastunaḥ punaḥ punar ālambanākāra-smaraṇam-abhilapanatā……/sā punar vikṣpakarmikā /(TV, p.26, 2-4)

98) "於曾習境令心明記不忘爲性. 定依爲業."(『성유식론』, T31, 28b18)

99) "於過去曾習之境. 令心明審記不忘. 而爲體性. 定之所依. 而爲業用."(『직해』, X48, 342c18)

'과거'라는 말을 삽입하여 의미를 보다 분명하게 밝히고 있다. 이렇게 보면 념이란 '과거에 경험한 것을 분명하고 자세하게 기억하여 잊지 않는 것'이며, 대상에 집중하는 마음작용인 정(삼매)은 념을 기반(의지)으로 생긴다고 할 수 있는 것이다. 이처럼 『성유식론』과 『직해』에서는 념을 다음에 등장하는 '정定의 기반'(의지처)이라고 주석하는데, 안혜소와 『유식삼십송석』에서도 비록 "념은 산란하지 않는 것(定心)을 작용으로 삼는다"고 주석하지만, 표현의 차이일 뿐 그 뜻은 같다. 그리고 지금까지의 내용을 고려하면 『성유식론』의 한역본과 지욱스님의 『직해』는 념을 '기억하는 것'(明記)에 방점을 두고 주석하고 있다는 것을 알 수 있다.

『직해』와 『성유식론』의 주석을 정리하면, 념이란 '과거에 경험한 대상을 확실하게 기억하여 잊지 않고 유지하려는 마음작용'이라고 정의할 수 있다. 감산스님의 표현을 빌리자면, 과거에 경험한 대상이란 '승해로 알게 된 수행의 과정과 목적지(가작경)를 분명하게 기억하여 잊지 않는 것'이다. 이러한 감산스님의 념에 대한 주석은 참선수행을 염두에 둔 것이라고 할 수 있다.

그리고 념의 심소도 선악 양쪽으로 작용한다. 어떤 것에 계속해서 집착하고 기억하고자 한다면 그것은 집착하는 념(執念)이며, 누군가를 미워하거나 원한을 품어 계속해서 잊지 않고 기억하는 것은 원망이나 원념怨念 등의 나쁜 념念이다. 반면 부처님의 가르침이나 진리를 계속해서 기억하고자 하거나, 부처님에게 진심으로 염불하거나 염원하는 것은 좋은 념念이다.

부연하면, 최근 세계적으로 마인드풀니스(mindfulness)라는 불교명상을 바탕으로 한 명상이 유행하고 있다. 여기서 마인드풀니스는 념의 범어 스무르티(smṛti)나 팔리어 사티(sati)의 번역이다. 사티(sati)는 mindfulness, awareness, noting, attention, bare attention 등으로 영역하는데, '마음챙김, 주의집중, 알아차림, 마음지킴, 마음집중, 순수한 주의' 등으로 번역할 수 있는 말이다. 현재 한국에서 널리 쓰이는 번역은 '알아차림'과 '마음챙김'[100] 인데, 호흡하거나 걷고 있

---

100) MBSR(mindfulness-based stress reduction)이라는 명상 프로그램의 창안자인 존 카밧진(Kabat-Zinn) 박사는 마음챙김(mindfulness)을 "현재의 순간에 주의를 집중하는 능력, 의도적으로 몸과 마음을 관찰하고 순간순간 체험한 것을 느끼며, 또한 체험한 것을 있는 그대로 받아들이는 과정이다"라고 정의한다. 또한 "순간순간 펼쳐지는 경험에 대해 의도적으로, 바로 그 순간에 평가하지 않고 주의를 기울이는 것을 통한 알아차림"이라

을 때, 자신의 행위에 정신을 집중시켜 '알아차리는 것'이다. 다시 말해 익숙하고, 친숙한 습관적인 행위(부정적인 생각[想])를 가라앉히고(冥) 지금 여기서 작용하는 호흡 등을 '알아차림'하는 것이다. 이처럼 스무르티/사티의 수행(명상)과 산란한 마음을 가라앉히고 하나의 대상에 집중하는 것(기억), 다시 말해 스무르티/사티(mindfulness)와 유식학파의 심소인 념(기억)은 크게 다르지 않다.

5) 정定(samādhi): 대상에 집중하는 마음작용

定. 專一[101]. 謂於所觀境. 專注一心也.

〈정이란 어떤 심소인가?〉 정이란 〈마음을〉 오로지 한곳에 〈집중한다는 의미이다.〉 이른바 관찰되는 대상(所觀境)에 대해 일심으로 오로지 머무는 것(집중)이다.

용어해설

• 정

감산스님은 정定(samādhi, 三昧)을 '마음을 오로지 한곳에 집중하는 것'이라고 정의한다. 더불어 '관찰되는 대상에 대해 일심으로 오로지 머무는 것'이라고 주석한다. 이에 집필자는 정을 '관찰되는 대상(所觀境)에 대해 마음 깊이 집중하는 마음작용'이라고 정의하였다. 이것에 대한 다른 논서의 주석을 살펴보자.

먼저 『대승오온론』(한역)에서는 "관찰되는 대상에 대해 마음이 하나의 대상 〈에 집중하여〉 산란하지 않게 하는 것을 본질로 하는 작용이다"[102]라고 정의하고, 범본에서는 "관찰해야 할 것(upaparīkṣya-vastu)에 대해 마음이 하나의 대상

고도 한다. 배어(baer) 박사는 "생겨나는 그대로, 연속적으로 내적, 외적 자극에 대해 평가하지 않는 고찰"이라고 정의하여 비판단(nonjudgement)의 의미로까지 마음챙김의 의미를 확장한다. 또한 거머(germer) 박사는 마음챙김을 "현재의 경험을 수용적으로, 자각하여 알아차리는 것이다"라고 정의하고 있다.

101) 성철스님은 『백일법문』(중권, p.316)에서 '정'을 '專一'한 것이라는 감산스님의 주석을 인용하여 정의한다.

102) "謂於所觀事令心一境不散爲性."(『대승오온론』, T31, 848c19)

에 집중하는 것(cittasyaikāgratā)"103)이라고 해설한다. 이 가운데 '산란하지 않게 한다'는 한역의 정의에 주목하면 정은 산란의 반대라고 할 수 있다. 그러면 '관찰되는 대상 · 관찰해야 할 것'이란 무엇인가? 『유식삼십송석』에서는 "그것은 어떤 덕성(공덕)이 있는가? 혹은 어떤 미혹의 악성(과실)이 있는가?라는 것이 관찰된 대상이다"라고 주석한다.

『성유식론』에서는 정定을 관찰되는 대상에 대해 '전주불산심소專注不散心所', 즉 오로지 기울여서 흩어지지 않게(산란하지 않게) 하는 마음작용이라고 한다.104) 또한 '심일경성心一境性', 즉 마음이 하나의 대상에 머문 상태라고 한다. 이것은 감산스님의 주석과 일치한다.

그리고 지욱스님도 "삼마지는 정定이라고 한역한다. 관찰되는 대상에 대해 마음을 오로지 기울여서 흩어지지 않게 하는 것을 본성으로 하고, 지智가 이것(정)에 의지하여 생기는 것을 작용으로 삼는다"105)라고 주석한다. 여기서 지智란 다음에 등장하는 혜慧심소를 말하는데, 이른바 혜는 정을 기반으로 하는 것이다.

그런데 념念은 어떤 대상을 기억하는 것이기 때문에 원인이고, 정定은 그 기억한 대상에 집중하는 것이기 때문에 결과라고 할 수 있다. 그래서 집중하는 마음인 정定은 대상을 있는 그대로 비추는 지혜를 생기게 하고, 심신心身을 자유롭게 활동시키기도 하며, 마음을 정화하기도 하는 3가지의 작용이 있다고 한 것이다. 그리고 정定도 선과 악에 대해서 정신을 집중하기 때문에 선 · 악 양쪽에 작용한다. 예를 들어 화두에 집중하면 좋은 정이지만, 도둑이 물건을 훔치기 위해 발소리를 내지 않으려고 집중하는 것은 나쁜 정이다. 다만 『성유식론』과 『직해』에서 정定을 '지智의 의지처'(智依爲業), 즉 다음에 등장하는 혜심소의 기반이라고 주석하고 있는 만큼, 여기서 정定의 심소는 깨달음을 얻기 위해 수행하는 것에 집중하는 것을 목표로 삼는 마음작용이라고 할 수 있다.

---

103) samādhiḥ katamaḥ/upaparīkṣye vastuni cittasyaikāgratā/(Li and steinkeller, p.6, 1-2)
104) "於所觀境令心專注不散爲性."(『성유식론』, T31, 28b25)
105) "此飜爲定. 於所觀境. 令心專注不散. 而爲體性. 智依此生. 而爲業用."(『직해』, X48, 342c19)

6) 혜慧(prajñā): 대상을 선택하는 마음작용

慧. 黠[106]慧[107]. 謂於所作境. 了然不疑也.

〈혜란 어떤 심소인가?〉 혜란 교묘한(약은) 지혜이다. 이른바 〈이미〉 실천 대상(所作境)[108]에 대해 분명하게 이해하고서 의심하지 않는 것을 〈말한다.〉

용어해설

• 혜

혜慧란 범어 프라쥬나(prajñā)의 번역으로, 『반야심경』에서는 반야般若라고 음사한다. 감산스님은 혜를 '약은 지혜'라고 주석한 다음, '실천 대상에 대해 분명하게 이해하고서 의심하지 않는 마음작용'이라고 정의한다. 이에 집필자도 혜란 실천 대상(所作境) 내지 관찰되는 대상(所觀境)을 선택하여 나누는 마음작용이라고 정의하였다. 이제 그 근거를 다른 주석을 통해 밝혀 보기로 하겠다.

먼저 『대승오온론』(한역)에서는 "그것(사마디로써 관찰하고 있는 대상)이 어떤 것(법)인가를 선별(擇)하는 것을 본질로 하는 〈작용이다.〉[109] 〈그 법이〉 도리에 따라 얻어진 것인가? 도리에 따르지 않는 것에서 얻어진 것인가? 그 어느 쪽도 아닌 것인가? 〈라는 것을 선별하는 것이다〉"라고 하고, 범본에서는 "때마침 그곳에 있는 것(정신을 집중해서 관찰하고 있는 대상)을 선별(pravicaya)하는 것이다. 그 선별은 도리에 부합하는 것인가? 도리에 부합하지 않는 것인가? 그 이외이다"[110]라고 해설한다. 이것에 의하면 혜는 념(스무르티)에 의해 마음에서 이미지를 떠올려 기억하고, 정(사마디)에 의해 정신을 집중하여 지적으로 분석하여 선택해 가는 마음작용이라고 할 수 있다. 그리고 이것을 한역에서는

---

106) 약은, 교활 할(黠): 약다, 교활하다, 간교하다.

107) 성철스님은 『백일법문』(중권, p.316)에서 '慧'를 '교묘한 지혜'(黠慧)라는 감산스님의 주석을 인용하여 정의한다. 그러면서도 '아주 교묘한 지혜'라고 하여 '아주'라는 수식어를 첨가하고 있다.

108) 『성유식론』에서는 '관찰되는 대상'(所觀境)이라고 주석한 반면, 감산스님은 '소작경'이라고 주석하고 있다. 이미 설명했지만, 집필자는 '소작경'을 '실천 대상'이라고 번역하였다.

109) "謂卽於彼擇法爲性. 或如理所引. 或不如理所引. 或俱非所引."(『대승오온론』, T31, 848c20)

110) prajñā katamā/tatraiva pravicayo yogāyogavihito 'nyathā ca/(Li and Steinkeller, p.6, 3-4)

'실천 대상에 대해 선택(선별)하여 나누는 마음작용'이라고 한 것이다. 한편 『대승오온론』에 의하면 혜에 3종류(도리에 부합하는 것, 도리에 부합하지 않는 것, 그 어느 쪽도 아닌 것)가 있는데, 안혜소[111]에서는 '도리에 부합하고 있는' 선별의 근거로서 ① 신뢰할 수 있는 성전(부처님의 가르침)으로부터의 지식 획득, ② 바른 추론에 의한 지식의 획득, ③ 바른 직접 지각에 의한 지식의 획득을 들고 있다. 이것이 이른바 성언량聖言量 · 비량比量 · 현량現量이다.[112] 그리고 '도리에 부합하지 않는' 선별의 근거로서 상키야 학파, 바이쉐시카 학파 등을 예로 들고 있다. 이들은 당시 인도에서 활동한 불교 이외의 유력한 학파였다. 이처럼 별경심소는 불교의 가르침을 전제로 하지만, 불교 이외의 사상이나 종교에도 적용되는 것이다. 즉 도리에 부합하지 않는 선별(분석)이라도 그것이 지적인 분석(선별)이라면 프라쥬나(혜)라고 하는 것이다. 이것이 또한 불교의 뛰어난 점이기도 하다.

『성유식론』에서는 혜를 "관찰되는 대상에 대해 간택簡擇을 본질로 하고, 의심을 끊는 것(斷疑)을 작용으로 한다"[113]고 주석한다. 그리고 지욱스님도 "관찰되는 대상에 대해 '간별결택'하는 것을 본성으로 삼고, 의심을 끊는 것을 작용으로 삼는다"[114]라고 주석하는데, 이른바 혜란 '관찰된 사물(대상)에 대해 선별(간택)하는 것이 본질이고', '의혹을 제거하는 작용'이라고 한 것이다. 부연하면, 지욱스님은 『성유식론』에서 주석한 '간택簡擇'을 '간별결택簡別決擇'이라고 주석하는데, 여기서 간택(간별결택)이란 이것과 저것을 확실하게 판단하여 나누어, 확정적으로 선택한다는 뜻이다. 이처럼 혜의 본성은 간택하는 것이다. 그리고 혜의 심소도 선과 악의 양쪽에 작용한다. 그렇지만 의혹을 끊는 것이 혜의 작용이기 때문에 역시 의혹(疑)의 번뇌를 단절하는 방향으로 나아가게 한다. 그런데 세친보살은 혜의 심소를 제7 말나식과 함께 작용하는 18개의 심소 중의 하나로 분류한다. 그러면 어떻게 혜가 모든 것을 자아중심적으로

111) PSV, p.38, 13-p.39, 14.

112) 『유식삼십송석』에서도 '혜'는 3가지의 바른 인식수단(量)에서 생긴다고 주석하고 있다. 이른바 감각을 통해 직접 지각한 現量, 추리에 의한 比量, 신뢰할 수 있는 스승의 가르침으로 얻은 앎인 聖言量이 그것이다. 자세한 것은 'TV, p.26, 8-18'을 참조하길 바란다.

113) "於所觀境簡擇爲性. 斷疑爲業."(『성유식론』, T31, 28c11)

114) "于所觀境. 簡別決擇, 而爲體性. 斷疑而爲業用."(『직해』, X48, 342c22)

생각하는 마음인 제7 말나식과 함께 작용하는 것인가? 아마도 혜의 심소가 선택하여 구별할 때 '모든 것을 자기중심적으로 선택하여 구분하기 때문에' 제7 말나식과 함께 작용하는 심소라고 하였을 것이다. 그래서 감산스님도 혜를 '교묘한(약은) 지혜'라고 주석하지 않았을까 생각한다.

7) 별경은 별도의 대상을 조건으로 삼아 작용한다

① 此五別別緣境而生. 若無此五. 縱有善惡之念. 亦不能作成事業. ② 而此五法. 不唯善惡. 卽出世修行. 亦須此五乃能成辨也.
③ 上乃起業之心. 下乃造作之業. 其業不過善惡二途. 其善業止有十一. 其惡業則有根本煩惱六. 隨煩惱二十. 故世間衆生作善者少. 而作惡者多也.

① 이 5가지 〈별경심소는〉 각각 별도로(別) 대상(境)을 조건으로 삼아 생긴다. 만약 이 5가지 〈별경이〉 없으면, 설령(縱) 선·악의 생각이 있더라도 작용(事業)을 할 수 없다. ② 이 5가지 별경심소법은 오직 선악에만 〈작용하지〉 않으며,115) 출세간법의 수행도 이 5가지 〈별경심소가〉 있어야 비로소 바로 알 수 있다.
③ 〈심소법은〉 위로는 업을 일으키는 마음이고, 아래로는 직접 짓는 업이다(造作). 그 업은 선악의 두 가지 길(二途)뿐이다. 〈그중에〉 선업은 11가지뿐이지만, 악업에는 근본번뇌 6개, 수번뇌 20개가 된다. 그러므로 세간의 중생은 선을 짓는 자가 적고, 악을 짓는 자가 많다.

---

115) 왜냐하면 별경심소 중에서 유일하게 '혜'심소는 선·악뿐만 아니라 유부무기인 제7 말나식과도 함께 작용하기 때문이다.

4. 선善(kuśala)심소

1) 선심소는 11개이다

善十一者. 善謂信 · 慚 · 愧 · 無貪等三根 · 勤 · 安 · 不放逸 · 行捨及不害. 此十一法. 收盡一切善業.

선심소는 11종류이다. 선[116]이란 신 · 참 · 괴 · 무탐 등의 삼선근 · 근 · 안 · 불방일 · 행사 및 불해가 그것이다. 이 11개의 선심소법은 일체의 모든 선업을 모두 포함한다.[117]

2) 신信(śraddhā): 진리(사성제 등)를 믿는 마음작용

世出世業以信爲本. 故首列之.

세간과 출세간의 업은 신(믿음)을 근본으로 삼기 때문에 그것(신)을 처음에 배열했다.

용어해설

• 신(믿음)

신信에 해당하는 범어는 스라다(śraddhā)이다. 스라다는 śrad-√dhā에서 파생한 것으로 동사어근 '√dhā'(~두다)+śrad(sat: 진실)의 여성명사인데, '어떤 대상

116) 지욱스님은 선이란 "이 세상과 저 세상에서 이로움(順益)이 되는 것"이라고 말한다. 반대로 불선(악)은 "이 세상과 저 세상에서 거스르고 해로움(違損)이 되는 것"(『직해』, X48, 343a2)이라고 한다. 그리고 『성유식론』에서도 "이 세상과 저 세상에서 〈중생을〉 이익되게 하기 때문에 선이라고 한다"(『성유식론』, 권5, T31, 26b12, "能爲此世他世順益故名爲善."), "이 세상과 저 세상에서 거스르고 해로움(違損)이 되기 때문에 불선이라고 한다"(『성유식론』, 권5, T31, 26b14, "能爲此世他世違損故名爲不善.")라고 하는데, 여기서 차세는 현재, 타세는 과거와 미래, 순익은 '〈타인과 자신에〉 이익이 된다'는 의미이다.

117) 선이란 일반적으로 선 · 악 중에서 도덕적으로 옳은 것을 말한다. 그렇지만 여기서 말하는 선은 일상적인 윤리(도덕)도 포함하지만, 이른바 '수행'과 관련된 것으로서 세상의 상식과 반드시 일치하는 것은 아니다.

에 신信을 두다'라는 의미이다. 팔리어로는 'saddhā', 티베트어로 'dad pa'이며, 한역으로는 신信, 경신敬信, 신수信受, 정신淨信, 신념信念, 신앙信仰, 신뢰信賴, 신용信用 등으로 번역되는 폭넓은 의미의 단어이다.

감산스님은 신심소에 대해 "세간과 출세간의 업은 신을 근본으로 삼기 때문에, 신을 처음에 배열했다"고 주석할 뿐이다. 다시 말해 신이란 모든 업의 근본이기 때문에 처음에 배치했다는 것이다. 그러면 이것에 대한 다른 주석을 살펴보자.

먼저 『대승오온론』(한역)에서는 "행위와 그 결과(業果), 모든 진리(諦)와 보배(寶)에 대해 지극히 바르게(極正) 부합하여(符順) 마음의 청정을 본성으로 하는 것이다"118)라고 하고, 범본에서는 "〈그것은〉 행위(業, karma)와 그 결과나 〈사성제 등의〉 다양한 진리(satya), 〈불법승이라는〉 삼보(ratna)에 대해 완전히 일치〈하는 생각을 가져〉(abhisaṃpratyaya, 符順)119) 마음을 청정하게 하는 것(cetasa-prasāda)120)을 본질로 하는 것이다"121)라고 해설한다. 집필자가 『대승오온론』의 범본을 이와 같이 번역한 것은 『대승광오온론』에서 "업(행위)이란 〈욕계의〉 선업(福業), 〈모든 삼계의〉 악업(非福業), 선정에 머물러 동요하지 않는 색계와 무색계의 선업(不動業)을 말한다. 결과(果)란 수다원, 사다함, 아나함, 아라한이라는 〈불교의 수행에 의해 얻어진〉 결과이다. 진리란 고제, 집제, 멸제, 도제의 사성제이다. 보배란 불보佛寶, 법보法寶, 승보僧寶의 삼보이다"122)라고 한 말에

---

118) "謂於業果・諸諦・寶中, 極正符順心淨爲性."(『대승오온론』, T31, 848c23)

119) 집필자는 'abhisaṃpratyaya'를 '완전히 일치하는 생각'(확신)이라고 번역하였는데, 'abhisaṃpratyaya'란 존재를 바르게 관찰하여 그 존재를 확실하게 아는 것(認知)이라는 뜻이기 때문이다. 이것은 한역에서 確認, 確信, 信認, 信解, 忍許, 忍可 등으로 번역하며, 『대승오온론』의 한역에서는 '符順'이라고 하였는데, 符合, 一致라고도 번역한다.

120) 청정이란 범어 '프라사다'(prasāda), 팔리어 'pasāda'의 한역이며, pra-√sad(지배하에 들어가다, 명백하게 되다, 만족하다, 기뻐하다, 마음이 가라앉다)에서 파생한 명사이다. 주로 'citta-prasāda'(마음의 청정), 'prasanna-citta'(청정한 마음)의 합성어로 사용된다. 이것은 원래 '마음이 청정한 상태'를 의미하기 때문에 '心清淨', '心淨'으로 한역한다.(香川孝雄, 「浄土教經典における信の樣態」, 『佛教文化研究』 37[淨土宗教學院研究所, 1992])

121) śraddhā katamā/karmaphalasatyaratneṣvabhisaṃpratyayaścetasaḥ prasādaḥ/(Li and Steinkeller, p.6, 5-6)

122) 於業者. 謂福・非福・不動業. 於果者. 謂須陀洹・斯陀含・阿那含・阿羅漢果. 於諦者. 謂苦集滅道諦. 於寶者. 謂佛法僧寶.(『대승광오온론』, T31, p.852a12-14)

근거한 것이다. 이것에 의하면 신信이란 선한 업을 쌓으면 선한 결과를 받는 것과 나쁜 행위를 하면 나쁜 결과를 받는다는 진리와 이것을 발견한 부처님(불)과 그 가르침(법), 그리고 그것을 전하는 불교의 승가(승)를 믿는 것이다. 그러면 『대승오온론』에서 말하는 '마음의 청정'(心淨, cetasa-prasāda)이란 어떤 의미일까? 초기경전에서는 신信을 지智와 더불어 불교 수행의 출발점이자 실천덕목이며, 행위의 결과 · 삼보 · 사성제 등에 대한 강력한 확신이나 확인이라고 정의한다. 그리고 이 확신에 의해 마음이 청정하게 된다고 하는데, 바로 이것을 '마음의 청정'이라고 표현하는 것이다. 그래서 『대승오온론』에서도 행위와 그 결과나 사성제 등의 진리, 불법승의 삼보와 완전히 일치하는 생각(확신)을 마음의 청정이라고 한 것이다. 이와 같이 신은 마음을 청정하게 하는 가능을 가진 심소이다.

『성유식론』에서는 "실實, 덕德, 능能을 깊게 인식하고(忍) 좋아하고(樂) 원하여(欲) 마음을 청정하게 하는 것을 본질로 하며, 불신을 대치(반대)하여 선을 좋아하는 것(樂)을 작용으로 삼는다"[123]라고 주석하고, 그것을 다시 구체적으로 해설한다. 이것에 의하면, 신이란 실유신인實有信忍(진리의 실유를 믿고 아는 것), 유덕신요有德信樂(삼보의 덕을 믿고 좋아하여 동경하고 구하는 것), 유능신욕有能信欲(자신의 능력을 믿고 의욕적으로 실행하는 것)[124]으로 정리된다.

지욱스님의 주석도 "실實, 덕德, 능能을 깊게 인식하고(忍) 좋아하고(樂) 원하여(欲) 마음을 청정하게 하는 것을 본질로 하며, 불신을 대치하여 선법을 좋아하고(樂) 구하는 것(求)을 작용(業)으로 삼는다"[125]라고 하여, 『성유식론』의 주석과 거의 동일하다.

그러면 이제 두 주석에서 언급하고 있는 실, 덕, 능이 무엇인지 살펴보자.

첫 번째로 실實이란 이 세계에 존재하는 일체법, 즉 연기, 무상, 무아, 사성제를 관통하는 진리가 실유實有한다는 의미이다. 그리고 인忍이란 그것을 인식하고 확인한다는 것이다. 불교 일반에서는 주로 인忍을 '인내하다, 욕망을 억제

123) "於實德能深忍樂欲心淨爲性. 對治不信樂善爲業."(『성유식론』, T31, 29b23)
124) "然信差別略有三種. 一信實有. 謂於諸法實事理中深信忍故. 二信有德. 謂於三寶眞淨德中深信樂故. 三信有能. 謂於一切世出世善深信有力能得能成起希望故."(『성유식론』, T31, 29b24-27)
125) "於實德能深忍樂欲. 心淨而爲性. 對治不信. 樂求善法而爲業用."(『직해』, X48, 343a2)

하다'라는 의미로 사용한다. 예를 들면 보살의 실천수행인 육바라밀 중 '인욕'이 가장 대표적인 용례이다. 그런데 여기서 인忍이란 '인내하다'의 의미보다는 '인식하다(認), 알다'의 의미이다.

두 번째로 덕德이란 삼보三寶의 덕德, 즉 불법승佛法僧 삼보의 덕을 의미한다. 그리고 요樂란 삼보의 덕을 좋아하고 동경하여 구하는 것을 말한다.

세 번째로 능能이란 능력을 갖추는 것이다. 수행을 하면 과거의 수행자들과 같이 불교의 진리를 증득할 수 있는 힘이 생긴다는 것을 믿고, 그 힘을 얻으려고 하는 것이다. 이처럼 실유와 삼보, 그리고 능력을 우리가 지성(이성, 합리)으로 인식하고, 원하고 바라서(감정), 그것을 실행(의지)하고자 하는 것이 신信의 의미이다. 다시 말해 신은 지성, 감성, 의지의 산물로서, 이를 통해 마음이 청청하게 된다는 것이다.

그런데 우리는 신信이라고 하면 먼저 감정적인 측면을 떠올리게 된다. 즉 신信이란 지성이나 합리성과는 거리가 먼 비합리적이고 신비적인 힘이나 신神을 맹목적으로 믿는 것으로 생각한다는 것이다. 그래서 독일의 종교철학자 슐라이어마허는 종교를 '절대 의존의 감정'이라고 정의한 것이다. 이처럼 우리는 신信을 일상생활에서의 믿음이나 맹목적인 믿음(맹신)으로 생각하는 경향이 있다. 하지만 부처님은 신神에 대한 맹신을 강하게 비판하였다. 부처님은 신에 대한 맹신으로 인해 인간의 도덕적 본성이 손상되었다고 보았다. 기독교 문화권에서의 인간의 도덕과 종교의 갈등은 『구약성서』에서 전형적으로 나타난다. 예를 들어 아브라함(Abraham)은 그의 아들을 번제燔祭하라는 신의 명령을 받았으며,[126] 사울(Saul, 이스라엘의 초대 왕)은 신에게 그의 포로들을 무자비하게 학살하도록 요구받았다.

> 만군의 여호와께서 하시는 말씀이오. 아말렉 사람들이 이스라엘 사람들에게 한 짓, 즉 이집트에서 올라오는 이스라엘을 공격한 그 일 때문에 나는 그들에게 벌을 내리기로 한다. 그러니 너는 당장 가서 아말렉을 치고 그 재산을 사정 보지 말고 모조리 없애라. 남자와 여자, 아이와 젖먹이, 소 떼와 양 떼, 낙타와 나귀 할 것 없이

126) 『구약성서』, 「창세기」 22, 1~2.

모조리 죽여야 한다.[127]

아브라함은 신의 명령에 따르려 하였고, 사울은 신의 명령에 따랐지만 가축은 죽이지 않고 자기들의 것으로 취하였다. 그러나 부처님은 종교라는 미명하에 우리의 삶에 스며들어 영성의 불꽃을 거의 없애 버릴 정도로 만연한 잘못된 소견들에 대해 가슴 아파했다.[128] 이처럼 부처님은 믿음과 맹신을 분명하게 구별하여 우리에게 가르친다. 게다가 유식사상에서는 앞서 언급했듯이 신信을 3가지 측면에서 분석하고 있다. 서양의 종교와 비교해 보면 유식에서의 신信에 대한 정의가 얼마나 독창적이고 논리적이며 분석적인지 알 수 있을 것이다.

그리고 신은 우리의 일상생활에서도 중요한 역할을 담당한다. 우리의 인간관계는 수많은 믿음 속에서 지속된다. 예를 들면 부부간의 믿음, 부모와 자식간의 믿음, 친구와의 믿음, 동료와의 믿음 등 인간관계는 수많은 믿음으로 이루어져 있다. 그러므로 이 믿음이 전제되지 않으면 인간관계도 결코 성립할 수 없는 것이다. 만약 우리가 서로 믿음을 갖지 못하고 불신하기만 한다면 모든 인간관계뿐만 아니라 그 사회체계가 무너지고 말 것이다.[129]

3) 참慚(hrī, 내면적 부끄러움)·괴愧(apatrāpya, 외면적인 부끄러움)

① 慚者. 謂自慚. 云我如此丈夫之形. 又解教法. 敢作惡耶. 有此慚心. 則惡行自止.

② 愧者. 愧他. 謂恐人譏呵[130]. 故不親惡人. 不作惡事. ③ 經云. 有慚愧者. 可名爲人. 旣具信心. 加增慚愧. 則善法自成矣.

---

127) 『구약성서』, 「사무엘상」 15, 2~3.

128) 좀 더 자세하게 알고 싶은 분은 김명우, 『유식삼십송과 유식불교』(예문서원, 2009), p.162; (재인용) 라다크리슈난 지음, 이거룡 옮김, 『인도철학사』(한길사, 1997)를 참조하길 바란다.

129) 김명우, 『유식삼십송과 유식불교』(예문서원, 2009), pp.162~163. 자세한 것은 김명우, 「유식 논서에 나타난 信심소에 관한 고찰」, 『동아시아불교문화』 41집(2020)을 참조하길 바란다.

130) 나무랄, 비웃을 기(譏) / 꾸짖을 가(呵).

① 〈참이란 어떤 심소인가?〉 참이란 스스로 부끄러워하는 마음작용이다. '나는 이와 같이 장부의 모습(形)이고, 또한 교법(불교의 가르침)을 이해했는데, 어떻게 감히 나쁜 짓을 하겠는가!'라고 말하는 것이다. 〈이처럼 참심소는 스스로〉 부끄러워하는 마음이 있으므로, 나쁜 행동(악행)을 스스로 멈추게 한다.

② 〈반면 괴란 어떤 심소인가?〉 괴는 타인을 〈의식한〉 부끄러움이다. 이른바 타인의 비웃음 · 비난(譏呵)이 두려워 악인과 친하지 않고, 나쁜 일을 하지 않는 것이다. ③ 〈그래서〉 경전에서 "참과 괴가 있는 자는 가히 사람이라고 할 수 있다"131)고 〈말씀하신 것이다.〉 이미 신심(信心)을 갖추고 참괴를 더하면 선법은 저절로 이루어진다.

용어해설

• 참

감산스님은 참(慚)(hrī)에 대해 '스스로 부끄러워하며, 악행을 스스로 멈추게 한다'고 정의한다. 즉 참이란 스스로 부끄러워하는 마음작용으로서, 그 결과 '악행을 스스로 멈추게 한다'는 것이다. 그러면 이것에 대해 다른 주석서에서는 어떻게 설명하고 있는지 살펴보자.

먼저 『대승오온론』(한역)에서는 "자신의 증상(自增上) 및 법의 증상(法增上)에 있어서 죄짓는 것에 대해 부끄럽게 여기는 것을 본성으로 하는 것이다"132)라고 하고, 범본에서는 "〈그것은〉 자기 자신이 가진 강한 힘의 작용(自增上, ātma-adhipatti)이나 〈부처님의〉 가르침이 가진 강한 힘의 작용(法增上, dharma-adhipatti)에 의해 〈자신이〉 범한 죄에 대해 부끄러워하는 것을 본질로 하는 것이다"133)라고 해설한다. 이것을 정리하면 참이란 이른바 자신과 진리(부처님의 가르침)에 비추어 스스로 부끄러워하는 것이다.

---

131) 『대반열반경』 9권, T12, 477b28.

132) "謂自增上及法增上, 於所作罪羞恥爲性."(『대승오온론』, T31, 848c22)

133) hrīḥ katamā/ ātmānaṃ dharmaṃ vādhipatiṃ kṛtvā'vadyena lajjā/(Li and Steinkellner, p.6, 7-8)

『성유식론』에서는 참을 "자신(自)과 진리(法)의 힘에 의지하여 현인賢人과 선善을 존중하는 것을 본질로 하고, 무참(부끄러워하지 않음)을 대치(반대)하여 악행을 멈추는 것(止息)을 작용으로 삼는다"[134]고 주석한다. 그리고 지욱스님도 "자신과 법(가르침)에 의지하여 존귀와 증상을 생기시켜 현인과 선인을 숭상하고 존중하므로 말미암아 수치羞恥의 과오過惡를 감히 하지 않는 것을 본질로 삼고, 개별적으로는 무참을 대치하고 통괄적으로는 모든 악행을 멈추게 하는 것을 작용으로 삼는다"[135]라고 주석한다. 두 주석에서 '현인과 선인을 숭상하고 존중'한다는 것은 범부이든 성인이든 덕을 갖춘 자에게 존경과 존중을 일으키고, 또한 선법에 대해 존경과 존중을 일으킨다는 것이다. 그래서 참심소는 '스스로 악행을 멈추게 하는 기반'이 된다고 하는 것이다. 요약하면 참이란 내면적이고 자율적인 부끄러움이다. 앞에서도 언급했듯이 참이란 자신과 법(부처님의 가르침), 즉 진리에 비추어 자신의 불완전함을 부끄러워하는 마음작용이라고 할 수 있는 것이다.

• 괴

괴愧(apatrāpya)도 참과 마찬가지로 부끄러워하는 마음작용이지만, 참과 다른 점이 있다. 감산스님은 타인의 비웃음 · 비난이 두려워 악인과 친하지 않고, 나쁜 일을 하지 않는 것, 다시 말해 '타인을 의식한 부끄러움'이라고 주석한다. 이것에 대한 다른 주석을 살펴보자.

먼저 『대승오온론』(한역)에서는 "세간의 증상(世增上)에 있어서 죄짓는 것에 대해 부끄럽게 여기는 것을 본성으로 하는 것이다"[136]라고 하고, 범본에서는 "〈그것은〉 세간의 〈눈〉이라는 강한 힘의 작용에 의해 〈자신이〉 범한 죄에 대하여 부끄러워하는 것을 본질로 하는 것이다"[137]라고 해설한다.

『성유식론』에서는 "괴愧는 세간의 힘에 의지하여 난폭하고 악함(暴惡)을 낮

134) "依自法力崇重賢善爲性. 對治無慚止息惡行爲業."(『성유식론』, T31, 29c13)

135) "依于自身及法. 生于崇貴增上. 由斯尊尙敬重賢善. 羞恥過惡而不敢爲. 而爲體性. 別則對治無慚. 通則息諸惡行以爲業用."(『직해』, X48, 343a7)

136) "謂世增上, 於所作罪羞恥爲性."(『대승오온론』, T31, 848c23)

137) apatrāpyaṃ katamat/lokam adhipati kṛtvā 'vadyena lajjanā/(Li and Steinkellner, p.6, 9-10)

게 보고 거부하는 것(輕拒)을 본질로 하며, 무괴를 대치하여 악행을 멈추는 것을 작용으로 삼는다"138)고 주석한다. 그리고 지욱스님도 "세간과 타인의 꾸짖음과 싫어함의 증상(힘)에 의지하여 난폭하고 악함(暴惡)을 낮게 보고 거부함(輕拒)으로써, 이로 말미암아 수치의 과죄(잘못된 죄)를 감히 하지 않는 것을 본질로 삼고, 개별적으로는 무괴를 대치하고 통괄적으로는 모든 악행을 또한 멈추게 하는 것을 작용으로 삼는다"139)라고 주석한다.

이상의 내용을 정리하면, 참은 자신과 진리(부처님의 가르침)에 비추어 스스로 부끄러워하는 마음작용인 반면, 괴는 타인의 눈이나 세간의 소문 등을 걱정하여 악행을 하지 않는 타율적인 부끄러움이라고 할 수 있다. 그래서 『성유식론』과 『직해』에서 참·괴의 심소를 "모든 악행을 멈추게 하는 것"이라고 정의한 것이다. 이처럼 참·괴는 악행을 제어하는 근거가 되는 중요한 마음작용으로서, 그 때문에 감산스님도 『대반열반경』을 인용하여 "참·괴가 있는 자를 사람"이라고 한 것이다. 이 말은 결국 "참·괴가 없는 자는 인간이 아니다"라는 것이다.

그런데 『대승오온론』과 『대승광오온론』에서는 참·괴를 '자증상', '법증상', '세증상'에 비추어 부끄러워한다고 한다. 여기서 우리는 '자증상', '법증상', '세증상'이 어떤 의미인지 이해할 필요가 있다. 따라서 잠시 아비달마 문헌인 『아비달마집이문족론阿毘達磨集異門足論』에 기술된 3종류의 '증상'에 대해 살펴보기로 한다. 먼저 자증상自增上에 대해 다음과 같이 설명한다.

"자증상이란 어떤 것인가?…… 모든 비구가 수행에 적합한 장소(아란야)나 나무 밑, 사람이 없는 조용한 장소에서 배워야 할 법을 배우면서 다음과 같이 생각해야 한다. '나는 세속을 싫어하여 바른 신심을 가지고 출가하였기 때문에 모든 악을 탐하는 원인이 되는 좋지 않은 생각을 일으켜서는 안 된다. 〈언제나 자신을 관찰하여〉 이러한 좋지 않은 생각(심사)이 일어나지 않도록 해야만 한다.'…… 그(비구)는 〈이와 같은〉 자신이 가진 강한 힘(자증상)으로 말미암아 불선을 끊고, 선법을 닦을 수가 있다. 이러한 자신의 강한 힘의

---

138) "依世間力輕拒暴惡爲性. 對治無愧止息惡行爲業."(『성유식론』, T31, 29c17)

139) "依世間他人訶厭增上. 輕拒暴惡. 由此羞恥過罪而不敢爲. 而爲體性. 別則對治無愧. 通亦則息諸惡行. 以爲業用."(『직해』, X48, 343a10)

세력(自我增上勢力)이 선의 유루도 혹은 무루도를 일으킨다. 이것을 자증상이라고 이름 붙였다."[140] 이상의 내용을 정리하면, 자증상이란 '스스로 자신을 관찰할 수 있는 강력한 힘'이라고 할 수 있다. 그리고 '법증상'에 대해서는 다음과 같이 설명한다.

"법증상法增上이란 어떤 것인가?…… 모든 비구가 수행에 적합한 장소(아련야)에 머물러 있거나 혹은 나무 아래 머물러 있거나 혹은 조용한 데에 머물러 있으면서 배워야 할 법을 배우며 생각하기를, '모든 여래如來·응공應供·정등각正等覺께서 설하신 법은 뛰어난 가르침(善說)으로 나타나고(現見), 모든 번뇌를 여의고 순응할 때, 관찰하고 맛보게 하여 지혜 있는 이가 내증을 얻게 한다. 이러한 바른 법을 나는 이미 분명히 알고 있다.…… 그(비구)는 바른 법(正法)의 강한 힘(增上)으로 말미암아 불선을 끊고 선법을 닦게 된다. 이러한 법의 강한 힘의 작용(正法增上勢力)이 선의 유루도 혹은 무루도를 일으킨다. 이것을 법증상이라고 이름 붙였다."[141] 이상의 내용을 정리하면, '법증상'이란 '모든 여래·응공·정등각이 깨달음을 얻은 후, 그 깨달음을 설한 가르침(법)의 힘'이라고 할 수 있다. 이처럼 '참심소'는 자신과 법(불교의 가르침)에 근거하여 자신을 평가·반성하고, 자신이 범한 죄를 부끄러워하는 것이다.

한편 '세증상世增上'은 괴심소와 관련된다. 세증상에 대해『아비달마집이문족론』에서는 다음과 같이 설명한다. "세증상이란 어떤 것인가? 답하기를…… 모든 비구는 다음과 같이 생각해야 한다. '지금 이 세간에는 많은 사람이 있고, 그 사람들이 모이는 장소에는 반드시 천신이 있다. (천신은) 천안통·타신통을 지니고 있고, 가까이 있든 멀리 있든 모든 것을 간파할 수 있다. 마음이 뒤떨어졌는지, 뛰어났는지'를 실로 알 수 있다. 만약 내가 모든 악을 탐하는 원인이 되는 좋지 않은 생각을 일으키면 천신들은 (이런) 내 생각을 간파하여, 서로에

140) "自增上云何?……有諸苾芻居阿練若. 或在樹下或住空閑. 學所學法應作是念: 我已厭俗正信出家. 不應復生不善尋伺.……彼由自我增上力故. 能斷不善, 修諸善法. 如是自我增上勢力. 起善有漏或無漏道. 名自增上."(『아비달마집이문족론』, 권6, T26, 390b6)

141) "法增上云何……有諸苾芻居阿練若. 或在樹下或住空閑. 學所學法應作是念: 一切如來應供正等覺所說之法. 善說現見. 離諸熱惱隨順應時. 來觀來嘗智者內證. 如是正法我已了知.……彼由正法增上力故. 能斷不善修諸善法. 如是正法增上勢力. 起善有漏或無漏道. 名法增上."(『아비달마집이문족론』, 권6, T26, 390c1)

게 다음과 같이 말할 것이다. '지금 우리는 함께 선한 남자를 보았다. 그는 이미 세속을 싫어해서 바른 신심을 가지고 출가하였다. 어째서 다시 모든 악을 탐하는 원인이 되는 좋지 않은 생각을 일으키는 것일까?' 하였다.…… 〈똑같이 세간에는 천안통·타심통을 지닌 부처나 불제자가 있다.〉 저 〈비구는 이와 같은〉 세간〈의 눈〉이라는 강한 힘의 작용(증상력)으로 말미암아 불선을 끊고, 모든 선법을 닦을 수 있다. 이러한 세간의 강한 힘의 작용(世間增上勢力)이 선의 유루도 혹은 무루도를 일으킨다. 이것을 세증상이라고 이름 붙였다."[142] 이상의 내용을 정리하면, '세증상'이란 '모든 것을 관통하는 능력을 가진 신·부처·보살, 그리고 세상 사람이 보는 힘'이라고 할 수 있다. 이처럼 괴심소는 '모든 것을 관통하는 능력을 가진 신·부처·보살 및 세상 사람이 나를 보고 있다고 생각하여, 이에 비추어 자신이 범한 죄에 대해 부끄러워하는 마음작용'이다.

그래서 집필자도 자증상을 '자신을 관찰하는 힘', 법증상을 '붓다의 가르침을 관찰하는 힘', 세증상을 '타인을 관찰하는 힘'이라고 정의하였다. 그리고 앞서 자증상과 법증상은 참에 관련되고 세증상은 괴에 관련되는데,[143] 이처럼 참·괴를 3가지 증상으로 주석하는 것은 거의 모든 유식 논서에서 계승하고 있다.[144]

---

142) "世增上云何?……有諸苾芻居阿練若. 或在樹下或住空閑. 學所學法應作是念: 今此世間有多衆集. 夫衆集處必有天神. 成就天眼具他心智. 若近若遠皆能覩見. 心劣心勝悉能了知. 我若發生不善尋伺. 能爲諸惡耽嗜所依. 則諸天神現知見我. 旣知見已互相謂言: 今應共觀此善男子. 已能厭俗正信出家. 云何復生不善尋伺. 能爲諸惡耽嗜所依?……彼由世間增上力故. 能斷不善, 修諸善法. 如是世間增上勢力. 起善有漏或無漏道. 名世增上."(『아비달마집이문족론』, 권6, T26, 390b28) 원문에 대한 전체 번역은 한글대장경(『아비달마집이문족론』, 송성수 번역)을 참조하길 바란다.

143) 『대비바사론』 21권, 『현양성교론』 1권 등에서는 3가지 증상에 대해, "列擧三種增上: (一)自增上, 指自己之增上力, 如不起惡業, 故不墮惡趣, (二)世增上, 指世間之增上力, 如善業引致世間之讚歎, 惡業引致世間之譏毁. (三)法增上, 指正法之增上力, 如爲護持正法而不起惡業, 且不令諸世間輕毁正法"(『佛光大辭典』)이라고 정의하고 있다.

144) 자세한 것은 김명우, 「유식 논서에 나타난 선심소 연구(1)」, 『동아시아불교문화』 43집(2020)을 참조하길 바란다.

4) 삼선근(無貪·無瞋·無癡)

貪·嗔·癡三者. 乃根本煩惱. 亦名三毒. 作善之人. 此三不斷. 何以爲善. 故皆無之. 若無此三毒. 是爲三善根.

탐·진·치의 세 가지 〈심소는〉 바로 근본번뇌이다. 또는 〈이것들을〉 '삼독三毒'이라고 한다. 선을 행하는 사람이 이 삼독을 끊지 않고서 어떻게 선하다고 할 수 있겠는가. 그러므로 그것(삼독)을 모두 없애야 한다. 만약 이 삼독이 없으면 '삼선근'이라고 한다.145)

용어해설

• 무탐

감산스님은 무탐, 무진, 무치의 삼선근에 대해 구체적으로 주석하지 않고, 단지 삼독을 끊으면 '삼선근'이라고 할 뿐이다. 즉 삼독을 제거하면 삼선근에 이른다는 것이다.

우선 집필자는 무탐無貪(alobha)이란 생사유전生死流轉하는 자신과 자신이 살아가는 데 도와주는 것(세계, 업, 재물 등)에 대해 집착하지 않고 애착하지 않는 마음작용이라고 정의하였다. 이제 그 근거를 논서를 통해서 밝혀 보기로 하겠다.

먼저 『대승오온론』(한역)에서는 "이른바 탐욕을 대치하는 것이니, 〈탐욕을 마음〉 깊이 싫어하여 집착하지 않음을 본성으로 하는 것이다"146)라고 하고, 범본에서는 "〈그것은〉 탐욕을 제거하는 것(pratipakṣa)이고, 심저心底에서 〈탐욕의 원인을〉 혐오하며(nirvid), 〈모든 것에〉 집착하지 않게 하는 것을 본질로 하는 것이다"147)라고 해설한다. 그리고 안혜보살의 주석인 『대승광오온론』에서는 "무탐이란 존재하는 것(有) 및 존재를 도우는 것(有資具)에 집착(染著)하지 않는다는 의미이다. 생사에서 생기는 모든 과실을 두루 알기 때문에 혐오嫌惡(厭患)라고 이름 붙였다"148)고 한다. 이상의 내용을 정리하면, 무탐이란 모든

---

145) 삼독에 대해서는 '근본번뇌' 항목을 참조하길 바란다.

146) "謂貪對治, 令深厭患無著爲性."(『대승오온론』, T31, 848c25)

147) alobhaḥ katamaḥ/lobha-pratipakṣo nirvid anāgrahaḥ/(Li and Steinkellner, p.6, 11)

148) "此卽於有及有資具. 無染著義. 遍知生死諸過失故. 名爲厭患."(『대승광오온론』, T31, 852a

것(존재와 존재를 도우는 것)에 집착하지 않고 탐욕을 싫어하는(혐오하는) 것이다.

『성유식론』에서는 "존재(有)와 존재의 원인(有具)에 대해서 탐착貪著하지 않는 것을 본질로 하고, 탐착을 대치해서 선을 짓는 것을 작용으로 삼는다"149)라고 주석한다. 그리고 지욱스님도 "삼유(삼계의 존재) 및 삼계에 존재하게 도우는 것(有資具)에 대해 염착하지 않는 것을 본질로 하며, 개별적으로는 탐착을 대치하고 통괄적으로는 능히 많은 선을 짓는 것을 작용으로 한다"150)라고 주석한다.

여기서 '유有'(bhava)란 삼계에 존재하고 있는 것을 말한다. 그 범위를 좁히면 인간세계에 존재하고 있는 '자신'을 말한다. 그리고 '유구'(유자구, bhavopakaraṇa)는 인간(자신)을 살게 하는 여러 가지 부수적인 조건, 즉 세계 · 업 · 번뇌 · 재물 등을 말한다. 이처럼 무탐이란 인간(자신) 및 그것에 부수하는 것에 집착하지 않는 것이다. 좀 더 구체적으로 말하면 자신과 자신이 가지고 있는 것에 집착함이 없는 마음작용(무탐)이라고 할 수 있다. 그리하여 무탐은 탐욕을 제거하여 선을 짓게 하는 것이다.

• 무진

무진無瞋(adveṣa)이란 마음에 들지 않는 상대에 대해 분노(성냄)하지 않는 마음작용이다. 그 이유를 다른 주석을 통해 살펴보자. 먼저 『대승오온론』(한역)에서는 "분노하는 것에 대치하는 것이니, 자애로움(慈)을 본성으로 하는 것이다"151)라고 하고, 범본에서는 "〈그것은〉 증오(dveṣa)를 제거하는 것(대치)152)이고, 자애(maitrī)를 본질로 하는 것이다"153)라고 해설한다. 여기서 '자애를 본질로 하는 것'(以慈爲性)이라는 무진에 대한 『대승오온론』의 해설은 정말 뛰어나다고 생각하는데, 다른 존재에 대해 사랑하는 마음이 있어야만 '성냄이나 증오'도 사라지기 때문이다.

25-26)

149) "於有有具無著爲性. 對治貪著作善爲業."(『성유식론』, T31, 30a4)

150) "于三有及三有資具. 無所染著. 而爲體性. 別則對治貪著. 通則能作衆善. 而爲業用."(『직해』, X48, 343a16)

151) "謂瞋對治, 以慈爲性."(『대승오온론』, T31, 848c26)

152) 집필자는 '프라티팍샤'(pratipakṣa)를 대치, 반대, 제거로 해석하였다.

153) dveṣa-pratipakṣao maitrī/(Li and Steinkellner, p.6, 12)

『성유식론』에서는 "괴로움(苦)과 괴로움을 생기게 하는 원인(苦具)에 대해 성내지 않는 것을 본성으로 하고, 진에瞋恚(성냄)를 대치하여 선善을 행하는 것을 작용(業)으로 삼는다"154)라고 주석한다. 그리고 지욱스님도 "삼계의 괴로움 및 삼계의 존재를 도우는 것155)에 대해 성내지 않는 것을 본질로 하고, 개별적으로 진에를 대치하고 통괄적으로 능히 많은 선을 짓는 것을 작용으로 삼는다"156)라고 주석한다. 지욱스님은 '삼계의 괴로움과 존재를 도우는 것'(三苦資具)이라고 넓은 의미로 주석하였지만, 좁게 말하면 무진이라는 것은 자기의 마음에 들지 않는 것(고와 고에 관계하는 고구)에 분노를 품지 않는 마음작용이다. 이상의 내용을 종합하면 무진은 인생의 괴로움과 괴로움에 수반하는 것에 대해 분노하지 않는 마음작용이라고 할 수 있다. 다만『집론』과『유식삼십송석』157)에서는 분노하지 않는 대상을 '괴로움(苦)과 괴로움을 생기게 하는 원인(苦具)'뿐만 아니라 '괴로움을 가하는 사람(sattva)'에게도 분노하지 않는 것을 무진이라고 주석하고 있다.

• 무치

무치無癡(amoha)란 어리석음이 없는 마음작용이다. 하지만 이것은 우리가 일반적으로 생각하는 어리석음이 없다는 뜻은 아니다. 그러면 구체적으로 어떤 어리석음이 없다는 것인가? 진리(부처님의 가르침)에 대해 어리석음이 없다는 뜻이다. 감산스님은 이것에 대해 구체적으로 주석하지 않았는데, 다른 주석을 통해 그 의미를 살펴보기로 한다.

먼저『대승오온론』(한역)에서는 "어리석음(愚)을 대치하는 것이니, 그것을 여실히 바르게 행하는 것을 본성으로 하는 것이다"158)라고 하고, 범본에서는 "〈그것은〉 무지(무명)를 제거하는 것(對治)이며, 그것(사성제, 12연기 등의 진리)을 있는 그대로(如實) 바르게 수행하는 것을 본질로 하는 것이다"159)라고 해설한

154) "於苦苦具無恚爲性. 對治瞋恚作善爲業."(『성유식론』, T31, 30a5)

155) 괴로움을 일으키는 모든 원인을 말한다.

156) "於三苦及三苦資具. 無所憎恚而爲體性. 別則對治瞋恚. 通則能作衆善. 而爲業用."(『직해』, X48, 343a18)

157)『집론』, Gokhle, p.16, 11.;『유식삼십송석』, TV, p.27, 7-8.

158) "謂癡對治, 以其如實正行爲性."(『대승오온론』, T31, 848c27)

다. 그리고 『대승광오온론』에서는 '있는 그대로'(如實, yathābhūta)란 "간략하게 말하면 사성제, 광설하면 12연기라고 한다. 이것들의 수행을 거듭하는 것이 '바르게 아는 것'"이라고 기술하고 있다.160) 이처럼 부처님께서 말씀하신 진리인 연기 · 공 · 제행무상 · 사성제 · 삼보를 확실하게 알고, 그것을 근거로 수행하는 것(선을 행하는 것)이 '무치'이다.

『성유식론』에서는 "모든 이치(理)와 현상(事)에 대해서 명백하게 이해하는 것을 본질로 하고, 우치愚癡에 대치(반대)하여 선善을 짓는 것을 작용으로 삼는다"161)라고 주석한다. 그리고 지욱스님도 "모든 진리의 도리와 모든 사실의 현상에 대해 분명하게 이해하는 것을 본질로 하고, 개별적으로 우치(어리석음)를 대치하고 통괄적으로는 능히 많은 선을 짓는 것을 작용으로 삼는다"162)라고 주석한다.

앞에서도 언급했지만, 두 주석에 등장하는 '도리'(理)와 도리가 일관한 '사실事實'이란 구체적으로 말하면 연기, 공, 제행무상, 사성제, 삼보를 말한다. 결국 부처님의 가르침을 확실하게 이해하여 선을 행하는 것이 무치라는 것이다. 그리고 그 반대의 마음작용이 근본번뇌 중의 하나인 치癡(진리에 대한 어리석음)이다.

이상의 내용을 정리하면, 무탐 · 무진 · 무치란 자기 존재에 대해 집착하지 않고, 자기 마음에 들지 않는 것에 분노하지 않으며, 진리와 자신의 본래 존재(무상 · 무아)를 확실하게 이해하는 마음작용이다. 그리고 무탐 · 무진 · 무치의 심소에 공통하는 것이 많은 '선善을 짓게 하는 것을 작용(業)으로 삼는다'는 문장인데, 이것은 이른바 이 3개(三)가 선한(善) 마음의 근거(根)라는 것이다. 특히 근根은 '선을 일으키는 것(행하는 것)이 가장 뛰어나기 때문에' 붙인 말이다. 그래서 감산스님도 '삼선근三善根'이라고 주석한 것이다.

---

159) moha-pratipakṣo yathābhūta-saṃpratipattiḥ/(Li and steinkellner, p.6, 13-14)

160) "如實者. 略謂四聖諦. 廣謂十二緣起. 於彼加行. 是正知義."(『대승광오온론』, T31, p.852b1-3)

161) "云何無癡. 於諸理事明解爲性. 對治愚癡作善爲業."(『성유식론』, T31, 30a9)

162) "于諸諦理及諸實事. 明解而爲體性. 別則對治愚癡. 通則能作衆善以爲業用."(『직해』, X48, 343a20)

5) 정진(勤, vīrya): 노력하는 마음작용

① 勤[163]者. 精進也. 旣斷三毒. 純一善心. 必加精進勇猛. 善行方增. 此治懈怠之病. ② 世有淳善之人. 無精進力. 軟暖[164]因循. 故終身無成.

① 〈근이란 어떤 심소인가?〉 근이란 정진이다. 〈참선수행자가〉 이미 삼독을 끊고 선심이 순일(다른 것이 전혀 섞이지 않아 순수하고 청정한 것)하여도 반드시 용맹한 정진이 더해야 선행이 비로소 증가하게 된다. 이것(근)은 〈선을 닦고 악을 끊는 것에〉 게으른(懈怠)[165] 병을 고치게 한다. ② 세상에 순수하고 선한 사람이 있어도 〈전쟁에 나가는 군인처럼 용맹하게〉 노력하는 힘(精進力)이 없으면 연약해져서(軟暖) 낡은 인습을 버리지 못하기 때문에 평생 동안 성취하는 것이 없게 된다.

용어해설

• 근(정진)

감산스님은 근勤(vīrya)을 '정진精進'이라고 주석한다. 그리고 '선을 닦고 악을 방지하는 것에 게으른(懈怠) 병을 고친다'고 하면서 '선한 사람이라도 노력하는 힘이 없으면 아무것도 이룰 수 없다'고 주석한다. 그래서 집필자도 정진(근)이란 '선을 행하고자 노력하는 용맹한 마음(勇猛心)작용'이라고 정의하였다. 이제 그 근거를 다른 주석을 통해 밝혀 보기로 하겠다.

『대승오온론』(한역)에서는 "이것은 해태懈怠(게으름)와 대치하는 것이니, 마음의 선품善品에 대해 용맹하고 굳셈(勇悍)을 본성으로 하는 것이다"[166]라고 하고, 범본에서는 "〈그것은〉 태타怠惰(게으름)를 제거하는 것(대치)이며, 마음이 선을 닦는 것에 대해 용감〈하게 노력하는 것〉을 본질로 하는 것이다"[167]라고 해설

---

163) 『대승백법명문론』에는 선심소의 순서가 '신, 정진, 참, 괴…… '로 되어 있는데, 감산스님은 '정진'(근)을 다섯 번째에 배열했다. 아마도 『유식삼십송』의 순서에 따른 것 같다.
164) 부드러울, 연한 연(軟) / 따듯한, 부드러울 난(暖).
165) 해태란 적극적으로 '선을 행하고 악을 끊는 것에 게으른 것'을 말한다.
166) "謂懈怠對治, 心於善品勇悍爲性."(『대승오온론』, T31, 848c28)
167) kausīdya-pratipakṣa kuśala-cetasa-abhyutsāhaḥ/(Li and steinkeller, p.7, 1-2)

한다. 즉 해태(게으름)를 제거하여 선을 용감하게 닦는 마음작용이라고 한다.

그리고 『대승광오온론』에서는 ① 갑옷을 입고 전장에서 싸우는 것처럼 정진하는 것 ② 자신을 격려하면서 정진하는 것 ③ 자신을 비하하지 않고 정진하는 것 ④ 어려움을 만나도 물러나지 않고 정진하는 것(불퇴전) ⑤ 도중에 만족하지 않고 정진하는 것의 5가지로 나누어 정진을 설명한다.168) 이처럼 근(정진)은 군인이 전쟁터에서 용감하게 싸우는 것처럼, '용맹 · 용감하게 노력하는 마음작용'이라고 할 수 있다. 그래서 집필자도 '근'을 '선을 행하고자 노력하는 용맹한 마음작용'이라고 정의한 것이다.

또한 『성유식론』에서도 "근이란 정진이다. 선을 닦고 〈악을〉 끊는 것에 용맹스럽고 굳세게 하는 것(勇悍)을 본질로 하며, 해태(懈怠)에 대치(반대)하여 선을 만족시키는 것을 작용(業)으로 삼는다"169)라고 주석한다. 그리고 지욱스님도 "악을 끊고 선을 닦는 것에 용맹하고 강하고 굳세게(悍) 하는 것을 본질(體性)로 하고, 해태(게으름)를 대치(반대)하고 선한 것을 만족하게 성립시키는 것(완성시키는 것)을 작용으로 삼는다"170)라고 주석한다. 마찬가지로 『유식삼십송석』에서도 "해태의 대치(반대)이다. 마음이 선에 **'용감한 것'**이지, 〈번뇌에〉 오염된 것에 용감한 것이 아니다. 〈번뇌에〉 더럽혀진 〈행위〉에 용감한 것은 비난받기 때문에 해태이다. 그리고 이것(정진)은 선한 모든 수행을 완전하게 완성시키는 작용을 가진 것이다"171)라고 하여, 정진은 '해태의 반대 · 마음이 선에 용감한 것 · 선한 수행을 완성시키는 역할을 하는 마음작용'이라고 주석하고 있다.

두 주석의 내용을 정리하면, 근의 심소는 악을 끊고 선을 닦는 것(修善斷惡)에 용감(용맹)하게 하는 심소이다. 그래서 모든 선한 수행을 완전하게 완성시키는 기능을 가진 마음작용이 되는 것이다. 다만 여기서 '용맹스럽고 굳세게 선을 닦고 악을 끊는다'는 표현에 주의할 필요가 있다. 우리는 일반적으로 선을

168) "謂若被甲. 若加行. 若無怯弱. 若不退轉. 若無喜足."(『대승광오온론』, T31, 852b5-6)
169) "勤謂精進. 於善惡品修斷事中勇悍爲性. 對治懈怠滿善爲業."(『성유식론』, T31, 30a23)
170) "于斷惡修善事中. 勇猛強悍而爲體性. 對治懈怠. 成滿善事而爲業用."(『직해』, X48, 343a)
171) vīryaṃ kausīdya-pratipakṣaḥ kuśale cetaso 'bhyutsāhaḥ na tu kliṣte/kliṣte tūtsāhaḥ kutsitavāt kausīm eva etacca kuśalpakṣaparipūraṇapariniśrayakarmakam/(TV, p.27, 12-13)

닦는다고 하면 부드럽고 유순하다고 생각한다. 그러나 근(정진)은 아주 강하고 용맹한 마음을 요구한다. 즉 근은 전쟁에 나가는 병사와 같은 단호한 각오로 정진하라는 것이다.

그래서 감산스님도 "게으름을 제거하고 정진이 더해져야 한다. 세상에 순수하고 선한 사람이 있어도 전쟁에 나가는 군인처럼 용맹하게 노력하는 힘(精進力)이 없으면 아무 일도 성취할 수 없다"고 주석한 것이다. 이런 이유에서 참선 수행을 할 때도 '용맹정진'하라고 끊임없이 말하는 것이다.

6) 경안輕安(praśrabdhi): 몸과 마음을 편안하고 경쾌하게 하는 마음작용

輕安者. 謂離三毒麤重昏懵. 如釋重負. 則身心輕快安隱. 堪任善行也.

〈경안이란 어떤 심소인가?〉 경안이란 삼독의 거침과 무거움(麤重), 어리석음과 어둠(昏懵)[172]에서 벗어나는 것을 〈말한다.〉 마치 무거운 짐을 내려놓는 것과 같아 몸과 마음이 경쾌하고 편안하여 선행을 할 수 있게[173] 된다.

용어해설

• 경안

감산스님은 경안輕安(praśrabdhi)에 대해 '삼독의 추중과 혼몽을 제거하여 신심이 경쾌하고 편안하여 선행을 할 수 있게 하는 것'이라고 정의한다. 다시 말해 '삼독의 번뇌에서 벗어나 심신이 경쾌하고 편안하여 선행을 할 수 있게 하는 마음작용'이라는 것이다. 그래서 집필자도 경안을 문자 그대로 '몸과 마음이 경쾌하고 편안하게 하는 마음작용'이라고 정의하였다. 이제 그 근거를 다른 주석을 통해 밝혀 보기로 하겠다.

먼저 『대승오온론』(한역)에서는 경안을 "〈심신心身의〉 거칠고 무거운 것(麤重)[174]을 대치하는 것이며, 심신이 가볍고 편안한 상태(調暢)로[175] 자유롭게

172) 어리석을 혼(昏) / 어리석을 몽(懵).

173) 맏길, 견딜 감(堪) / 맏길 임(任).

174) 麤重에서 '麤'는 '결이 거친 것 · 조잡' 등의 의미이고, '重'은 '무겁다'는 의미이다. 따라서 추중이란 마음이 얽매여 무거워져서 자유롭게 활동할 수 없는 상태, 즉 번뇌를 말한

활동할 수 있음(堪能)[176]을 본성으로 하는 것이다"[177]라고 하고, 범본에서는 "〈그것은 심신의〉 구속(추중, dauṣṭbulya)을 제거하는 것이고, 심신이 자유롭게 활동할 수 있게 된 것(堪能=karmaṇyatā)을 본질로 하는 것이다"[178]라고 설명한다. 그런데 여기서 주의할 것은 앞서 기술했듯이 감산스님은 경안을 주석하며 '삼독의 추중'이라는 표현을 쓰고 있지만, 집필자는 『대승오온론』의 번역에 따라 '심신의 추중'이라고 하였다. 이것에 대한 다른 주석서의 언급이 없기 때문에 감산스님의 주석인 '삼독의 추중'이 맞는지, 집필자의 번역대로 '심신의 추중'이 맞는지 결정하기는 어렵다. 다만 『유식삼십송석』에서 "추중이란 심신의 무감임성(심신이 경쾌하게 활동할 수 없는 것)과 모든 잡염법의 종자이다"[179]라고 주석하고, "추중을 제거하는 것(대치)이 곧 심신의 감임(감능)"이라고 해설하고 있으며, 게다가 『집론』에서도 '심신의 추중'(身心麤重. kāya-citta-dauṣṭhulya)이라고 기술하고 있기 때문에 집필자의 번역이 크게 잘못된 것은 아니라고 생각한다. 또 하나 주목할 것은, 한역(『대승오온론』, 『성유식론』, 『직해』 등)에서는 '조창調暢'(마음이 편안한 상태)이라는 말을 첨가하여 주석하고 있지만, 범본(『대승오온론』[범본], 『유식삼십송석』, 『집론』[범본] 등)에서는 '조창調暢'이라는 말이 없다는 점이다. 예컨대 『집론』 범본에서는 "심신의 추중(dauṣṭhulya)을 제거하고, 심신을 경쾌하게 활동할 수 있게 하는 것(karmaṇyatā)을 본질로 삼는다. 일체의 장애를 없애는 것을 작용으로 한다"[180]라고 하는데, 한역본에서는 "심신의 추중을 멈추게 하고, 심신의 조창을 본성으로 한다. 일체의 장애를 남김없이 제거하는 것을 작용으로 한다"[181]라고 하여, '경쾌하게 활동할 수 있게 하는

다. 다시 말해 번뇌가 작용할 때는 마음도 몸도 거칠고 무겁게 된다는 것이다.

175) 調暢이란 고르게 펴는 것, 즉 몸과 마음이 구애됨 없이 '가볍고 평안한 상태'를 말한다.

176) 堪任이란 주어진 임무를 수행할 수 있는 '능력이 있다'는 뜻이고, 堪能이란 주어진 임무를 견더낼 수 있는 능력이 있다는 뜻으로서, 감임과 감능은 같은 말이다. 유식의 용어로 풀이하면 수번뇌 중의 혼침을 제거한 상태, 즉 몸과 마음이 소기의 목적을 향하여 아무 속박 없이 자유롭게 활동할 수 있는 상태로서, 이른바 '수행에 적응한 심신의 상태'라고 할 수 있다.

177) "謂麤重對治, 身心調暢堪能爲性."(『대승오온론』, T31, 848c29)

178) auṣṭbulya-pratipakṣa kāya-citta-karmaṇyatā/(Li and steinkeller, p.7, 3-4)

179) TV, p.27, 14.

180) praśrabdhiḥ katamā/kāya-citta-dauṣṭhulyānāṃ pratipraśrabdheḥ kāya-citta-karmaṇyatā/sarvāvarṇaniṣkarṣaṇakarmikā/(Gokhle. p.16, 14-15)

것'(karmaṇyatā, 감임)을 '조창'(가볍고 편안한 상태)으로 번역하는 것이다. 현장스님이 'karmaṇyatā'를 왜 '조창'과 '감임'으로 혼용해서 한역한 것인지 현재로서는 알 길이 없다.

한편 『성유식론』에서는 "안은 경안이라는 말이다. 추중麤重을 멀리하고 심신心身을 가볍고 편안(調暢)하게 하여, 심신이 경쾌하게 활동할 수 있게 하는 것(堪任)을 본질로 하며, 혼침을 대치하고 전의轉依[182]하는 것을 작용으로 삼는다"[183]라고 주석한다. 그리고 지욱스님도 "추중의 잡염법(잡염종자)[184]을 멀리하고, 심신을 가볍고 편안하게 하여 선법에 대해 감임하고 수지修持하는 것을 본질로 하며, 혼침을 대치하고 더럽고 혼탁한 심신心身을 전사轉捨[185]하여 청정한 신심을 전득轉得[186]하는 것을 작용으로 삼는다"[187]라고 주석한다. 여기서 지욱스님이 '수지'를 첨가하여 '감임수지堪任修持'라고 주석한 것은 매우 적절하다고 생각된다. 왜냐하면 심신의 구속(추중)을 멀리하여 심신을 편안하고 경쾌한 상태(堪任)로 '유지(修持)하는 것'이 바로 경안이기 때문이다.

『성유식론』과 지욱스님의 주석을 정리하면, 경안은 몸과 마음의 번뇌인 추중을 제거하여 몸과 마음을 평안 · 경쾌하게 유지修持하는 것으로서 이른바 수행의 결과에 해당한다. 그리고 그 반대가 앞서 언급한 혼침이다. 왜냐하면 경안은 대수번뇌 중의 하나인 혼침(지나치게 마음이 가라앉은 상태)을 제거하여 마음을 더러운 상태에서 청정한 상태로 변화시키는 역할(轉依)을 하는 마음작용이기 때문이다. 다시 말해 경안은 번뇌의 장애를 남김없이 제거하기 때문에 대수번뇌 중의 하나인 혼침도 당연히 제거된다는 것이다.

---

181) "何等爲安. 謂止息身心麤重身心調暢爲體. 除遣一切障礙爲業."(『집론』, T31, 664b15-17)

182) 전의란 인간존재를 지탱하고 있는 의지처나 근거가 변화하는 것을 말하는데, 이른바 자기 존재가 미혹의 상태에서 청정한 깨달음의 상태로 변화하는 것이다.

183) "安謂輕安. 遠離麤重調暢身心堪任爲性. 對治惛沈轉依爲業."(『성유식론』, T31, 30b5)

184) 추중이 곧 신심을 괴롭히는 번뇌이기 때문에 지욱스님도 모든 잡염법(번뇌)의 종자(잡염종자)라고 해석한 것 같다.

185) 전사란 마음을 변화시키는 두 가지 요인(전사와 전득) 중의 하나로, 마음의 더러운 상태(변계소집성)를 버리는 것이다.

186) 전득이란 마음을 변화시키는 두 가지 요인(전사와 전득) 중의 하나로, 마음의 청정한 상태(원성실성)를 얻는 것이다.

187) "遠離麤重雜染法品. 調暢身心. 於善法中堪任修持. 而爲體性. 對治惛沉. 轉捨染濁身心. 轉得清淨身心. 而爲業用."(『직해』, X48, 343a)

이처럼 경안은 몸과 마음에 구애됨이 없는 가볍고 상쾌한 상태를 말한다. 그런데 여기에는 우리가 유의해야 할 것이 있다. 예컨대 다른 10개의 선한 심소는 모두 함께 작용하지만, 이 경안의 심소는 삼매(정)를 체험할 때만 작용한다는 것이다. 그래서 『성유식론』에서 '전의'라고 주석하고, 지욱스님도 신심을 '전사'하여 청정한 신심을 '전득'한다고 주석한 것이다.

7) 불방일不放逸(apramāda): 악을 방지하여 선을 닦는 것에 게으르지 않는 마음작용

不放逸者. 以縱[188]貪·嗔·癡. 無精進心. 是爲放逸. 此不放逸. 乃三根·精進四法上防修之功能也.

〈불방일이란 어떤 심소인가? 먼저〉 탐, 진, 치를 방치하여 정진의 마음이 없는 것을 방일이라고 한다. 반면 〈여기서 말하는〉 불방일은 삼선근(무탐, 무진, 무치)과 정진의 4가지 법에 대해(上) 〈악(불선)을〉 방지하여 〈선을〉 닦게 하는 힘(功能, 효과를 갖는 작용)[189]이다.

용어해설

• 불방일

감산스님은 불방일을 '무탐, 무진, 무치, 정진의 4가지 법에 대해 악을 방지하여 선을 닦게 하는 힘(功能)'이라고 정의한다. 그래서 집필자도 불방일을 '악을 방지하여 선을 닦는 것에 나태하지 않고 게으르지 않은 선한 마음작용'이라고 정의하였다. 이것에 대한 다른 주석을 살펴보자.

우선 『대승오온론』(한역)에서는 "방일을 대치하는 것으로, 즉 무탐 내지 정진에 이르기까지 이것에 의지하기 때문에, 선하지 않은 법을 버리고 곧 저것(방일)을 대치하는 선한 법을 닦는 것이다"[190]라고 하고, 범본에서는 "〈그것

188) 놓을, 내버려둘 종(縱).

189) 그래서 성철스님은 불방일을 '정진해서 모든 악을 막는 공능'(精進防修功能)이라고 해설한다. 즉 '악을 막는 강력한 힘(공능)'이라고 정의한다. 또한 '근(정진)과 불방일은 같지만, 근은 적극적인 면에서 하는 말이고, 불방일은 소극적인 면에서 하는 말'이라고 해설한다.

은〉 방종(방일)을 제거하는 것이고, 무탐에서 정려(정진)에 이르기까지의 〈즉 무탐, 무진, 무치, 정진이〉 이것을 의지처로 삼는 것에 의하여, 선하지 않은 심소(탐, 진, 치, 해태)를 버리고, 그것들을 제거한 선심소(무탐, 무진, 무치, 정진)를 수행할 수가 있는 것이다"[191]라고 설명한다. 즉 불방일이란 단순히 게으르지 않다는 것이 아니라 탐 · 진 · 치와 해태를 무탐 · 무진 · 무치 · 정진의 선심소에 의해 끊임없이 제거한다는 것이다. 그래서 번뇌에 물들지 않게 언제나 의식을 알아차린다는 의미의 마인드풀니스(mindfulness)를 불방일로 영역英譯해도 무방하다고 생각한다. 그리고 안혜소에서는 불방일을 무탐 · 무진 · 무치, 정진에 근거한 것으로서 실제적인 활동을 하는 실심소實心所가 아니라 독자적으로 활동할 수 없는 가심소假心所라고 한다.[192]

『성유식론』에서는 "정진과 삼선근이 끊고 닦아야 할 것에 대해서 막고 닦는 것을 본성으로 하며, 방일을 대치하여 일체 세간과 출세간의 선한 일을 이루어 만족하게 하는 것을 작용으로 한다"[193]고 주석한다. 그리고 지욱스님도 "정진 및 무탐, 무진, 무치의 3종류의 삼선근이 악을 끊게 하여 생기지 않도록 방지하고 선을 닦게 하여 수행을 증장시키는 것을 본성으로 하며, 방일을 대치하여 일체 세간과 출세간의 선한 일을 이루어 만족하게 하는 것을 작용으로 한다"[194]라고 주석한다. 두 주석은 거의 동일한데, 다만 지욱스님은 악을 방지하고 선을 닦게 하여 '수행을 증장시킨다'는 말을 추가하여, 불방일이 수행과 관련된다는 것을 밝히고 있다.

그런데 불방일은 구체적인 심소가 있는 것이 아니라 정진 · 무탐 · 무진 · 무치에 힘쓰는 것이다. 그래서 『성유식론』에서는 "네 가지 법(정진 · 무탐 · 무진 · 무치)을 끊고 닦아야 할 것에 대해 능히 막고 닦는 것을 불방일이라고 이름한다.

---

190) "謂放逸對治, 卽是無貪乃至精進依止此故, 捨不善法, 及卽修彼對治善法."(『대승오온론』, T31, 848c30)

191) pramāda-pratipakṣo 'loba yāvad vīryam, yān niśrityākuśalān-dharmān-prajahāti tatpratipakṣāṃś ca kuśalān dharmān bhāvayati/(Li and steinkellener, p.7, 5-7)

192) PSV, p.48, 8-10.

193) "不放逸者精進三根. 於所斷修防修爲性. 對治放逸成滿一切世出世間善事爲業."(『성유식론』, T31, 30b7)

194) "卽精進及無貪無瞋無癡三種善根. 於所斷惡. 防令不生. 於所修善. 修令增長. 而爲體性. 對治放逸. 成滿一切世出世間善事而爲業用."(『직해』, X48, 343b)

그것은 별도로 자체가 있는 것이 아니다. 다른 양상이 없기 때문이고, 악한 일을 막고 선한 일을 닦는 가운데 네 가지 공능을 떠난 별도의 작용이 없기 때문이다"[195]라는 주석을 첨가하고 있다. 앞에서도 언급했지만, 이처럼 불방일은 독자적인 심소가 아니라 근(정진)이나 삼선근의 결합으로 이루어진 마음 작용이다. 그래서 '가법假法의 심소'라고 한다. 반대로 '신'이나 '무탐' 등과 같이 단독으로 작용하는 심소를 '실법實法의 심소' 또는 '실심소'라고 한다. 다음에 등장하는 행사와 불해도 가법의 심소에 속한다. 부연하면 『성유식론』과 『직해』의 주석에서는 정진과 불방일의 구분이 애매하다. 그렇다면 둘은 어떤 차이가 있는가? 정진은 선을 닦아 악을 끊는 것이고, 불방일은 악을 방지하여 선을 닦는 것이다. 이렇게 보면 정진과 불방일은 악의 '끊음'과 '방지'라는 접근 상의 차이가 있다고 할 수 있다.

8) 행사行捨(upekṣā): 마음을 평등, 정직, 무공용하게 하는 마음작용

① 行捨者. 由精進力. 捨貪・嗔・癡. 則令心平等・正直. 任運入道. ② 以念念捨處. 卽念念入處. 如人行路. 不捨前步. 則後步不進. 故名行捨. ③ 以有此捨. 令心不沉掉[196]. 故平等耳. 言行蘊中捨者. 以行陰念念遷流者. 乃三毒習氣熏發妄想. 不覺令心昏沉・掉擧. ④ 若無此捨. 不但昏掉將發現行. 若能念念捨之. 則昏掉兩捨. 自然令心平等・正直矣. ⑤ 初用力捨. 名有功用. 若捨至一念不生. 則任運[197]無功. 自然合道矣. ⑥ 故予教人參禪做工夫. 但妄想起時. 莫與作對. 亦不要斷. 亦不可隨. 但撇[198]去不顧. 自然心安. 蓋撇卽捨耳.

① 〈행사란 어떤 심소인가?〉 행사[199]란 정진의 힘으로 말미암아 탐, 진,

---

195) "謂卽四法於斷修事皆能防修名不放逸. 非別有體. 無異相故. 於防惡事修善事中. 離四功能無別用故."(『성유식론』, T31, 30b8)

196) 가라앉을 침(沉) / 들뜰 도(掉).

197) '임운'이란 '흘러가는 대로 맡겨두다'(운명에 맡기다)라는 뜻이다. 그래서 '자연스럽게'라고 번역하였다.

198) 버리다, 방치하다. 닦을 별(撇).

199) 이 심소를 그냥 捨라고 하지 않고, '행'을 첨가하여 '행사'라고 한 것은 감수작용(受)의

치에서 벗어나 곧 마음을 평등·정직하게 하여 저절로(任運) 깨달음(道)에 들어가게 하는 〈마음작용이다.〉 ② 생각생각(생각마다) 내려놓는 자리가 곧 생각생각 깨달음에 들어가는 자리이다. 〈예를 들면〉 마치 사람이 길을 걸을 때 앞걸음을 버리지 않으면 뒷걸음이 나아가지 못하는 것과 같다. 그래서 행사라고 한다. ③ 이 행사(捨)가 있으므로 마음이 〈지나치게〉 가라앉거나 〈지나치게〉 요동치지 않아(沉掉) '평등'하게 된다. 행온의 내려놓음(행사)이라고 말하는 이유는 무엇인가? 행온으로 생각생각 변천하여 흐르는 그것이 바로 삼독의 습기가 훈습하여 일으키는 망상인데, 이것이 부지불각 중에 마음을 도거(지나치게 들뜨게 함)와 혼침(지나치게 가라앉힘)에 빠지게 하기 때문이다. ④ 만약 이 행사(捨)가 없으면 혼침과 도거뿐만 아니라 장차 〈삼독, 해태 등의〉 현행(작용)이 일어난다. 만약 생각마다 그것을 버릴 수 있다면 곧 혼침과 도거를 둘 다 버리게 된다.[200] 〈그러면〉 저절로 마음이 '평등'·'정직'하게 된다.

⑤ 처음에 행사(捨)에 힘을 쓰면, 공용功用[201]이 있게 된다.[202] 만약 〈공용을〉 버려서(捨)[203] 한순간의 생각도 생기지 않는 〈경지에〉 이르면(만약 행사의 실천이 한 생각도 생기지 않는 데 이르면), 곧 저절로(任運) '무공용'이 된다. 그러면 자연스럽게(自然) 깨달음(道)에 부합하게 되는 것이다.

⑥ 그래서 나는(감산) 참선 수행자에게 참선을 공부하는 중에 망상이 일어날 때는 함께 상대도 하지 말고, 끊으려고도 하지 말고, 따르지도 말라고 가르친다. 단지 제쳐 두고 신경 쓰지 않으면 자연스럽게 마음은 편안하게 된다. 무릇 제쳐 두는 것이 바로 버리는 것이기 때문이다.

고수도 아니고 낙수도 아닌 '捨'와 구별하기 위해서이다.

200) 그래서 성철스님은 『백일법문』(중권, p.317)에서 '혼침과 도거를 버리는 것'(捨昏沉掉擧)이라고 해설한다.

201) 의도적인 마음의 활동.

202) 애써 노력하는 수행을 有功用이라고 한다.

203) 공용을 버리는 것이 아니라 유공용을 통해 애써 버리는 실천을 함으로써 자연스레 버려지는 단계로 나아간다는 뜻이다.

용어해설

• 행사

감산스님은 행사를 비교적 길게 주석한다. 아마도 선 수행자가 자신의 마음을 평등, 정직, 무공용하게 하는 것이 무엇보다도 중요하다고 생각한 것 같다. 감산스님의 주석을 정리하면, 행사行捨(upekṣā)란 근(정진)과 삼선근(무탐·무치·무진)에 의지하여 마음을 '평등', '정직', '무공용無功用'하게 하는 마음작용이며, 대수번뇌인 혼침과 도거를 제어하는 것이다. 이것에 대한 다른 주석을 살펴보자.

우선 『대승오온론』(한역)에서는 "무탐 내지 정진(무탐·무진·무치·정진)에 이르기까지 이것(행사)에 의지하기 때문에, 소유한 마음의 평등한 성품과 마음의 정직한 성품과 마음의 발오發悟가 없는 성품을 얻게 되고, 또한 이것으로 말미암아 이미 제거한 염오법染汚法에 머물러도 오염 없이 안주하게 된다"[204]라고 한다. 범본에서는 "〈그것은〉 무탐에서 정진에 이르기까지의 〈즉 무탐, 무진, 무치, 정진〉이 이것(행사)을 의지처로 삼기 때문에 〈이 행사에 의해〉 마음의 평등(citta-samatā, 심평등성), 마음이 움직이지 않는 것(citta-praśaṭhatā, 심정직성), 마음을 작용하지 않게 하는 것(citta-anābhogatā, 심무발오성)을 획득할 수 있으며, 또한 이것에 의해 이미 제거한 더러운 것(염오법)에 머물러도 오염되지 않을 수 있는 것이다"[205]라고 해설한다.

『대승오온론』의 안혜소[206]에 따르면 범본에 제시된 심평등성, 심정직성, 심무발오성은 수행의 3단계를 의미한다. 여기서 심평등성은 수번뇌 중에서 지나치게 가라앉은 혼침昏沈이나 기분이 지나치게 들뜬 도거掉擧 등이 일어나지 않는 단계이다. 심정직성이란 노력 없이도 정심定心이 일어나 심평등성의 상태가 자연스럽게 지속되는 단계이다. 다만 앞의 두 단계에서는 혼침이나 도거가 일어날 가능성이 있지만, 마지막 심무발오성의 단계에 이르면 이 둘이 일어나지 않는다고 한다. 왜냐하면 마음의 평등과 정직이 이미 몸에 배어

---

204) "謂卽無貪乃至精進依止此故, 獲得所有心平等性·心正直性·心無發悟性. 又由此故, 於已除遣染污法中, 無染安住."(『대승오온론』, T31, 849a2)

205) sa evālobho yāvad vīryam, yān niśritya citta-samatāṃ citta-praśaṭhatāṃ citta-anābhogatāṃ pratilabhate, yayā nirvāsitesu kliṣṭeṣu dharmeṣv asaṃkliṣavihārī bhavati/(Li and steinkellner, p.7, 8-11)

206) PSV, P.49, 13-P.50, 6.

도거와 혼침을 제거(대치)하고자 하는 의도 자체가 없기(무공용) 때문이다. 참고로 안혜보살의 『유식삼십송석』에서도 심평등성, 심정직성, 심무발오성을 수행의 3단계로서 주석하고 있다.

『성유식론』에서는 행사를 "정진과 삼선근이 마음을 평등, 정직, 무공용에 머물게 하는 것을 본성으로 하고, 도거를 대치해서 고요히 머물게 하는 것을 작용으로 삼는다"[207]라고 주석한다. 그리고 지욱스님도 "또한 정진 및 삼선근이 능히 그 마음을 평등, 정직, 무공용하게 머물게 하는 것을 본질로 하고, 마음이 흥분하여 소란스러운 상태(도거)를 대치하여 적정하게 머물게 하는 것을 작용으로 삼는다. 이것(행사)은 오수 중의 '사수'와 같은 의미가 아니다"[208]라고 주석하고 있다. 그리고 감산스님과 『성유식론』, 지욱스님의 『직해』에서는 무엇이 마음을 평등, 정직, 무공용하게 하는가에 대한 답을 하고 있는데, 이른바 정진, 삼선근이 그 역할을 하여 도거와 혼침을 제거한다고 한다.

지금까지의 내용을 정리하면, '평등'이란 마음이 언제나 같은 상태(마음이 조용히 선정에 몰입하는 것)를 말한다. 인간은 자기의 잘못이 남에게 알려지거나 남이 자기 원하는 대로 해 주지 않으면 두려워하거나 분노한다. 그래서 마음 상태가 언제나 불안하고 평정심을 가질 수 없다. 행사는 이처럼 두려워하고 분노하는 마음을 평등하게 해 주는 기능을 하는 것이다. 그리고 '정직'은 그 무엇도 섞인 것이 없는 똑바른 것(마음이 있는 그대로 작용하는 것)이다. 또한 '무공용'이란 평등하고 정직한 것이 몸에 배어 어떤 의도적인 마음작용이 없는 것이다. 그래서 행사는 마음을 불안하게 하는 '도거悼擧와 혼침昏沈'에 반대되는 마음작용이며, 평등하고 정직하여 마음을 적정하게 하는 작용(한쪽으로 기울지 않는 마음), 즉 마음을 언제나 기복 없이 지속되도록 하는 마음작용이라는 것이다.

---

207) "精進三根令心平等正直無功用住爲性. 對治掉擧靜住爲業."(『성유식론』, T31, 30b21)

208) "亦卽精進及三善根. 能令其心平等正直無功用住. 而爲體性. 對治掉擧寂靜而住. 以爲業用. 此與五受中之捨受不同."(『직해』, X48, 343b)

9) 불해不害(avihiṃsā): 손해를 끼치거나 괴롭히지 않는 마음작용

不害者. 謂慈愍[209]衆生. 不爲損惱. 此專治嗔. 不嗔則外不傷生. 內全慧命. 故爲至善. 如儒之仁. 而善法繫之終焉.

〈불해란 어떤 심소인가?〉 불해란 중생을 사랑하고 연민하여 손해를 끼치거나 괴롭히지 않는 〈마음작용이다.〉[210] 이것(불해)은 오로지 분노를 다스린다. 분노하지 않으면 밖으로 생물을 해치지 않으며, 안으로는 지혜로운 생명(지혜와 수행이 뛰어난 수행자)을 온전하게 〈보호한다.〉 그래서 지극한 선[211]이 된다. 마치 유학의 인仁처럼. 〈지금까지〉 선법을 묶어서 〈설명하여〉 마쳤다.

용어해설

• 불해

감산스님은 불해에 대해 '중생을 사랑하고 연민하여 손해를 끼치거나 괴롭히지 않는 것으로, 분노를 다스려 밖으로 다른 생물을 해치지 않고 안으로 지혜로운 생명을 온전하게 보호하여 지극한 선이 된다'고 주석한다. 이것은 곧 자비의 마음이 있어야 분노의 마음이 사라지면서 불해의 마음이 작용한다는 것이다. 그리고 공자의 핵심 가르침인 인仁과 불해는 같다고 주석한다. 이것에 대한 다른 주석을 살펴보자.

우선 『대승오온론』(한역)에서는 "해害를 대치(반대)하는 것으로, 연민(悲)을 본성으로 하는 것이다"[212]라고 하고, 범본에서는 "〈그것은〉 해치는 것을 제거하는 것이고, 연민(karuṇā)을 본질로 하는 것이다"[213]라고 해설한다. 이것은

---

209) 사랑할 자(慈) / 불쌍히 여길 민(愍).

210) 성철스님은 『백일법문』(중권, p.317)에서 감산스님의 주석을 인용하여 불해를 다음과 같이 정의한다. 즉 "중생을 자비롭게 여겨 손해를 끼치지 않고 괴롭게 하지 않는 것"(慈愍衆生. 不爲損惱)이라고 한다. 그리고 불해는 '자비를 달리 표현한 것'이라고 추가적으로 설명하는데, 이것은 지욱스님의 주석에 따른 것으로 생각한다.

211) 『대학』에서 대학의 길이 지극한 선에 머무는 일을 최종의 결론으로 제시한 것을 가리킨다.("大學之道, 在明明德, 在親民, 在止於至善.")

212) "謂害對治, 以悲爲性."(『대승오온론』, T31, 849a5)

곧 자비(사랑과 연민)에서 불해의 마음작용이 생긴다는 의미이다. 그리고 『대승오온론』 안혜소에서는 불해를 무진에 근거하기 때문에 독자적인 활동을 할 수 없는 가심소[214]라고 한다.

『성유식론』에서는 불해를 "모든 유정에 대해서 손해를 끼치거나 괴롭게(損惱) 하지 않는 무진을 본성으로 하고, 해를 능히 대치해서 불쌍히 여기는 것(悲愍, 연민)을 작용으로 한다"[215]라고 주석한다. 그리고 지욱스님도 "모든 유정에 대해서 손해를 끼치거나 괴롭게 핍박하지 않는 무진을 본성으로 하고, 해害를 능히 대치해서 상처(아픔)를 슬퍼하고 불쌍한 것을 연민하는 것(悲傷憐愍)을 작용으로 한다"[216]고 주석한다. 여기서 지욱스님은 무진을 '자慈', 불해를 '비悲'라고 주석하는데, 불교의 중요한 가치인 자비가 무진과 불해의 마음작용에 의한 것임을 밝히고 있다.

그러면 무진과 불해는 어떻게 다른가? 『성유식론』에서는 "무진이란 사물의 생명을 단절시키는 분노(瞋)의 반대이고, 불해란 사물을 손뇌損惱(손해 입히고 괴롭히는 것)하는 해害의 반대이다"라고 하고, "무진은 〈다른 존재에게 화내지 않고 자비로운 마음으로 대하기 때문에 다른 존재에게〉 즐거움을 주고(與樂), 불해는 〈다른 존재를 괴롭히고 해를 가하지 않기 때문에 다른 존재의〉 괴로움을 없애 준다(拔苦)"[217]라고 주석한다. 더불어 무진은 실법의 심소이고, 불해는 가법의 심소라고 한다.

개인적으로 인도인이 인류에게 베푼 가장 큰 선물은 불해 내지 불살생不殺生의 가르침이라고 생각한다. 이른바 불해는 살아 있는 모든 생물에게 무한한 자비심을 가질 때만 실천할 수 있는 것이다. 인간의 삶은 다른 생물을 해쳐야만 가능하기 때문에 사실 불해(불살생)의 가르침을 온전하게 실천하기란 어렵다. 따라서 현실적으로 적어도 인간에게만이라도 사랑과 연민(자비심)을 가져야 하지 않을까 생각한다. 그래야만 함부로 누군가를 죽이거나 다치게 하는

---

213) vihiṃsā-pratipakṣaḥ karuṇā/(Li and Steinkellner, p.7, 12)

214) PSV, p.50, 12.

215) "於諸有情不爲損惱無瞋爲性. 能對治害悲愍爲業."(『성유식론』, T31, 30b28)

216) "於諸有情. 不爲侵損逼惱. 卽以無瞋而爲體性. 能對治害. 悲傷憐愍以爲業用."(『직해』, X48, 343b)

217) "無瞋翻對斷物命瞋. 不害正違損惱物害. 無瞋與樂不害拔苦."(『성유식론』, T31, 30b22)

일이 일어나지 않을 것이기 때문이다.

불교의 정신적 밑바탕 역시 불해이다. 이른바 불교는 관용과 포용력의 사상으로서 역사적으로 다른 종교나 교단을 파괴하거나 박해하는 행위를 하지 않았다. 그리고 이러한 불해의 심소가 구체적으로 드러난 것이 인도의 위대한 정신적 지도자인 마하트마 간디(1869~1946)의 무저항 운동 또는 불복종 운동[218]이자 자이나교의 철저한 불살생계라고 생각한다.[219]

5. 근본번뇌

1) 삼독을 논하다

① 根本煩惱六者. 謂貪・嗔・癡・慢・疑・不正見. 此六煩惱. 乃二種我法之根本. 爲二種生死之根本. 一切枝末從此而生.
② 然貪・嗔・癡. 名爲三毒. 傷害法身. 斷慧命者. 唯此爲甚. 故首標之.

① 〈근본번뇌란 어떤 심소인가?〉 **근본번뇌의 6종류는 탐・진・치・만・의・부정견(악견)**이다. 이 여섯의 번뇌는 두 종류(분별아집・분별법집, 구생아집・구생법집[220])의 아집과 법집의 근본이다. 그리고 이 두 종류(분별・구생)는 생사윤회의 근본이다. 모든 지말번뇌(수번뇌)는 이것(근본번뇌)으로부터 생기한다.
② 그리고 〈여섯 종류의 근본번뇌 중에서〉 탐, 진, 치를 삼독[221]이라고 한다. 법신(진리)을 상해하고[222], 지혜로운 생명(지혜와 수행이 뛰어난 수행자)을

---

218) 太田久紀, 『唯識三十頌要講』(東京: 中山書房佛書林, 1994), p.251.
219) 김명우, 『유식삼십송과 유식불교』(예문서원, 2009), p.172.
220) 분별아집・분별법집에 대해서는 색법 부분의 용어해설을 참조하길 바라며, 구생아집・구생법집에 대해서는 무아 부분의 용어해설을 참조하길 바란다.
221) 탐진치의 세 가지 번뇌는 가장 근원적인 번뇌로서, 무탐, 무진, 무치의 三善根과 반대이기 때문에 '三不善根'이라고도 한다. 또한 마치 독이 사람을 해치듯이, 우리가 깨달음을 얻는 데 가장 해로운 방해꾼, 즉 독이기 때문에 이 3가지 번뇌를 '三毒'이라고도 한다.
222) 부처님의 가르침인 진리(법신)를 파괴한다는 의미이다.

단절시키는 것[223]은 오직 이것(삼독)이 가장 심하다. 그래서 그것(삼독)을 처음에(首) 드러내 보였다.

용어해설

• 번뇌 · 근본번뇌

번뇌煩惱(kleśa)란 동사원형 √kliś(물들이다 · 스며들다)에서 파생한 것이다. 이런 의미에서 번뇌를 '있을 유(有), 샐 루(漏)' 자의 '유루有漏'라고도 하는데, 리트머스 시험지에 물이 서서히 스며들어 적시듯이 번뇌는 나도 모르게 내 마음에 서서히 스며들어 나를 괴롭히기 때문이다. 또한 번뇌를 '자신의 마음을 번거롭고(煩), 귀찮게 하며, 괴롭게 하고(惱), 혼란스럽게 하는 마음의 움직임'이라고 정의한다. 이와 같은 번뇌를 유식에서는 근본번뇌根本煩惱와 수번뇌隨煩惱로 구분한다. 수번뇌는 근본번뇌에서 파생한 번뇌를 말한다. 그래서 감산스님도 "모든 지말번뇌(수번뇌)는 근본번뇌로부터 생기한다"고 주석한 것이다. 수번뇌는 수번뇌 항목에서 자세하게 설명하겠다.

감산스님은 근본번뇌를 삼독인 탐, 진, 치[224]와 만, 의, 부정견을 나누어 주석한다. '분별과 구생의 아집과 법집은 삼독을 근본으로 삼는다'고 하면서, 부처님의 가르침인 진리를 파괴하고, 지혜로운 생명(수행자의 수행)을 단절시키는 가장 중요한 요인이라고 주석한다. 다만 삼독에 대해서는 구체적으로 주석하지 않는다. 따라서 여기서 잠시 삼독에 대한 다른 주석을 살펴보고자 한다.

• 탐

탐貪(rāga)이란 동사원형 √raj(채색하다)[225]에서 파생한 명사로, 집필자는 '욕망'

---

223) 지혜로운 생명인 수행자의 수행을 방해한다는 의미이다.

224) 집필자는 탐 · 탐욕 · 탐애, 진 · 진에 · 분노 · 성냄, 치 · 어리석음 · 무명을 각각 같은 의미로 사용했음을 밝힌다.

225) 경전에서는 탐욕을 원숭이를 잡는 덫에 비유하고 있다. 옛날 인도에서 원숭이를 잡을 때, 원숭이가 지나가는 길목의 커다란 나무에 구멍을 뚫어 송진을 담아 두었다고 한다. 그러면 호기심이 많은 원숭이가 오른손을 넣었다가 손이 빠지지 않으면 왼손을 집어넣는다고 한다. 양손이 빠지지 않으면 이번에는 오른발과 왼발을 차례로 집어넣는다. 마지막에는 입을 집어넣어 결국 꼼짝하지 못하게 되어 원숭이 사냥꾼에게 잡힌다고 한다.

이나 '탐욕'이라고 번역한다. 그 근거를 다른 주석을 통해 밝혀 보기로 하겠다.

우선 『대승오온론』(한역)에서는 "오취온五取蘊에 대해 애착하고 탐착하는 것(染愛耽著)을 본성으로 하는 것이다"[226]라고 하고, 범본에서는 "〈그것은〉 집착의 대상이 되는 다섯 개의 모임(오온)에 대해 집착(染愛, sneha)하고 탐해 버리는 것(耽著, adhyavasāna)을 본질로 하는 것이다"[227]라고 해설한다. 여기서 오취온이란 오온에 집착이나 번뇌를 의미하는 '취取'를 첨가한 것이다. 오온이란 살아 있는 것(생명)을 구성하는 다섯 개의 요소인데, 살아 있으므로 해서 자기애를 비롯한 번뇌가 일어난다. 반대로 번뇌가 있으므로 해서 윤회 전생하며 죽어도 바로 새로운 생명, 즉 오온이 형성된다. 이처럼 번뇌와 오온은 원인이기도 하고 결과이기도 한 관계에 있기 때문에 오취온이라고 한다.

『성유식론』에서는 탐을 "유와 유구에 염착染着하는 것을 본질로 하고, 능히 무탐을 장애하며 괴로움(오취온)을 생기시키는 것을 작용으로 한다. 애착의 힘으로 말미암아 오취온이 생겨나기 때문이다"[228]라고 주석한다. 그리고 지욱스님도 "유(존재)와 유구(존재하게 하는 원인)에 대해 염착하는 것을 본질로 하고, 능히 무탐선근을 장애하여 괴로움을 생기게 하는 것을 작용으로 한다"[229]라고 주석한다.

두 주석에서 말하는 '유'란 자기 존재를 말한다. 그리고 '유구'란 자기를 존재시키는 원인, 즉 중유 · 기세간 등의 자연계뿐만 아니라 번뇌나 업 등을 말한다. 우리는 살아가면서 매일 본능적인 욕망인 수면욕, 식욕, 성욕 등을 일으키고, 후천적 욕망인 재산욕 · 출세욕 · 명예욕 등을 일으킨다. 그러면 왜 우리에게 이런 욕망이 생겨나는 것인가? 유식에서는 이런 욕망을 일으키는 근원적인 마음이 우리의 심층에 존재한다고 한다. 그것이 바로 탐이다. 이처럼 탐이란 무시이래의 선천적인 것과 후천적인 것에 대한 인간의 끝없는 집착으로서, 이 집착이 탐욕으로 나타난 것이다.

이처럼 탐욕은 미세하게 시작해서 점점 커져 제어하기 힘든 상태가 되는데, 원숭이처럼 우리를 파멸의 길로 이끄는 번뇌이다. 영어로는 'desire'에 해당한다.

226) "謂於五取蘊染愛耽著爲性."(『대승오온론』, T31, 849a6)

227) pañcasūpādānaskandheṣu sneha 'dhyavasānam/(Li and Steinkellner, p.7, 13-14)

228) "於有有具染著爲性. 能障無貪生苦爲業. 謂由愛力取蘊生故."(『성유식론』, T31, 31b19)

229) "於有有具染著爲性. 能障無貪善根. 生苦爲業."(『직해』, X48, 343b10)

• 진

진瞋(dveṣa)이란 자신의 마음에 들지 않는 것에 대해 성내고 미워하는 마음작용이다. 이것에 대한 다른 주석을 살펴보자.

먼저 『대승오온론』(한역)에서는 '진'에 대해 "유정에게 손해損害 끼치는 일을 좋아하는 것을 본성으로 하는 것이다"230)라고 하고, 범본에서는 "〈그것은〉 마음을 가진 자(유정)에 대한 분노(āghāta231))이다"232)라고 해설한다. 범본에 의하면 진이란 나에게 분노를 일으키게 하는 사람들(유정), 괴로움, 괴로움을 일으키는 원인에 대해 분노하는 마음이다.233) 그러면 성내고 미워하는 이유는 무엇일까? 상대(사람)에게 자비(maitrī), 즉 사랑과 연민의 마음이 없기 때문이다. 그로 인해 상대에게 분노하여 거칠고 폭력적으로 대하는 이른바 해害의 심소가 일어나는 것이다.

『성유식론』에서는 자신의 마음에 들지 않는 것, 즉 "고(괴로움)와 고구(괴로움의 원인)를 성내고 미워하는(憎恚) 것을 본성으로 하고, 능히 무진을 장애하여 불안을 은폐하는 성질과 악행의 의지처가 되는 것을 작용으로 한다. 이른바 진은 반드시 심신을 몹시 괴롭혀 모든 악업을 일으키게 하는 불선의 성품이기 때문이다"234)라고 주석한다. 그리고 지욱스님도 "고(괴로움)와 고구(괴로움의 원인)에 대해 성내고 미워하는(憎恚) 것을 본질로 하고, 능히 무진선근을 장애하여 불안을 은폐하는 성질과 악행의 의지처가 되는 것을 작용으로 삼는다"235)라고 주석한다. 또한 『집론』에서도 진이란 "불안한 삶(不安住)과 악행의 의지처로 작용한다"236)라고 주석하고 있다.

230) "謂於有情樂作損害爲性."(『대승오온론』, T31, 849a7)

231) 'āghāta'란 손해, 분노라는 의미이다. 한역에서는 '손해'라고 하였지만, 집필자는 '분노'로 해석하였다.

232) sattveṣvāghātaḥ/(Li and Steinkellner, p.7, 13-14)

233) 『집론』에서는 진이란 "유정들, 괴로움, 괴로움에 관련한 모든 것(괴로움을 일으키는 원인)에 대한 〈마음의〉 분노(āghāta)이다"(sattveṣv duḥkhe duḥkhasthānīyeṣu ca dharmeṣv āghātaḥ/[Gokhle, p.16, 20])라고 주석하고 있다.

234) "於苦苦具憎恚爲性. 能障無瞋不安隱性惡行所依爲業. 謂瞋必令身心熱惱起諸惡業. 不善性故."(『성유식론』, T31, 31b20)

235) "於苦苦具憎恚爲性. 能障無瞋善根. 不安隱性. 惡行所依爲業."(『직해』, X48, 343b10)

236) asparśavihāraduścaritasanniśrayadānakarmakaḥ/(Gokhle, p.16, 21)
『집론』, T31, 664b24-26, "何等爲瞋. 謂於有情苦及苦具心恚爲體. 不安隱住惡行所依爲業."

우리는 사람이든 물건이든 자기 마음에 드는 것을 원하고 집착하며 탐낸다. 그러나 그것이 충족되지 않으면 상대에게 성내고 미워하게 되어 괴로움에 빠진다. 그리고 그 괴로움에 대해 분노하게 되고, 그 분노는 결국 자신의 마음을 우울하고 불안하게 만들어 번뇌에 빠지게 한다. 다시 말하면 분노하는 것은 자신의 불안을 감추기 위한 것이고, 그것을 감추기 위해 악행을 저지르게 된다는 것이다. 그리고 악행을 일으키면 그것에 대해 후회하게 되고 또다시 괴로움에 빠지는 것이다. 그래서 두 주석에서 진은 '불안을 은폐하는 성질과 악행의 의지처(기반)'라고 한 것이다. 이처럼 분노하는 마음(瞋)은 우리의 신심을 몹시 괴롭혀서 모든 악업을 일으키게 하는 기능을 가진 마음작용이라고 할 수 있다.

• 치

치癡(moha)란 간단하게 말하면 '어리석은 마음작용'이다. 그렇다면 무엇에 대한 어리석음인가? 업, 윤회나 부처님의 가르침인 연기 등의 진리에 대한 어리석음, 즉 무지를 말한다. 그래서 치를 '무명無明'이라고도 한다. 이것에 대한 다른 주석을 살펴보자.

먼저 『대승오온론』(한역)에서는 "무엇을 무명이라고 하는가? 행위와 그 결과(業果) 및 진리(諦)와 보배(寶)에 대해 지혜가 없는 것을 본성으로 하는 것이다. 이것에 다시 두 종류가 있는데, 이른바 구생俱生으로 일어난 것과 분별分別로 일어난 것이다. 또한 욕계에 매인 탐과 진, 그리고 욕계에 매인 무명을 세 가지 불선근不善根이라고 이름한다. 이른바 탐불선근貪不善根, 진불선근瞋不善根, 치불선근癡不善根이다"237)라고 주석한다. 다시 말해 행위와 그 결과, 사성제 등의 진리, 삼보에 대해 무지(무명)하다는 것이다. 이것은 앞에서 설명한 신信심소와 동일하다. 그런데 『대승오온론』에서는 '치'를 '무명無明'으로 한역한다. 그리고 순서도 탐, 진, 만, 무명(치), 견, 의疑로 되어 있다.

범본에서는 "어떤 것을 무명라고 하는가? 〈그것은〉 행위와 그 결과〈라는 섭리〉나 〈사성제 등의〉 진리, 〈불법승의〉 삼보에 대하여 이해하지 못하는

---

237) "云何無明? 謂於業果及諦·寶中無智爲性. 此復二種, 所謂俱生分別所起. 又欲纏貪·瞋及欲纏無明, 名三不善根. 謂貪不善根, 瞋不善根, 癡不善根."(『대승오온론』, T31, 849a20)

것(ajñāna)을 본질로 하는 것이다.[238] 이것에는 두 가지가 있는데, 선천적인 것인 〈구생(sahaja)〉과 〈후천적인〉 분별(parikalpita)에 의해 몸에 지닌 것이다. 또한 욕계에 속하는 탐욕(탐), 증오(진), 무지(무명)를 합하여 삼불선원三不善源(삼불선근)이라고 이름 붙였다. 즉 탐불선원貪不善源, 증오불선원憎惡不善源, 무지불선원無知不善源이다"[239]라고 해설한다. 여기서 '원源'이란 범어 'mūla'(근본)의 번역으로서, '삼불선근'과 같은 의미이다.

『성유식론』에서는 "도리(진리)와 사실에 대해 미혹하고 어두운 것을 본질로 하며, 능히 무치를 장애하여 일체 잡염의 의지처(기반)가 되는 것을 작용으로 삼는다"[240]라고 주석한다. 그리고 지욱스님도 "모든 도리(진리)와 사실에 대해 미혹하고 어두운 것을 본질로 하며, 능히 무치선근을 장애하여 일체 잡염〈법〉의 의지처가 되는 것을 작용으로 삼는다"[241]라고 주석한다. 두 주석에서 말하는 '일체 잡염'이란 존재에 대한 잘못된 판단이나 결정, 의심, 더러움 등을 의미한다. 이것에 대해 『집론』에서는 "제법에 대해 그릇된 결정(판단), 의심, 더러움(잡염)을 생기게 하는 의지처의 작용을 한다"[242]라고 주석하고 있다.

두 주석을 종합하면, 치란 단순한 '어리석음'이 아니라 불교의 진리(부처님의 가르침)인 공·무상·무아 등의 진리를 이해하거나 납득하지 못하는 어리석은 마음작용이라고 할 수 있다. 그래서 집필자도 앞에서 치를 일반적인 어리석음이 아니라 진리에 대한 '어리석은 마음작용'이라고 정의한 것이다.

2) 만, 의, 부정견을 논하다

慢乃我慢. 疑乃不信. 不正見卽邪見. 此三法障道之本. 慢障無我. 疑障正信. 不正見障正知見. 三乘能斷三毒. 而不能斷此三法. 外道之執. 邪

238) avidyā katamā/karma-phala-satya-ratneṣv-ajñānam/sā punaḥ sahajā parikalpitā ca/(Li and Steinkellner, p.9, 5-6)

239) rāgaḥ kāmāvacaraḥ pratigho 'vidyā kāmāvacarā etāni trīṇy-akuṣala-mūlāṇi)/lobho akuṣala-mūlam dveṣo mohaś ca/(Li and Steinkellner, p.9, 7-9)

240) "於諸理事迷闇爲性. 能障無癡一切雜染所依爲業."(『성유식론』, T31, 31b23)

241) "於諸理事迷闇爲性. 能障無癡善根. 一切雜染所依爲業."(『직해』, X48, 343b13)

242) dharmeṣu mithyāniścayavicikitsāsaṃkleśotpatti-sanniśrayadāna-karmikā/(Gokhle, p.16, 23)

見更甚. 所以修行難入正行者. 此三煩惱之過也.

만은 곧 아만이다. 의(의혹)는 불신이다. 부정견은 사견이다. 이 3가지 법(만, 의, 부정견)은 깨달음(道)을 장애하는 근본이다. 아만은 무아를 장애하고, 의혹은 바른 믿음을 장애하고, 부정견은 바른 앎의 견해(正知見)를 장애한다. 3승(성문승, 연각승, 보살승)은 삼독(탐, 진, 치)을 끊을 수 있지만, 이 세 가지 법(만, 의, 부정견)은 끊을 수 없다.[243] 이 3가지 중에 외도는 사견에 집착하는 것이 가장 심하다. 〈수행자가〉 수행하여도 바른 행(正行)에 들어가기 어려운 것은 이 세 가지 번뇌(만, 의, 부정견)의 잘못이다.

용어해설

• 만/아만

감산스님은 '만, 의, 부정견은 깨달음(道)을 장애하는 근본이라고 하면서, 아만은 무아를 장애하고, 의혹은 바른 믿음을 장애하고, 부정견(악견)은 바른 앎의 견해(正知見)를 장애한다'고 주석한다. 그리고 수행자의 바른 수행을 방해하는 것은 만, 의, 부정견 때문이라고 한다. 이에 집필자도 만慢 또는 아만我慢(ātmamān)을 타인과 비교하여 자신을 높이고 타인을 낮추어 보려는 마음작용이라고 정의하였다. 이것에 대한 다른 주석을 살펴보자.

우선 지욱스님은 만을 "자기에게 의지하여 나아가 타인과 유정에게 고거(타인보다 자신이 뛰어나다고 자랑하는 것)하는 마음을 생기게 하는 것을 본질로 하고, 능히 불만不慢을 장애하여 괴로움을 생기게 하는 것을 작용으로 삼는다"[244]라고 주석한다. 또한 『성유식론』에서는 "〈집착된〉 자신에게 의지하여 타인에게 고거高擧하는 것을 본질로 하고, 불만不慢을 장애하여 괴로움을 생기시키는 것을 작용으로 삼는다…… 이 만의 차별은 7종류, 9종류가 있다"[245]고 한다. 이처럼 두 주석에서는 만을 '타인과 비교하여 자신이 뛰어나다'고 생각하는 마음작용으로서 이른바 '괴로움을 생기게 한다'고 정의한다.

243) 감산스님은 '만, 의, 부정견'을 참선 수행자가 가장 끊기 어려운 번뇌라고 정의한다.
244) "恃己所長. 於他有情心生高擧爲性. 能障不慢. 生苦爲業."(『직해』, X48, 343b13)
245) "恃己於他高擧爲性. 能障不慢生苦爲業……此慢差別有七九種."(『성유식론』, T31, 31b26)

그런데 이 만심(慢)은 우리가 좀처럼 자각하기 어려운 번뇌이다. 왜냐하면 만심이 있음에도 불구하고 만심이 없다고 착각하기 쉽기 때문이다. 게다가 만심이 있다는 것을 알아차리고 수행을 통하여 만심을 없애면 이번에는 만심을 제거했다고 하는 또 다른 만심이 생기한다. 이처럼 만심이 없어지더라도 또 다른 만심이 끊임없이 기다리고 있기 때문에 만심은 제거하기 힘든 번뇌라고 하는 것이다. 그래서 감산스님도 만을 '깨달음(道)을 장애하는 근본'이라고 정의한 것 같다.

안혜보살의 『유식삼십송』에 대한 주석서인 『유식삼십송석』[246]과 규기스님의 『성유식론』에 대한 주석서인 『성유식론술기成唯識論述記』[247]에서는 만慢을 7종류로 나누어 자세하게 소개한다. 정리하면 다음과 같다.

첫 번째, 만慢이란 가정 · 능력 · 재산 등이 자신보다 열등한 자에 대해 자신이 뛰어나다고 생각하거나, 가정 · 능력 · 재산 등이 동등한 자에 대해 자신이 그와 동등하다고 생각하는 마음작용이다. 다시 말해 만이란 자기보다 못한 자와 자기를 비교하여 자기가 뛰어나다고 생각하고, 자기와 동일한 수준의 사람과 비교하여 자기와 동일하다고 판단하는 것이다. 이처럼 유식에서는 사실을 있는 그대로 생각하고 판단하는 마음을 번뇌라고 규정한다. 그러면 어째서 이런 마음을 번뇌라고 보는 것일까? 이것은 단순하게 말하면 유식의 경우 자신과 상대를 비교하는 것 자체를 번뇌라고 규정하고 있기 때문이다. 나는 저 사람보다 뛰어나다든지 저 사람과 동일하다고 생각하는 것, 즉 상대를 의식하는 것 그 자체가 만심을 일으키는 근원이라고 규정한다.

두 번째, 과만過慢이란 가정 · 능력 · 재산 등이 동등한 자에 대해 희사喜捨 · 계율 · 용기 등에 있어서는 자기가 뛰어나다고 생각하거나 또는 가정 · 학문 등이 나보다 뛰어난 사람에 대해 자신은 능력 · 재산 등의 면에서는 동등하다고 생각하는 것이다.

세 번째, 만과만慢過慢은 만심이 점차 높아져 가정 · 능력 · 재산 등이 자기보다 뛰어난 사람에 대해 내심으로 자신이 뛰어나다고 은밀히 생각하는 것이다.

네 번째, 비만卑慢이란 상대의 가정 · 능력 · 재산 등이 자신보다 훨씬 뛰어나

246) TV, p.28, 28-p.29, 17.
247) T43, 444c1~12.

지만, 그 차이는 조금뿐이라고 생각하는 것이다.

다섯 번째, 아만我慢은 자신의 덕이 아직 뛰어나지 않음에도 스스로 자신을 높이고 상대를 낮추는 마음작용이다. 특히 자존심, 자랑 등이 고만으로 변질되면 상대를 낮추어 보는 아만으로 발전하기 쉽다.[248]

여섯 번째, 증상만增上慢은 아직 얻지 못한 것을 이미 얻은 것처럼 상대를 속이는 것이다. 다시 말해 자신의 덕이 상대보다 조금 뛰어남에도 마치 자신의 덕이 상대보다 훨씬 뛰어나다고 생각하는 번뇌이다. 증상만은 참선이나 수행할 때 가장 잘 드러나는 번뇌이다. 예를 들면 아직 화두를 깨치지 못했음에도 화두를 깨쳤다고 공언한다든지 아니면 수행 도중 깨닫지 못했으면서 깨달음을 얻었다고 생각하는 것이다. 이처럼 증상만은 수행 중에 나타나는 일종의 허영심이라고 할 수 있다.

일곱 번째, 사만邪慢은 자신에게 덕이나 수행력 등이 전혀 없으면서 자신은 보시도 잘하고 계율도 잘 지켜 덕이 뛰어나다고 생각하는 만심이다. 사만도 증상만처럼 수행 중에 나타나는 허영심의 일종이다. 이처럼 두 주석서에서는 만심을 7종류로 구분한다.

『유가사지론』[249]에서는 만을 고거만高擧慢과 비하만卑下慢으로 구분한다. 고거만은 잘난 체하는 만심이며, 비하만은 겉으로는 겸허하게 자신을 낮추지만, 그 마음속에 의외로 고만함이 잠재한 만심이다. 그래서 『성유식론』에서는 『유가사지론』의 2종류의 만심을 더해 9종류로 분류한 것 같다.

『대승오온론』(한역)에서는 "이른바 일곱 가지 만이 있다. 첫째는 만慢이고, 둘째는 과만過慢이고, 셋째는 만과만慢過慢이고, 넷째는 아만我慢이고, 다섯째는 증상만增上慢이고, 여섯째는 비만卑慢이고, 일곱째는 사만邪慢이다. 무엇을 만이라고 하는가?

① 〈무엇을 만이라고 하는가? 자기보다〉 열등한 〈사람〉에 대해 자기가 뛰어나다고 생각하거나, 혹은 동등한 자에 대해 자기와 동등하다고 생각하여 마음을 높이 추켜세우는 것(高擧)을 본성으로 하는 것이다.

---

248) 太田久紀, 『唯識三十頌要講』(東京: 中山書房佛書林, 1994), p.256; 김윤수 편역, 『주석 성유식론』(한산암, 2006), p.552.

249) "略有二慢. 一高擧慢. 二卑下慢."(『유가사지론』 59권, T30, 627c17)

② 무엇을 과만이라고 하는가? 자기와 동등한 사람에 대해 자기가 뛰어나다고 생각하거나, 혹은 자기보다 뛰어난 자에 대해 자기와 동등하다고 생각하여 마음을 높이 추켜세우는 것을 본성으로 하는 것이다.

③ 무엇을 만과만이라고 하는가? 자기보다 뛰어난 자에 대해 자기가 더 뛰어나다고 생각하여 마음을 높이 추켜세우는 것을 본성으로 하는 것이다.

④ 무엇을 아만이라고 하는가? 오취온에 대해 관찰하여 '나'(我) 혹은 '내 것'(我所)이라고 여겨 마음을 높이 추켜세우는 것을 본성으로 하는 것이다.

⑤ 무엇을 증상만이라고 하는가? 증득해야 할 수승한 법을 아직 얻지 못했으면서도 나는 이미 얻었다고 여겨 마음을 높이 추켜세우는 것을 본성으로 하는 것이다.

⑥ 무엇을 비만이라고 하는가? 월등히 수승한 자에 대해 자기가 그보다 조금 못하다고 생각(計)하여 마음을 높이 추켜세우는 것을 본성으로 하는 것이다.

⑦ 무엇을 사만이라고 하는가? 실제로는 덕이 없으면서 자신은 덕이 있다고 생각하여 마음을 높이 추켜세우는 것을 본성으로 하는 것이다"[250)]라고 하였다.

그리고 범본에서는 "어떤 것을 만심(慢, māna)이라고 하는가? 일곱 개의 만심이 있다. 첫째는 보통의 만심(慢, māna), 둘째는 과도한 만심(아만, atimāna), 셋째는 만심을 넘은 만심(만과만, māna-atimāna), 넷째는 자기에 대한 만심(아만, asmi-māna), 다섯째는 없는 것을 있다고 여기는 만심(증상만, abhimāna), 여섯째는 〈조금만〉 열등하다는 만심(비만, ūnamāna), 일곱째는 그릇된 만심(사만, mithyā-māna)이다.

① 어떤 것을 〈보통의〉 만심(만, māna)이라고 하는가? 〈그것은 자신보다〉 못한 〈사람〉에 대해 자신이 뛰어나다고 생각하거나 혹은 〈자신과〉 동등〈한 사람〉에 대해 자신과 동등하다고 생각하는 마음의 고거高擧를 본질로 하는 것이다.[251)]

---

250) "所謂七慢. 一慢, 二過慢, 三慢過慢, 四我慢, 五增上慢, 六卑慢, 七邪慢. ①云何慢? 謂於劣計己勝, 或於等計己等, 心高擧爲性. ②云何過慢? 謂於等計己勝, 或於勝計己等, 心高擧爲性. ③云何慢過慢? 謂於勝計己勝, 心高擧爲性. ④云何我慢? 謂於五取蘊隨觀爲我或爲我所, 心高擧爲性. ⑤云何增上慢? 謂於未得增上殊勝所證法中, 謂我已得, 心高擧爲性. ⑥云何卑慢? 謂於多分殊勝計己少分下劣, 心高擧爲性. ⑦云何邪慢? 謂實無德計己有德, 心高擧爲性."(『대승오온론』, T31, 849a8-18)

251) hīnācchedayānasmi sadṛśena vā sadṛśa iti yā cittasyonnati(Li and Steinkellner, p.8, 5-6)

② 어떤 것을 과도한 만심(과만, atimāna)이라고 하는가? 〈그것은 자신과〉 동등한 〈사람〉에 대해 자신이 뛰어나다고 생각하거나 혹은 〈자신보다〉 뛰어난 〈사람〉에 대해 자신과 동등하다고 생각하는 마음의 고거高擧를 본질로 하는 것이다.252)

③ 어떤 것을 만심을 넘은 만심(만과만, māna-atimāna)이라고 하는가? 〈그것은 자신보다〉 뛰어난 〈사〉에 대해 자신이 뛰어나다고 생각하는 마음의 고거高擧를 본질로 하는 것이다.253)

④ 어떤 것을 자기에 대한 만심(아만, asmi-māna)이라고 하는가? 〈그것은〉 집착의 대상인 5개의 모임(오취온)을 순차적으로 관찰하여, '〈이것이〉 나다' 혹은 '이것은 나의 것이다'라고 생각하는 마음의 고거高擧를 본질로 하는 것이다.254)

⑤ 어떤 것이 없는 것을 있다고 하는 만심(증상만, abhimāna)이라고 하는가? 〈그것은〉 아직 획득하지 못한 뛰어난 깨달음에 대해 '나는 이미 〈그것을〉 얻었다'라고 하는 마음의 고거高擧를 본질로 하는 것이다.255)

⑥ 어떤 것을 〈조금〉 열등하다고 하는 만심(비만, ūnamāna)이라고 하는가? 〈그것은 자신보다〉 월등하게 뛰어난 〈사람〉에 대해 자신은 조금밖에 열등하지 않다고 생각하는 마음의 고거高擧를 본질로 하는 것이다.256)

⑦ 어떤 것을 그릇된 만심(사만, mithyā-māna)이라고 하는가? 〈그것은 자신에게는〉 전혀 덕이 없으면서 자신에게 덕이 있다고 생각하는 마음의 고거高擧를 본질로 하는 〈것이다〉"257)라고 해설하고 있다.

이처럼 세친보살의 저작인 『대승오온론』, 그리고 세친보살의 저작인 『유식삼십송』에 대한 안혜보살의 주석인 『유식삼십송석』과 호법보살의 저작인

---

252) sadṛśācchedayānasmi śreyasā vā sadṛśa iti yā cittasyonnati(Li and Steinkellner, p.8, 7-8)

253) śreyasaḥ śreyānasmīti yā cittasyonnati/(Li and Steinkellner, p.8, 9-10)

254) pañca-upādāna-skandha-anātmata-ātmīyato vā samanupaśyato yā cittasyonnati/(Li and Steinkellner, p.8, 11-12)

255) aprāpta uttare viśeṣa-adhigame prāpto mayeti yā cittasyonnati/(Li and Steinkellner, p.8, 13-14)

256) bahuantaraviśis tād-alpāntarahīno 'smīti yā cittasyonnati/(Li and Steinkellner, p.9, 1-2)

257) aguṇavato guṇānasmīti yā cittasyonnati/(Li and Steinkellner, p.9, 3-4)

『성유식론』에서는 만심에 대해 7종류로 나누어 자세하게 설명하고 있다. 이것은 유가수행자들(세친, 안혜 등)이 수행 중에 불쑥불쑥 나타나는 자신의 만심을 분석하여 기술한 것들이다.

• 의

의疑(vicikitsā)란 어떤 일에 대해 그 도리를 분명히 판별하지 못하고 의심하는 마음작용이다. 다만 이것은 우리가 일상에서 '남을 의심한다'고 할 때의 의심과는 다르다. 이것에 대한 다른 주석을 살펴보자.

『대승오온론』(한역)에서는 "진리 등에 대해 유예(주저하는 것)를 본성으로 하는 것이다"[258]라고 하고, 범본에서는 "〈그것은 사성제 등의〉 진리 등[259]에 대해 주저하는 것(猶豫, vimati)을 본질로 하는 것이다"[260]라고 설명한다. 두 주석에서 말하는 유예·주저(vimati)라는 말은 이것인지 저것인지 판단을 할 수 없다는 뜻으로서, 결국 의심(mati)한다는 의미이다. 다만 여기서의 의疑란 단순한 의심이 아니라 사성제 등의 진리에 대한 의심을 말한다.

『성유식론』에서는 "모든 진리(諦)와 도리(理)에 대해 유예猶豫함을 본질로 하고, 능히 불의선품을 장애하는 것을 작용(業)으로 삼는다"[261]라고 주석한다. 그리고 지욱스님도 "모든 진리(諦)와 도리(理)에 대해 유예猶豫하는 것을 본질로 하고, 능히 불의不疑 및 모든 선품(선한 성품)을 장애하는 것을 작용으로 삼는다"[262]라고 주석한다. 즉 의란 진리(사성제 등)와 그 도리(이치)에 대해 주저(판별하지 못함)하여 선한 성품을 장애하는 마음작용이라는 것이다.

두 주석에 등장하는 '제諦'(진리)는 사성제四聖諦 등의 가르침이고, '리理'는 이것에 의해 나타난 진리(세상의 도리)를 말하는데, 결국 의란 구체적으로는 부처님의 가르침인 연기·공의 진리에 대해 의심을 갖는 것이다. 부연하면 의혹(疑)은 '행위와 그 결과, 진리, 삼보를 의심하는 것'이기 때문에 별경심소 중의 하나인 '혜'의 심소와 반대된다. 왜냐하면 혜의 심소는 '간택'(선택)하는

258) "謂於諦等猶豫爲性."(『대승오온론』, T31, 849b3)

259) 진리 등(satyādi)이란 '행위와 그 결과, 사성제 등의 진리, 삼보'를 말한다.

260) satyādiṣu yā vimatiḥ/(Li and Steinkellner, p.10, 9)

261) "於諸諦理猶豫爲性. 能障不疑善品爲業."(『성유식론』, T31, 31c2)

262) "於諸諦理猶豫爲性. 能障不疑及諸善品爲業."(『직해』, X48, 343b14)

것이지만, 의혹은 의심하여 선택하지 못하기 때문이다.

지금까지의 내용을 정리하면, 우리는 일상생활에서뿐만 아니라 진리 탐구를 위해 의심하기도 하고 그 의심이나 의혹을 풀기 위해 질문하기도 한다. 이런 태도는 누구나 좋은 삶의 방식이라고 동의한다. 그렇지만 여기서 말하는 번뇌의 의疑는 단순한 의혹이나 의심이 아니라 진리 자체를 의심하는 것이다. 진리 자체에 대한 믿음이 없으면 모든 것을 의심하게 되어 긍정적인 사고를 할 수 없다. 물론 맹목적인 믿음은 경계해야 하겠지만 합리적인 사고를 동반한 믿음은 인간의 삶을 발전적인 방향으로 나아가게 하는 것이다.

• 부정견

부정견(악견)[263]이란 잘못된 견해를 말하는 것으로, 여러 진리에 대해서 잘못된 생각을 가지고 바른 견해에 대해 장애하고, 고(괴로움)를 초래하는 마음작용이다. 이것에 대한 다른 주석을 살펴보자.

먼저 지욱스님은 부정견에 대해 "또한 악견이라도 한다. 모든 진리와 도리에 대해 전도되게 추구하는 염혜를 본성으로 하고, 능히 선견善見을 장애하여 괴로움을 초래하는 것을 작용으로 삼는다. 이것은 또한 5종류가 있다"[264]라고 주석한다. 또한『성유식론』에서는 "무엇을 악견이라고 하는가? 모든 진리와 도리에 대해서 전도되게 추구推求하는 염혜染慧를 본질로 하며, 능히 선견善見을 장애하고 괴로움(苦)을 초래하는 것을 작용으로 삼는다"[265]라고 주석한다.

지욱스님의 주석과『성유식론』의 차이는 '도度'라는 글자의 첨가 여부뿐이다. 두 주석을 정리하면, 악견이란 부처님의 가르침(진리)인 연기, 공, 무상無相, 무아, 무상無常 등을 이해하지 못하는 자기중심적인 견해이다. 이 부정견(악견)은 구체적으로 살가야견(신견), 변집견(변견), 사견, 견취견, 계금취견의 5가지로 구분한다. 잠시 5가지 부정견(악견)에 대해 살펴보자.

---

263)『유식삼십송』에서는 부정견을 惡見(dṛṣṭi)이라고 한다.

264) "亦名惡見. 於諸諦理顚倒推求. 染慧爲性. 能障善見. 招苦爲業. 復有五種."(『직해』, X48, 343b15)

265) "云何惡見. 於諸諦理顚倒推求度染慧爲性. 能障善見招苦爲業."(『성유식론』, T31, 31c11)

(1) 살가야견

살가야견이란 범어 '사트 카야 드리스티'(sat-kāya-dṛṣṭi)의 음사로, 유신견有身見, 신견身見, 아견我見 등으로 한역한다. 이것은 인간존재, 즉 오온에 대해서 상주불변한다고 생각하는 자아가 존재한다거나 자신이 소유한 것에 애착하는 견해이다.

먼저 『대승오온론』(한역)에서는 살가야견을 "오취온을 수관隨觀하여(순차적으로 관찰하는 것) 아我 혹은 아소我所로 여기는 것으로, 염오의 지혜를 본성으로 하는 것이다"266)라고 하고, 범본에서는 "〈그것은〉 집착의 대상이 되는 다섯 가지의 모임(오취온)을 순차적으로 관찰하여 '〈이것이〉 나다' 혹은 '이것은 나의 것이다'라고 생각하는 오염된 지혜를 본질로 하는 것이다"267)라고 설명한다. 또한 『성유식론』에서는 "오취온에 대해서 '나'와 '내 것'이라고 집착하는 것을 말한다. 모든 견해의 의지처가 되는 것을 작용으로 한다"268)라고 하고, 지욱스님은 "오온에 대해 '아'와 '아소'(나의 것)라고 집착하고 일체의 견해의 의지처가 되는 것을 작용으로 삼는다"269)라고 주석한다. 이상의 주석에 따르면 살가야견은 나의 실체가 존재한다거나 내 자신이 가진 것에 대해 '내 것'이라고 집착하는 견해라고 할 수 있다.

(2) 변집견(변견)

변집견邊執見(antagrāha-dṛṣṭi)이란 극단적으로 생각하는 견해를 말한다. 예를 들면 미래세에 인간(오온)이 죽으면 모든 것은 사라진다(斷滅論)고 생각하거나 또는 미래세에 항상 불변하는 자아가 영원히 실재한다(常見)고 하는 등의 극단적인 것에 집착하는 견해이다. 이것에 대한 다른 주석을 살펴보자.

먼저 『대승오온론』(한역)에서는 변집견을 "저것(살가야견)의 증상의 힘으로 말미암아 순차적으로 관찰(隨觀)하여 영원하다거나 혹은 단멸하는 것〈으로 생각하는〉 염오의 지혜를 본성으로 하는 것이다"270)라고 하고, 범본에서는

---

266) "謂於五取蘊隨觀爲我或爲我所, 染汚慧爲性."(『대승오온론』, T31, 849a22)

267) pañcas-upādāna- skandhānātmat ātmīyato vā samanupaśyato yā kliṣṭsā prajñā/(Li and Steinkellner, p.9, 12-13)

268) "謂於五取蘊執我我所. 一切見趣所依爲業."(『성유식론』, T31, 31c13)

269) "謂於五蘊執我我所. 一切見趣所依爲業."(『직해』, X48, 343b17)

“〈그것은〉 그것(살가야견)의 강력한 힘에 의해 순차적으로 관찰하여 〈영혼은〉 영원하다고 생각하거나 〈사후는〉 소멸해 버려 〈전생하지 않는다고〉 생각하는 오염된 지혜를 본질로 하는 것이다”271)라고 설명한다. 그리고 『성유식론』에서는 “그것(살가야견)에 대해서 단멸하거나 상주한다고 집착하는 것을 말한다. 중도의 행과 출리를 장애하는 것을 작용으로 한다”272)고 한다. 또한 지욱스님은 “신견(아견)에 대해 단멸하거나 상주한다고 집착하며, 출리와 행위를 장애하는 것을 작용으로 삼는다”273)라고 주석한다. 이상의 내용에 따르면 변집견은 살가야견(아견)에 의해 집착된 오온에 대해 단멸하거나 상주한다고 집착하여, 중도(非斷非常)의 행(도제)과 출리(멸제)를 증득하는 것을 장애하는 것이다. 여기서 ‘행’이란 사성제 중에서 고멸도성제, ‘출리’는 고멸성제를 말한다.

(3) 사견

사견邪見(mithyā-dṛṣṭi)이란 ‘모든 그릇된 견해’를 말한다. 다시 말해 부처님의 핵심 가르침인 연기의 도리와 인과의 도리가 없다고 하는 견해이다. 그래서 견見 중에서도 사견은 가장 나쁜 것이다. 이것에 대한 다른 주석을 살펴보자.

먼저 『대승오온론』(한역)에서는 사견을 “혹은 원인(因)을 비방하기도 하고, 혹은 결과(果)를 비방하기도 하고, 혹은 작용作用을 비방하기도 하고, 혹은 선한 일을 파괴하기도 하는 염오의 지혜를 본성으로 하는 것이다”274)라고 하고, 범본에서는 “〈그것은 선악의 행위라는〉 원인을 비판하고, 〈선악의 행위에 의한〉 결과를 비판하고, 〈금생에서 내생에로 태어나는 등의〉 작용을 비판하고, 〈깨달음을 얻은 아라한은 존재한다는 등의〉 선한 것을 부정하는 오염된 지혜를 본성으로 한다”275)라고 설명한다.

또한 『성유식론』에서는 사견을 “인과의 도리(원인과 결과), 작용, 진리와 사실

270) “謂卽由彼增上力故, 隨觀爲常或復爲斷, 染污慧爲性.”(『대승오온론』, T31, 849a26)
271) tām eva adhipatim kṛtvā śāśvatata ucchedato vā samanupaśyato yā kliṣṭā prajñā/(Li and Steinkellner, p.9, 14-15)
272) “謂卽於彼隨執斷常. 障處中行出離爲業.”(『성유식론』, T31, 31c16)
273) “謂卽於身見隨執斷常. 障出離行爲業.”(『직해』, X48, 343b21)
274) “謂或謗因, 或復謗果, 或謗作用, 或壞善事, 染污慧爲性.”(『대승오온론』, T31, 849a27)
275) hetum vā apavadataḥ phalam vā kriyām vā sad vā vastu nāśayato yā kliṣṭā prajñā/(Li and Steinkellner, p.10, 1-2)

(實事)을 비방하는 것 및 네 가지 악견(유신견, 변집견, 견취견, 계금취견)이 아닌 모든 나머지 삿된 집착을 말한다"[276]라고 주석한다. 그리고 지욱스님도 "인과는 없다고 비난하고, 작용이 없다고 비방하고, 진리와 도리는 없다고 비방하는 것 및 앞의 4가지 악견에 포섭되지 않는 모든 나머지 그릇된 집착이다. 모든 것은 이 사견에 포섭된다"[277]라고 주석한다. 이처럼 사견은 악견惡見 중에서도 가장 나쁜 것이다. 왜냐하면 부처님의 핵심 가르침인 연기와 인과의 도리를 믿지 않고 비방하기 때문이다. 그래서 4가지 악견을 제외한 모든 그릇된 견해를 사견이라고 하는 것이다.

이런 이유에서 『왕생요집往生要集』에서는 사견에 빠진 자는 초열대지옥에 떨어진다고 한다. 초열대지옥에 떨어지면, 옥졸이 지옥중생을 불타는 쇠 땅 위에 눕혀 앞뒤로 뒤집어가면서 뜨겁게 달구어진 쇠몽둥이로 마치 고기단자를 치듯 온몸을 때리고 다진다. 또한 이곳에서는 마두와 우두의 옥졸이 지옥중생을 뜨겁게 달구어진 철상 위에 눕혀 지지거나 굽는다. 또는 쇠꼬챙이로 항문에서 머리까지 꿰어 통째로 구워서 털구멍과 입에서 불이 뿜어 나오게 한다. 혹은 쇠 가마솥 속에 넣어 삶거나 불타고 있는 쇠 망루에 가두어 골수까지 타게 하는 고통을 가한다고 한다.[278]

(4) 견취견

견취견見取見(dṛṣṭiparāmarśa-dṛṣṭi)이란 부처님의 가르침 이외의 견해나 사고방식을 올바르다고 생각하는 견해이다. 다시 말해 잘못된 이념이나 주장을 바르다고 간주하여 그것에 집착하는 견해이다. 이것에 대한 다른 주석을 살펴보자.

먼저 『대승오온론』(한역)에서는 견취견을 "앞의 세 가지 견(살가야견, 변집견, 사견) 및 그것이 의지하는 모든 오온에 대해 순차적으로 관찰하여(隨觀) 최고이고 상위이며 뛰어나고 지극한 것이라고 하는 염오의 지혜를 본성으로 하는

---

276) "謂謗因果作用實事. 及非四見諸餘邪執."(『성유식론』, T31, 31c20)

277) "謂謗無因果. 謗無作用. 謗無實事. 及非前四所攝諸餘邪執. 皆此邪見所攝."(『직해』, X48, 343c2)

278) "獄卒捉罪人臥熱鐵地上. 或仰或覆. 從頭至足. 以大熱鐵棒或打或築令如肉摶. 或置極熱大鐵鏊上猛炎炙之. 左右轉之表裏燒薄. 或以大鐵串從下貫之. 徹頭而出. 反覆炙之. 令彼有情諸根毛孔及以口中悉皆炎起. 或入熱鐵或置熱鐵樓. 鐵火猛盛徹於骨髓."(『往生要集』, X84, 35a1)

것이다"[279]라고 하고, 범본에서는 "〈그것은〉 앞의 세 가지의 잘못된 견해와 그 기반이 되는 〈다섯 가지〉 모임(오온)에 대하여 순차적으로 관찰하여 〈그것들이〉 최상이며 최승이라고 하는 오염된 지혜를 본성으로 하는 것이다"[280]라고 설명한다.

『성유식론』에서는 "모든 견해 및 의지처인 오온에 대하여 가장 뛰어나다고 집착해서 능히 청정함이나 해탈을 얻을 수 있다고 하는 것이다. 모든 투쟁鬪諍의 의지처를 작용으로 삼는다"[281]라고 주석한다. 그리고 지욱스님도 "모든 견해 중에서 하나의 견해에 집착하여 수순하는 것 및 오온에 의지하여 가장 뛰어나고 청정함을 얻을 수 있다고 집착하는 것이다. 모든 투쟁의 의지처를 작용으로 삼는다"[282]라고 주석한다.

두 주석에 대해 부연하면, 견취견에 빠지면 하나의 견해에 빠져 자신의 주장만이 절대적으로 옳다고 믿으며, 그리하여 자신의 주장에 대해 반성하는 마음이 없게 된다. 이처럼 자신의 견해가 최고라고 생각하면 결국 타인과 대립하여 투쟁(싸움)으로 발전하게 되는 것이다. 그래서 견취견을 '모든 싸움(투쟁)의 의지처(원인)'라고 하는 것이다.

(5) 계금취견

계금취견戒禁取見(śīlavarta-parāmarśa-dṛṣṭidṛṣṭi)은 잘못된 견해에 기초하여 잘못된 계율을 뛰어난 계율이라고 생각하고, 그것에 따라 살아가는 방식을 정당하다고 여기며, 그것에 의해 해탈에 도달할 수 있다고 집착하는 것이다. 이것에 대한 다른 주석을 살펴보자.

먼저 『대승오온론』(한역)에서는 계금취견을 "금계戒禁 및 그것이 의지하는 모든 오온에 대해 순차적으로 관찰하여(隨觀) 〈그것은〉 청정하고, 해탈할 수 있는 것이며, 〈윤회에서〉 벗어날 수 있는 것(出離)이라고 하는 염오의 지혜를

---

279) "謂卽於三見及彼所依諸蘊, 隨觀爲最爲上爲勝爲極, 染污慧爲性."(『대승오온론』, T31, 849a29)

280) tām eva trividhām dṛṣṭim tadāśrayāmś ca pañca-upādāna-skandhānagrataḥ śreṣṭato viśiṣṭata paramataḥ samanupaśyato yā kliṣṭ ā prajñā/(Li and Steinkellner, p.10, 3-5)

281) "謂於諸見及所依蘊. 執爲最勝能得淸淨. 一切鬪諍所依爲業."(『성유식론』, T31, 31c25)

282) "謂於諸見之中. 隨執一見及所依蘊. 執爲最勝能得淸淨. 一切鬪諍所依爲業."(『직해』, X48, 343b22)

본성으로 하는 것이다"[283]라고 하고, 범본에서는 "〈그것은 불교 이외의〉 계율·규율과 그 기반이 되는 다섯 가지 모임(오취온)에 대하여 순차적으로 관찰하여 〈그것들이〉 청정이고, 열반이고, 〈윤회로부터〉 벗어나기 위한 방법이라고 생각하는 오염된 지혜를 본질로 하는 것이다"[284]라고 설명하고 있다.

『성유식론』에서는 계금취견을 "여러 견해에 수순하는 계율과 금욕 및 의지처인 오온에 대하여 가장 뛰어나다고 집착해서 능히 청정과 해탈을 얻을 수 있다고 하는 것이다. 이로움이 없는 고행을 권장하는 것(勤苦)의 의지처(무익한 고행의 의지처)가 되는 것을 작용으로 한다"[285]라고 주석한다. 그리고 지욱스님도 "모든 견해에 수순하는 계금(금지된 계율) 및 의지처인 오온에 대해 가장 뛰어나고 능히 청정을 얻을 수 있다고 집착하는 것이며, 무익한 고행을 권장하는 것(勤苦)을 의지처로 삼는 것을 작용으로 한다"[286]라고 주석한다. 부처님은 우리에게 가장 보편적인 가치인 오계와 팔재계의 수지를 요구했는데, 계금취견은 이런 부처님의 가르침을 따르지 않고 다른 잘못된 계율을 지키며, 그것으로 해탈을 얻을 수 있다고 집착하는 마음작용이다.[287]

한편 『대승오온론』에서는 근본번뇌에 대한 설명을 마친 후, 번뇌를 선천적인 번뇌(구생기)와 후천적인 번뇌(분별기)로 나누어 설명한다. 먼저 한역에서 "모든 번뇌 중에 뒤의 세 가지 견(사견, 견취견, 계금취견)과 의혹(疑)은 오직 분별로 일어남(分別起)이고, 나머지 〈번뇌는〉 선천적으로 일어남(俱生起)과 분별로 일어남(分別起)의 〈양쪽에〉 통한다"[288]라고 하고, 범본에서는 "〈앞에서 언급한〉

---

283) "謂於戒禁及彼所依諸蘊, 隨觀爲淸淨爲解脫爲出離, 染汚慧爲性."(『대승오온론』, T31, 849b1)

284) śīlam vratam tadāśrayāmś ca pañcasupādāna-skandhānśudvito mukhtito nairyāṇikataś ca samanupaśyato yā kliṣṭā prajñā/(Li and Steinkellner, p.10, 6-8)

285) "謂於隨順諸見戒禁及所依蘊. 執爲最勝能得淸淨. 無利勤苦所依爲業."(『성유식론』, T31, 31c28)

286) "謂於隨順諸見之戒禁及所依蘊. 執爲最勝. 能得淸淨. 無利勤苦所依爲業."(『직해』, X48, 343b22)

287) 5가지 악견(부정견)을 요약하면, ① 오취온을 관찰하여 '이것은 나다', '이것은 나의 것이다'라고 생각하는 것(살가야견), ② 영혼은 영원하다고 생각하거나 반대로 사후는 완전히 소멸한다고(윤회 전생하지 않는다고) 생각하는 양극단의 생각(변집견), ③ 인과의 도리나 해탈자의 존재를 부정하는 견해(사견), ④ 위의 세 가지를 최상이라고 생각하는 것(견취견), ⑤ 불교 이외의 계율이나 규율을 해탈의 방법이라고 생각하는 것(계급취견)이다.

288) "諸煩惱中, 後三見及疑唯分別起, 餘通俱生及分別起."(『대승오온론』, T31, 849b4-5)

모든 번뇌 가운데 〈다섯 가지의 잘못된 견해 중의〉 뒤의 세 가지(사견, 견취견, 계금취견)와 의혹(疑)은 오직 〈잘못된〉 사고(분별)에 의해 지닌 것(분별기)이지만, 그것 이외의 〈번뇌는〉 선천적인 것(俱生)과 잘못된 사고에 의해 지닌 것(分別)의 양쪽이 있다"[289]라고 한다. 부연하면, 후천적인 번뇌란 인간의 경우 살아가는 동안 다른 종교나 사상과 접촉하여 그것을 배워 지니는 것으로, 여기서는 네 가지(사견 · 견취견 · 계금취견 · 의혹(疑))를 들고 있다. 그것 이외는 생물이 선천적으로 가지고 있는 번뇌이다. 다시 말해 탐, 진, 치, 살가야견, 아만 등은 실로 생명이 살아 있는 한 언제나 지속하는 자기보존의 본능이기 때문에 선천적인 번뇌라는 것이다.[290]

3) 십사번뇌를 논하다

法華名爲十使煩惱. 謂貪 · 嗔 · 癡 · 慢 · 疑爲五鈍使. 不正見分五. 謂身見 · 邊見 · 邪見 · 戒取 · 戒禁取爲五利使. 由此煩惱能使衆生漂流苦海. 故名爲使.

법화(천태종)에서는 이것을 십사번뇌十使煩惱라고 한다. 이른바 탐, 진, 치, 만, 의는 5둔사(鈍使)이다. 부정견(악견)은 다시 다섯으로 나눈다. 즉 신견(살가야견), 변견(변집견), 사견, 견취견, 계금취견의 5리사(利使)이다. 이 십사번뇌로 말미암아 중생이 고해(괴로움의 바다)를 표류하게 된다. 그래서 부린다(使)고 표현한다.

용어해설

• 5둔사 · 5리사

둔사鈍使에서 '둔'이란 일반적으로는 '고집스럽고 둔하여 항복시키기 어렵다'는 뜻이지만, 여기서는 '악견(부정견)의 성질이 아닌 것'을 뜻한다. 사使는

289) kleṣānām tisro dṛṣṭayaḥ paścimā vicikitsā ca parikalpitāḥ/śeṣāḥ sahajāś ca parikalpitāś ca(Li and Steinkellner, p.10, 11-12)

290) 모로 시게키 지음, 허암(김명우) 옮김, 『오온과 유식』(민족사, 2018), pp.186~187.

'마음을 마구잡이로 부려서 산란하게 한다'(심부름꾼)는 뜻으로, 번뇌의 상징적인 표현이다. 그리고 5둔사(다섯 가지의 둔한 심부름꾼)는 탐, 진, 치, 의, 만을 말한다. 천태교학에서는 이것들을 사유 차원의 미혹(思惑)이라고 한다. 반면 '리사利使'는 둔사의 반대말로서, 리사에서 '리'는 '날카롭다, 영리하다'는 뜻이지만, 여기서는 '악견의 성질이 있는 것'(악견에 영리하다)을 뜻한다. 그리고 5리사(다섯 가지의 영리한 심부름꾼)는 신견, 변견, 사견, 견취견, 계금취견을 말한다. 이것은 바른 스승을 만나 바른 진리를 들음으로써 상대적으로 쉽게 극복할 수 있다. 천태교학에서는 이것들을 견해의 미혹(見惑)이라고 한다. 이 다섯 가지 생각의 미혹과 다섯 가지 견해의 미혹, 즉 견사혹見思惑을 모두 끊어 소멸하면 아라한과를 증득한다.

그리고 감산스님이 주석하고 있는 '십사번뇌'란 그 성품이 예리하고(악견의 성질을 지니고) 우둔함(악견의 성질을 지니지 않음)에 의하여, 항상 마음을 어지럽게 한다는 의미이다.

6. 수번뇌(부수적인 번뇌)

1) 소수번뇌를 개설하다

① 隨煩惱二十者. 謂忿 · 恨 · 惱 · 覆 · 誑 · 諂 · 驕 · 害 · 嫉 · 慳. 此十爲小隨.

① 수번뇌는 20종류이다. 〈그중에〉 분 · 한 · 뇌 · 부 · 광 · 첨 · 교 · 해 · 질 · 간의 10종류는 소수번뇌이다.[291]

291) 소수번뇌는 모두 근본번뇌의 일부이다. 간단하게 정리하면 다음과 같다. 탐의 일부는 부, 간, 광, 첨, 교이다. 진의 일부는 분, 한, 뇌, 질, 해이다. 치의 일부는 부, 광, 첨이다. 이 중에 부, 광, 첨은 탐과 치에 걸쳐서 작용한다.

용어해설

• 소수번뇌

감산스님은 소수번뇌에 대해 별도로 주석하지 않고, 명칭만 언급하고 있다. 그래서 다른 주석을 중심으로 살펴보겠다.

(1) 분

분忿(krodha)이란 분노하는 마음작용이다. 특히 분은 자기 눈앞에서 마음에 들지 않는 일이 일어났을 때, 때린다든지 찬다든지 성질이 나서 비명을 지른다든지 하는 폭발적인 분노를 말한다. 이것에 대한 다른 주석을 살펴보자.

먼저 『대승오온론』(한역)에서는 분을 "현전에 요익饒益하지 않은 것과 조우할 때 마음이 손실되고 괴로워하는 것을 본성으로 하는 것이다"[292]라고 하고, 범본에서는 "〈그것은〉 눈앞에서 불이익을 조우할 때 마음이 해害를 가하려고 하는 것이다"[293]라고 설명한다. 이것에 의하면 분은 지금 눈앞에서 나에게 이롭지 않은 상황이 벌어질 때(現前不饒益事) 분노하여 가해加害하려는 마음작용이라고 할 수 있다.

『성유식론』에서는 분을 "현전現前의 불요익不饒益의 대상(자신에게 이익이 되지 않는 대상)에 의해 분노가 발하는 것을 본질로 하고, 분노하지 않음(不忿)을 능히 장애하여 지팡이를 잡는 것(화가 나서 지팡이로 사람을 때리려고 생각할 만큼 성내는 마음)을 작용으로 삼는다. 왜냐하면 분노를 품은 자는 포악한 신체의 표업을 수없이 일으키기 때문이다. 이것은 진에(성내고 미워하는 것)의 일부로서 〈진에를〉 본체로 삼는다. 진에를 떠나 별도로 분노의 양상과 작용이 없기 때문이다"[294]라고 주석한다. 그리고 지욱스님도 "눈앞에 싫어하는 대상에 의지하여 분노를 발하는 것을 본질로 하고, 능히 분노하지 않음을 장애하고 지팡이를 잡는 것을 작용으로 삼는다. 이것은 진에의 일부로서 〈진에〉를 본체로 삼는다"[295]라고 주석한다.

---

292) "謂遇現前不饒益事心損惱爲性."(『대승오온론』, T31, 849b6)

293) vartamānam apakāram āgamya yaś cetasa āghātaḥ/(Li and Steinkellner, p.10, 12-13)

294) "依對現前不饒益境憤發爲性. 能障不忿執仗爲業. 謂懷忿者多發暴惡身表業故. 此卽瞋恚一分爲體. 離瞋無別忿相用故."(『성유식론』, T31, 33b8-11)

이상의 주석을 요약하면, 분이란 내 눈앞의 상대가 마음에 들지 않을 때 일어나는 신체적 행위를 동반한 폭발적인 분노이다. 그래서 두 주석에서 '지팡이를 잡는 것을 작용으로 한다', 즉 화가 나서 칼이나 지팡이로 상대를 때리려고 할 만큼 성내는 마음이라는 것이다. 그리고 분은 삼독 중의 하나인 진瞋의 일부인데, 『성유식론』과 『직해』에서 주석하고 있듯이 진을 떠나서 별도의 양상이나 작용이 없기 때문이다.

(2) 한

한恨(upanāha)은 원망이나 원한을 품는 마음작용이다. 한의 심소는 앞에서 언급한 분忿의 결과로 일어나는 것이다. 한은 싫어하고 미워하는 기분이 한 번이나 두 번 정도 일어나는 것이 아니라 오랫동안 계속해서 유지되는 마음작용이다. 그 결과 억울하다든지 원통하다고 생각하여 잊어버리지 않는 것이다. 이것에 대한 다른 주석을 살펴보자.

먼저 『대승오온론』(한역)에서는 한을 "원한을 품어(結) 버리지 못하는 것을 본성으로 하는 것이다"[296]라고 하고, 범본에서는 "〈그것은 마음에〉 한을 품고서 버리지 않는 것이다"[297]라고 설명한다. 즉 분노(忿)의 대상을 계속 반복해서 생각함으로써 한을 품게 된다는 것이다.

『성유식론』에서는 한을 "폭발적인 분노(忿)가 먼저 있음에 의해 원망을 품어 버리지 않고 원한과 결합하는 것을 본질로 하며, 원한을 갖지 않음을 능히 장애하여 몹시 고뇌함을 작용으로 한다. 원한을 품은 자는 참을 수 없어서[298] 항상 몹시 고뇌하기 때문이다. 진에(분노)의 일부로서 〈진에(분노)를〉 본체로 삼는다. 분노(진에)를 떠나서는 별도로 원한의 양상과 작용이 없기 때문이다"[299]라고 주석한다. 그리고 지욱스님도 "폭발적인 분노(忿)가 먼저

---

295) "依對現前逆境. 憤發爲性. 能障不忿. 執仗爲業. 此卽瞋恚一分爲體."(『직해』, X48, 343c8)

296) "謂結怨不捨爲性."(『대승오온론』, T31, 849b7)

297) vairānubandha/(Li and Steinkellner, p.11, 1)

298) 여기서 '참지 못하는 것'(不忍)이란 손해를 용서하지 않는 것으로서, 똑같이 복수하기를 원하는 것이다.

299) "由忿爲先懷惡不捨結怨爲性. 能障不恨熱惱爲業. 謂結恨者不能含忍恒熱惱故. 此亦瞋恚一分爲體. 離瞋無別恨相用故."(『성유식론』, T31, 33b12)

있음으로 말미암아 악(원망)을 품고 버리지 않고 원한과 결합하는 것을 본질로 하며, 능히 원한을 품지 않는 것을 장애하여 엄청난(熱) 고뇌를 작용으로 삼는다. 이것은 진에의 일부로서 〈진에를〉 본체로 삼는다"[300]라고 주석한다. 이처럼 한의 심소도 삼독 중의 하나인 진瞋의 일부인데, 한의 심소는 진의 심소를 떠나서 별도의 양상이나 작용이 없기 때문이다. 그리고 『성유식론』에서는 "원한을 품은 자는 참을 수 없어서 항상 몹시 고뇌하기 때문이다"라고 주석하는데, 이른바 원한을 품은 자는 자신의 손해를 받아들이지 못하고 '참지 못하기' 때문에 복수를 하고자 한다는 말이다. 그래서 '항상 엄청난 괴로움'에 시달린다. 즉 번뇌에서 빠져나오지 못한다는 것이다.

"여자가 한을 품으면 오뉴월에도 서리가 내린다"는 속담이 있다. 이때의 '한'과 유식에서 말하는 '한'은 의미가 상통한다고 할 수 있다. 그러면 한은 어떻게 일어날까? 앞에서 말했듯이 한은 분(폭발적 분노)의 결과로 일어난다. 여기서 분은 일시적으로 폭발하는 마음작용이지만, 한은 오랜 기간 미워하거나 싫어한 결과 일어난 것으로서 장시간 지속한다. 이처럼 오랜 시간 동안 상대를 미워하거나 싫어하여 원망하거나 원한을 품으면, 그 자신도 괴롭기 때문에 번뇌가 된다. 여기서 한이 많다는 것은 가슴에 응어리가 많다는 것이다. 가슴의 응어리는 남에 대한 원망이나 원한으로 나타난다. 그리고 남에게 원한이나 원망을 품으면 남을 믿지 않게 되어 모든 것을 자기중심적으로 생각하게 된다. 이처럼 남을 믿지 않고 자기중심적으로 생각하면, 자비와 사랑을 바탕으로 하는 종교적인 믿음도 이기적인 기복신앙으로 전락하게 되는 것이다. 이런 현상은 현재 한국불교에서 극명하게 드러나고 있다. 오로지 우리(자기) 신도, 우리(자기) 절, 우리 스님, 내 가족, 내 자식만이 소중하게 된다. 게다가 자기가 다니고 있는 절의 스님이 아무리 나쁜 짓을 해도 무조건 감싸고 신뢰하는 이기적인 집단으로 전락하여, 그런 행위에 대해 어떠한 자기반성이나 참회도 하지 않는다. 이런 사람들은 부처님의 가르침을 실천하는 진정한 불교도라고 할 수 없다. 다시 말해 한이 많은 사람은 부처님의 가르침대로 살 수 없다는 것이다. 지나친 말이라고 생각할지 모르겠지만, 이것은

300) "由忿爲先. 懷惡不捨. 結怨爲性. 能障不恨. 熱惱爲業. 此亦瞋恚一分爲體."(『직해』, X48, 343c9)

우리의 현실에서 자주 목격되는 사실이기도 하다.

(3) 뇌

뇌惱(pradāśa)란 폭언을 하는 마음작용이다. 이것은 분忿이나 한恨의 결과로 생기하는 것이다. 왜냐하면 화를 내고 사람을 계속해서 원망하면 비위가 상해 마음속이 항상 괴로워 거친 말을 쏟아 낸 결과 남을 지네처럼 쏘는 마음이 생기기 때문이다. 이것에 대한 다른 주석을 살펴보자.

먼저 『대승오온론』(한역)에서는 뇌를 "포악한 말을 내뱉어 지네처럼 쏘는 것을 본성으로 하는 것이다"[301]라고 하고, 범본에서는 "〈그것은〉 폭언으로 공격하여 〈모욕적인 태도를 취하는 것이다〉"[302]라고 설명한다. 『대승오온론』 한역에 나오는 '우저尤蛆'와 『대승광오온론』[303]에 등장하는 '능범陵犯'이라는 말은 모두 '상처를 주다'라는 뜻이다. 부연하면, 우저란 '입으로 씹다(내뱉다)', 즉 입으로 공격하는 것을 말한다. 그래서 집필자도 '입으로 내뱉다'를 '지네처럼 쏘다'라고 해석하였다. 또한 범본에서는 '다시타'(dāśitā)라고 하는데, 한역에서는 신랄辛辣, 즉 굉장히 매운 것이라고 한다. 『대승오온론』(범본)과 『유식삼십송석』에서는 급소를 때리는 "격렬한 말(폭언)[304]로 공격하는 것"(caṇḍavaco dāśitā)이라고 주석하고, 『직해』에서는 철석蜇螫[305], 『성유식론』에서는 저석蛆螫[306]이라고 주석하고 있어, '지네처럼 쏘다'라는 집필자의 해석이 크게 잘못된 것은 아니라고 생각한다.

『성유식론』에서는 뇌를 "분노와 원망이 먼저 있어 〈과거의 악을〉 좇고 〈현재의 거스르는 대상에〉 부딪쳐서 〈마음이〉 몹시 포악하고 사나운 것을 본질로 한다. 고뇌하지 않음을 능히 장애하여 지네처럼 쏘는 것(蛆螫)을 작용으로 한다. 과거의 악을 좇고 현재의 거스르는 조건(연)에 부딪쳐서, 마음이 문득 다투고 난폭하여 시끄럽고 사나우며 흉하고 비루하며 거친 말을 많이

---

301) "謂發暴惡言尤蛆爲性."(『대승오온론』, T31, 849b8)

302) caṇḍavacodāśitā/(Li and Steinkellner, p.11, 3)

303) T31, 853b15.

304) 폭언이란 '급소'(marman)를 때리는 극도로 거친 말을 의미한다.

305) 쏠 철(蜇) / 쏠 석(螫).

306) 지네 저(蛆) / 쏠 석(螫).

하여, 남을 지네처럼 쏘기 때문이다. 이것 역시 진에(진)의 일부로서 〈진에(진)를〉 본체로 삼는다. 진을 떠나서 별도로 고뇌의 양상과 작용이 없기 때문이다"[307]라고 주석한다. 그리고 지욱스님도 "폭발적인 분노(忿)와 한이 먼저 있어, 〈마음이 과거의〉 생각을 좇고 악으로 향하게 하여 현재 싫어하는 대상과 접촉하여 몹시 포악하고(暴熱) 사나운 것(狠戾)을 본질로 하며, 능히 불뇌를 장애하여 흉악하고 비루하고 거친 말을 타인에게 〈지네처럼〉 쏘는 것(蛆螫)을 작용으로 삼는다. 이것도 진에(분노)의 일부로서 〈진에(분노)를〉 본체로 삼는다"[308]라고 주석한다.

이상의 주석을 정리하면, 뇌의 심소가 작용하고 있는 사람은 늘 남을 원망하고 다투고, 지네가 사람을 쏘는 것처럼 남에게 거친 말을 쏘아대기 때문에 다른 사람과 함께 생활하는 것이 힘들게 된다. 그리고 뇌도 진瞋의 심소를 떠나서 별도의 양상과 작용이 없기 때문에 진의 일부이다.

우리는 일상생활에서 뇌의 심소를 자주 경험하게 된다. 예컨대 잠을 자려고 누웠는데, 낮에 직장에서 일어났던 일을 생각하면 성질이 나서 잠이 오지 않는다. 그래서 낮에 나를 괴롭혔던 상대에게 혼자서 온갖 폭언을 쏟아 낸다. 그러나 잘 생각해 보면 자기 혼자 흥분해서 폭언을 하고 있을 뿐이다. 다시 말해 자기가 만든 허상에 사로잡혀 자신이 흥분하고 있다는 것이다. 게다가 상대에게 한 그 폭언은 상대가 듣고 있는 것이 아니라 자신만이 듣고 있다. 그 폭언은 고스란히 비수가 되어 자신에게 되돌아온다. 그래서 번뇌가 되는 것이다.

(4) 부

부覆(mrakṣa)란 명예나 이익을 잃는 것이 두려워 자신의 과오나 잘못을 숨기고자 하는 마음작용이다. 이것에 대한 다른 주석을 살펴보자.

먼저 『대승오온론』(한역)에서는 부를 "자신의 죄를 숨기고 감추는 것을 본성

307) "忿恨爲先追觸暴熱佷戾爲性. 能障不惱蛆螫爲業. 謂追往惡觸現違緣心便佷戾. 多發囂暴凶鄙麤言蛆螫他故. 此亦瞋恚一分爲體. 離瞋無別惱相用故."(『성유식론』, T31, 33b22)

308) "忿恨爲先. 追念往惡. 觸現逆境. 暴熱狠戾爲性. 能障不惱. 多發凶鄙麤言蜇螫於他爲業. 此亦瞋恚一分爲體."(『직해』, X48, 343c11)

으로 하는 것이다"[309]라고 하고, 범본에서는 "〈그것은〉 스스로의 과실(avadya)을 숨기는 것이다"[310]라고 설명한다. 이것에 의하면 부는 자신의 잘못, 즉 자신의 부끄러운 행위를 은폐하고자 하는 마음작용이라고 할 수 있다.

『성유식론』에서는 부를 "자신이 만든 죄에 의해 스스로의 이익이나 명예를 잃어버리는 것이 두려워 숨기는 것이다"라고 정의하고, "덮지 않음을 능히 장애하여 후회하고 괴로워하는 것을 작용으로 한다"[311]고 주석한다. 즉 스스로 지은 잘못(罪)으로 자신의 이익이나 명예를 잃어버리는 것이 두려워, 그 잘못을 은폐하는 마음작용이라는 것이다.

그리고 지욱스님도 "스스로 지은 죄로 인하여 〈자신의〉 이익이나 명예를 잃어버리는 것이 두려워 숨기고 감추는 것을 본질로 하며, 능히 은폐하지 않음을 장애하여 후회하고 괴로워하는 것을 작용으로 삼는다. 죄를 은폐하는 것은 나중에 반드시 후회하고 괴로워하고 불안을 감추기 때문에, 이것은 탐과 치의 일부로서 〈탐과 치를〉 본체로 삼는다. 현재의 이익을 잃는 것을 두려워하는 것은 탐 〈때문이며〉, 당연히 찾아올 괴로움의 결과를 두려워하지 않는 것은 치(어리석기) 때문이다"[312]라고 주석한다. 『집론』에서는 부覆를 "부정심소 중의 하나인 회悔와 불안주의 의지처"[313]라고 하는데, 지욱스님이 "후회하고 괴로워하고 불안을 감추기 때문에"라고 주석한 것은 이 내용을 염두에 두고 한 것 같다. 왜냐하면 자신의 잘못을 은폐할 때는 회(후회)가 생기고, 그 회(악작)로 인해 근심과 걱정도 함께 일어나 편안하게 안주할 수 없기(不安住) 때문이다.

두 주석(『성유식론』, 『직해』)의 내용을 정리하면, '부'의 심소는 자신의 잘못으로 자신의 지위나 재산, 명예를 잃어버릴 수 있기 때문에 자신이 범한 죄를 숨기고 싶은 마음작용이다. 그리고 이처럼 자신의 잘못을 숨기고자 하는 마음이 일어나는 것은 자신에 대한 집착 때문이다. 그러나 자신의 잘못을 은폐하

309) "謂於自罪覆藏爲性."(『대승오온론』, T31, 849b7)
310) ātmano 'vadya-pracchādanā/(Li and Steinkellner, p.11, 2)
311) "於自作罪恐失利譽隱藏爲性. 能障不覆悔惱爲業."(『성유식론』, T31, 33b15)
312) "於自作罪. 恐失利養名譽. 隱藏爲性. 能障不覆. 悔惱爲業. 謂覆罪者. 後必悔惱不安隱故. 此以貪癡一分爲體. 恐失現在利譽. 是貪. 不懼當來苦果. 是癡也."(『직해』, X48, 343c15)
313) "悔不安住所依爲業."(『집론』, T31, 665a7)

고 숨기게 되면 나중에 후회하게 되고, 그러면 결국 우울한 기분이 생기게 되어 불안한 삶을 영위하게 된다. 그래서 '부'의 심소는 탐貪과 치癡의 일부라고 하는 것이다. 왜냐하면 지욱스님이 주석하고 있듯이, 숨긴다든지 은폐한다든지 하는 행위의 심층에는 숨기면 타인이 알 수 없다고 하는 어리석음(癡)과 현재의 이익을 잃어버리기 싫은 탐욕이 잠재하고 있기 때문이다.

(5) 광

광誑(māya)이란 상대를 속이는 마음작용이다. 예컨대 자신의 수행력이 그다지 뛰어나지 않음에도 매우 뛰어나다고 하거나 별로 도덕적이지 않으면서도 도덕적이라며 남을 속이고 살아감으로써 자기 삶의 방식이 왜곡되어 가는 것이다. 이것에 대한 다른 주석을 살펴보자.

먼저 『대승오온론』(한역)에서는 광을 "남을 속이기 위해 거짓(詐)으로 진실하지 않은 일(不實事)을 나타내는 것(現)을 본성으로 하는 것이다"[314]라고 하고, 범본에서는 "〈그것은〉 다른 사람을 속이려 하는 것으로, 거짓으로 진실하지 않은 것을 말한다"[315]라고 설명한다. 이것에 의하면 광은 자신의 이익과 명성에 집착하여, 타인을 속이기 위해 진실하지 않은 것(허망)을 드러내는 마음작용이라고 할 수 있다.

『성유식론』에서는 광을 "이익과 명예를 얻기 위해서 현재 덕이 있는 것처럼 교묘하게 나타내어 속이는 것을 본성으로 하며, 속이지 않음을 장애하여 그릇되게 살아가는 것(邪命)을 작용으로 한다. 이것은 탐貪과 치癡의 일부이다"[316] 라고 주석한다. 그리고 지욱스님도 "〈자신의〉 이익과 명예를 획득하기 위해서 덕이 있는 것처럼 나타내어(現), 교묘하게 속이는 것(詭詐)[317]을 본성으로 하며, 능히 속이지 않음을 장애하여 그릇되게 살아가는 것(그릇된 생활)을 작용으로 삼는다. 이것도 탐과 치의 일부로서 〈탐과 치를〉 본체로 삼는다"[318]고

---

314) "謂爲誑他詐現不實事爲性."(『대승오온론』, T31, 849b10)
315) dāna-virodhī cetasa āgrahaḥ/(Li and Steinkellner, p.11, 5)
316) "爲獲利譽矯現有德詭詐爲性. 能障不誑邪命爲業. 此亦貪癡一分爲體."(『성유식론』, T31, 33c5)
317) 속일 궤(詭) / 속일 사(詐)로 '거짓으로 남을 속이는 것'을 말한다.
318) "爲獲利譽. 矯現有德. 詭詐爲性. 能障不誑. 邪命爲業. 此亦貪癡一分爲體."(『직해』, X48, 343c23)

주석한다.

이상의 내용을 정리하면, 광이란 자신의 이익을 위해 상대를 속이는 것, 즉 상대에게 자신을 속여서 과대 포장하는 마음작용이다. 우리는 자신을 포장하지 않고 있는 그대로 살고 싶어 하지만, 자신의 수행력을 자신도 모르게 부처님이나 성철스님처럼 포장하거나 흉내 내기도 한다. 또한 일상생활에서는 예쁘게 치장하거나 명품 옷을 입고 자신을 과대 포장하기도 하는데, 이런 현상을 있게 만드는 것이 바로 광이라는 마음작용이다. 그로 인해 우리의 삶의 방향이 그릇된 방향으로 나아가게 되는데, 그래서 『성유식론』, 『직해』, 『유식삼십송석』(TV), 『집론』(AS)[319]에서 광을 "그릇된 생활(mithyājīva, 邪命)의 의지처"라고 한 것이다.

(6) 첨

첨諂(śathya)이란 아첨하는 마음작용이다. 특히 첨의 심소는 자기 삶의 방식을 왜곡시키면서까지 상대에게 아첨하는 것이다. 이것에 대한 다른 주석을 살펴보자.

먼저 『대승오온론』(한역)에서는 첨을 "자신의 잘못(허물)을 덮어 감추려고 하는 방편에 포섭되는 것으로, 왜곡된 마음을 본성으로 하는 것이다"[320]라고 하고, 범본에서는 "〈그것은〉 자신의 과오(doṣa)를 감추려고 하는 수단(방편, upāya)에 포함되는 것이며, 마음이 뒤틀려 있는 것(曲)이다"[321]라고 설명한다. 이것에 의하면 첨은 자신의 이익과 명성에 집착하여, 자신의 과오를 감추기 위해 진실한 가르침을 숨기고 은폐하는 왜곡(아첨)된 마음작용이라고 할 수 있다. 그래서 『집론』(AS)[322]에서도 첨은 '진실(바른)한 가르침'(正教授)을 장애한다고 한 것이다.

---

319) mithyājīva-sanniśrayadānakarmakā/(Gokhle, p.17, 23); 한역 "邪命所依爲業."(『집론』, T31, 665a14)

320) "謂覆藏自過方便所攝, 心曲爲性."(『대승오온론』, T31, 849b10)

321) svadoṣa-pracchādana-upāya-saḍgrahītam cetasaḥ kauṭilyam/(Li and Steinkellenr, p.11, 8-9)

322) samyagavavādalābhaparipanthakarmakā(karam)/(Gokhle, p.17, 24); "障正教授爲業."(『집론』, T31, 665a16)

『성유식론』에서는 첨을 “남을 끌어들이기 위해 교묘하게 다른 행동을 시설하여 진실하지 않게 굽히는 것을 본성으로 하며, 아첨하지 않음과 가르침(教誨)을 능히 장애하는 것을 작용으로 삼는다”[323]라고 주석한다. 그리고 지욱스님도 “타인을 속이기 위해 교묘하게 다른 행동을 시설하여 음흉하게 왜곡하는 것을 본성으로 하며, 능히 아첨하지 않음을 장애하여 스승과 친구의 진정한 가르침을 따르지 않는 것을 작용으로 삼는다. 이것도 탐과 치의 일부로서 〈탐과 치를〉 본체로 삼는다”[324]라고 주석한다. 여기서 지욱스님은 『집론』(AS)에서 말한 ‘진실한 가르침’(正教授), 『성유식론』의 ‘가르침’(教誨)을 ‘스승과 친구(도반)의 진실하고 바른 가르침’(師友眞正教誨)이라고 풀고 있다.

두 주석의 내용을 정리하면, 아첨하는 자는 남을 끌어들이기 위해 자신을 굽히고 시기의 적절함에 따라 교묘하게 방편을 만들어 남의 마음을 잡거나 혹은 자기의 허물을 감추어서 스승과 친구의 바른 가르침에 따르지 않는다. 따라서 첨은 바른 가르침인 진리의 체득을 장애하는 마음이 되는 것이다. 또한 그래서 이것은 탐貪과 치癡의 일부가 된다. 왜냐하면 아첨에는 자기를 윗사람이나 주위 사람들에게 잘 보이고 싶어 하는 욕망(탐욕)이 있고, 또한 아첨하면 거짓으로 자신의 허물이 덮인다고 생각하지만, 결국에는 아첨하고 거짓말한 것이 들통날까 봐 후회하는 번뇌가 일어나게 되는데, 바로 그것을 모르는 어리석음이 있기 때문이다.

이것은 우리도 마찬가지이다. 우리는 사회생활을 하면서 윗사람이나 주변 사람들에게 알게 모르게 아첨하면서 살아간다. 물론 적당한 아첨은 원활한 인간관계를 위해 필요한 것이기도 하다. 하지만 자기의 가치관마저 바꾸면서까지 남에게 아첨하는 것은 문제가 있다. 결국 지나친 아첨은 자기의 삶을 왜곡하고 나중에 후회하게 되기 때문에 번뇌가 되는 것이다.

(7) 교

교憍(mada)는 자신의 번영(盛事)을 자랑하는 마음작용이다. 이것에 대한 다른

323) “爲網他故矯設異儀險曲爲性. 能障不諂教誨爲業.”(『성유식론』, T31, 33c8-9)
324) “爲罔他故. 矯設異儀. 險曲爲性. 能障不諂. 不任師友眞正教誨爲業. 此亦貪癡一分爲體.”(『직해』, X48, 343c19)

주석을 살펴보자.

먼저 『대승오온론』(한역)에서는 교를 "자신의 잘되는 일(自盛事)에 대해 염착하여 거만(倨傲)한 마음으로 〈스스로를〉 믿는 것(恃)을 본성으로 하는 것이다"[325]라고 하고, 범본에서는 "〈그것은〉 자신이 좋은 상태에 있는 것(自盛事, svasaṃpatti)에 대해서 집착하여, 거만하게 자부自負하는 것이다"[326]라고 설명한다. 이것에 의하면 교란 자신이 이룬 젊음, 무병無病, 장수長壽 등을 은근히(마음 속으로) 스스로 자랑하는 것(自負)이라고 할 수 있다.

『성유식론』에서는 교를 "자신의 번영에 대하여 물들어 탐착함을 깊이 일으키고 거만함에 빠지는 것을 본성으로 한다. 교만하지 않음을 능히 장애하여 잡염의 의지처가 되는 것을 작용으로 삼는다"[327]라고 주석한다. 그리고 지욱 스님도 "자신이 번영한 것에 대하여 깊이 염착함을 생기게 하고, 오만한 것(醉傲)에 빠지는 것을 본성으로 하며, 교만하지 않음을 능히 장애하여 잡염(근본번뇌와 수번뇌)이 생장生長하는 것을 작용으로 삼는다. 이것도 탐애(탐)의 일부로서 〈탐애(탐)를〉 본체로 삼는다"[328]라고 주석한다.

부연하면, 인간은 자신의 재능, 능력, 젊음, 건강 등이 조금이라도 타인보다 뛰어나길 바란다. 그리고 남들보다 뛰어난 점이 발견되면 교만하게 된다. 교의 심소는 만慢과 매우 흡사하지만, 만은 자신과 타인의 관계를 강하게 의식하여 작용하는 심소인 반면, 교는 그다지 타인을 의식하지 않고 내적으로 뽐내는 마음이다. 그리고 교는 탐貪의 일부인데, 이른바 잘 보이고 싶은 욕망(탐욕)이 늘 내재하여, 교의 심소가 일어나기 때문이다.

이것은 우리의 일상생활도 마찬가지이다. 예컨대 우리는 남들보다 건강하면 건강을 자랑하며, 남들보다 젊게 보이면 젊음을 자랑한다. 게다가 자신의 출신을 자랑하거나 재산을 자랑하면서 출신이 미천하거나 가난한 자를 무시하기도 한다. 또한 자신의 경험을 자랑하면서 젊은 사람을 향해 '어린 놈이 뭘 알아', '요즘 젊은 놈은 고생을 몰라'라고 무시하는 경우도 있다. 심지어

325) "謂於自盛事染著倨傲心恃爲性."(『대승오온론』, T31, 849b12)

326) svasaṃpattau rakhtasya-uddharśaś cetasaḥ paryādānam/(Li and Steikellner, p.11, 10-11)

327) "於自盛事深生染著醉傲爲性. 能障不憍染依爲業."(『성유식론』, T31, 33c16-18)

328) "於自盛事深生染著. 醉傲爲性. 能障不憍. 生長雜染爲業. 此以貪愛一分爲體."(『직해』, X48, 343c22)

어떤 사람은 정력이 세다고 자랑하기도 한다. 또 절에 다니는 사람 가운데 불교에 대한 자신의 박학다식을 자랑하는 사람도 있다. “벼는 익을수록 고개를 숙인다”는 속담도 있듯이, 불법을 공부할수록 고개를 숙여야 하는데, 도리어 잘난 체하는 것은 바로 이러한 교가 마음속에 자리하고 있기 때문이다.

(8) 해

해害(vihiṃsā)란 남을 동정하는 마음이 없고, 자신을 보존하기 위해 다른 존재를 살상殺傷·결박·구타·위협하는 마음작용이다. 다시 말해 해란 자신을 위해 타인에게 해를 입히는 것이다. 해는 앞에서 설명한 선한 심소 중의 하나인 ‘불해不害’와 반대되는 개념이다. 이것에 대한 다른 주석을 살펴보자.

먼저 『대승오온론』(한역)에서는 해를 “모든 유정에 대해 손뇌損惱하는 것(손상시키고 괴롭히는 것)을 본성으로 하는 것이다”[329]라고 하고, 범본에서는 “〈그것은〉 살아 있는 모든 것(諸有情)을 해치는 것(viheṭhanā, 損惱)이다”[330]라고 설명한다. 이것에 의하면 해는 타인에 대한 연민(자비)의 마음이 없고, 그로 인해 타인을 구타, 위협, 욕 등으로 해치는 것이라고 할 수 있다.

『성유식론』에서는 해를 “모든 유정에 대해 마음으로 비민(자비롭고 불쌍히 여기는 것)함이 없이 손뇌하는 것을 본성으로 하며, 불해를 능히 장애해서 핍박하고 괴롭히는 것을 작용으로 한다”[331]라고 주석한다. 그리고 해를 진瞋의 일부라고 한다. 지욱스님도 “모든 유정에 대해 마음으로 비민(자비롭고 불쌍히 여기는 것)하는 것이 없어 손뇌하는 것(손상시키고 괴롭히는 것)을 본성으로 하며, 불해를 능히 장애해서 핍박하고 괴롭히는 것을 작용으로 삼는다. 이것도 진에(분노)의 일부로서 〈진에(분노)를〉 본체로 삼는다”[332]라고 주석한다. 이것에 의하면 타인에 대해 무정無情, 무비無悲, 무민無愍이기 때문에 살생, 결박, 구타, 위협하는 해害의 마음작용이 생기는 것이다. 그래서 『집론』에서도 해란 “진瞋의 일부이다. 〈타인에 대해〉 무정無情, 무비無悲, 무민無愍이다. 〈유정을〉 해치

329) “謂於諸有情損惱爲性.”(『대승오온론』, T31, 849b13)

330) sattva-viheṭhanā/(Li and Steinkellner, p.11, 12)

331) “於諸有情心無悲愍損惱爲性. 能障不害逼惱爲業.”(『성유식론』, T31. 33c13-14)

332) “於諸有情心無悲愍. 損惱爲性. 能障不害. 逼惱爲業. 此亦瞋恚一分爲體.”(『직해』, X48, 343c23)

는 것(viheṭhana)을 작용으로 한다"[333]라고 한 것이다.

(9) 질

질嫉(īrṣyā)이란 다른 사람이 자기보다 뛰어난 것에 대해 질투하는 마음작용이다. 이것에 대한 다른 주석을 살펴보자.

먼저 『대승오온론』(한역)에서는 질을 "남의 잘되는 일(번영)에 대해 마음으로 질투하는 것을 본성으로 하는 것이다"[334]라고 하고, 범본에서는 "〈그것은〉 타인이 좋은 상태에 있는 것(他盛事)에 대해서 마음으로 시샘하는 것(vyārośa)이다"[335]라고 설명한다. 이것에 의하면 질은 타인의 이득, 명예, 가문, 지계, 학문(훌륭한 가르침을 듣는 것) 등의 뛰어난 덕을 알고서 분개하여 마음으로 시샘하는 것이라고 할 수 있다.

『성유식론』에서는 질을 "자신의 명리(이름과 이익)를 구하면서 다른 사람의 영예를 참지 못하고 시기하는 것을 본질로 하며, 질투하지 않음(不嫉)을 장애하여 우울하게 하는 것을 작용으로 한다"[336]라고 주석한다. 그리고 지욱스님도 "자신의 명리(이름과 이익)를 구하여 타인의 영예를 참지 못하고 시기하는 것을 본질로 하며, 능히 질투하지 않음(不嫉)을 장애하여 우울하게 하는 것을 작용으로 한다. 이것도 진에(진)의 일부로서 〈진에(진)를〉 본체로 삼는다"[337]고 주석하고 있다.

두 주석의 내용을 정리하면, 질이란 자신의 명예나 재산, 좋은 가정 등의 세간적인 영화뿐만 아니라 뛰어난 수행력, 덕성, 공덕, 깨달음 등의 출세간적 영화를 구한 나머지 타인의 명예나 재산·좋은 가정 및 뛰어난 수행·덕성·공덕·깨달음 등을 기뻐할 수 없는 마음작용이다. 그리고 타인을 시기하고 시샘하여 우울해져 결국에는 스스로 괴로워하며 자신은 불행한 삶을 살고

---

333) prati〈ghāṃśi〉kā nirghṛṇatā niṣkaruṇatā nirda〈yatā〉/viheṭhanakarmikā/(Gokhle, p.17, 26-27); "謂瞋之一分. 無哀無悲無愍爲體. 損惱有情爲業."(『집론』, T31, 665a19-20)

334) "謂於他盛事心妬爲性."(『대승오온론』, T31, 849b9)

335) parasampattau cetaso vyārośaḥ/(Li and Steinkellner, p.11, 4)

336) "徇自名利不耐他榮妬忌爲性. 能障不嫉憂慼爲業."(『성유식론』, T31. 33b26)

337) "殉自名利. 不耐他榮. 妬忌爲性. 能障不嫉. 憂慼爲業. 此亦瞋恚一分爲體."(『직해』, X48, 343c29)

있다고 생각하게 된다.

질투하면 빼놓을 수 없는 것은 셰익스피어의 유명한 비극인 『오셀로』이다. 오셀로는 부하의 간교한 속임수에 빠져 사랑하는 아내를 목 졸라 살해하고, 자신도 슬픔과 회한으로 자살한다는 비극적인 내용을 담고 있다. 그러면 오셀로는 왜 그토록 사랑한 아내를 죽였을까? 그것은 바로 질투심 때문이다. 그리고 오셀로의 부하는 바로 그러한 오셀로의 질투심을 이용한 것이다. 이처럼 질투심은 우리에게 엄청난 영향을 미치는 것으로서 우리의 삶을 불행하게 만드는 것이기도 하다.

(10) 간

간慳(mātsarya)이란 보시와 반대되는 마음의 소유욕, 즉 자신이 가진 지식이나 물건이 아까운 나머지 타인에게 인색한 것을 말한다. 인간은 재물을 모으면 모을수록 그것에 더 집착하고, 자신의 노력으로 습득한 기술이나 지식을 남에게 전수하기 싫어하며, 자신이 고생해서 모은 재산을 타인에게 베푸는 것에 인색하게 된다. 이런 마음의 작용을 '간慳'이라고 한다. 그러면 이것에 대한 다른 주석을 살펴보자.

먼저 『대승오온론』(한역)에서는 간을 "보시布施와 다른 것(相違)으로, 마음이 인색한 것을 본성으로 하는 것이다"[338]라고 하고, 범본에서는 "〈그것은〉 보시(dāna)와 모순되는 것으로, 마음으로 물건을 아끼는 것(āgraha)이다"[339]라고 설명한다. 간이란 이른바 자신의 이익에만 집착하여 타인에게 베푸는 것을 싫어하는 인색(悋, āgraha)한 마음작용이라는 것이다.

『성유식론』에서는 간을 "재물과 법에 집착하여 베풀지 못하고 간직하며 비린秘悋하는 것(재물과 법을 숨겨 두고 타인에게 베푸는 것에 인색한 것)을 본질로 삼고, 불간을 장애하여 비축鄙畜하는 것(지나치게 많이 모으는 것)을 작용으로 삼는다. 이것도 탐애貪愛의 일부이다"[340]라고 주석한다. 그리고 지욱스님도 "재산과 법(가르침)에 집착하여 취하지도 버리지도(慧捨) 못하고 인색(秘吝)한 것을 본질로

338) "謂施相違心悋爲性."(『대승오온론』, T31, 849b10)
339) dāna-virodhī cetasa āgrahaḥ/(Li and Steinkellner, p.11, 5)
340) "耽著財法不能慧捨秘悋爲性. 能障不慳鄙畜爲業. 此亦貪愛一分爲體."(『성유식론』, T31. 33c1)

삼고, 능히 인색하지 않음을 장애하여 〈재산과 가르침을〉 비열하고 천박하게 축적하는 것을 작용으로 삼는다. 이것도 탐애의 일부로서 〈탐애를〉 본체로 삼는다"[341]라고 주석한다. 여기서 "재산과 법(가르침)에 집착하여 취하지도 버리지도 못한다"는 말은 재산이나 이익, 진리에 집착하여 사용하지 않거나 필요 없는 것도 남에게 주지 않고 쌓아 두는 인색한 마음작용을 나타낸 것이다.

또한 지욱스님은 마지막에 "이 10개는 각자 별도로 일어나기 때문에 소수번뇌라고 이름한다"[342]라고 주석하는데, 여기서 지욱스님은 '소(小)'라는 수식어가 붙은 것은 다른 수번뇌와 공통하는 성질이 적고(小) 독자적인 활동이 강한 마음작용이기 때문이라고 한다.

2) 중수번뇌를 설하다

② 無慚·無愧. 此二爲中隨.

② 무참·무괴의 둘은 중수번뇌이다.

용어해설

• 무참·무괴

무참과 무괴는 중수번뇌이다. 중수번뇌는 불선의 마음속에 널리 편재하는 수번뇌를 말한다. 선한 마음의 작용인 참과 괴가 부끄러워하는 마음작용이라면, 무참과 무괴는 둘 다 부끄러움을 모르는 마음이다. 이 중에서 무참은 자신(自)과 진리(法)에 대해 되돌아보지 않고 부끄러움을 느끼지 않는 것이다. 이른바 자신의 양심과 진리의 이법理法에 비추어 반성하는 마음이 없는 것, 즉 내면적으로 부끄러워하는 마음이 없는 것이다. 반면 무괴는 세간적인 것에 비추어 부끄러움이 없는 것을 말한다. 이처럼 무참이 자신의 죄과에 대해 스스로 부끄럽게 생각하지 않는 것이라면, 무괴는 자신의 죄과에 대해 타인에게 부끄럽게 생각하지 않는 마음작용이다. 즉 무참은 내면적으로 부끄러움이

---

341) "耽著財法. 不能慧捨. 秘吝爲性. 能障不慳. 鄙澁畜積爲業. 此亦貪愛一分爲體."(『직해』, X48, 344a3-4)

342) "此十各別起故. 名爲小隨煩惱."(『직해』, X48, 344a4-5)

없는 것이며, 무괴는 외면적으로 부끄럽게 생각하지 않는 마음작용이라는 것이다. 그러면 이것에 대한 다른 주석을 살펴보자.

먼저 『대승오온론』(한역)에서는 "무엇을 무참無慚이라고 하는가? 지은 죄(所作罪)에 대해 스스로 부끄럽게 여기지 않음을 본성으로 하는 것이다. 무엇을 무괴無愧라고 하는가? 지은 죄에 대해 남에게 부끄럽게 여기지 않음을 본성으로 하는 것이다"343)라고 하고, 범본에서는 "어떤 것을 무괴(āhrīkya)라고 하는가? 〈그것은〉 지은 죄에 대해 자신이 〈반성하고〉 부끄럽다고 생각하지 않는 것이다. 어떤 것을 수치심이 없는 것(無愧, anapatrāpya)이라고 하는가? 〈그것은〉 지은 죄에 대해 다른 사람에게 부끄럽다고 생각하지 않는 것이다"344)라고 설명한다. 또한 『대승광오온론』에서도 "무참이란 무엇인가? 지은 죄에 대하여 스스로 부끄러워하지 않는 것이 본질적인 성질이다. 모든 번뇌와 수번뇌를 돕는 것을 작용으로 한다. 무엇을 무괴라고 하는가? 지은 죄에 대하여 다른 사람에게 부끄러워하지 않는 것을 본질적인 성질로 한다. 작용은 무참에서 설한 것과 같다"345)라고 하면서 모든 근본번뇌와 수번뇌를 돕는 역할을 하는 마음작용이라고 한다. 그래서 안혜소346)에서도 "이 둘은 근본번뇌 · 수번뇌 전부를 조장助長하는 것이며, 탐 · 진 · 치에서 파생한 것"이라고 한 것이다.

『성유식론』에서는 무참을 "자신과 법을 돌아보지 않고 현인과 선법을 가볍게 보고 거부하는 것을 본질로 한다. 능히 참의 〈심소를〉 장애하여 악행을 증장하는 것을 작용으로 삼는다"347)라고 하고, 무괴를 "세간을 돌아보지 않고 포악함을 존중하는 것을 본질로 하며, 괴의 심소를 장애하여 악행을 일으키고 증장하는 것을 작용으로 한다"348)라고 주석한다. 그리고 지욱스님도 무참에 대해 "자신과 법(가르침)을 돌보지 않고 현인과 선법을 가볍게 보고 거부하는

343) "云何無慚. 謂於所作罪不自羞恥爲性. 云何無愧. 謂於所作罪不羞恥他爲性."(『대승오온론』, T31, 849b15)

344) āhrīkhyaṃ katamat/svayam-avadyen-alajjā/anapatrāpya katamat/parato 'vadyena-alajjā/(Li and Steinkellner, p.12, 1-2)

345) "云何爲無慚. 謂所作罪. 不自羞恥爲性. 一切煩惱. 及隨煩惱. 助伴爲業. 云何無愧. 謂所作罪. 不羞他爲性. 業如無慚說."(『대승광오온론』, T31, 853c8)

346) PSB, P.69, 6-8.

347) "不顧自法輕拒賢善爲性. 能障礙慚生長惡行爲業."(『성유식론』, T31, 33c19)

348) "不顧世間崇重暴惡爲性. 能障礙愧生長惡行爲業."(『성유식론』, T31, 33c22)

것을 본질로 하며, 능히 참을 장애하여 악행을 일으키고 증장하는 것을 작용으로 삼는다"라고 하고, 무괴에 대해서는 "세간을 돌아보지 않고 포악함을 존중하는 것을 본질로 하며, 능히 괴를 장애하여 악행을 일으키고 증장하는 것을 작용으로 한다. 이 둘은 불선에 두루 〈작용하기 때문에〉 중수번뇌라고 한다"[349]라고 주석한다. 상기의 주석에서 안혜소와 『대승광오온론』의 '근본번뇌 · 수번뇌 전부를 조장助長하는 것'이라는 해석을 『성유식론』과 지욱스님이 '악행을 일으키고 증장하는 것'이라고 주석한 것 이외 큰 차이는 없다.

이상과 같이 무참과 무괴는 내면적이든 외면적이든 부끄러움이 없으면 악행을 일으키고 점점 나쁜 짓을 행하게 되는 원인이 되는 마음작용이다.

3) 대수번뇌를 설하다

③ 不信 · 懈怠 · 放逸 · 昏沉 · 掉擧 · 失正念 · 不正知 · 散亂. 此八爲大隨.

③ 〈그중에〉 불신 · 해태 · 방일 · 혼침 · 도거 · 실정념 · 부정지 · 산란의 8종류는 **대수번뇌**[350]이다.

용어해설

• 대수번뇌

대수번뇌는 염심染心(akuśala-citta, kliṣta-citta)에 두루 존재하는 수번뇌이다. 염

---

349) "不顧自法. 輕拒賢善爲性. 能障礙慚. 生長惡行爲業. 顧世間. 崇重暴惡爲性. 能障礙愧. 生長惡行爲業. 此二遍不善故. 名爲中隨煩惱."(『직해』, X48, 344a5-6)

350) 대수번뇌의 순서는 모든 논서에서 거의 비슷하지만, 천친(세친)보살의 『대승백법명문론』이나 감산스님의 『백법논의』에서는 '불신'을 가장 먼저 배치하고 있다. 감산스님은 "세간과 출세간의 업은 신(믿음)을 근본으로 삼기 때문에 그것(신)을 처음에 배열했다"라고 하는데, 이른바 '신'과 '불신'을 대비시키기 위해 '불신'을 가장 먼저 제시한 듯하다. 참고로 『백법논의』의 대수번뇌 순서는 불신 · 해태 · 방일 · 혼침 · 도거 · 실정념 · 부정지 · 산란이다. 한편 세친보살의 또 다른 저작인 『유식삼십송』에서는 『대승백법명문론』과 달리 도거 · 혼침 · 불신 · 해태 · 방일 · 실념 · 산란 · 부정지의 순서로 배열하고 있다. 그리고 세친보살의 『대승오온론』에는 『유식삼십송』과 달리 혼침 · 도거 · 불신 · 해태 · 방일 · 실념(망념) · 산란 · 부정지의 순서로 되어 있다. 상식적으로 보면, 가장 중요하고 기본이 되는 것을 처음에 배치하는 것이 자연스럽지만, 아무튼 세친보살이 저작에 따라 대수번뇌의 배열 순서를 다르게 한 이유에 대해서는 현재까지 알려진 바 없다.

심이란 선심善心의 반대말이다. 불교에서는 마음 그 자체(心自性)는 본래 청정하지만, 탐 · 진 · 치의 번뇌에 의해 마음이 더럽혀진 것을 염심이라고 한다. 다시 말해 염심이란 '번뇌에 의해 더럽혀진 마음'이다. 특히 유식에서는 4성(선, 불선, 유부무기, 무부무기) 중에서 '불선'과 '유부무기'만을 합쳐서 염심이라고도 한다. 여기서 유부무기는 '유부'(더러움에 덮혀 있는 것)이지만 '무기'(선도 불선도 아닌 것)이다. 즉 대수번뇌는 불선과 같은 확실한 성질뿐만 아니라 더럽고 아주 세밀한 마음작용인 것이다. 그래서 대수번뇌는 제6 의식과 함께 작용할 뿐만 아니라 집요하게 자아에 집착하는 제7 말나식과도 함께 작용하는 심소이다.

(1) 불신

불신不信(ācraddhya)이란 신信과 반대되는 것으로 행위(業)와 그 결과(果報), 삼보, 연기 · 사성제 등의 가르침(진리)을 믿지 않는 마음작용이다. 그러면 이것에 대한 다른 주석을 살펴보자.

먼저 『대승오온론』(한역)에서는 불신을 "믿음(信)에 대치(반대)되는 것으로, 업과 과보 등에 대해 바르게 믿고 따르지 않는 것(不正信順)이다. 마음이 청정하지 않은 것(心不淸淨)을 본성으로 하는 것이다"351)라고 하고, 범본에서는 "어떤 것을 불신심不信心(不信)이라고 하는가? 〈그것은 선심소 중의 하나인〉 신심信心에 의해 제거되는 것이며, 행위와 그 결과(업과), 사성제, 삼보 등을 바르게 믿지 않아 마음이 청정하지 않은 것(cetasa-aprasāda)이다"352)라고 설명한다.

『성유식론』에서는 불신을 "실 · 덕 · 능력에 대해 〈각각〉 인식(忍)하지 못하고 좋아하지도 않으며 바라지도 않아 마음을 더럽히는 것을 본성으로 한다. 청정한 믿음을 장애하여 게으름(惰)의 의지처가 되는 것을 작용으로 삼는다"353)고 주석한다. 그리고 지욱스님도 "실 · 덕 · 능력에 대해 알지(忍) 못하고 좋아(樂)하지도 않으며 바라(欲)지도 않아 마음을 더럽히는 것을 본성으로 하며, 능히 청정한 믿음을 장애하여 해태(선을 닦고 악을 끊는 것에 게으른 것)의 의지

---

351) "謂信所對治, 於業果等不正信順, 心不淸淨爲性."(『대승오온론』, T31, 849b18)
352) karma-phala-satya-ratneṣv-anabhisampratyayaś cetaso 'prasādaḥ śraddhāvipakṣaḥ/(Li and Steinkellner, p.12, 5-6)
353) "於實德能不忍樂欲心穢爲性. 能障淨信惰依爲業."(『성유식론』, T31, 34b4)

처가 되는 것을 작용으로 한다"[354]라고 주석한다. 이상과 같이 불신은 '마음을 더럽히는 것', 즉 염심染心을 본성으로 하기 때문에(心穢爲性), 제7 말나식과 함께 작용하는 것이다. 또한 불신은 실천수행을 하고자 하는 바람이 없으며, 청정한 믿음을 장애하기 때문에 '게으름(해태)의 근거(의지처)'가 된다. 왜냐하면 진리 자체에 대한 믿음이 없으면 당연히 진리(부처님의 가르침)에 대한 수행도 게을리할 수밖에 없기 때문이다. 다시 말해 수행을 게을리하면 자연히 후회하게 되고, 그 후회는 결국 번뇌로 발전하게 되는 것이다.

그러면 불신의 심소는 어떻게 우리를 괴롭히는가? 믿음이 없는 사람(불신)은 실천수행을 하고자 하는 바람이 없기 때문에 해태懈怠의 근거(의지처)가 된다. 특히 불신이라는 심소는 인간 사이의 관계를 단절시키는 실로 무서운 마음작용으로서, 한 번 믿음을 상실하면 그것을 되돌리기 힘들다. 즉 한 번 불신감을 가지면 그 사람의 모든 행위를 신용할 수 없게 되어 모든 관계가 무너지는 것이다. 그래서 불신감이 무서운 것이다. 불신의 심소도 직접적으로 타인에게 상처를 입히거나 때리지는 않지만, 믿음이라는 연결고리를 끊어버리기 때문에 그 자신은 차갑고 고독한 외로움에 빠지게 된다. 그리고 이런 상태에서는 긍정적이고 창조적인 마음의 움직임(작용)이 일어날 수 없다.

(2) 해태

해태懈怠(kausīdya)란 선을 적극적으로 행하고 악을 방지하는 것에 게으름을 피우는 마음작용으로서, 선심소 중의 하나인 정진과 반대되는 것이다. 그러면 이것에 대한 다른 주석을 살펴보자.

먼저 『대승오온론』(한역)에서는 해태를 "정진에 대치(반대)되는 것(所治)으로, 모든 선품善品에 대해 마음이 용맹스럽지 않음(不勇猛)을 본성으로 하는 것이다"[355]라고 하고, 범본에서는 "무엇을 해태라고 하는가? 〈그것은 선심소 중의 하나인〉 정려精慮(精進)에 의해 제거되는 것(반대)이며, 마음이 선〈을 닦는 것〉에 대하여 용맹하지 않은 것(anabhyutsāha)이다"[356]라고 설명한다. 이상의 내용에

354) "於實德能不忍樂欲. 心穢爲性. 能障淨信. 懈怠所依爲業."(『직해』, X48, 344a8)
355) "謂精進所治, 於諸善品心不勇猛爲性."(『대승오온론』, T31, 849b19)
356) kuśalo cetaso 'nabhyutsāho vīryavipakṣaḥ./(Li and Steinkellner, p.12, 7)

따르면 해태는 결국 정진으로 극복될 수 있는 것이다.

『성유식론』에서는 해태를 "선악품을 닦고 끊는 것에 게으른 것(懶惰)을 본성으로 하고, 능히 정진을 장애해서 잡념을 증장하는 것을 작용으로 한다"고 주석하고, 계속해서 "모든 염사染事(불선 · 유부무기)를 열심히 정진하는 것(策勤)도 해태이다. 왜냐하면 선을 퇴전시키기 때문이다"[357]라고 한다. 그리고 지욱스님도 "악을 끊고 선을 닦는 것에 대한 게으름(懶惰)을 본질로 하며, 능히 정진을 장애하여 더러움을 증장하는 것을 작용으로 삼는다. 가령(設) 염사(더러운 것)에 대해 열심히 정진하는 것(策勤)도 해태이다. 〈왜냐하면〉 선법을 퇴전시키기 때문이다"[358]라고 주석한다. 이처럼 해태에는 선을 닦는 것에 게으른 것과 불선에 열심히 노력하는 것의 두 종류가 있다.

두 주석의 내용을 정리하면, 해태는 단순한 게으름이 아니라 악을 끊고 선을 닦는 것에 게으른 것이다. 특히 해태는 수행정진을 장애하여 잡념을 증장하는 것으로서 수행하려는 마음을 생기지 않게 하여 세속적인 안락에 빠지도록 만든다. 게다가 '염사를 열심히 정진하는 것도 해태'라고 주석한 것은 선에 대하여 열심히 정진하지 않는 것뿐만 아니라 악(불선)에 대해서 열심히 정진하는 것 역시 해태라는 것이다. 이처럼 해태는 '선법'을 퇴전시킬 뿐만 아니라, 염사(염심)에 대해 노력(策勤)[359]하는 것이기 때문에 제7 말나식과 함께 작용한다는 것이다.

(3) 방일

방일放逸(pramāda)이란 더러운 성품(染品)을 방지하고 청정한 성품(靜品)을 수

---

357) "於善惡品修斷事中懶惰爲性. 能障精進增染爲業. 於諸染事而策勤者亦名懈怠. 退善法故."(『성유식론』, T31, 34b11)

358) "於斷惡修善事中. 懶惰爲性. 能障精進. 增染爲業. 設于染事而策勤者. 亦名懈怠. 退善法故."(『직해』, X48, 344a10)

359) 策勤은 '마음을 격려하여 노력하게 한다'는 의미인데, 두 가지 측면이 있다. 즉 좋은 의미와 나쁜 의미가 있다. 좋은 의미로는 열심히 노력하여(策勤) 혼침과 도거의 2가지 대수번뇌의 과실을 끊는 것이고, 나쁜 의미로는 모든 더러운 것(染事)에 대해 노력하는 것(策勤)이다. 이것을 해태라고 한다. 그리고 『대승아비달마잡집론』(T31, 699b7, "……依著睡眠倚臥爲樂心不策勵爲體……")에서는 '策勵'(saṃpragraha)라고 표현하는데, 같은 의미이다.

행하는 것에 게으른 마음작용으로서, 불방일과 반대이다. 그러면 이것에 대한 다른 주석을 살펴보자.

먼저 『대승오온론』(한역)에서는 방일을 "탐욕(탐) · 성냄(진) · 어리석음(치) · 게으름(해태)으로 말미암은 까닭에, 모든 번뇌에 대해 마음이 방호防護(막고 지키다)하지 못하고, 모든 선품善品을 능히 닦지 못하는 것을 본성으로 하는 것이다"[360]라고 하고, 범본에서는 "〈그것은〉 탐욕 · 증오憎惡(瞋) · 무지(치) · 태타怠惰(懈怠)에 의해 〈다양한〉 번뇌로부터 마음을 지키고 보호(防護)할 수가 없으며, 〈다양한〉 선에 대하여 수행할 수 없게 되는 것이다"[361]라고 설명한다. 이것에 의하면 방일은 이른바 번뇌(악)를 방지하지 못하여 선을 수행하지 못하는 게으른 마음작용이다.

그런데 『성유식론』 및 『직해』의 주석과 『대승오온론』의 주석에는 차이가 있다. 먼저 『성유식론』에서는 방일을 "잡념품(더러운 성품)을 막지 못하고 청정품(청정한 성품)을 닦지 못하여 방종하고 방탕한 것을 본성으로 한다. 능히 불방일을 장애하여 악을 증장하고 선법을 손감하는 것의 의지처가 되는 것을 작용으로 한다"[362]고 주석한다. 그리고 지욱스님도 "더러움을 방지하지 못하고 깨끗함을 닦지 못하여 방종(肆縱, 하고 싶은 대로 하는 것)하고 방탕한 것(流蕩, 마음이 안정되지 않고 혼란스럽게 움직이는 것)을 본성으로 하며, 능히 불방일을 장애하여 악을 증장하고 선을 줄어들게 하는 것(손감)의 의지처가 되는 것을 작용으로 한다. 해태 및 탐 · 진 · 치의 4가지 법을 본체로 삼는다"[363]라고 주석한다. 이것에 의하면 방일이란 염품(더러운 성품)을 방지하지 못하고 정품(청정한 성품)을 닦지 못하는 것이다. 이상과 같이 방일에 대해 『대승오온론』에서는 악을 방지하지 못하여 선을 닦을 수 없는 게으른 마음작용이라고 한 반면, 『성유식론』과 『직해』에서는 더러움을 방지하지 못하고 청정함을 닦지 못하는 게으른

---

360) "謂卽由貪瞋癡懈怠故, 於諸煩惱心不防護, 於諸善品不能修習爲性."(『대승오온론』, T31, 849b20)

361) yau rāgadveṣamohakausīdyauḥ kleśāccittam na rakṣati kuśalam ca na bhāvayati/(Li and Steinkellner, p.12, 9)

362) "於染淨品不能防修縱蕩爲性. 障不放逸增惡損善所依爲業."(『성유식론』, T31, 34b17)

363) "於染不防. 於淨不修. 肆縱流蕩爲性. 障不放逸. 增惡損善所依爲業. 卽以懈怠及貪瞋癡四法爲體."(『직해』, X48, 344a12)

마음작용이라고 정의하는데, 여기서 집필자는 후자의 입장에 따랐다.

두 주석(『성유식론』과 『직해』)의 내용을 정리하면, 방일이란 해태懈怠, 탐·진·치 때문에 더러운 성품을 막을 수 없고, 청정한 성품을 닦을 수 없는 것이다. 다만 방일이란 삼독과 해태에 의지하여 일어나기 때문에 독립적으로 활동하는 심소는 아니다. 즉 가법의 심소이다. 방일은 게으른 마음으로서 해태와 매우 흡사하다. 그러면 둘의 차이점은 무엇인가? 해태는 선악품善惡品에 대해 게으른 것이고, 방일은 염정품染淨品에 대해 게으른 것이다. 다시 말해 해태는 선을 닦고 악을 끊는 것(修善斷惡)에 게으른 마음작용인 반면, 방일은 더러움을 방지하고 깨끗함을 닦는 것(防染修淨)에 게으른 마음작용이라는 것이다.

(4) 혼침

혼침惛沈(styāna)이란 마음이 지나치게 가라앉은 것으로서, 이른바 의기소침한 상태의 마음이다. 혼침은 도거와는 반대 개념인데, 지나치게 의기소침한 상태이므로 경쾌한 유연성(경안)과 투철한 지혜(毘鉢舍那·觀)가 약하다. 그래서 혼침의 상태에서는 긍정적인 마음이나 사고방식이 작용하지 않는다. 이처럼 지나치게 의기소침하여 매사에 자신감을 잃어버리면 대인기피증이 생기고, 결국에는 우울증에 빠지게 되는 것이다. 그러면 이것에 대한 다른 주석을 살펴보자.

먼저 『대승오온론』(한역)에서는 혼침을 "마음이 구애됨 없이 가볍고 평안한 상태(調暢)가 되지 못하여 자유롭게 활동할 수 없으며(無所堪能) 몽매함을 본성으로 하는 것이다"[364]라고 하고, 범본에서는 "〈그것은〉 마음이 가볍고 편안하지 못하며(不調暢), 자유롭게(경쾌하게) 활동할 수 없으며(無所堪能·akarmaṇya), 〈마음이〉 어두워 확실하지 않는 상태(몽매)이다"[365]라고 설명한다. 이것에 의하면 혼침은 경안과 반대이다. 여기서 감임堪任과 감능堪能은 같은 의미인데, 자세한 것은 선심소 중의 하나인 '경안'심소 부분을 참조하길 바란다.

『성유식론』에서는 혼침을 "심왕으로 하여금 경계(대상)에 대해서 감임(마음이 경쾌하게 활동할 수 있는 것)하지 못하게 하는 것을 본성으로 하고, 경안과 관찰

364) "謂心不調暢無所堪能蒙昧爲性."(『대승오온론』, T31, 849b16)
365) cittasyākarmaṇyatā staimityam/(Li and Steinkellner, p.12, 3)

(毗鉢舍那)[366]을 장애하는 것을 작용으로 한다"[367]라고 한다. 그리고 지욱스님도 "마음으로 하여금 대상에 대해 감임하지 못하게 하는 것을 본질로 하고, 능히 경안과 관찰(毗鉢舍那)을 장애하는 것을 작용으로 삼는다"[368]라고 주석하고 있다.

(5) 도거

도거掉擧(auddhatya)란 마음이 흥분하여 소란스러운 상태를 말한다. 일반적으로 말하면 과거에 경험한 즐거움이나 놀이 또는 도박 등을 떠올려 마음이 들떠 안절부절못하는 상태이다. 이런 상태에서는 평정한 안정(行捨)과 청정한 삼매(奢摩他 · 定)의 경지를 유지할 수 없다. 그러면 이것에 대한 다른 주석을 살펴보자.

먼저 『대승오온론』(한역)에서는 도거를 "마음이 적정하지 못함(不寂靜)을 본성으로 하는 것이다"[369]라고 하고, 범본에서는 "어떤 것을 기분이 들떠 있는 것(掉擧)이라고 하는가? 〈그것은〉 마음이 가라앉아 있지 않은 상태(vyupaśama)이다"[370]라고 설명한다. 참고로 『유식삼십송석』[371]에서는 '적정寂靜'(vyupaśama)을 지止(śamatha)라고 하고, 도거는 사마타(śamatha)를 장애한다고 주석한다.

도거에 대해 『성유식론』에서는 "마음으로 하여금 대상에 대해서 적정하지 못하게 하는 것을 본성으로 한다. 능히 행사와 사마타를 장애하는 것을 작용으로 한다"[372]라고 주석한다. 그리고 지욱스님도 "마음으로 하여금 대상에 대해서 적정하지 못하게 하는 것을 본성으로 하며, 능히 행사行捨와 사마타奢摩他(samātha · samādhi)를 장애하는 것을 작용으로 삼는다"[373]라고 주석한다. 이상의 내용에 따르면 주석상의 차이가 있는데, 예컨대 『집론』과 『유식삼십송석』

---

366) 毗鉢舍那란 팔리어 '위빠사나'(vipassana)의 음사이다. 일반적으로 '觀'이라고 한역한다. 집필자는 '관찰'이라고 번역하였다.
367) "心於境無堪任爲性. 能障輕安毘鉢舍那爲業."(『성유식론』, T31, 34a19)
368) "令心於境無堪任爲性. 能障輕安. 毗鉢舍那爲業."(『직해』, X48, 344a14)
369) "謂心不寂靜爲."(『대승오온론』, T31, 849b17)
370) auddhatyam katamat/cittasyāvyupaśamaḥ/(Li and Steinkellner, p.12, 4)
371) TV, p.31, 26.
372) "令心於境不寂靜爲性. 能障行捨奢摩他爲業."(『성유식론』, T31, 34a7)
373) "令心於境不寂靜爲性. 能障行捨奢摩他爲業."(『직해』, X48, 344a15)

에서는 도거가 '사마타'를 장애한다고 한 반면, 『성유식론』과 『집론』에서는 '행사와 사마타'를 장애한다고 주석하고 있다.

부연하면, 도거의 심소는 분忿(폭발적인 분노)의 심소처럼 직접 타인에게 해를 주는 강한 움직임은 아니다. 그렇지만 우리의 내면이 냉정하지 못하고 흥분상태에 있다면 진실한 모습을 보지 못하게 된다. 그리고 이런 상태가 지속되면 사리 판단이 흐려져 매사에 바른 판단을 할 수 없게 된다. 그렇게 되면 판단을 잘못한 것에 대해 후회하게 되고, 그것은 결국 번뇌가 되어 나를 괴롭히게 된다.

그리고 혼침은 무명(치)에서 파생한 것이며, 도거는 탐에서 파생한 것이다. 혼침과 도거는 수행을 할 때 방해가 되는 정신상태로, 선심소인 행사行捨의 반대이다.

(6) 실념(실정념)

실념失念(muṣitā)이란 진리를 확실하게 기억할 수 없는 마음작용이다. 실념은 별경심소 중의 하나인 념念(기억)과 반대되는 심소이다. 그러면 이것에 대한 다른 주석을 살펴보자.

먼저 『대승오온론』(한역)에서는 실념을 "염오染汚된 기억(念)으로 인해 모든 선한 법에 대해 분명하게 기억하지 못하는 것(不能明記)을 본성으로 하는 것이다"[374]라고 하고, 범본에서는 "무엇을 실념이라고 하는가? 〈그것은〉 오염된 기억(念)이며, 다양한 선의 가르침에 대하여 선명(분명)하게 기억(明記)하지 못하는 것이다"[375]라고 설명한다. 이것에 의하면 실념은 번뇌에 오염된 기억(념)이기 때문에 마음이 산란한 것과 상응하는 것이다. 그리고 이처럼 실념은 오염(염심)의 기억이기 때문에 제7 말나식과 함께 작용하는 것이다.

부연하면, 념은 한역에서 '명기明記', 범어로 'abhilapana'(말)라고 하듯이, 념은 일반적으로 말하는 '기억'이 아니라 수행 중에 시체(부정관)나 부처님의 모습(염불) 등을 기억하고 머릿속에 떠올려 관찰하는 것을 말한다. 따라서 실념도 단순히 잊어버리는 것이 아니라 기억할 필요가 없는 것을 기억하거나

374) "謂染污念, 於諸善法不能明記爲性."(『대승오온론』, T31, 849b22)
375) yā kliṣṭā smṛtiḥ kuśalasya-anabhilapanatā/(Li and Steinkellner, p.12, 5)

떠올릴 필요가 없는 것을 기억(상기)함으로써 정작 수행에 필요한 것을 기억할 수 없는 상태라고 할 수 있다.

실념에 대해 『성유식론』에서는 "모든 대상에 대해 분명하게 기억(明記)할 수 없는 것을 본성으로 한다. 능히 념念을 장애하여 산란의 의지처가 되는 것을 작용으로 한다. 왜냐하면 실념하는 자는 마음이 산란하기 때문이다"376)라고 주석한다. 그리고 지욱스님도 "모든 대상(所緣)에 대해 분명하게 기억할 수 없음을 본성으로 하며, 능히 정념을 장애하여 산란의 의지처가 되는 것을 작용으로 한다. 념 및 치의 일부로서 〈념 및 치를〉 본체로 삼는다"377)라고 주석한다. 이것에 따르면 실념이란 '과거에 일찍이 경험한 것을 분명하게 기억할 수 없는 것'이 그 본성이며, '바른 기억(정념)을 장애하고 산란의 의지처가 되는 것'이 그 작용이다.

그러면 실념, 즉 기억하지 못하고 잊어버리는 것이 어째서 번뇌에 속하는 것인가? 세월의 흐름에 따라 나이를 먹고 기억력이 감퇴하면 잊어버리는 것은 어쩌면 당연한 일이다. 이렇게 보면 실념이란 단순한 기억력의 감퇴가 아니라 불법승의 삼보에 대한 깊은 인식이나 동경을 잊어버리는 것이라고 할 수 있다. 다시 말해 실념이란 일상생활에서 수없이 경험하는 단순한 잊어버림이 아니라 부처님의 가르침인 진리(사성제)를 잊어버리는 것이다.

(7) 부정지

부정지不正知(asaṃprajanya)란 대상을 오해하는 것, 즉 대상에 대한 잘못된 인식(앎)을 말한다. 그러면 이것에 대한 다른 주석을 살펴보자.

먼저 『대승오온론』(한역)에서는 부정지를 "신·구·의가 현전에 행해지는 가운데 바르지 못한 것에 의지하여 머무는 것을 본성으로 하는 것이다"378)라고 하고, 범본에서는 "어떤 것을 오해(부정지)라고 하는가? 〈그것은〉 번뇌와 연결된 지혜(번뇌와 상응하는 지혜)이며, 〈그것에 의해〉 신체적 동작(身)·발언

376) "於諸所緣不能明記爲性. 能障正念散亂所依爲業. 謂失念者心散亂故."(『성유식론』, T31, 34b22)

377) "於諸所緣不能明記爲性. 能障正念. 散亂所依爲業. 即以念及癡各一分爲體."(『직해』, X48, 344a14)

378) "於身語意現前行中不正依住爲性."(『대승오온론』, T31, 849b24)

(語)·의사(意)가 바르지 못한 상태에 안주하는 것을 조장하게 되는 것이다"[379] 라고 설명한다. 한역에서는 범본의 '번뇌와 연결된 지혜'라는 구절을 생략하고 있지만, 『집론』(AS)과 『유식삼십송석』에서는 부정지를 '번뇌와 연결된 지혜'라고 주석하고 있다. 또한 『대승광오온론』에서는 "어떤 것을 오해(부정지)라고 하는가? 그것은 번뇌와 연결(상응)된 지혜이다. 〈그것에 의해〉 부정한 신·구·의의 활동을 일으키는 것을 본질로 하는 것이다. 계율을 위반하는 행동의 의지처가 되는 것을 그 작용(業)으로 한다. 즉 과거에 부정하게 관찰하여, 해야 할 것과 하지 말아야 할 것에 대해 알지 못하고, 계율(律儀)을 위반하는 것이다"[380]라고 한다. 이것에 의하면 부정지는 이른바 신업, 구업, 의업의 수행을 바르게 알지 못한 채(不正知) 수행을 하기 때문에 과실(파계 등)을 범하게 되는 것이다.

부정지에 대해 『성유식론』에서는 "관찰되는 대상에 대해 그릇되게 이해하는 것을 본질로 하고, 바른 지식을 능히 장애하여 훼손하고 범하는 것을 작용으로 한다"[381]라고 주석한다. 그리고 지욱스님도 "관찰되는 대상(所觀境)에 대해 잘못 이해하는 것을 본질로 하며, 능히 바른 지식을 장애하여 훼손하고 범하는 것을 작용으로 한다. 이것은 혜 및 치의 일부로서 〈혜 및 치를〉 본체로 삼는다"[382]라고 주석한다. 이것에 의하면 부정지란 '관찰된 대상에 대해 오해誤解하는 것이 본질적인 성질이며, 바른 지식을 장애하여 훼손하는 것이 부수적 성질'이다. 그리고 『성유식론』과 『직해』에서는 부정지가 혜(별경 중의 하나) 및 치(어리석음)의 일부라고 주석하고 있다.

부연하면, 부처님의 가르침인 무상, 무아 등에 대한 바른 이해(正知)가 없으면, 무상, 무아에 대한 지혜와 바른 견해(正見)도 생기지 않는다. 그러면 바른 수행도 할 수가 없다. 따라서 바른 수행을 위해서는 먼저 대상에 대한 바른 이해를 습득해야 한다. 이처럼 바른 지식(이해)을 습득하지 못한 잘못된 지식

379) asaṃprajanyam katamat/kleṣasamprayukta prajñā vāgmanḥ pracāreṣv-asaṃviditavihā ritā/(Li and Steinkellner, p.13, 3-4)

380) "云何不正知. 謂煩惱相應慧. 能起不正身語意行爲性. 違犯律行所依爲業. 謂於去來等. 不正觀察故. 而不能知應作不應作. 致犯律儀."(『대승오온론』, T31, p.854a1-3)

381) "於所觀境謬解爲性. 能障正知毁犯爲業."(『성유식론』, T31, 34c14)

382) "於所觀境謬解爲性. 能障正知. 多所毁犯爲業. 此以慧及癡各一分爲體."(『직해』, X48, 344a19)

은 번뇌가 된다.

(8) 산란

산란散亂(vikṣepa)이란 마음이 똑바로 안정되지 않고 산만한 상태를 말한다. 그러면 이것에 대한 다른 주석을 살펴보자.

먼저 『대승오온론』(한역)에서는 산란을 "탐 · 진 · 치가 마음을 방탕하게 흐르도록 하는 것(流蕩)을 본성으로 하는 것이다"[383]라고 하고, 범본에서는 "무엇을 산란(집중을 결여하는 것)이라고 하는가? 〈그것은〉 탐 · 진 · 치가 마음을 확산擴散(流蕩 · visāra)해 버리는 것이다"[384]라고 설명한다. 이것에 의하면 산란이란 '탐 · 진 · 치가 마음을 방탕하게 흐르게 하는 것'으로 구체적인 작용을 하는 독립적인 심소는 아니다.

산란에 대해 『성유식론』에서는 "모든 대상에 대해서 마음을 방탕하게 흐르게 하는 것을 본성으로 하고, 바른 정定을 장애해서 악혜惡慧의 의지처가 되는 것을 작용으로 삼는다"[385]라고 하고, 계속해서 "산란의 별도의 모습은 이른바 조급하고 어지러운 것(躁擾)이다. 함께 생기하는 법(심왕과 심소)으로 하여금 모두 방탕하게 흐르게 하기 때문이다. 만약 저 3가지(탐 · 진 · 치)를 떠나 별도의 자체가 없다면, 마땅히 별도로 삼마지(삼매)를 장애한다고 말하지 않을 것이다"[386]라고 주석한다.

지욱스님도 "모든 대상(所緣)에 대해서 마음을 방탕하게 흐르게 하는 것을 본성으로 하며, 바른 정定을 장애하여 악혜惡慧의 의지처가 되는 것을 작용으로 삼는다"[387]라고 주석한다. 참고로 여기서 악혜는 '나쁜 지혜, 오염(더러운)된 지혜'를 말하는데, 이것(악혜)은 마음이 산란할 때 생기는 것[388]이다.

산란은 '도거'와 아주 비슷한 마음작용이다. 그러면 둘의 차이점은 무엇인

---

383) "謂貪瞋癡令心流蕩爲性."(『대승오온론』, T31, 849b23)

384) vikṣepaḥ katamaḥ/rāgadveṣamohamśiko yaścetaso visāraḥ/(Li and Steinkellner, p.13, 1-2)

385) "於諸所緣令心流蕩爲性. 能障正定惡慧所依爲業."(『성유식론』, T31, 34b27)

386) "散亂別相謂卽躁擾. 令俱生法皆流蕩故. 若離彼三無別自體. 不應別說障三摩地."(『성유식론』, T31, 34c08-10)

387) "於諸所緣令. 心流蕩爲性. 能障正定. 惡慧所依爲業."(『직해』, X48, 344a20)

388) "散亂者發惡慧故."(『성유식론』, T31, 34c1)

가? 우선 도거는 대상이 정해져 있다. 예를 들어 몸이 안 좋아 MRI를 찍었다고 하자. 며칠 후 결과를 확인하기 위해 병원에 가서 진료실 앞에 있으면 혹시 잘못된 것은 아닐까 하며 우리의 마음은 너무나 불안하고 초조하다. 이처럼 도거는 '마음 자체가 들떠서 고요하지 못한 상태'를 말한다. 반면 산란은 모든 대상(所緣)에 대해서 마음을 방탕하게 하는 것으로서 구체적인 대상이 정해져 있지 않다. 다시 말해 마음의 방향이 정해지지 않고 단순히 갈팡질팡하는 것이다. 이처럼 도거는 '대상이 정해져 있고', 산란은 '구체적인 대상이 정해져 있지 않다'는 것을 『성유식론술기』에서는 "저것(도거)은 이해를 쉽게 바뀌게 하는 것이고, 이것(산란)은 연(대상)을 쉽게 바뀌게 하는 것이다"[389]라고 주석한다. 다시 말해 도거는 대상(경계)이 하나이지만, 함께 작용하는 심과 심소로 하여금 이해를 자주 바뀌게 한다는 것이다. 즉 하나의 대상(경계)에 대해 많은 이해를 하는 것이다. 반면 산란이란 마음으로 하여금 조건을 바꾸어 대상(경계)으로 달리하게 하는 것이다. 즉 하나의 마음에서 여러 대상(경계)을 바꾸게 하는 것이다.[390] 그리고 둘 다 수행 중에 가장 잘 나타나는 번뇌이다.[391]

④ 所言隨者. 以隨他根本煩惱而生故.
⑤ 言小中大者. 以隨有三義. 謂自類俱起. 徧染二性. 謂不善有覆. 徧諸染心.
⑥ 具三名大. 具一名中. 大小俱起故. 行相麤猛. 各自爲主. 故名小隨.
⑦ 以忿等十法. 各別而起故. 其無慚無愧. 則一切不善心俱. 大小俱起. 名中. 由無慚愧則昏掉不信等. 一齊俱起. 故名爲大.
⑧ 葢無慚愧及不信等. 與上善法相返. 義[392]相對照可知. 不必繁解. 要知請詳唯識.

---

389) 『성유식론술기』, T43, 461c.
390) 김윤수 편역, 『주석 성유식론』(한산암, 2006), p.601.
391) 대수번뇌에 대한 자세한 설명은 김명우, 「말나식과 함께 작용하는 심소법 고찰」, 『동아시아불교문화』 39집(2019)을 참조하길 바란다.
392) CBETA에는 "與上善法相返義"로 되어 있는데, 방점을 잘못 찍은 것 같아 수정했다.

④ 〈수번뇌에서〉 수隨라고 말한 것은 저 근본번뇌에 따라서 생기하기 때문이다.

⑤ 소 · 중 · 대라고 말하는 것은 수번뇌에 3가지 의미가 있다는 것이다. 〈첫째는〉 이른바 자류와 함께 생기한다는 것이다.(自類俱起)[393] 〈둘째는〉 두루 두 가지 성질을 더럽힌다는 것(徧染二性)이다. 〈그것은〉 이른바 불선과 유부무기이다. 셋째는 모든 더러운 마음에 두루 미친다(徧諸染心)는 것이다.[394]

⑥ 〈이 중에서〉 3가지를 모두 갖추면 '대수번뇌'라고 한다. 〈이 중에〉 하나(불선)를 갖추면 '중수번뇌'라고 하는데, '대수번뇌'와 '소수번뇌'는 함께 일어나기 때문이다. 그리고 행상(작용)이 거칠고 맹렬해서(麤猛), 각자 자신의 주인이 되기 때문에 소수번뇌라고 한다.[395]

⑦ 〈소수번뇌인〉 분忿(폭발적인 분노) 등의 열 가지 법은 〈공통적으로 작용하는 성질이 적고〉 각자 별도로 생기하기 때문이다. 무참 · 무괴는 일체의 불선한 마음을 갖추어, 대수번뇌 및 소수번뇌와 함께 일어나기 때문에 중수번뇌라고 이름한다.[396] 참 · 괴가 없음으로 말미암아 혼침, 도거, 불신 등은 〈소수번뇌, 중수번뇌 12개와〉 일제히 함께 일어나기 때문에 대수번뇌[397]라고 한다.

---

393) 자신과 동일한 종류의 성질(비슷한 성질)을 가진 번뇌와 함께 작용한다는 것이다. 예를 들면 불선(악)에 공통으로 작용하는 번뇌 또는 더러움(염오)에 공통으로 작용하는 번뇌끼리 함께 일어난다는 뜻이다.

394) 이 부분은 51개의 심소법의 명칭을 열거하는 곳에서 이미 주석을 하였다. 그런데 감산스님은 이곳에서 또다시 똑같은 내용으로 주석하는데, 현재로서는 그 이유를 알기 어렵다.

395) 『성유식론』에서는 "이 〈수번뇌〉 20개 중에서 소수번뇌 10가지는 전전하여 결코 함께 일어나지 않는다. 서로 상위하기 때문이고, 행상이 두드러지고 맹렬해서 각각 주인(주체)이 되기 때문이다"("此二十中小十展轉定不俱起. 互相違故. 行相麤猛各爲主故." T31, 15a1-2)라고 주석한다. 다시 말해 소수번뇌는 독자적인 성질이 강한 번뇌라는 것이다.

396) 『성유식론』에서는 "중수번뇌 2가지는 일체의 불선의 마음과 함께하기 때문에 상응하는 것에 따라 모두 소수번뇌, 대수번뇌와 함께 일어난다"("中二一切不善心俱. 隨應皆得小大俱起." T31, 15a2)라고 주석한다.

397) 『성유식론』에서는 "논서에서 대수번뇌 8가지는 모든 잡염에 두루한다고 설하였으므로 전전하여 소수번뇌, 중수번뇌와 모두 함께 일어나는 것이 인정(容)된다"("論說大八遍諸

⑧ 대개 무참·무괴 및 불신 등은 앞에서 〈설명한〉 선심소법과는 대조된다. 〈선심소법과 수번뇌는〉 의미적으로 서로 대조됨을 알 수 있다.[398] 번잡한 해석은 필요 없다. 알고자 한다면 유식을 자세하게 보면 될 것이다.

7. 부정

1) 부정심소란

① 不定四者. 謂悔眠尋伺. ② 論曰. 不定謂悔眠尋伺二各二. 謂此二二. 各具善惡二法. 故不定於一. ③ 以不同前五位心所. 定徧八識三性一切時一切地. 此心所之差別也.

① 〈부정심소란 무엇인가?〉 부정심소는 회, 면, 심, 사의 4종류이다. ② 『유식삼십송』에서는 "부정심소는 회·면, 심·사이다. 둘에 각각 둘이다"[399]라고 하였다. 이른바 둘(悔眠·尋伺)에 둘(염·정)이란 각기 선악의 두 가지 법을 갖추고 있기 때문에 하나로 정해지지 않은 것(不定)을 말한다. ③ 앞의 오위심소(변행, 별경, 선, 근본번뇌, 수번뇌)는 두루 8가지 식, 삼성(선·악·무기), 〈작용하는〉 모든 시간, 모든 장소가 정해져 있는 것(定)이 〈부정심소와는〉 같지 않다. 이것이 심소의 차이이다.

染心. 展轉小中皆容俱起." T31, 15a3)라고 주석한다.

398) 선심소와 번뇌심소를 서로 대비시켜 분석한다. 예를 들면 信은 不信, 탐·진·치는 무탐·무진·무치, 참과 괴는 무참과 무괴, 근(정진)은 해태, 경안은 혼침, 불해는 해, 행사는 도거로 대비시킨다. 이것은 마치 빛을 비추면 어둠이 사라지듯이, 선한 마음이 작용하면 번뇌(나쁜 마음)가 사라지고, 나쁜 마음이 작용하면 선한 마음이 사라지듯이, 둘은 마치 제로섬과 같은 관계에 있음을 말한 것이다.

399) 『유식삼십송』의 '二各二'("둘에 각각 둘이다." T31, 60c2) 중에서 '앞의 둘'(二)은 회·면, 심·사를 가리킨다. 반면 '뒤의 둘'(二)은 染, 淨으로 회·면에도 염·정의 두 개가 있고, 심·사에도 염·정의 두 개가 있음을 말한다. 이처럼 부정의 4개의 심소가 모두 염·정의 양쪽에 작용한다는 것을 의미한다.

2) 회심소란

① 悔不定者. 如作惡之人. 改悔爲善. 悔前惡行. 如作惡之人. 悔前惡事不作. 故不定耳.

① 〈회 부정심소란 어떤 것인가?〉 회〈심소는〉 마치 악을 지은 사람이 후회하고서 〈마음을〉 고쳐 선하게 되는 것을 말한다. 이전의 악행을 후회하는 것은 마치 악을 지은 사람이 이전의 나쁜 짓을 후회하여 〈다시 악행을〉 짓지 않는 것과 같다. 그 때문에 부정不定이라고 한다.

용어해설

• 회

회悔(kaukṛtya)란 후회後悔하는 마음작용이다. 감산스님은 '악행을 행한 사람이 후회하고서 선하게 되는 것'이라고 주석한다. 즉 회심소를 바탕으로 선하게 된다는 것이다. 다만 후회는 악행을 한 것에 대한 것도 있지만, '그 친구에게 좀 더 잘해 주었더라면 좋았을 텐데…… 부모님께 좀 더 효도했더라면…… ' 등과 같이 선을 행한 다음에 하는 경우도 있다. 특히 나쁜 짓을 한 뒤에 후회하는 것은 마음의 안정을 방해한다. 이처럼 어느 쪽으로 작용하는지 정해지지 않았기 때문에 부정이다. 그리고 회는 '악작惡作'이라고도 하는데, 여기서 악惡이란 '미워하다'라는 의미이고, 작作이란 '어떤 것을 이미 한 것에 대한 후회와 이전에 하지 않은 것에 대한 후회'를 말한다. 그러면 이것에 대한 다른 주석을 살펴보자.

먼저 『대승오온론』(한역)에서는 회를 "마음이 변하여 후회함(變悔)을 본성으로 하는 것이다"400)라고 하고, 범본에서는 "〈그것은〉 마음이 후회하는 것이다"401)라고 설명한다. 또한 『대승광오온론』에서는 "어떤 것을 악작이라고 하는가? 〈『대승오온론』에서는〉 '마음이 후회하는 것을 본질로 한다'고 나온다. 행해진 것(所作)에 대해 혐오嫌惡(惡)하기 때문에 악작이라고 한다. 이 악작

400) "謂心變悔爲性."(『대승오온론』, T31, 849b26)
401) cetaso vipratisārah/(Li and Steinkellner, p.13, 5)

의 본질은 후회하는 것이 아니다. 〈왜냐하면〉 우선 행한 것을 혐오하고, 나중에 〈그 결과로 인해〉 후회하기 때문이다.…… 예를 들어 〈안근 등의〉 감각기능이 〈색 등의〉 인식대상과 접촉한다는 행위가 있는 경우, 그 〈행위〉에는 선·불선의 두 상태(位)가 있게 된다. 이 둘의 상태에는 또한 둘의 결과가 있다. 선의 상태에 있는 경우에는 먼저 선을 행하지 않고 나중에 〈그것을〉 후회하면 원인이 선, 후회도 선이 된다. 만약 먼저 악을 행하고서 나중에 〈그것을〉 후회하면 원인은 불선, 후회는 선이 된다. 〈한편〉 만약 불선의 상태에 있는 경우, 먼저 악을 행하지 않고 나중에 〈그것을〉 후회하면 원인은 불선, 후회도 불선이 된다. 만약 먼저 선을 하고서 나중에 〈그것을〉 후회하면 원인은 선, 후회는 불선이 된다"[402]고 설명한다. 이처럼 『대승광오온론』에서는 '행해진 것(所作)에 대해 혐오嫌惡(惡)하기 때문에 악작이라고 한다'라고 하여 선악의 두 상태가 있다고 한다. 좋은 것을 하고 싶었지만 할 수 없었던 것이나 나쁜 짓을 하게 된 것에 대한 후회는 선으로 향하는 긍정적인 후회이므로 선의 악작이라고 한다. 반대로 악한 짓을 하고 싶었는데 할 수 없었던 것이나 좋은 일을 하게 된 것에 대한 후회는 악으로 향하는 부정적인 후회이므로 악의 악작이라고 한다. 이처럼 악작에는 선악의 양면이 있으므로 불결정(부정)이라고 하는 것이다.

회에 대해 『성유식론』에서는 "후회의 심소는 악작을 말한다. 지은 업을 미워하여(惡) 뉘우치는 것을 본성으로 한다. 적정(止)을 장애하는 것을 작용으로 한다"[403]라고 주석한다. 그리고 지욱스님도 "추회(지난 일을 뉘우치는 것)를 본질로 하며, 〈후회를〉 멈추게 하는 것을 장애하는 것을 작용으로 한다"[404]라고 주석하고 있다.

부연하면, 회는 일상적인 후회懺悔나 과오悔過도 포함하지만, 이것이 종교적

402) "云何惡作. 謂心變悔爲性. 謂惡所作故名惡作. 此惡作體非卽變悔. 由先惡所作. 後起追悔故. 此卽以果從因爲目. 故名惡作. 譬如六觸處說爲先業. 此有二位. 謂善不善. 於二位中. 復各有二. 若善位中. 先不作善. 後起悔心. 彼因是善. 悔亦是善. 若先作惡. 後起悔. 彼因不善. 悔卽是善. 若不善位. 先不作惡. 後起悔心. 彼因不善. 悔亦不善. 若先作. 後起悔心. 彼因是善. 悔是不善."(『대승광오온론』, T31, p.854a5-13)

403) "悔謂惡作. 惡所作業追悔爲性. 障止爲業."(『성유식론』, T31, 35c9)

404) "追悔爲性. 障止爲業."(『직해』, X48, 344b2)

인 깊은 반성으로 이어지면 인간을 완전히 바꿀 수 있는 회심이나 성찰의 계기가 되는 마음작용이기도 하다.

3) 수면심소란

① 眠謂睡眠. 則令身不自在. 心極暗昧[405]. 此非善惡. 故名不定. ② 卽眠中作夢. 亦不定善惡. 論說"眠能障觀." ③ 以眠爲心所者. 能令身心昏重之用. 但非一定善惡耳.

① 〈면 부정심소란 어떤 것인가?〉 면이란 수면으로서 그것은 몸을 자재하지 못하게 하고 마음을 극히 어둡게 하는 것이다. 이것(수면)은 선도 아니고 악도 아니기 때문에 부정이라고 한다. ② 수면 중에 꿈을 꾸는 것도 역시 선악이 정해지지 않은 것이다. 〈그래서〉 『론』에서 '수면은 능히 관찰(觀)을 장애할 수 있다'[406]고 설한 것이다. ③ 수면이라는 심소는 능히 몸과 마음을 혼미하고 무겁게 하는 작용을 한다. 〈그래서〉 단지 선 또는 악 중의 하나로 정해지지 않는다고 한 것이다.

용어해설

• 수면

면眠(middha)은 나쁜 수면睡眠이나 졸음을 말한다. 먼저 감산스님은 '몸과 마음을 혼미하고 무겁게 한다'고 주석한다. 그러면서 다시 수면은 '몸을 자재하지 못하게 하고, 마음을 극히 어둡게 한다'고 주석한다. 그렇지만 선악으로 결정되지 않기 때문에 부정심소라고 한다. 그러면 이것에 대한 다른 주석을 살펴보자.

---

405) 어두울 암(暗) / 어두울 매(昧).

406) 아마도 『성유식론』의 "면이란 수면을 말한다. 몸이 자재하지 못하여, 〈마음이〉 어두운 것을 본성으로 하며, 〈수면은〉 **관찰(觀)을 장애하는 것**을 작용으로 삼는다"(眠謂睡眠. 令身不自在昧略爲性. **障觀**爲業)라는 구절과 "能障菩提"(T31, 48c11)를 인용한 것 같지만, 정확한 출처는 확인하기 어렵다.

『대승오온론』(한역)에서는 수면을 "마음이 자재하게 움직이지(轉) 못하여 지극히 흐리멍덩한 것(昧略)을 본성으로 하는 것이다"[407]라고 하고, 범본에서는 "〈그것은〉 자유롭게(svatantra) 활동할 수 없는 마음 상태이고, 극히 수축된 상태가 된 것이다"[408]라고 설명한다.

또한 『성유식론』에서는 "면이란 수면을 말한다. 몸이 자재하지 못하고, 〈마음이〉 흐리멍덩한 것(昧略)을 본성으로 하며, 관찰(觀)을 장애하는 것을 작용으로 삼는다"[409]라고 주석하고, 지욱스님도 "몸이 자재하지 못하고 마음이 극히 어리석어 흐리멍덩(暗昧)하게 대상을 조건으로 삼는 것을 본성으로 하며, 관찰을 장애하는 것을 작용으로 삼는다"[410]라고 주석한다.

그러면 수면은 왜 번뇌일까? 수면 상태에 있으면 몸이 자재하지 못하고 마음이 극히 어둡고 열등해지기 때문이다. 다시 말해 선정이나 명상을 할 때 졸음이 오면 우리의 의식도 저절로 몽롱하게 되어 집중(觀)할 수 없게 된다. 즉 삼매(사마타)를 방해하는 것이다. 그렇다고 자연스러운 신체적인 졸음 그 자체가 번뇌는 아니다. 잠을 자야 할 때 자는 것은 좋은 수면이기 때문이다. 그러나 잠을 자서는 안 되는 경우, 예컨대 선정 중의 졸음은 나쁜 수면이 되는 것이다. 그래서 수면은 선악으로 결정되지 않는 부정심소라는 것이다.

4) 심·사 부정심소는 어떻게 다른가

① 言尋伺者. 乃作善作惡之心. 將作之時. 必返求於心. ② 意言籌量. 麤轉爲尋. 入細爲伺. 所謂麤細發言.

① 〈심尋·사伺란 어떤 것인가?〉 심·사란 선을 짓고 악을 짓는 마음이다. 장차 〈선악을〉 지을 때 반드시 되돌아와 마음에서 구한다. ② 생각(意言, 마음의 중얼거림)으로 헤아려(籌量[411]) 거칠게 전전하는 것(대략적으로 살피는 것)

---

407) "謂不自在轉心極昧略爲性."(『대승오온론』, T31, 849b25)
408) asvatantravṛttiś cetaso 'bhisaṃkṣepaḥ/(Li and Steinkellner, p.13, 6)
409) "眠謂睡眠. 令身不自在昧略爲性. 障觀爲業."(『성유식론』, T31, 35c12)
410) "令身不自在. 心極暗昧. 略緣境界爲性. 障觀爲業."(『직해』, T48, 344b1)
411) 헤아릴 주(籌) / 헤아릴 량(量).

을 심尋이라고 하고, 세심한 것(자세하게 살피는 것)을 사伺라고 한다. 이른바 〈이것이〉 거칠과 세심함으로 구별한다는 말이다.

용어해설

• 심 · 사

감산스님은 대상에 대해 생각(意言, 마음의 중얼거림)으로 헤아려(籌量) 거칠게 살피는 것을 심尋(vitarka)이라 하고, 세심하게 살피는 것을 사伺(vicāra)라고 하여, 둘의 차이가 '거칠'과 '세심함'에 있다고 한다. 그러면 이것에 대한 다른 주석을 살펴보자.

먼저 『대승오온론』(한역)에서는 심사를 "능히 '심구尋求'하는 의언意言의 분별과 사思와 혜慧의 차별을 통해 마음으로 하여금 거칠게 〈분별하는 것〉을 본성으로 하는 것이다. 능히 '사찰伺察'하는 의언의 분별과 사와 혜의 차별을 통해 마음으로 하여금 세밀하게 〈분별하는 것〉을 본성으로 하는 것이다"[412]라고 주석한다. 범본에서는 심에 대해 "〈그것은 대상을〉 추구하는(尋求, paryeṣaka) 마음의 중얼거림(意言, manojalpa)에 의한 분별(分節)이며, 의사(思)와 혜慧의 구체적인 모습(具體相, 차별)으로 조대粗大한 마음이다"라고 하고, 사에 대해서는 "어떤 것을 세밀한 사라고 하는가? 〈그것은 대상을〉 깊게 관찰하는(伺察, pratyavekṣa) 마음의 중얼거림에 의한 분별(分節)이며, 의사(思)와 혜慧의 구체적인 모습(차별)으로 미세한 마음이다"[413]라고 설명한다. 또한 『대승광오온론』에서는 "의언意言이란 의식意識을 말한다. 이 의식 중에 의사(思)에 의해 혹은 지(慧)에 의해 분절(분별)을 일으키는 것이다. 조대한 모습이란 병, 의복, 자동차(수레) 등의 대략적인 모습을 추구하는 것이다. 미세한 모습은 병이나 의복 등을 미세하게 분석하는 것이다"[414]라고 주석한다. 이상의 내용에 따르면 심尋은

412) "謂能尋求意言分別思慧差別令心麤爲性. 謂能伺察意言分別思慧差別令心細爲性."(『대승오온론』, T31, 849b26-29)

413) vitarkaḥ katamaḥ/paryeṣako manojalpaścetanāprajñāviśeṣaḥ/ yā cittasyaudārikatā/vicāraḥ katamaḥ/pratyavekṣo manojalpastathaiva/yā cittasya sūkṣamatā/(Li and Steinkellner, p.13, 7-10)

414) "意言者. 謂是意識. 是中或依思. 或依慧而起分別. 麤相者. 謂尋求瓶衣車乘等之麤相.……細相者. 謂於瓶衣等. 分別細相成不成等差別之義."(『대승오온론』, T31, p.854a19-24)

대략적으로 대상을 파악하는 것이며, 사伺는 이것에 기초하여 대상을 세세하게 살피는 마음작용이다.

심·사의 심소에서 주목할 점은 의언意言(manojalpa·마음의 중얼거림)이다. 의언은 대상을 언어적으로 파악하려고 하는 의식의 작용을 말한다. 무착보살은 『섭대승론』 등에서 의언을 자주 언급하고 있는데, 사심사四尋思·제8 아뢰야식 등과 연결되는 아주 중요한 개념으로 기술하고 있다. 한편 세친보살의 저작에서는 『대승오온론』과 『육문교수습정론』에만 보이고, 그것도 아주 짧게 기술하고 있다. 그래서 어떤 학자는 이 의언을 무착보살과 세친보살의 사상적 차이라고 지적하기도 한다.415)

심사에 대해 『성유식론』에서는 "심은 찾아 구하는 것(尋求)을 말한다. 마음으로 하여금 바쁘고 급하게 의언의 대상에 대해 '거칠게' 전전하게 하는 것을 본성으로 한다"라고 하고, "사는 자세히 살피는 것을 말한다. 마음으로 하여금 바쁘고 급하게 의언의 대상에 대해 '미세하게' 전전하게 하는 것을 본성으로 한다"라고 주석한다. 그리고 "이 두 가지(심과 사)는 모두 편안하거나 편안하지 않게 머무는 심신心身의 단계(분위)의 의지처가 되는 것을 작용으로 한다"416)고 설명한다. 그리고 지욱스님도 "심구(심)란 마음으로 하여금 바쁘고(忽務) 급하게(急遽) 의언(생각, 마음의 중얼거림)의 대상에 대해 거칠게 전전하는 것을 본성으로 하는 것이다. 사찰(사)이란 마음으로 하여금 바쁘고 급하게 의언의 대상에 대하여 미세하게 전전하는 것을 본성으로 한다. 이 두 가지(심·사)는 함께 편안하거나 편안하지 않게 머무는 심신의 단계(분위)의 의지처가 되는 것을 작용으로 한다. 더불어 〈오변행 심소 중의 하나인〉 사思와 〈5별경 심소 중의 하나인〉 혜慧의 일부로서 〈사와 혜를〉 본체로 삼는다. 사는 바른 혜를 도와 깊게 헤아리지 않기 때문에 그것을 심尋이라고 한다. 혜는 바른 사思를 도와 능히 깊게 헤아리기 때문에 그것을 사伺라고 한다"417)라고 주석한다.

415) 모로 시게키 지음, 허암(김명우) 옮김, 『오온과 유식』(민족사, 2018), pp.208~209.

416) "尋謂尋求. 令心忽遽於意言境麤轉爲性. 伺謂伺察. 令心忽遽於意言境細轉爲性. 此二俱以安不安住身心分位所依爲業."(『성유식론』, T31, 34c28-35a2)

417) "三尋求者. 令心忽務急遽. 於意言境麤轉爲性. 四伺察者. 令心忽務急遽. 於意言境細轉爲性. 此二俱以安不安住身心分位所依爲業. 並用思及慧之各一分爲體. 思正慧助. 不深推度. 名之爲尋. 慧正思助. 能深推度. 名之爲伺."(『직해』, X48, 344b3-6)

부연하면, 심(찾아 구하는 것)과 사(자세히 살피는 것)는 의식이나 언어에 의해 여러 가지로 회상(추측)하는 마음이다. 둘은 같은 마음의 상태이지만 심은 사보다 두드러지고(거칠다), 사는 심보다 미세(섬세)하다. 이처럼 둘은 두드러짐과 미세함의 차이는 있지만, 선·악의 어느 쪽에 결정된 것은 아니다. 예를 들면 심이란 바닷가에서 물고기가 뛰어오르는 것을 보고 그 순간 '저것은 무엇일까'라고 추구하는 마음이고, 사란 뛰어오른 물고기를 보고 '저것은 무슨 물고기일까'라며 깊고 세심하게 추구하는 마음이라고 할 수 있다.[418]

5) 부정과 심사의 관계를 논하다

① 言不定者. 如讚佛菩薩. 初尋後伺. 方得妙辭. ② 如刁[419]訟之人. 亦由尋入伺. 方得成筭[420]. 故此二法爲不定耳.

① 부정不定이라고 말하는 것은 마치 불보살을 찬탄할 때 처음에는 거칠게 하고 나중에는 세심하게 하여 비로소 오묘한 말을 얻는 것과 같은 것이다. ② 예를 들면 마치 험한 소송을 일으킨 사람이 대략적으로 살핀 연후에 세심하게 살펴, 비로소 '승산이 있겠구나' 라고 계산하는 것과 같다.[421] 그러므로 이 두 가지 법(회·면, 심·사)은 정해지지 않는 것(부정)이다.

8. 심소법을 개괄하다

① 如上五十一法名心所者. 乃心家所有之法也. 然八識心王不會造業. 其造業者乃心所爲之. 以此與心相應故同時起耳.
② 此心所法. 又名心數. 亦名心迹. 亦名心路. 謂心行處總名妄想. 又

---

418) 横山紘一, 『唯識わが心の構造』(東京: 春秋社, 2001), p.234.
419) 속일 도(刁): 속이다, 기만하다, 간사하다.
420) 계산, 셈 산(筭=算).
421) 그렇지만 실제 재판에서 승소할지, 패소할지는 아직 정해지지 않았기 때문에 不定이라는 것이다.

名客塵. 又名染心. 又名煩惱. 煩者擾也. 惱者亂[422]也. 有此心所. 擾亂自心. ③ 然淸淨心中本無此事. 如淸冷水投以沙土. 則土失留礙. 水亡淸潔. 自然渾濁[423]. 名煩惱濁. ④ 今修行人專要斷此煩惱. 方爲眞修. 楞嚴經云. "如澄[424]濁水. 沙土自沉. 淸水現前. 名爲初伏[425]客塵煩惱. 去泥純水. 名爲永斷根本無明."

⑤ 故修行人縱得禪定. 未斷煩惱. 但名淸水現前. 而沙土沉底. 攪[426]之又濁. 況未得禪定而便[427]自爲悟道乎.

⑥ 如阿難蒙[428]佛開示如來藏性. 徹底分明. 而自述所悟. 但曰心迹圓明. 以向來都是妄想用事. 全不知不見. 今日乃見此是煩惱. 方得圓明了了耳. 今人以妄想爲悟心. 豈非自顢[429]耶. 然此心所. 名雖相宗. 要人識破此妄想相. 則容易妙悟本有眞心矣. 豈直專數名相而已哉.

① 위에서 〈언급한 것〉처럼 51법을 심소라고 이름하는 것은 '마음의 집에 소유된 것(법)'이라는 〈의미이다.〉 그러나 8식인 심왕은 업을 지을 가능성이 없다(不會). 그 업을 짓는 것은 바로 심소이다. 이것(심소)과 마음(심왕)은 상응하기 때문에 동시에 일어날 뿐이다.

② 이 심소법은 심수心數, 심적心迹, 심로心路라고도 이름한다. 마음이 작용하는 자리(行處)를 모두 '망상妄想'이라고 이름한다. 또는 객진, 염심, 번뇌라고도 이름한다. 〈이 중에서〉 번煩이란 '시끄럽다'는 〈뜻이며〉, 뇌惱란 '어지럽다'는 〈뜻이다.〉 〈왜냐하면 번뇌심소는 자신의 마음을 시끄럽고 어지럽게 하는 것이기 때문이다.〉 ③ 그러나 본래 청정한 마음에는 이런 것(번뇌)이 없다. 예를 들면 마치 청정하고 서늘한 물에 모래흙을 던지는 것과

422) 시끄러울 요(擾) / 어지러울 난(亂).
423) 흐릴 혼(渾) / 흐릴 탁(濁).
424) 밝을 징(澄).
425) 엎드릴, 머리 숙일 복(伏): 굴복하다, 항복하다.
426) 흔들, 휘저을 교(攪).
427) 문득, 곧 변(便).
428) 몽(蒙): 받다, 입다.
429) 얼굴 클 만(顢): 어리석다, 멍청하다.

같다. 그런즉 흙의 〈성질은〉 없어지지만, 남아서 〈깨끗한 물을〉 흐리게 한다. 그리하여 물은 청결함을 잃고 자연히 혼탁하게 되기 때문에, 번뇌탁煩惱濁이라고 한다. ④ 그러므로 오늘날 수행하는 사람은 오로지 이 번뇌를 끊는 것이 가장 중요하다. 그래야 진정한 수행이라고 할 수 있다. 그래서 『능엄경』에서 말하기를 "흐린 물을 맑게 하는 것과 같다. 〈즉〉 모래흙이 저절로 가라앉아 깨끗한 물이 드러나는 것이다. 그래서 이것을 처음으로 객진번뇌를 굴복시켰다고 이름한다. 진흙을 제거하여 물을 순수하게 맑게 하는 것을 근본무명을 영원히 끊었다고 이름한다"[430]라고 한 것이다.
⑤ 그러므로 수행하는 사람이 선정에 들어갔더라도 번뇌를 끊지 않았다면 단지 깨끗한 물만 드러났다고 표현한다. 진흙이 밑으로 가라앉지만 그것을 휘저으면 또다시 혼탁해지기 때문이다. 하물며 아직 선정에 들어가지도 않았는데 스스로 깨달았다고 하겠는가?
⑥ 마치 아난이 여래장의 성품을 철저하고 분명하게 열어 보이는 가르침을 받아, 자신이 깨달은 바를 말하였지만, "단지 심적(마음의 자취)은 원만하고 밝다"[431]고 말하는 것과 같다. 지금까지는(向來) 모두 망상에 빠져 수행하여 전부 알지도 보지도 못했다. 오늘 바로 이것이 번뇌라는 것을 알고 비로소 완전하게 밝고 분명해질 수 있게 되었다. 요즘 참선 수행자는 망상을 깨달은 마음이라고 하는데, 어찌 스스로 멍청하게 어림짐작하는 일이 아니겠는가? 그러나 이 심소가 비록 상종〈의 가르침〉이지만, 반드시 참선 수행자가 망상의 형상을 알아 부수면 본래 있는 진실한 마음을 쉽고 오묘하게 깨달을 것이다. 어찌 단지 명칭과 개념만을 하나하나 따지는 일이겠는가?

已上雖分王所. 總屬八識之見分.

---

430) "如澄濁水貯於淨器. 靜深不動. 沙土自沈淸水現前. 名爲初伏客塵煩惱. 去泥純水. 名爲永斷根本無明."(『대불정수능엄경』 4권, T19, 122b5)

431) 『大佛頂如來密因修證了義諸菩薩萬行首楞嚴經』 4권, T9, 131c2.

이미 위에서 비록 심왕과 심소를 나누었지만, 이것들은 모두 8가지 식의 견분에 속한다.

Ⅲ. 색법

1-① 十一色法者. 謂眼·耳·鼻·舌·身五根. 色·聲·香·味·觸·法六塵. ② 此五根乃八識攬[1]地水火風四大所成內身. 爲識所依之根. ③ 五塵亦是四大能所八法所造. 爲所受用境.
④ 其法塵乃外五塵落謝影子. 屬六識所變. 一半屬心. 一半屬境.
⑤ 此十一法. 通屬八識相分境. 以唯識所現故.

1-① 〈색법이란 어떤 것인가?〉 11개의 색법은 이른바 안근·이근·비근·설근·신근의 오근[2]과 색·성·향·미·촉·법(法處所攝色)의 6진(6경)을 말한다.[3] ② 이 중에 오근은 바로 8가지 식이 지수화풍의 사대를 취하여(攬) 이루어진 내신(육체, 감각기관)을 말한다. 〈이것(오근)은〉 식이 의지하는 뿌리(근거)이다. ③ 이 중에 오진(색·성·향·미·촉의 오경) 역시 사대가 능조能造와 소조所造로 〈작용하여〉 8가지 색법(지·수·화·풍의 사대와 사대에서 만들어진

---

1) 가질 람(攬) / 가려서 뽑아 취할 람(攬).

2) 五根의 '근'(indriya)은 식물의 '뿌리'가 아니라 '능력'과 같은 의미이다. 일반적으로 '감각기관'이라고 번역하는데, 직역하면 '눈의 능력'이라는 뜻이다. 눈의 능력이기 때문에 眼球가 곧 안근은 아니다. 안구가 있어도 볼 수 없는 사람이 있듯이, 안근이란 안구가 갖추고 있는 사물을 보는 능력을 말한다. 귀나 혀도 마찬가지이다. 그래서 불교에서도 안구와 사물을 보는 능력을 나누어 생각하였는데, 『대승오온론』에서 '색채(색깔)·형체를 대상으로 하는 청정한 물질'이라고 하면서, 그 능력·기능을 가진 것을 '청정한 물질적인 것'이라고 기술한 것이 그것이다. '청정한 물질적인 것'을 한역(『대승오온론』)에서는 '청정색'이라고 하지만, 말 그대로 '청정한'이라기보다는 '투명한·특수한 것'과 같은 뉘앙스로 파악하는 것이 이해하기 쉬울 것이다.

3) 『구사론』과 『대승오온론』의 색법은 다섯 가지 감각기관(안근, 이근, 비근, 설근, 신근)과 다섯 가지 감각대상(오경인 색경, 성경, 향경, 미경, 촉경)과 無表色을 말한다. 다만 유식에서는 '무표색' 대신에 法處所攝色을 제시한다. 법처소섭색이란 의식의 대상인 법(법처)에 포섭되는 색(물질)을 말한다. 감산스님은 일괄해서 '법진'(법경)이라고 하였다. 그리고 감산스님은 '촉진'(촉경)이라고 표현했지만, 유식에서는 '所觸一分'이라고 한다. 소촉일분이란 사대종(지성, 습성, 화성, 풍성)을 제외한 나머지 所造의 촉을 말한다. 즉 滑性(미끄러운 성질)·澁性(시원시원한 성질)·重性(무거운 성질)·輕性(가벼운 성질)·차가움·굶주림·목마름 등이다.

것[사대소조]인 색 · 향 · 미 · 촉)[4]에서 만들어진 것이며, 수용되는 대상이다.
④ 〈이 중에 법진이란 무엇인가? 6진 중의〉 법진(법경)은 바로 바깥의 오진(오경)이 이미 사라진 〈대상(落謝塵[5])〉 혹은 그림자(影子)를 〈말한다.〉 즉 제6의식이 변한 것이다. 〈그러므로 색법은〉 반은 마음에 속하고 반은 대상에 속한다.
⑤ 이 11법은 총괄적으로 〈말하면〉 8가지 식의 상분인 대상이다. 〈왜냐하면 11개의 색법은〉 오직 식(唯識)이 나타난 것(顯現)이기 때문이다.

2-① 問曰. 此五根身. 乃衆生之內身. 言攬四大所成. 此義云何.
② 答曰. 楞嚴經云. “迷妄有虛空. 依空立世界. 想澄成國土. 知覺乃衆生.”
③ 此言因迷一心. 轉成阿賴耶識. 則靈明眞空. 變爲頑[6]空. 於頑空中. 無明凝結[7]成四大妄色. 故云依空立世界. 乃妄想澄凝所成之國土耳. 由有四大妄色. 則本有之智光. 轉爲妄見. 以彼妄色爲所見之境. 妄見旣久. 則摶取[8]四大少分爲我. 而妄見托彼四大以爲我身. 故四大本是無知. 因妄見執受而有知. 眞心無量. 今被無明封固. 潛入四大以爲心. 所謂色雜妄想. 想相爲身. 故云知覺乃衆生. 是爲五蘊之衆生耳. 故內五根外六塵通屬八識之相分.

2-① 묻기를, 이 오근신은 바로 중생의 몸(내신)이며, 사대(四大[9])를 취하여

---

4) 오진 중에서 ‘성’(소리)은 제외된다. 『구사론』에서는 어떤 물질이라도 색 · 성 · 향 · 미 · 촉 중에 소리(聲)를 제외한 네 가지를 포함(색 · 향 · 미 · 촉)하고 있다고 한다. 다시 말해 어떤 물질도 눈으로 볼 수 있고, 냄새가 있으며, 혀로 핥아 보면 무언가의 맛이 나고, 만져볼 수도 있다는 것이다. 참고로 색이나 향기는 지수화풍의 사대종으로부터 생긴 것이기 때문에 어떤 물질에도 ‘지수화풍’과 ‘색향미촉’의 여덟 가지는 세트로 되어 있다.(八事俱生, 隨一不滅) 그러나 음성은 소리가 날 때와 소리가 나지 않을 때가 있으므로 별도로 취급한 것이다.
5) 글자 그대로 해석하면 ‘바깥 오경에서 내려 앉는 먼지와 같은 마지막 자취’를 의미한다.
6) 완고할 완(頑).
7) 엉길 응(凝) / 맺을 결(結): 한데 엉기어 뭉침.
8) 취할, 잡을 박(摶) / 취할 취(取).
9) 사대란 四大種(mahā-bhūta)의 줄임 말로, 색(물질)을 구성하는 지, 수, 화, 풍의 4가지 원소를 말한다. 정확한 표현은 地性, 水性, 火性, 風性, 즉 견고한 성질, 습한 성질, 뜨거

이루어진 것이라고 말한다. 이것은 무슨 뜻인가?

② 답하기를, 『능엄경』에서 “미혹과 망상(迷妄)으로 허공이 있고, 공에 의지하여 세계를 세우며, 상(생각)이 맑으면 국토를 이루고, 지각이 〈있으면〉 곧 중생이다”10)라고 하였다.

③ 〈미혹과 망상으로 허공이 있다는 것은〉 미혹된 일심으로 말미암아 전변하여 제8 아뢰야식을 이루었다고 말하는 것이다. 그런즉 신령하고 밝은 진공(眞空)이 변하여 완공(頑空)11)이 되었다. 완공에서 무명이 응결하여 사대의 망상된 색(물질)을 이루었다. 그래서 ‘공에 의지하여 세계를 세웠다’고 말한다. 그것은 바로 망상이 고요하게 가라앉아 이루어진 국토일 뿐이다. 사대의 망상된 색이 있으므로 말미암아 본래 있는 지혜의 빛이 전변하여 망견이 되었다. 저 망상된 색은 보이는 대상이 된다. 망견이 시간이 지나면 사대의 일부를 잡아 자아로 삼고, 망견이 저 사대에 의탁하여 나의 몸(我身)으로 삼는다. 그러므로 사대는 지각이 없는 것이지만, 망견이 집착하고 받아들임으로 말미암아 지각이 있게 되는 것이다. 진여심(眞心)은 헤아릴 수 없는 것이지만, 지금 무명에 둘러싸여 감금되고(封固) 사대가 잠입하여 마음으로 삼았다. 물질과 망상이 뒤섞여 합친 모양을 몸이라 생각한다는 것이 이것이다. 그래서 ‘지각이 있으면 곧 중생이다’라고 말한 것이다. 이것이 바로 오온으로서의 중생이다. 그러므로 내부의 오근과 외부의 6진은 종합하여 말하면 8가지 식의 상분에 속한다.

3-① 故參禪必先內脫身心外遺12)世界者. 正要泯13)此相見二分. 單究八

운 성질, 운동성을 말한다. 불교에서는 각양각색의 물질이 4가지 성질(사대)의 비율에 의해 만들어진 것이라고 한다.

10) 『대불정수능엄경』 6권, T19, 130a16.

11) 완공이란 ‘공견에 머물러 공에 집착하는 것으로 공을 잘못 이해한다’는 의미이다. 그래서 頑空이라고도 한다. 眞空의 반대말이다.

12) 버릴 유(遺).

13) 망할 민(泯): 망하다, 멸망하다.

識無明本體. 故身心世界不消. 總是生死之障礙耳. ② 所言分別我法二執者. 以執身爲我執. 根塵爲法執. 二乘修行. 但破身見. 則出**分段生死**. 其分別法執. 從初信心. 歷三賢位. 直至初地. 方破此執. 豈易易哉.

3-① 그러므로 참선은 반드시 먼저 안으로는 심신心身으로부터 벗어나고 밖으로는 세계를 버려야 한다. 가령 이 상분과 견분의 둘을 없애려면 오직(單) 8가지 식의 무명 본체를 탐구해야 한다. 그리하여 몸, 마음, 세계가 모두 소멸하지 않는다면 그것은 모두 생사의 장애일 뿐이다. ② 분별아법의 두 가지 집착(분별아집, 분별법집)이란 이른바 몸에 집착하는 것을 〈분별〉 아집이라고 하고 감각기관과 대상에 집착하는 것을 분별법집이라고 한다. 이승(성문승, 독각승)의 수행자는 단지 **유신견**을 부수어 **분단생사**에서 벗어난다. 〈즉 분별아집에서 벗어난다.〉 그리고 **분별법집**은 처음 신심信心에서부터 삼현위(십주, 십행, 십회향)를 거쳐 바로 초지(환희지)[14]에 이르러, 비로소 이 〈분별법집의〉 집착을 없앨 수 있다. 어찌 쉽겠는가.

용어해설

• 색/색법

색色(rūpa)이란 초기불교 이래로 물질의 최소 단위인 '극미極微'(paramāṇu)가 모여 만들어진 것을 말한다. 극미란 범어 '파라마누'(paramāṇu)의 번역이다. 여기서 파라마(parama)는 '극한', 아누(aṇu)는 '미립자'를 뜻하는데, '분리할 수 없는 최소의 단위'(원자), 이른바 물질적 존재(rūpa)를 구성하는 최소의 단위를 말한다. 그러면 물질의 최소 단위인 극미에서 어떻게 각각 그 성질이 다른 물질이 만들어질까? 이것은 극미가 사대四大, 즉 지地(견고성), 수水(습윤성), 화火(열성), 풍風(유동성)과 사대소조四大所造(색깔이나 형태, 냄새, 맛, 감촉)의 결합에 의해 만들어지기 때문이다. 예를 들어 땅과 나무는 사대를 모두 갖추고 있지만

14) '십지'(열 가지의 수행단계) 중의 첫 수행단계이기 때문에 환희지를 '초지'라고 한다. 歡喜地는 처음으로 범부의 성품을 끊고 성자의 성품을 얻어서 아공과 법공의 두 가지 공을 깨달아 자신과 남을 이익 되게(자리와 이타) 하여 큰 기쁨이 생기는 단계이다. 그래서 極喜地라고도 한다.

그중에 견고성을 가장 많이 가진 물질이다. 물은 습윤성을 가장 많이 가진 물질이지만, 날씨가 추워 얼음이 되면 견고성을, 끓는 물이 되면 열성과 습윤성을, 물이 기체가 되어 증발하면 유동성을 가지게 된다. 이처럼 사대 중에서 어떤 성질이 가장 두드러지게 나타나는가에 따라 물질의 성격이 결정된다. 이와 같이 극미는 물질의 양적인 최소 단위이고, 사대는 물질의 질적인 최소 단위라고 할 수 있다.

이상의 내용을 바탕으로 색법의 특징을 정리하면 다음과 같다. 첫째, 색은 시간적으로 소멸하는 성질과 공간적인 점유성을 가지는 것이다. '색'(rūpa)은 동사 √rūp로부터 파생한 것으로서 '형체가 있는 것'이라는 의미와 동사 √ru(파괴하다)로부터 유래한 것으로서 '파괴하는 것 · 변화하는 것'이라는 의미가 있다. 그래서 예로부터 색이란 '변괴變壞 · 질애質礙'의 의미가 있다고 한 것이다. 여기서 변괴란 끊임없이 변화하여 한순간도 그대로 있는 것이 없다는 뜻이고, 질애란 물질이 동시에 똑같은 장소를 점유할 수 없다는 뜻이다. 둘째, 색은 사대와 사대소조에 의해 이루어진 것이다. 셋째, 색은 오근, 오경, 법처소섭색의 11가지로 구성된 것이다.

• 분별아집/분별법집

분별아집이란 두 종류의 아집(분별아집, 분별법집) 중 하나로서, 자신에 대한 집착에서 생겨난 후천적인 집착이다. 또한 그릇된 가르침이나 생각에 의해 심어진 집착으로서, 제6 의식의 작용에 의해 생긴 것이다.

『성유식론』에서는 이것에 대해 다음과 같이 주석한다. "분별아집(후천적인 아집)은 역시 현재 외연의 힘으로 말미암기 때문에 신체와 함께하지 않는다. 반드시 그릇된 가르침과 그릇된 생각(분별)을 만난 이후에 비야흐로 일어나기 때문에 분별아집이라고 이름한다. 오직 제6 의식에서만 작용한다."[15)]

반면 분별법집(후천적인 법집)은 법(존재)에 대한 집착에서 후천적으로 생긴 집착이다. 그릇된 가르침이나 생각에 의해 심어진 집착으로서, 8가지 식 중에서 오직 제6 의식의 작용에 의해 생긴 것이다.

---

15) "分別我執亦由現在外緣力故. 非與身俱. 要待邪教及邪分別. 然後方起故. 名分別. 唯在第六意識中有."(『성유식론』, T31, 2a18)

『성유식론』에서는 이것에 대해 다음과 같이 주석한다. “분별법집은 역시 현재 외연의 힘으로 말미암기 때문에 신체와 함께하지 않는다. 반드시 그릇된 가르침과 그릇된 생각(분별)을 만난 이후에 바야흐로 일어나기 때문에 분별법집이라고 이름한다. 오직 제6 의식에서만 작용한다.”[16]

• 분단생사/변역생사

분단생사란 두 종류의 생사(분단생사, 변역생사) 중 하나로서, 수명의 길이에 한계(분단)가 있는 생사이다. 이 생사는 유루선, 불선업(악업)을 원인으로 하고, 아집에서 생긴 번뇌장을 조건으로 하여 일어난다.

『성유식론』에서는 이것에 대해 다음과 같이 주석한다. “생사에는 두 가지가 있다. 첫째는 분단생사分段生死(pariccheda-cyuti)이다. 이른바 모든 유루선, 불선업이 번뇌장의 조건을 돕는 세력으로 말미암아 감수한 삼계의 거친 이숙과를 말한다. 신체와 목숨은 길고 짧은 것이 있고, 인연의 힘에 따라서 반드시(定) 제한이 있기 때문에 분단이라고 이름한다.”[17]

반면 변역생사는 수명의 길이를 생각대로(자유자재) 길게 짧게 변화(변역)시킬 수 있는 생사의 상태를 말한다. 초지 이상의 보살이 실천할 수 있는 생사의 상태이다. 이 생사는 무루업을 직접적인 원인(因)으로 하고, 법집에서 생긴 소지장을 간접적인 원인(緣)으로 하여 일어난다. 불사의변역생사라고도 한다.

『성유식론』에서는 이것에 대해 다음과 같이 주석한다. “둘째는 불사의변역생사不思議變易生死(acintya-pāriṇāmikī-cyuti)이다. 모든 무루의 유분별의 업이 소지장을 조건으로 돕는 힘으로 말미암아 감수한 뛰어나고 미세한 이숙과를 말한다. 자비와 원력의 힘으로 말미암아 신체와 목숨을 다시 전환하여 반드시 제한이 없기 때문에 변역이라고 이름한다. 무루의 선정과 원력에서 진정으로 의지하고 감수되어, 승묘한 작용을 헤아리기 어렵기 때문에 불사의라고 이름한다.”[18]

---

16) “分別法執亦由現在外緣力故. 非與身俱. 要待邪教及邪分別. 然後方起故. 名分別. 唯在第六意識中有.”(『성유식론』, T31, 7a5)

17) “生死有二. 一分段生死. 謂諸有漏善不善業, 由煩惱障緣助勢力, 所感三界麤異熟果, 身命短長, 隨因緣力, 有定齊限, 故名分段.”(『성유식론』, T31, 45a12)

18) “二不思議變易生死. 謂諸無漏有分別業, 由所知障緣助勢力, 所感殊勝細異熟果. 由悲願力, 改轉身命無定齊限, 故名變易. 無漏定願正所資感, 妙用難測, 名不思議.”(『성유식론』, T31, 45a13)

Ⅳ. 심불상응행법

1. 마음에도 물질에도 속하지 않는 심불상응행법을 밝히다

二十四種不相應者. 此乃色·心分位. 蓋依前三法上一分一位假立得等之名. 揀[1]非心·心所·色等. 故名不相應. 以不與心王相應. 以不能作善作惡. 故非心所. 但係唯識所計分位差別. 以是我所執之法. 故亦列在有爲法數.

〈심불상응행법이란 무엇인가?〉 24종류의 심불상응행법은 바로 색법·심법과 단계를 구분한 것이다. 대개 앞에서 〈언급한〉 3가지 법(심법, 심소법, 색법)에 의지하여 하나하나의 단계(지위)를 달리하여, 득得 등의 이름을 임시로 세운 것이다(假立). 〈심불상응행법은〉 심법, 심소법, 색법 등과는 다르다(非)는 것을 구분(揀)하기 위해 심불상응행법이라고 이름한다. 〈심불상응행법은〉 심왕(심법)과는 상응하지 않으며, 〈또한〉 선악을 지을 수 없기 때문에 심소법도 아니다. 〈심불상응행법은〉 단지 유식의 입장에 서서(係) 단계를 나눈 것이다. 이것(심불상응행법)은 내가 집착하여 생긴 법이기 때문에 또한 유위법의 숫자에 열거한 것이다. 〈즉 심불상응행법은 유위법에 속한다.〉

용어해설

• 상응·불상응

상응相應이란 범어 상프라요가(saṃprayoga)의 번역으로서, 두 개가 서로 화합하여 떨어지지 않고 동시에 생멸하며, 같은 목적을 가지고 동일한 대상에 작용한다는 뜻이다. 여기서는 심과 심소의 관계를 말하는데, 한자적인 의미의

---

1) 가릴 간(揀): 가리다, 분간하다, 구별하다.

'서로 어울린다'(계합, 일치, 화순)로 번역해도 무방할 것이다. 그리고 불상응不相應(asaṃprayoga)은 이러한 상응의 반대 의미로 이해하면 될 것이다.

감산스님은 심불상응행법을 가립한 것에 대해 물질 · 마음(심 · 심소)과 다르기 때문이라고 한다. 지욱스님은 그 이유를 다음과 같이 주석한다. "상응이란 화순和順의 의미이다. 지금 득 및 명근 등의 24종류의 〈심불상응행법은〉 능연(인식하는 주체)이 아니기 때문에 심, 심소와 상응하지 않는다. 〈또한〉 질애(서로 방해한다는 의미로, 물질은 고유한 공간을 가진다는 것)가 없기 때문에 색법과 상응하지 않는다. 〈게다가〉 생멸하기 때문에 무위법과 상응하지 않는다. 그래서 『성유식론』[2]에서 말하기를 '색 · 심 및 모든 심소의 체상은 같은 것이 아니다. 그러나 색 · 심 및 모든 심소의 작용이 다른 것은 아니다. 그러므로 이것은 실유하는 것이 아니라는 것을 마땅히 알아야 한다. 단지 색 · 심 및 모든 심소에 의지하여 구분(分位)하여 가립하였다. 지금 단지 심불상응행이라고 말하는 것은 비록 〈앞의〉 3법(심법, 심소법, 색법)에 의지하여 가립하였지만, 색은 심 및 심소에 의해 나타난 영상이다. 심소도 심과 상응하기 때문에 단지 '심'이라고 한다. 총괄해서 〈말하면〉 마음을 떠나있지 않다는 것을 밝힌 것이다."[3]

또한 『대승오온론』에서는 "어떤 것을 마음과 관련이 없는 것(心不相應行)이라고 하는가? 그것은 색법(rūpa) · 심법(citta) · 심소법(caitasika)의 상태(分位, avasthā)에 대하여 임시적으로 세워진 것(prajñapyate)이지, 그것들(색법 · 심법 · 심소법)에 대하여 혹은 그것들과는 다른 것에 대하여 임시적으로 세워진 것이 아니다.

그것(심불상응행)은 또한 어떤 것인가? 획득(得, prāpti) · 무상등지(asaṃjñisamāpatti) · 멸진등지(nirodhasamāpatti) · 무상소유(āsaṃjñika) · 생명력(生, jīvitendriya) · 동류성(衆同, sabhāgatā) · 생기(生, jāti) · 노화(老, jarā) · 존속(住, sthiti) · 소멸(無常, anityatā) · 명사名辭의 집합(명신, nāmakāya) · 문의 집합(구신, padakāya) · 음절의 집합(문신, vyañjanakāya) · 다시 태어나는 것(이생성, pṛthagjanatva) 등과 같은 것이다"[4]라고

---

2) T31, 5a8.

3) "相應者. 和順之義. 今得及命根等二十四種. 非能緣故不與心及心所相應. 非質礙故. 不與色法相應. 有生滅故. 不與無爲法相應. 故唯識論云. '非如色心及諸心所體相可得. 非異色心及諸心所作用可得. 由此故知定非實有. 但依色心及諸心所分位假立.' 今直云心不相應行者. 雖依三法假立. 而色是心及心所之所現影. 心所又卽與心相應. 故但言心. 明其總不離心也."(『직해』, X48, 344c6)

주석한다.[5]

이처럼 『대승오온론』에서는 14개의 심불상응행법을 열거하는데, 이것은 5위백법에서 제시한 심불상응행법의 개수보다 열 개가 적지만, 『구사론』에서 제시하고 있는 개수와는 거의 일치한다.[6] 그렇다면 이것은 부파불교에서 유식에로 이행하는 과도기적 상황을 나타낸 것이라고 할 것이다. 그리고 안혜소[7]에서는 『대승오온론』에 없는 심불상응행법의 설명을 추가하여 주석하고 있다.

2. 심불상응행법을 하나하나 설명하지 않는 이유를 밝히다

義有多解. 非所急務. 故不必一一. 恐妨正行耳.

〈심불상응행법에 대해〉 의미 있는 많은 해석이 있었지만, 급한 일은 아니기 때문에 하나하나 〈설명할〉 필요는 없을 것이다. 〈오히려 하나하나 설명하면〉 바른 수행을 하는 데 방해가 될까 두려울 뿐이다.[8]

---

4) citta-viprayukta saṃskāra katame/ye rūpacittacaitasikāvasthāsu prajñapyate tattvānyat vataś ca prajñapyate//te punaḥ prāptiasaṃjñisamāpatti-nirodhasamāpattir- āsajñika jīvitendriyaṃ nikāya-sabhāgatā jāti-jarā sthiti-anityatā nāmakāyaḥ padakāyā vyañjanakāyaḥ pṛthagjanatvam ity evam bhāgīyāḥ/(Li and Steinkellner, p.13, 11-p.14, 5)

5) 참고로 한역은 다음과 같다. "무엇을 심불상응행이라고 하는가? 이른바 색(물질)과 마음(心)과 心所法의 분위에 의지하여 단지 임시적으로 세웠다(假建立). 결정적으로 다른 성질(異性)과 다르지 않는 성질(不異性)을 임시적으로 세운 것이 아니다(不可施設). 저것(심불상응행)은 또한 무엇인가? 이른바 얻음(得)과 생각이 없어진 명상(無想等至)과 〈마음의 작용이〉 사라진 명상(滅盡等至)과 생각이 없어진 곳에서의 존재(無想所有)와 생명력(命根)과 衆同分과 생과 늙음과 머묾과 무상과 名身과 句身과 文身과 다르게 태어나는 것(異生性), 이와 같은 等類이다."("云何心不相應行? 謂依色・心・心法分位但假建立. 不可施設決定異性及不異性. 彼復云何? 謂得・無想等至・滅盡等至・無想所有・命根・衆同分・生・老・住・無常・名身・句身・文身・異生性. 如是等類." 『대승오온론』, T 31, p.489, b29-c5)

6) 자세한 것은 모로 시게키 지음, 허암(김명우) 옮김, 『오온과 유식』(민족사, 2018), p.212를 참조하길 바란다.

7) PSV, p.87, 4-p.88, 11.

용어해설

• 심불상응행법

심불상응행법은 총 24종류이다. 득得 · 명근命根 · 중동분衆同分 · 이생성異生性 · 무상정無想定 · 멸진정滅盡定 · 무상보無想報 · 명신名身 · 구신句身 · 문신文身 · 생生 · 노老 · 주住 · 무상無常 · 유전流轉 · 정이定異 · 상응相應 · 세속勢速 · 차제次第 · 방方 · 시時 · 수數 · 화합성和合性 · 불화합성不和合性이 그것이다.

◯ 득得(prāpti)이란 24종류의 심불상응행법 중에서 첫 번째로, 어떤 사물(법)을 얻거나 획득하거나 성취할 수 있도록 성립시켜 주는 원리를 말한다. 예컨대 번뇌가 생기하는 것을 얻거나 열반의 증득을 얻는 것은 '득'이라는 원리가 작동하기 때문이라는 것이다. 또한 득을 '획獲' · '성취成就'라고도 하는데, '획'(lābha)이란 아직 얻지 못한 것이나 이전에 얻었으나 지금은 잃은 것을 다시 얻는 것이고, '성취'(samavāgama)란 획득한 후 그 획득한 것을 잃지 않고 상속하는 것을 말한다. 『구사론』에서는 득이란 실제로 존재하는 것(실유)이라고 하지만, 유식에서는 존재하는 것(제법)의 분위에 이름 붙여진 임시적인 존재(假立)라고 한다. 그래서 지욱스님도 "일체법에 의지하여 조작하고 성취하여 가립하는 것이다"[9]라고 주석한 것이다.

그리고 『대승오온론』(한역)에서는 "무엇을 얻음(得)이라고 하는가? 이른바 획득한다거나 성취한다는 뜻이다. 이것은 또한 세 가지가 있다. 이른바 종자, 자재, 현전現前으로 그것에 응하는 바와 같다"[10]라고 하고, 범본에서는 "어떤 것을 획득(prāpti)이라고 하는가? 〈그것은 마음에 의한 선 등의〉 획득(獲)과 보지保持(成就 · samavāgama)이다. 게다가 각각에 응하여 종자〈로서의 획득〉, 자기 의지(自在, vaśitva)〈에 의한 획득〉, 현전하는 것〈으로서의 획득〉의 세 종류가 있다"[11]라고 설명한다. 세 종류의 득에 대해 부연하면, 첫째는 종자로서의

---

8) 감산스님이 비록 24개의 심불상응행법을 하나하나 설명하지 않는 이유를 밝히고는 있지만, 독자의 이해를 돕기 위해 심불상응행법 24개 전부를 설명하고 있는 지욱스님의 주석과 『대승오온론』을 중심으로 해석하였다.

9) "依一切法造作成就假立."(『직해』, X48, 344c19)

10) "云何爲得? 謂若獲, 若成就. 此復三種, 謂若種子, 若自在, 若現前, 如其所應."(『대승오온론』, T31, 849c6)

획득·보지保持, 즉 선악을 행한 결과가 제8 아뢰야식 속에 종자로서 보존되는 것이다. 두 번째의 '자기 의지에 의한 획득'이란 구체적으로 수행에 의한 선 등의 획득을 의미한다. 세 번째의 현전하는 것으로서의 획득은 우리 눈에 보이는 일상세계에서 누군가가 무엇을 보는 것에 의해서 얻는 경우이다.

○ 명근命根(jīvita-indriya)이란 생명(命)을 지탱하는 힘(根), 즉 신체의 따뜻함(煖)이나 마음의 인식작용(識)을 유지시켜 생명을 존속시키는 힘을 말한다. '유부'에서는 그 본체가 수壽(āyus)이며 실체로서 존재하는 것(실유)이라고 한다. 『구사론』에서는 '생명력(명근)이란 수명이다'라는 정의에 덧붙여 '수명이란 체온과 식을 유지하는 것이다'(命根體卽壽, 能持煖及識)라고 한다. 반면 명근에 대해 경량부에서는 신체를 한순간 존속시키는 세력에 임시로 이름 붙인 것으로서 가유(임시로 존재하는 것)라고 한다. 유식에서는 제8 아뢰야식의 명언종자가 식識으로서 현재 머물게 하는 힘에 임시로 세운 것으로 역시 가유라고 한다.

한편 『대승오온론』(한역)에서는 "무엇을 명근이라고 하는가? 이른바 중동분 중에서 과거의 업(先業)에 이끌려 머무를 때가 결정되는 것을 본성으로 하는 것이다"[12]라고 하고, 범본에서는 "어떤 것을 생명력(명근)이라고 하는가? 〈그것은 어떤 특정의〉 동류성(중동분) 중에서 그 이전의 행위〈의 힘〉에 이끌려 존속하는 기간이 결정되는 것(수명이 있음)이다"[13]라고 설명한다. 그리고 지욱 스님도 "색과 심에 의지하여 연속적으로 유지해서 끊어지지 않는 것을 가립하는 것이다"[14]라고 주석하고 있다.

○ 중동분衆同分(nikāya-sabhāga)이란 인간이면 인간, 코끼리면 코끼리가 동일한 종류라는 것을 성립시키는 원리적인 힘을 말한다. 유정동분有情同分이라고도 한다. 그래서 『대승오온론』(한역)에서는 "모든 중생이 자류自類의 서로 비슷

---

11) prāpti katamā/pratilambhaḥ samavāgamaḥ/sa punar bījam vaśitva saṃukhī-bhāvaś ca yathāyogam/(Li and Steinkellner, p.14, 5)

12) "云何命根. 謂於衆同分中, 先業所引, 住時決定爲性."(『대승오온론』, T31, 849c14)

13) nikāyasabhāgeṣu pūrvakarmāviddho yaḥ saṃskārāṇaṃ sthiti-kālaniyam/(Li and Stein kellner, p.15, 4)

14) "依于色心連持不斷假立."(『직해』, X48, 344c19)

함(相似)을 본성으로 한다"[15]라고 하고, 범본에서는 "〈그것은〉 살아 있는 것(유정)의 신체(ātmabhāva)의 유사성類似性(tulyatā)이다"[16]라고 설명한다. 그리고 지욱 스님도 "마치 사람과 사람이 같고, 하늘과 하늘이 같은 것처럼, 저것에 의지하여 이것이 서로 비슷함을 가립하는 것이다"[17]라고 주석하고 있다.

◯ 이생성異生性(pṛthag-janatva)이란 이생(진리를 깨닫지 못한 범부)의 상태를 생기시키는 원리를 말한다. 유식에서는 견도에 의해 끊어진 후천적인 종자(번뇌장과 소지장 중에서 후천적(分別起)인 종자)가 여전히 끊어지지 않아 그것이 제8 아뢰야식에 있는 상태를 이생성이라고 한다. 그래서 『대승오온론』(한역)에서 "모든 성인의 법을 얻지 못하는 것을 본성으로 한다"[18]라고 하고, 범본에서도 "〈그것은〉 성자가 〈되면 획득하는〉 다양한 것(聖法)을 획득하지 않았다는 것이다"[19]라고 한 것이다.

지금부터 설명할 무상정, 멸진정, 무상천은 수행의 경지(단계)에 대해 이름 붙인 것이다.

◯ 무상정無想定(asaṃjñā-samāpatti)이란 심소 중의 하나인 상想, 즉 대상이 무엇인지를 아는 지각작용이 없는 선정 상태(6가지 식의 작용을 멸한 선정)로서, 무상등지無想等至라고도 한다. 무상정은 무상천에 태어나는 원인이 된다. 색계의 제3정려의 마지막 단계인 변정천의 탐욕을 굴복시켰으나 여전히 제4정려 이상의 탐욕을 굴복시키지 못한 외도나 범부는 제4정려에 있는 무상천을 진정한 해탈이나 열반이라고 생각한다. 그래서 이곳에서 벗어나려고 생각함(出離想)으로써 제6 의식의 작용이 멸한 선정 단계이다. 이것은 외도나 범부가 수행하는 선정이다.

그래서 『대승오온론』(한역)에서는 "이미 (색계의 제3선 중의) 변정천遍淨天의

15) "謂諸有情自類相似爲性."(『대승오온론』, T31, 849c13)
16) yā sattvānātmabhāva-tulyatā/(Li and Steinkellner, p.15, 6)
17) "如人與人同. 天與天同. 依于彼此相似假立."(『직해』, X48, 344c20)
18) "謂於諸聖法不得爲性."(『대승오온론』, T31, 849c25)
19) pṛthag-janatvam katamat/āryāṇām dharmāṇām-alābhaḥ/(Li and Steinkellner, p.15, 6)

탐욕(貪)을 떠났지만, 아직 그 위의 탐욕을 떠나지 않았다. **출리상**出離想[20]의 작의(작동)를 먼저 함으로 말미암아 항상 현행現行하지 않는 마음과 마음의 법(심소법)이 멸하는 것을 본성으로 한다"[21]라고 하고, 범본에서는 "어떤 것을 개념화(想)가 없어진 선정이라고 하는가? 〈그것은 제3정려의〉 변정천에서의 탐욕(貪, rāga)을 떠났지만, 그 이상의 탐욕을 떠나지 않은 상태이며, 〈제4정려의 무상유정천이야말로 진정한 해탈이라고 생각하여, 그곳에서〉 탈출하고 싶다고 원하는 마음(出離想)의 작동(作意)이 선행하여 언제나 현재화顯在化하지 않는(asthāvaraṇa) 심(의식)이나 〈그것에 동반한〉 심소법이 멸한 상태이다"[22]라고 설명한다.

참고로, 무상등지에서 '등지等至'는 '사마파티'(samāpatti)의 번역어로 삼매三昧(samādhi) 등과 같은 선정상태를 나타낸다. 색계의 제3정려에 변정천이 있지만, 이곳에서의 수행을 달성하면 제4정려에 올라간다. 제4정려는 전체적으로 제6 의식이 남아 있지만, 무상유정천에서는 제6 의식이 없어진다. 불교 이외의 수행자 중에는 이것을 최고의 경지라고 생각하는 사람들도 있었다. 그리고 '언제나 현재화顯在化하지 않는(asthāvaraṇa) 심(citta)'이란 언제나 현행하지 않는 식이라는 의미이다. 안식 등도 언제나 현행하지 않지만, 이것들은 제2정려에서 전부 멈추기 때문에 여기서는 관계가 없다. 그러나 제6 의식은 거의 끊어지지 않고 현행하지만, 기절했을 때는 없어지므로 여기서 말하는 '언제나 현재화하지 않는 마음'에 해당한다.

○ 멸진정滅盡定(nirodha-samāpatti)이란 마음과 마음작용(심소)이 멸진滅盡한 선정상태(定)를 말한다. 멸정이라고도 한다. 또한 멸진정을 멸수상정滅受想定(수와 상을 멸한 정)이라고도 한다. 왜냐하면 심소 중의 고락을 감수하는 작용인 수受

20) 출리상이란 색계의 제3정려의 마지막 단계인 변정천의 탐욕을 끊고, 제4정려 이상의 탐욕을 끊지 못한 외도나 범부가 제4정려인 무상천을 최고의 깨달음의 단계라고 생각하여, 이곳에서 출리(벗어남)하고자 원하여 일으킨 생각(想)을 말한다. 즉 출리상에 의해 무상정을 닦는 것이다. 성자가 '지식상'에 의해 멸진정에 들어가는 것과 대비된다.

21) "謂已離遍淨貪, 未離上貪, 由出離想作意爲先, 不恒現行心心法滅爲性."(『대승오온론』, T31, 849c8)

22) śubhakṛtsnavīta-rāgasya nordhvam niḥsaraṇasaṃjñāpūrvakeṇa manasikāreṇāsthāvaraṇām cittacaitasikānam dharmaṇām yo nirodhaḥ/(Li and Steinkellner, p.14, 7-9)

와 언어에 의해 개념작용을 일으키는 상想을 멸하였기 때문이다. 유식에서는 팔식八識 중 칠전식七轉識(7가지 식)의 작용이 멸한 것으로 제8 아뢰야식은 멸하지 않은 상태라고 한다.

그래서 『대승오온론』(한역)에서도 "이미 무소유처의 탐욕을 떠나서 제1의 존재(有, 비상비비상처)로부터 다시 수승한 나아감을 구하여, **지식상**止息想[23]의 작의(작동)를 먼저 함으로 말미암아 항상 현행하지 않거나 또는 항상 현행하는 일부분의 마음과 마음의 법(심소법)을 소멸하는 것을 본질로 하는 것이다"라고 하고, 범본에서는 "〈그것은〉 어떤 것도 존재하지 않는 경지(무소유처)의 욕망을 떠나, 최고의 존재(第一有=비상비비상처)로 나아가 적정하게 되고 싶다고 바라는 마음(止息想)의 작동(작의)이 선행하여, 언제나 현재화顯在化하지 않는 마음(제6 의식)이나 언제나 현재화하고 있는 일부분의 마음(제7 말나식), 〈그것에 동반하는〉 마음에 관련하는 법(심소법)이 멸한 상태이다"[24]라고 설명한다.

부연하면, 멸진정은 무색계의 최상위 단계로, 제6 의식과 제7 말나식이 사라진 선정의 단계이다. 그리고 '언제나 작용하는(현재화) 마음'이란 제7 말나식과 제8 아뢰야식이다. 그러나 멸진정(멸진등지)에 이르더라도 제8 아뢰야식은 소멸하지 않으므로 '일부'라는 말로써 제7 말나식을 나타낸 것이다.

○ 무상천이란 무상보無想報와 같은 의미이다. 대상이 무엇인지 아는 지각작용(想)이 없는(無) 천天을 말한다. 외도나 범부가 이 천天을 진정한 해탈이나 열반이라고 생각하여 무상정을 닦아 태어나는 천天이다. 무상정을 원인으로 한 결과이기 때문에 무상이숙, 무상보, 무상사, 무상생, 무상유정천, 무상소유라고도 한다. 제6 의식이 멸한 것에 임시적으로 세운 것(가립)이다.

그래서 『대승오온론』(한역)에서도 "무상등지의 결과이다. 무상유정천에 이미 태어나 항상 현행하지 않는 마음과 심소법을 본성으로 하는 것이다"[25]라

---

23) 지식상이란 적정한 경지에 이르고자 생각하는 것, 즉 이런 생각에 의해 무색계의 최고 단계인 유정천에서 멸진정에 들어간다. 반면 出離想에 의해 색계의 제4정려인 무상정에 들어간다는 의미와 대조된다.

24) ākiṃcanyāyatanavītarāgasya bhavāgrāduccalitasya śāntavihārasaṃjñāpūrvakeṇa man asikāreṇāsthāvaraṇāmekatyānām ca sthāvarāṇām cittacaitasikānam dharmaṇām yo ni rodhaḥ/(Li and Steinkellner, p.14, 10-13)

고 하고, 범본에서는 "어떤 것을 개념화(想)가 없는 장소에서의 생존(무상소유, asaṃjñika)이라고 하는가? 〈그것은〉 개념화가 없어진 선정(무상등지, asaṃjñi-samāp atti)의 결과이다. 무상유정천에 태어나 언제나 현재화하지 않는 마음(제6 의식)이나 〈그것에 동반하는〉 심소법이 멸한 상태이다"[26]라고 해설하는 것이다.[27]

○ 명신名身·구신句身·문신文身이란 명·구·문의 모임(身, kāya)이라는 뜻이다. 명(nāma)이란 단어, 구(pada)란 문장, 문(vyañjana)이란 문자文字이다. 예컨대 제행무상에서 '제행'과 '무상'은 명신, 제행무상은 구신, 제·행·무·상은 문신이다. 우리가 일상에서 사용하고 있는 언어의 요소를 분해分解하여 법이라고 이름 붙인 것이다. 설일체유부에서는 명·구·문이 소리와 별도로 실체로서 존재한다고 하지만, 유식에서는 소리의 굴곡屈曲이 명·구·문이며, 소리를 떠나 실체로서 있는 것이 아니라고 한다.

이것에 대해 『대승오온론』(한역)에서는 "무엇을 명신이라고 하는가? 이른바 제법의 '자성'(본질)에 대해 말을 더하는 것(增語)을 본성으로 하는 것이다. 무엇을 구신이라고 하는가? 이른바 제법의 '차별'(속성)에 대해 말을 더하는 것을 본성으로 한다. 무엇을 문신이라고 하는가? 이른바 모든 문자를 본성으로 한다. 능히 앞의 두 종류(명신·구신)를 표창表彰(뚜렷이 드러나다)할 수 있기 때문이다. 또한 나타내는 것(顯)이라고 한다. 명·구와 함께 의지처가 되고 뜻을 나타내기(顯了) 때문이다. 또한 자字라고도 한다. 차별문差別門에 의해 변이하는 것이 아니기 때문이다"[28]라고 한다. 그리고 범본에서는 "어떤 것을 명사의 집합(名身, nāma-kāya)이라고 하는가? 〈그것은〉 다양한 법의 본질(svabhāva)에 대

---

25) "云何無想所有. 謂無想等至果. 無想有情天中生已. 不恒現行心心法滅爲性."(『대승오온론』, T31, 849c13)

26) asaṃjñika kamat/samāpattiphalam/asaṃjñisattveṣu deveṣū-papannasyāvarāṇām citta caitasikānam dharmaṇām yo nirodhaḥ/(Li and Steinkellner, p.15, 1-3)

27) 삼계(욕계, 색계, 무색계)·천계·四靜慮의 관계에 대해서는 '허암 지음, 『불교에서의 죽음 이후, 중음세계와 육도윤회』(예문서원, 2015), pp.165~191'와 '모로 시게키 지음, 허암(김명우) 옮김, 『오온과 유식』(민족사, 2018), p.219'를 참조하길 바란다.

28) "云何名身. 謂諸法自性增語爲性. 云何句身. 謂諸法差別增語爲性. 云何文身. 謂諸字爲性. 以能表彰前二種故. 亦名爲顯. 由與名句爲所依止顯了義故. 亦名爲字. 非差別門所變易故."(『대승오온론』, T31, 849c20-24)

해 추가된 명칭(增語)이다. 어떤 것을 문文의 집합(句身)이라고 하는가? 〈그것은〉 다양한 법의 속성(차별, viśeṣa)에 대해 추가된 명칭이다. 어떤 것을 음절의 집합(文身)이라고 하는가? 〈그것은〉 음소(字, akṣara)이다. 왜냐하면 〈문신에 의해〉 그것 두 종류(명신과 구신)의 표현이 가능하기 때문이다. 또한 〈그것은〉 나타내는 것(顯)이라고도 한다. 왜냐하면 명사(名)·문(句)과 함께 〈언설의〉 의지처가 되고, 의미를 나타내기 때문이다. 또한 〈그것은〉 음소라고도 한다. 왜냐하면 다른 형태(차별문)에 의해 대체할 수 없기 때문이다"[29]라고 설명한다.

부연하면, 명신은 단어를 말하고, 구신은 단어를 조합한 문장을 말한다. 불교에서는 공, 무자성, 연기로서 존재하는 모든 것의 실체(본질)를 부정한다. 그러나 앞의 중동분처럼 우리는 무의식적으로 다양한 것에 본질이나 공통성을 찾아서 이름을 붙인다. 그리고 그것을 공유함으로써 의사소통한다. 이처럼 의사소통하기 위해 단어를 조합한 것을 문장, 즉 구신이라고 한다.

참고로 『대승오온론』에 기술된 본질(自性, svabhāva)과 속성(差別, viśeṣa)이라는 개념에 대해 잠시 설명하고자 한다. 예를 들면 '통도사는 조계종이다. 또는 범어사는 조계종이다'라는 명제(참, 거짓의 진리값을 가진 문장)가 있을 때, 주어의 '통도사 · 범어사'는 본질(自性, svabhāva), 술어의 '조계종이다'는 속성(差別, viśeṣa)에 해당한다. 다시 말해 통도사 · 범어사는 각각 고유한 본질을 가지고 있으며, 그 통도사 · 범어사가 공통적으로 가지고 있는 속성이 '조계종이다'라는 것이다. 물론 '조계종은 불교 종파이다'라고 말할 수 있기 때문에, 이 경우 조계종은 속성이 아닌 본질이 되며, '불교 종파이다'라는 속성은 '태고종, 천태종이라는 다른 본질을 가진 단어에 공통하는 성질이 된다. 개개 단어의 '본질'에 추가된 명칭을 명사名辭라고 하는데, 어떤 명사(주어)에 별도의 명사와 공통하는 속성(술어)을 부가하면 문장文章이 된다.

그리고 문신(문자)이란 단어나 문장의 토대가 되는 자음이나 모음을 말한다. 예컨대 '집'이라는 단어는 '주택'이라고 바꾸어 말할 수 있지만, 집의 'ㅈ'을

---

29) nāma-kāyaḥ katame/dharāṇām svabhāvādhivacanāni/pada-kāya katame/dharāṇām viśeṣādhivacanāni/vyañjana-kāya katame/akṣaraṇi tad-ubhayābhivyñjanatām-upādāya/varṇa api te nāmapadāśrayatvenārthasaṃ varṇanatām-upādāya/akṣaratvam punaḥ paryāyākṣaraṇatām-upādāya/(Li and Steinkellner, p.15, 13-p.16, 4)

'ㅇ'으로 바꾸면 '입'이라는 전혀 다른 의미가 된다. 이처럼 문신은 바꿀 수 없다. 그래서 "다른 형식에 의해 변화시킬 수 없다"(다른 형태[차별문]에 의해 대체할 수 없기 때문이다)라고 한 것이다. 참고로 우리는 '문자文字'라고 일괄적으로 표현하지만, 한자의 원래 의미에서 '문文'과 '자字'는 다른 것이다. 즉 '문'은 더 이상 분해할 수 없는 단어 본체(單體)의 한자(人, 木 등)를 의미하고, '자'는 '문'을 조합하여 만든 한자(休 등)를 의미하는 것이다.

○ 생生·노老·주住·무상無常이란 사물이 생주이멸生住異滅하는 것을 말한다. 다시 말해 생물이 태어나 잠시 그 형체를 유지하다가 점차로 노화하여 마지막에 죽는 과정에 대해 이름 붙인 것이다.

먼저 지욱스님은 생生에 대해 "색과 심에 의지하여 조건에 기대어 현현하는 것을 가립하는 것이다"라고 주석한다. 또한 노老에 대해 "또한 이異라고도 한다. 색과 심에 의지하여 변천하고 머물지 않는 것이다. 점차로 나아가 쇠퇴하고 변이하는 것을 가립하는 것이다"라고 하고, 주住에 대해 "색과 심에 의지하여 잠시 서로 비슷한 것을 상속하여 가립하는 것이다"라고 한다. 그리고 무상無常에 대해서는 "또한 멸滅이라고도 한다. 색과 심에 의지하여 잠시도 되돌아오는 것이 없는 것을 가립하는 것이다"[30]라고 주석한다.

또한 『대승오온론』(한역)에서는 "무엇을 태어남(生)이라고 하는가? 이른바 중동분 중에서 제행諸行은 본래 존재하지 않지만 지금 존재한다는 것을 본성으로 한다는 것이다. 무엇을 늙음(老)이라고 하는가? 이른바 이와 같은 제행이 상속변이하는 것을 본성으로 한다. 무엇을 머묾(住)이라고 하는가? 이른바 이와 같은 제행이 상속수전하는 것을 본성으로 하는 것이다. 무엇을 무상無常이라고 하는가? 이른바 이와 같은 제행이 상속사멸相續謝滅하는 것을 본성으로 한다"[31]라고 한다. 그리고 범본에서는 "어떤 것을 생生(jāti)이라고 하는가? 〈그것은〉 동류성(중동분) 중에서 다양하게 형성된 것이 본래 존재하지 않는데

---

30) "依于色心仗緣顯現假立. 亦名爲異. 依于色心遷變不停. 漸就衰異假立. 依于色心暫時相似相續假立. 亦名爲滅. 依於色心暫有還無假立."(『직해』, X48, 345a21-22)

31) "云何爲生. 謂於衆同分中. 諸行本無今有爲性. 云何爲老. 謂卽如是諸行相續變異爲性. 云何爲住. 謂卽如是諸行相續隨轉爲性. 云何無常. 謂卽如是諸行相續謝滅爲性."(『대승오온론』, T31, 849c16-19)

존재한다는 것이다. 어떤 것을 노화(老, jarā)라고 하는가? 〈그것은〉 그것(생)과 동일하게 〈동류성에서 형성된 것〉의 지속성(상속)이 변화한 것이다. 어떤 것을 존속(住, sthiti)이라고 하는가? 〈그것은〉 그것(생)과 동일하게 〈동류성에서 형성된 것〉의 지속성이 계속하는 것이다. 어떤 것을 소멸(무상, anityatā)이라고 하는가? 〈그것은〉 그것(생)과 동일하게 〈동류성에서 형성된 것〉의 지속성이 멈추는 것이다"[32]라고 설명한다.

부연하면, 여기서 말하는 동류성(중동분)은 살아 있는 것(생물)에 한정되는데, 상기의 생·노·주·무상도 살아 있는 것의 생사를 말하는 것으로서 의자나 산과 같은 무생물을 염두에 둔 것이 아니다. 그러면 무엇 때문에 살아 있는 것에 한정하는가? 안혜소(PSV)의 설명에 따르면, 부처님이 살아 있는 것의 생사를 말하는 경우는 '자티'(jāti)를 사용하고, 우주 등의 생멸을 말하는 경우는 '비바르타'(vivarta, 成)나 '삼바르타'(saṃvarta, 壞)를 사용하여 구별하고 있기 때문이다.

○ 유전流轉(pravṛtti)이란 인과因果가 상속하여 끊어짐이 없는 것을 말한다. 지욱스님은 "색과 마음의 인과에 의지하여 전후로 상속하는 것을 가립하는 것이다"[33]라고 주석한다.[34]

○ 정이定異(pratiniyama)란 다른 것과 결정적으로 다른 모습을 생기게 하는 원리를 말한다. 다시 말해 이것은 인과의 관계가 결정되어 있다는 의미로서, 이른바 선한 행위는 좋은 결과를, 악한 행위는 나쁜 결과를 초래한다는 인과가 결정되어 있다는 것이다. 이것에 대해 지욱스님은 "선악의 인과에 의지하여 종자가 현행하여 각각 같지 않음을 가립하는 것이다"[35]라고 주석한다.

---

32) jāti katamā/nikāya-sabhāgato yaḥ saṃskārāṇāmabhūtvā bhāvtaḥ/jarā katamā/tathaiva teṣām prabandhānyathātvam/sthitiḥ katamā/tathaiva teṣām prabandhānuvṛtiḥ/anityatā katamā(tathaiva te ṣām prabandoparamaḥ/(Li and Steinkellner, p.15, 8-12)

33) "依於色心因果前後相續假立."(『직해』, X48, 345b1)

34) 『대승오온론』에서는 유전에서 불화합성까지의 설명을 생략하고 있다. 그래서 지금부터는 지욱스님의 주석을 중심으로 기술하겠다.

35) "依於善惡因果種子現行各各不同假立."(『직해』, X48, 345b2)

○ 상응相應(yoga)이란 어떤 원인은 반드시 어떤 결과를 생기게 한다는 인과의 도리를 말한다. 이것에 대해 지욱스님은 "심과 심소의 화합에 의지하여 함께 생기하는 것을 가립하는 것이다"36)라고 주석한다.

○ 세속勢速(java)이란 좁게는 원인에 의해 결과가 생기는 것이 급속하게 전개하는 것을 말한다. 넓게는 급속한 현상 전부 또는 이러한 현상을 생기게 하는 원리를 말한다. 예컨대 모든 존재(현상)는 생겨서 급속하게 멸한다.(諸行流轉勢速) 또는 사람이나 말이 빨리 달린다 등과 같은 현상의 빠름이다. 이것에 대해 지욱스님은 "색과 심에 의지하여 모든 법은 변화하여 잠시도 머물지 않는 것을 가립하는 것이다"37)라고 주석한다.

○ 차제次第(anukrama)란 사물의 추이推移나 흐름에서 임시적으로 세워진 존재이다. 이것에 대해 지욱스님은 "제법에 의지하여 전후의 순서를 이끌어 생기게 하여 난잡하지 않게 가립하는 것이다"38)라고 주석한다.

○ 방方(deśa)·시時(kāla)·수數(saṃkhya)란 방향, 시간, 숫자를 말한다. 지욱스님은 시時에 대해 "색과 심에 의지하여 찰나의 전전을 가립하는 것이다"39)라고 하고, 방方에 대해 "형과 질에 의지하여 전후좌우를 가립하는 것이다. 그러므로 동서남북의 사유(4방향)와 상하의 차별이 있는 것이다"라고 한다. 그리고 수數에 대해서는 "제법에 의지하여 많고 적음의 모습과 상대相待를 가립하는 것이다. 그러므로 일, 십, 백, 천 내지 아승지의 차별이 있는 것이다"40)라고 주석한다.

○ 화합성和合性(sāmagrī)이란 다양한 인과 연이 결합하여 어떤 일을 생기게

---

36) "依於心及心所和合俱起假立."(『직해』, X48, 345b3)
37) "依於色心諸法遷流不暫停住假立."(『직해』, X48, 344b4)
38) "依於諸法前後引生庠序不亂假立."(『직해』, X48, 345b5)
39) "依於色心剎那展轉假立. 故有日月年運長短差別."(『직해』, X48, 345b6)
40) "依于形質前後左右假立. 故有東西南北四維上下差別. 依于諸法多少相仍相待假立. 故有一十百千乃至阿僧祇之差別."(『직해』, X48, 345b7)

하는 원리를 말한다. 이것에 대해 지욱스님은 "제법에 의지하여 서로 어긋남이 없는 것을 가립하는 것이다"[41]라고 주석한다.

◯ 불화합성不和合性(asāmagrī)이란 다양한 인과 연이 결합하지 않는 상태를 생기게 하는 원리를 말한다. 이것에 대해 지욱스님은 "제법에 의지하여 서로 어긋남이 있는 것을 가립하는 것이다"[42]라고 주석한다.

3. 94종류의 법은 유위법이다

此上九十四種名有爲法. 以是衆生生死之法. 乃妄識所計. 有造作故. 故名有爲. 名世間法. 下六無爲. 乃出世法.

앞에서 〈설명한〉 94종류는 유위법[43]이다. 이것(유위법)은 중생의 생사법이다. 바로 망식으로 분별하는 것이고, 만들어진 것(조작)이기 때문에 유위법이라고 하며, 세간법이라고도 한다. 다음에 설명할 6종류는 무위법[44]이다. 또는 출세간법이라고도 한다.

---

41) "依於諸法不相乖違假立."(『직해』, X48, 345b10)

42) "依於諸法互相乖違假立."(『직해』, X48, 345b10)

43) 유위법(saṃskṛta)이란 접두사 sam+√kṛ(만들다)+ta(과거수동분사)로 이루어진 말로 '만들어진 것'이라는 뜻이다. 다시 말해 이 세상에 존재하는 모든 것은 조건(연기)에 의해 만들어진 것, 즉 연기적 존재이기 때문에 실체가 없다. 그래서 유위법이라고 하는 것이다.

44) 무위법(asaṃskṛta)이란 부정접두사 a+sam+√kṛ(만들다)+ta(과거수동분사)로 이루어진 말로 '만들어지지 않은 것'이라고 번역한다. 여기서 '만들어지지 않은 것'이란 다른 것에 의지하여(연기) 생긴 것이 아니라는 뜻이다. 다시 말해 인과관계를 벗어났기 때문에 무언가에 의해 만들어진 것도 아니며, 무언가에 대해 작용하여 무언가를 만드는 것도 아니다. 그래서 무위법이라는 것이다.

Ⅴ. 무위법

1. 무위법은 6종류이다

① 無爲法有六種者. 謂虛空無爲·擇滅無爲·非擇滅無爲·不動無爲·受想滅無爲·眞如無爲. 此六種法. 揀異有爲. 故立無爲名. ② 雖云出世法. 實通小乘. 以不動乃三果那含. 受想滅乃滅盡定耳.

① 〈무위법이란 어떤 것인가? 『대승백법명문론』에서〉 **무위법**은 6종류가 있다고 하는데, 〈그 6종류는〉 이른바 허공무위, 택멸무위, 비택멸무위, 부동무위, 수상멸무위, 진여무위이다. 이 6종류의 법은 유위법과는 다르다고 구분하기 위하여 무위법이라는 이름을 세웠다. ② 비록 〈무위법은〉 출세간법이지만, 실로 소승의 〈수행단계와〉 통한다. 부동무위는 곧 〈**시향사과** 중의〉 3번째 수행 결과인 〈아나함과阿那含果〉이며, 수상멸무위는 곧 **멸진정**[1]일 뿐이다.

용어해설

• 무위법

무위란 열반을 말한다. 유식에서는 이를 진여眞如라고 한다. 그런데 범어를 한역하면서 그 본래의 뜻과는 거리가 멀어졌다. 한역에 기초하여 그 의미를

1) 불상응심법에서 멸진정을 설명했지만, 독자의 이해를 돕기 위해 다시 한 번 더 설명한다. 滅盡定(nirodha-samāpatti)이란 최고의 선정을 닦아 마음의 편안함에 대한 기쁨도 떠나고, 더 이상 미혹의 세계에 되돌아오는 것이 없는 경지에 들어간 聖者, 이른바 不環果(anāgāmin)를 말한다. 멸진정의 문자적인 의미는 마음과 마음작용(심소)이 滅盡한 선정상태(定)를 말한다. 유식에서는 멸진정에 이르면 팔식 중에서 轉識(전오식, 제6 의식, 제7 말나식)의 작용은 사라지지만 제8 아뢰야식은 멸하지 않고, 아라한과를 얻어야만 비로소 사라진다고 한다. 멸진정을 滅受想定(수와 상을 멸한 정)이라고도 하는데, 심소 중의 苦樂을 감수하는 작용인 受와 언어에 의해 개념작용을 일으키는 想을 멸하였기 때문이다.

깊이 있게 고찰한 것은 중국불교다. 법상종에서도 이를 그대로 답습하는데 대표적인 것이 진여이다. 진여의 범어는 '타타타'(tathatā)인데, 현장스님은 이것을 진여로 번역하고, 또 '진' 과 '여'로 나누어 설명한다. '타타타'는 '그와 같이 있다'는 의미이므로 '여如' 또는 '여여如如'라고 번역하기도 한다. '타타타'는 간단히 말하면, '있는 그대로 있는 것'이다. 그러나 우리는 자신의 알음알이와 분별로 자신 · 타자 · 자연 · 우주를 변화시킨다. 바로 이러한 알음알이와 분별을 떠나 심층의 마음부터 정화해 온 마음, '있는 그대로 있는 것'에로 되돌린 마음이 '타타타'이다. 그런데 '타타타'를 진여로 번역하면서 '진'은 진실하여 허망하지 않은 것, '여'는 여상如常(항상적인 것)하여 변이變易하지 않는 것이라고 정의하게 되었다. 유식의 '삼성설'로 말하면 진여는 원성실성에 해당하는데, 원성실성은 이른바 진실하고 여상한 세계이다. 그러나 우리 범부는 그 반대로 허망하게 변이하는 세계, 다시 말해 변계소집성의 세계에 살고 있다. 그래서 유식에서는 변계소집성의 세계로부터 원성실성의 세계에 이르는 것을 요구하는 것이다.

• 사향사과

초기불교에서는 수행의 단계(向)와 그 결과(果)를 네 가지, 즉 '사향사과四向四果'로 나눈다. 사향사과란 예류향預流向 · 예류과預流果, 일래향一來向 · 일래과一來果, 불환향不還向 · 불환과不還果, 아라한향阿羅漢向 · 아라한과阿羅漢果이다. 이것은 현장스님의 번역에 따른 것이다. 한편 구마라집 스님은 사향사과를 각각 수다원향須陀洹向 · 수다원과須陀洹果, 사다함향斯陀含向 · 사다함과斯陀含果, 아나함향阿那含向 · 아나함과阿那含果, 아라한향阿羅漢向 · 아라한과阿羅漢果라고 번역한다.

먼저 예류향預流向이란 견도를 성취하고 사성제를 여실지견하여 '진리의 흐름에 든 자'를 말한다. 예류향은 'srota-āpanna'(예류에 든 자)의 음사이다. 그래서 현장스님도 '예류자'라고 번역한다. 예류자란 인간세계의 번뇌를 끊고 처음으로 성자의 단계에 들어간 자로서, 이 단계에서는 유신견, 계금취견, 의혹(疑)의 번뇌가 소멸한다. 이른바 초기불교에서 말하는 수행의 단계인 '사향四向' 또는 '사과四果'의 초지初地단계이다.

'사향'의 두 번째 단계는 일래향一來向이다. 일래향이란 'sakṛdāgāmin'(한 번 더 돌아오는 자)의 음사이다. 그래서 현장스님도 '일래자一來者'라고 번역한다. 일래자는 탐과 진의 번뇌가 부분적으로 없어진 성자의 단계이다. 깨달음을 얻은 자는 두 번 다시 생을 받지 않는다. 그러나 일래자는 천인의 세계나 인간의 세계에 다시 한 번 더 태어난다. 만약 천인의 세계에서 깨달음을 얻으면 인간세계에 다시 한 번 더 태어나고, 다시 천인의 세계에 돌아와 열반에 든다. 반면 인간세계에서 깨달음을 얻으면 천인의 세계에 태어나고, 다시 인간세계에 돌아와 열반에 든다. 이처럼 인간세계와 천상세계를 왔다 갔다 하기 때문에 일왕래一往來 또는 일래一來라고 하는 것이다.

'사향'의 세 번째 단계는 불환향不還向이다. 불환향이란 'anāgāmin'(결코 돌아오지 않는 자)의 음사이다. 그래서 현장스님도 그 의미를 살려 '불환자不還者'로 번역한다. 불환자란 욕계의 번뇌(탐 · 진)를 완전히 끊은 성자의 단계이다. 불환과를 얻은 자는 사후에 색계와 무색계에 태어나지만 다시는 욕계에 태어나지 않기 때문에 불환과라고 한다.

'사향'의 마지막 단계는 아라한향이다. 아라한향이란 깊은 수행을 반복하여 수혹修惑은 물론 삼계의 혹惑도 전부 끊고, 무상 · 무아의 지혜를 체득한 단계이다. 아라한은 일반적으로 다음과 같은 3가지를 갖춘 사람(응공, 살적, 무생)을 말한다.

첫째, 응공應供이란 응수공양應受供養의 줄임말로, 공양받을 자격을 갖추고 있다는 의미이다. 즉 수행을 통해 끊기 어려운 아애의 번뇌를 영원히 끊었기 때문에 세상 사람에게 존경받는 대상이 될 수 있다는 것이다.

둘째, 살적殺賊이란 번뇌의 적을 영원히 죽여 없앴다는 의미이다. 우리는 온갖 번뇌를 안고 살아가고 있는데, 그중에서 가장 끊기 어려운 것이 자기에게 끊임없이 집착하는 아집(아애)이다. 이 아애를 영원히 끊은 사람을 아라한이라고 한다.

셋째, 무생無生이란 영원히 다시 새로운 생을 받지 않는다는 의미이다. 즉 아라한은 윤회에서 벗어난다는 것이다.

그리고 대승불교의 2대 학파 중의 하나인 유식학파에서는 아라한이 되어야 심층의 마음인 제8 아뢰야식의 작용이 멈춘다고 한다. 그러나 대승의 보살은 아라한이 아니라 부처가 되는 것, 즉 무상정등각無上正等覺(anuttarā-samyaksaṃbodhi, 최상의 바르고 완전한 깨달음)을 얻는 것을 목표로 한다.[2)]

2. 허공무위

① 虛空無爲者. 從喩得名. 謂無爲法. 體若[3]虛空. 無所造作. 下五無爲. 通以此喩. ② 然此虛空喩. 有大小不同. 如華嚴云. "若人欲識佛境界. 當淨其意如虛空. 遠離妄想及諸取. 令心所向皆無礙." 又云. "淸淨法身. 猶若虛[4]空. 此則直指法界性空." ③ 卽起信所云. "如實空鏡." 以體絶妄染. 故如虛空. 此乃大乘法性眞空. 實一心之別稱也. ④ 此中虛空. 義通大小. 正取虛豁[5]無有造作. 以作下五無爲眞諦之喩耳.

① 허공무위란 비유적 표현이다. 무위법은 본체가 허공과 같고, 만들어진 것이 아니다. 아래의 5가지 무위(택멸, 비택멸, 부동, 수상멸, 진여)도 이 비유와 통한다. ② 그러나 이 허공의 비유는 대승과 소승에 같지 않음이 있다. 그래서 『화엄경』에서 "만약 사람이 부처의 경계를 알고자 바란다면, 마땅히 그 생각을 허공과 같이 청정하게 해야 하고, 망상과 모든 집착(取)을 멀리 떠나 마음이 향하는 것에 모든 장애가 없도록 해야 한다"[6]고 한 것이다. 또한 말하기를, "청정한 법신은 마치 허공과 같다. 이것은 곧바로 법계는 항상적 실체를 갖지 않는다는 뜻이다"라고 한다. ③ 또한 『대승기신론』에서 말하기를 "여실공경如實空鏡(실로 빈 거울[空鏡]과 같다)은 본체가 망상의 오염을 벗어난 것이 마치 허공과 같다"[7]고 한다. 이것은 곧 대승의 법성이 진공으로서 실로 일심의 다른 명칭이다. ④ 이 중에 허공은 의미적으로 대승과 소승에 통한다. 〈허공은〉 바로 텅 비고 툭 트여 조작이 없다는 특징을 가지고 있어 아래에서 말할 무위 진제眞諦[8]에 대한 비유로 삼은 것이다.

---

2) 김명우 지음, 『유식삼십송과 유식불교』(예문서원, 2009), pp.123~124.
3) 같을 약(若).
4) 虚=虛.
5) 뚫린 골짜기 활(豁).
6) 『華嚴經』 50권, 「如來出現品」, T10, 265a27.
7) 『대승기신론』, T32, 576c20.
8) 진제란 절대적 진리를 말하는데, 사려분별이 미치지 않는 것 또는 언어로 말할 수 없는 진리 그 자체를 말한다. 진리를 두 가지로 나눌 때(진제와 속제)의 진제를 말한다. 진제

용어해설

• 허공무위

허공무위虛空無爲(ākāśa-asaṃskṛta)란 일반적으로는 무한한 공간이다. 다시 말해 끝없이 넓고 어떤 것에도 방해받지 않는 광대하고 무변한 공간[9]이다. 그리고 『구사론』에서는 이런 허공이 실체로써 존재한다(實有)고 생각하여 허공무위를 설정한다. 한편 유식에서는 실체로서의 허공을 부정한다. 예컨대 유식에서의 진여는 모든 장애(방해)를 떠나 있는 것으로서, 이 허공이 모든 물질적인 방해를 떠나 있는 것과 닮아 있기 때문에 진여를 임시적으로 허공무위라고 한 것이다. 그래서 감산스님도 '유대소부동有大小不同', 즉 '허공의 비유는 대승과 소승에 같지 않음이 있다'라고 하여 대승과 소승의 허공에 대한 비유가 다르다고 한 것이다. 그리고 지욱스님은 "허공무위란 물질도 마음도 아니다. 모든 장애를 벗어났으며, 만들 수 없는 것이다. 그래서 무위라고 한다"[10]라고 주석한다.

유식에서는 허공을 두 가지 비유로써 설명한다. 먼저 허공은 임시로 설정한 것으로서 실재하는 것이 아니라는 것을 비유로써 설명하는데, '일체법은 허공과 같이 모두 환각이나 꿈과 같다'라고 한 것이 그것이다. 다음으로는 허공이 무한히 펴져 있고 더럽지 않은 청정하고 평등한 모습을 하고 있다는 점에 주목하여 불지佛智 · 무분별지 · 승의 · 법계 · 진여 등의 비유로써 사용한다. 그래서 감산스님도 이 두 입장을 드러내기 위해 『화엄경』과 『대승기신론』의 문장을 인용하여 주석한 것이다.

를 승의제(절대적 진리), 속제를 세속제(상대적 진리)라고도 한다.

9) 그래서 『대승오온론』(한역)에서 "모든 색(물질)을 수용하는 것과 같다"("謂若容受諸色." 『대승오온론』, T31, 850a19)라고 하고, 범본에서는 "그것은 모든 물질(색)을 수용하는 것이다"(yo rūpāvakāśah[Li and Steinkellner, p.18, 13])라고 한 것이다.

10) "一虛空無爲者. 非色非心. 離諸障礙. 無可造作. 故名無爲."(『직해』, T48, 345b)

3. 택멸무위

① 擇滅無爲者. 擇謂揀擇[11]. 滅謂斷滅. 由無漏智. 斷諸障染. 所顯眞理. 故立斯[12]名.[13] ② 此在權教菩薩分斷分證. 及二乘所證涅槃空法. 正屬擇滅. 故曰證滅高證無爲. 實在二乘.

① 〈택멸무위이란 어떤 것인가? 택멸 중에〉 '택'은 가려서 고른다는 〈뜻이고,〉 '멸'은 끊어서 없앤다는 〈뜻이다.〉 무루지(더러움이 없는 지혜)로 말미암아 모든 장애와 더러움을 끊어 진리를 드러내는 것이기 때문에 이런 이름을 세운 것이다. ② 권교보살[14]에 있어서 부분적 번뇌 단멸에 의한 부분적 진여 증득과 이승(성문 · 연각)이 깨닫는 열반의 공법空法이 바로 택멸무위에 속한다. 그러므로 진여를 깨닫고 번뇌를 단멸하여 무위를 높이 증득했다고 말하기는 하지만 실제로는 이승의 단계에 있는 것이다.

용어해설

• 택멸무위

택멸무위擇滅無爲(pratisaṃkhyā-nirodha-asaṃskṛta)란 간택력(지혜)에 의해 획득된 멸滅, 더러움이 없는 지혜(무루지)의 힘으로 고제, 집제, 멸제, 도제의 4가지 진리(4성제)를 바르게 관찰하고 분석함으로써 번뇌를 멸한 상태, 이른바 진여, 열반, 해탈을 말한다. 그래서 감산스님도 "무루지(더러움이 없는 지혜)로 말미암아 모든 장애와 더러움을 끊어 진리를 드러내는 것"이라고 정의한 것이다.

---

11) 가릴 간(揀) / 가릴 택(擇).

12) 이 사(斯): 이것.

13) 이 구절(擇謂揀擇. 滅謂斷滅. 由無漏智. 斷諸障染. 所顯眞理. 故立斯名)은 규기의 주석서인 『대승백법명문론해』의 내용을 그대로 차용한 것이다. 구체적인 내용은 『대승백법명문론해』(X44, 32a)를 참조하길 바란다.

14) 權이란 '잠시, 임시'라는 의미로서 '假'와 통하는데, 권교란 이른바 부처님이 사부대중을 대승의 가르침으로 이끌기 위해 사용하신 '방편적인 가르침'을 말한다. 반대말이 實教이다. '실'은 방편이나 가설이 아니라 진실의 의미이기 때문에 실교란 '대승의 진실한 가르침'을 말한다. 두 개념은 권교와 실교, 권지와 실지, 권경과 실경 등으로 사용한다.

또한 『대승오온론』(한역)에서는 "무엇을 택멸이라고 하는가? 이른바 소멸의 구속을 여의는 것이다. 또한 이것은 무엇인가? 이른바 번뇌를 대치함으로 말미암아 모든 온이 필경 생기하지 않는 것이다"[15]라고 하고, 범본에서는 "간택(분석)에 의한 〈번뇌의〉 소멸(택멸)이란 어떤 것인가? 그것은 〈번뇌의〉 소멸이 〈더럽히지 않은 지혜에 의한 번뇌의〉 구속으로부터의 해방(離繫)이다. 그것은 또한 어떤 것인가? 그것은 번뇌의 제거(대치)에 의해 모든 온이 완전하게 생기지 않는 것이다"[16]라고 한다. 그리고 지욱스님도 "택멸무위란 바른 지혜로 간택하여 번뇌를 영원히 소멸한 것에 의해 나타난 진리이다. 본래 생멸이 없다. 그래서 무위라고 한다"[17]라고 주석하고 있다.

이상과 같이, 유부에서는 삼무위(허공, 택멸, 비택멸)에 대해 심과 심소를 떠나 별도로 실재한다고 주장하지만, 유식에서는 6무위를 간택력(지혜)에 의한 번뇌의 소멸에서 나타나는 진여라고 한다.

4. 비택멸무위

① 非擇滅者. 謂不由擇力. 緣缺[18]所顯. ② 卽實教菩薩以如實觀. 觀諸法性本自寂滅. 以立此名.

① 〈비택멸이란 무엇인가?〉 비택멸이란 선택의 힘(擇力, 지혜)으로 말미암은 것이 아니다. 〈유위법이 생기는〉 조건(緣)이 결여되어 〈그것이 생기지 않을 때〉 나타나는(顯) 〈진여이다.〉 ② 실교보살은 여실관으로 모든 현상의 본성이 본래 그대로 적멸함을 관찰한다. 〈그래서 비택멸이라는〉 이름을 세운 것이다.

---

15) "云何擇滅. 謂若滅是離繫. 此復云何. 謂由煩惱對治故諸蘊畢竟不生."(『대승오온론』, T31, a21)

16) yo nirodhaḥ/sa ca visaṃyogaḥ/ sa punar yo vinā kleśapratipakṣeṇa skandhānām-atyantam-anutpādāḥ//(Li and Steinkellner, p.19, 4-6)

17) "擇滅無爲者. 正慧簡擇. 永滅煩惱所顯眞理. 本不生滅. 故名無爲."(『직해』, T48, 345b)

18) 모자랄, 부족할 결(缺).

용어해설

• 비택멸무위

비택멸무위非擇滅無爲(apratisaṃkhyā-nirodha-asaṃskṛta)란 간택력(지혜)에 의하지 않고 얻어진 멸하지 않는 공적空寂함을 말한다. 다시 말해 인연이 결여되어 현상으로서 생기지 않는 것이다. 그래서 감산스님도 "유위법이 생기는 조건(緣)이 결여되어, 그것이 성립하지 않게 될 때 나타나는 진여"라고 한 것이다. 이것에 대해 『대승오온론』(한역)에서는 "이른바 소멸의 구속을 여의는 것이다. 또한 이것은 무엇인가? 이른바 번뇌를 대치함으로 말미암아 모든 온이 필경 생기하지 않는 것이다"[19]라고 하고, 범본에서는 "택멸이란 무엇인가? 그것은 소멸(nirodha)이 〈지혜(pratisaṃkhyā)에 의한 번뇌의〉 구속으로부터의 해방(離繫, visaṃyoga)이 아닌 것이다. 또한 그것은 번뇌의 제거(대치)와는 별도로 모든 온(諸蘊)이 완전하게 생기지 않는 것이다"[20]라고 한다. 예컨대 눈(안식)과 의식이 어떤 하나의 사물(색)에 집중할 때는 다른 사물(색)을 보거나 듣거나 냄새 맡거나 접촉하는 감각(안식, 이식, 비식, 설식, 신식의 전오식)은 생기지 않는다는 것이다. 그래서 연궐불생緣闕不生(조건이 결여되어 생기지 않는다)의 비택멸이라고도 한다. 그리고 지욱스님도 "비택멸무위란 2종류가 있다. 첫째는 간택력에 말미암지 않는 것으로 본성이 청정한 것이다. 그래서 무위라고 한다. 둘째는 유위법의 조건이 결여되어 잠시 생기지 않는 것이다. 비록 〈번뇌가〉 영원히 멸하지 않지만 〈유위법의〉 조건이 결여되어 나타난 것이다. 그래서 무위라고 한다"[21]고 주석한다.

이처럼 유식에서 비택멸이란 간택력(지혜)에 의하지 않고 얻어진 진여를 말하는데, 여기에는 두 종류가 있다. 첫째는 본성청정의 진여이다. 번뇌가

---

19) "謂若滅非離繫. 此復云何. 謂離煩惱對治而諸蘊畢竟不生."(『대승오온론』, T31, 19)

20) yo nirodhaḥ/na ca visaṃyogaḥ/sa punar yo vinā kleśapratipakṣeṇa skandhānām atyantam-anutpādāḥ//(Li and Steinkellner, p.19, 1-3)

21) "非擇滅無爲者. 復有二種. 一者不由擇力. 本性淸淨. 故名無爲. 一者有爲緣闕. 暫爾不生. 雖非永滅. 緣闕所顯. 故名無爲."(『직해』, T48, 345b) 그리고 규기스님의 주석서인 『대승백법명문론해』에서는 "非擇滅者. 一眞法界. 本性淸淨. 不由擇力. 斷滅所顯. 或有爲法. 緣闕不生. 所顯眞理."(『대승백법명문론해』, T44, 52a)라고 하여 비택멸무위를 2종류로 구분하고 있다.

있어 더러운 진여를 유구진여有垢眞如, 더러움을 떠난 진여를 무구진여無垢眞如라고 한다. 본성이 청정하다는 관점에서 진여를 비택멸무위의 하나로 포함하였다. 두 번째는 연궐소현緣闕所顯(緣缺所顯)의 진여이다. 이것은 말 그대로 연궐소현緣闕所顯, 즉 '유위법이 생기는 조건(緣)이 결여되어(闕) 그것이 생기지 않을 때 나타나는(所顯)' 진여이다.

5. 부동무위

① 不動無爲者. 謂第四禪. 離前三定. 三災不至. ② 無喜樂等動搖身心. 得不動名. 卽五那含定.

① 부동무위란 제4선을 말한다. 〈이 단계에서는〉 앞의 삼정(초선, 제2선, 제3선)을 떠나 있으며, 삼재[22]가 생기지 않는다. ② 〈부동무위에서는〉 기쁨이나 즐거움 등으로 마음과 몸이 동요함이 없다. 〈그래서〉 부동무위라는 이름을 얻었다. 〈부동무위는〉 곧 **오아나함정**五阿那含定이다.

용어해설

• 부동무위(부동멸무위)

부동멸무위不動滅無爲(āniñya-nirodha-asaṃskṛta)란 동요나 움직임을 멸한 것으로서, 색계의 제4정려(제4선)에 나타나는 진여다. 이것은 제4정려에서 고수苦受와 낙수樂受가 없어지고 비고비락만이 남아 고에도 락에도 흔들리지 않는 부동의 마음이 확립될 때 나타나는 진여이다. 또한 신심身心이 움직이지 않고 숨을 쉬지 않기 때문에 부동이라고 한다. 혹은 재난과 근심(災患)이 없기 때문에

22) 삼재란 3가지의 災害를 말한다. 재해에는 두 종류가 있는데, 작은 삼재와 큰 삼재이다. 작은 삼재는 刀兵(무기를 가지고 싸우는 것), 疾疫(질병이 창궐하는 것), 饑饉(흉년이 드는 것)을 말한다. 큰 삼재는 火災(불), 水災(홍수), 風災(태풍)를 말한다. 그리고 규기 스님의 주석서인 『대승백법명문론해』 등에서는 삼재 및 '八災患'도 생기지 않는다고 한다. 팔재환이란 尋, 伺, 4수(고, 락, 우, 희), 入息, 出息을 말한다.

부동이라고도 한다. 그래서 지욱스님도 "부동멸무위란 제4선에 들어가 고·락 모두가 없어지고, 행사·념이 청정하며, 삼재가 미치지 못한다. 또한 무위라고 한다"23)고 주석한 것이다.

• 오아나함정

오아나함정五阿那含定은 초기불교의 수행단계인 '사향사과' 중의 3번째 단계인 불환과(아나함과)를 말한다. '오아나함정'을 이해하기 위해서는 제4선의 깨달음의 단계를 이해할 필요가 있다. 그래서 제4선에서의 깨달음의 단계를 기술한 것이다. 여기서 '천天'과 정定은 같은 의미이다. 첫째는 무운천無雲天이다. 여기서 운雲이란 모든 천인이 밀집하여 있는 것을 말하는데, 무운천 위로는 운집하는 천이 없기 때문에 이렇게 부른다. 두 번째는 복생천福生天이다. 복생천은 복福을 쌓은 범부가 태어나는(生) 천天이다. 세 번째는 광과천廣果天(bṛhat-phalāḥ deva)이다. 광과천은 범부 중에서 가장 뛰어난 과보를 가진 자가 태어나는 천이다. 네 번째는 무번천無煩天(avṛhāḥ deva)이다. 무번천은 마음에 번뇌와 걱정(煩)이 없고(無) 적정의 안락을 즐기는 천이다. 욕망을 떠난 성자는 여기서 성도의 물로 더러움을 벗긴다.

그리고 무번천 이하의 다섯 천을 정거천淨居天 또는 오정거천五淨居天이라고 한다. 오정거천이란 불환과(아나함)의 성자가 머무는 5개의 청정한 거처라는 뜻이다. 다섯 번째는 무열천無熱天(atapāḥ deva)이다. 무열천은 마음에 열뇌熱惱가 없고 깨끗하고 서늘한(淸凉) 즐거움을 즐기는 천이다. 여섯 번째는 선현천善現天(sudarśanāḥ deva)이다. 선현천은 선정을 닦는 것에 의해 얻어진 선善이 확실하게 현현(現)하는 천이다. 또는 이곳 천인의 모습이 단정하고 아름답기 때문에 선현천이라고도 한다. 일곱 번째는 선견천善見天(sudṛśaāḥ deva)이다. 선견천은 마음의 더러움이 없어지고 청정하게 잘(善) 볼 수 있는(見) 천天이다. 마지막 여덟 번째는 색구경천色究竟天(akaniṣṭhāḥ deva)이다. 이곳은 색계의 천天 중에서 가장 뛰어난(究竟) 천이다.

---

23) "不動滅無爲者. 入第四禪. 雙忘苦樂. 捨念淸淨. 三災不到. 亦名無爲."(『직해』, T48, 345b)

6. 수상멸무위

① 受想滅無爲者. 無所有處. 想受不行. 名受想滅無爲. ② 通滅盡定. 此與不動皆屬二乘.

① 〈수상멸무위란 어떤 것인가?〉 수상멸무위란 무소유처(무색계의 3번째 단계)에서는 상想과 수受가 작용하지 않으므로 수상멸무위라고 이름한다.[24] ② 멸진정으로 불리기도 한다. 그렇지만 이것(수상멸무위)과 부동무위는 모두 이승에 속한다.[25]

7. 진여무위

① 眞如無爲者. 理非倒妄. 不妄不變. 名爲眞如. ② 以遠離依他偏計. 此正唯識所證十種眞如. ③ 若依起信. 正是八識體中本覺. 及眞如門. 乃對生滅之眞如. 未盡一心. 故是相宗之極則.

① 〈진여무위란 어떤 것인가?〉 진여무위란 이치적으로 전도되거나 허망하지도 변하지도 않기 때문에 진여라고 이름한다. ② 〈유식의 **삼성설** 중에〉 의타기성과 변계소집성을 멀리 떠나 있으므로, 이것은 바로 유식에서 증득하는 10가지 진여이다. ③ 만약 『대승기신론』에 의거하여 〈말한다면〉 바로 제8 아뢰야식의 본체에 있는 본각이며 진여문이다. 그것은 생멸문의 상대로 세워진 진여이므로 일심에 온전히 이르지 못한 것이다. 이것이 상종(유식)의 궁극적 가르침(법칙)이다.[26]

---

24) 지욱스님은 수상멸무위란 "멸진정에 들어 상과 수가 작용하지 않아 열반과 닮아 있기 때문에 무위라고 한다"("入滅盡定. 想受不行. 似涅槃故. 亦名無爲." 『직해』, X48, 345c2)라고 주석한다.

25) 受想滅無爲(vedayita-saṃjñā-nirodha-asaṃskṛta)란 간단하게 말하면 무색계의 최고 단계인 유정천 또는 비상비비상천에서 想과 受가 멸할 때 나타나는 진여이다.

26) 眞如(tathatā)란 tatha(이와 같이)에 tā(성, 본질)가 붙은 말로, 직역하면 '이와 같은 본성'

용어해설

• 삼성설

삼성이란 마음의 존재 형태(상태)를 변계소집성遍計所執性, 의타기성依他起性, 원성실성圓成實性의 3종류로 분석한 것을 말한다. 변계소집성이란 범어로 '파리칼피타 스와바바'(parikalpita-svabhāva)라고 하는데, '파리칼피타'(parikalpita)는 동사 pari-√klp에서 유래된 사역활용의 과거분사로 'pari-kalpa'에서 나온 말이다. 직역하면 두루(pari) 분별된 것(kalpita)이라는 의미이다. 동사 √klp로부터 만들어진 단어에는 '칼파'(kalpa), '비칼파'(vikalpa), '파리칼파'(parikalpa) 등이 있지만, 한역에서는 모두 분별分別이라고 번역한다. 현장스님은 '칼피타'(kalpita)를 계탁計度의 의미에 가까운 계소집計所執, '스와바바'(svabhāva)를 자성自性으로 번역한다. 일반적으로 자성이란 자기의 본질(본성)을 의미한다. 다시 말해 변계소집성은 두루 변(遍), 헤아릴 계(計), 바 소(所), 잡을 집(執), 성품 성(性) 자로 이루어진 말로, '두루 사유 분별된 것을 본성으로 하는 것'이다. 철학적인 용어로 말하면 '관념에 의해 구축된 가설적 존재'이다.

의타기성이란 범어로 '파라탄트라 스와바바'(paratantra-svabhāva)라고 한다. 'paratantra'라는 것은, 모든 것은 '다른 것에 의지한다'는 의미이다. 다시 말해 의타기성은 의지할 의(依), 다를 타(他), 일어날 기(起), 성품 성(性) 자로 이루어진 말로, '다른 것에 의지하는 것을 본성으로 하는 것'이다. 그리고 이처럼 다른 것에 의지하기 때문에 스스로 그 존재를 성립시킬 수 없다. 여기서 그 스스로 존재하지 않고 다른 것에 의지한다는 것은 곧 자기의 본질이라고 할 것이 없다는 의미로서, 이른바 존재하는 모든 것은 다른 것에 의존해서 생기하는 연기緣起적 존재라는 것이다. 그리고 연기적 존재이기 때문에 모든 것은 자기의 본질이 없는 무자성無自性이고, 이것을 다른 말로 공空이라고 한다.

원성실성이란 범어로 '파리니스판나'(parinişpanna-svabhāva)라고 하는데, 'parinişpanna'라는 것은 '이미 완전하게 완성된 것'이라는 의미이다. 그래서 이것

을 뜻하는데, 영어로는 'suchness'에 해당한다. 이것을 좀 더 구체적으로 말하면 있는 그대로 있는 것(존재하는 모든 것의 본성) 또는 마음의 본성이라고 할 수 있다. 그런데 유식에서는 허공무위에서 수상멸무위까지의 5단계가 귀결하는 진여 그 자체를 '진여무위'라고 한다.

은 이미 불변不變이고, 줄어들거나 늘어나지도 않는다. 그런데 현상계는 연기적 세계로서 이곳에서의 불변의 본성은 무자성無自性, 공空이다. 바로 이 현상 그 자체의 불변의 본성을 법성法性, 진여眞如라고 한다. 이것을 또한 원성실성이라고 한다.

이상의 내용을 정리하면 삼성은 세계 내에 존재하는 갖가지의 존재형태를 분석한 존재론이라고 할 수 있다. 즉 변계소집성은 언어에 그 존재기반을 두고 있고, 의타기성은 연기적 존재이며, 원성실성은 그 연기적 존재의 본성이라는 것이다. 여기서 의타기성의 현실이 진실의 원성실성이라고 할 수는 없지만, 의타기성을 떠나 원성실성이 존재하는 것은 아니다. 삼성을 관계론적으로 설명하면, 의타기성의 분별을 실재하는 것이라고 집착하는 것이 변계소집성이고, 그 같은 분별이 제거된 것이 원성실성이라는 것이다. 이 3개의 범주(삼성)를 세우는 것은 유식학파의 독자적인 사상이다.[27]

此上百法. 乃總答云何一切法也. 下答云何爲無我.

위에서 〈설한〉 백법은 '일체법이란 무엇인가?'에 대한 총괄적인 대답이다. 지금부터는 '무아란 무엇인가?'에 대해 답한다.

27) 김명우 지음, 『유식삼십송과 유식불교』(예문서원, 2009), p.215.

VI. 무아

1. 무아는 인무아와 법무아가 있다

① **"言無我者. 略有二種. 一補特伽羅無我. 二法無我."** 此二無我. 直顯一心之源也. ② 蓋我法二執. 有麤有細. 麤者名分別我法二執. 細者名俱生我法二執. ③ 此二種執. 始從凡夫·外道·二乘. 歷三賢·十聖. 直至等覺. 方纔[1]破盡. 破此二執. 即證一心. 是名爲佛. ④ 今此二無我. 則麤細二執皆在此中.

① 〈『대승백법명문론』에서 말하기를〉 **"무아라는 말에는 대략 두 종류가 있다. 첫째는 보특가라(pudgala) 무아(人無我)[2]이고, 둘째는 법무아[3]이다"**라고 한다. 이 두 무아는 바로 일심의 근원을 나타낸 것이다. ② 대개 아집과 법집의 두 가지 집착(분별아집·분별법집, **구생아집·구생법집**)은 거친 것과 미세한 것으로 구분된다. 거침이란 분별아집과 분별법집의 두 가지 집착이다. 미세함이란 구생아집과 구생법집의 두 가지 집착이다. ③ 이 두 종류의 집착(분별·구생)은 범부, 외도, 이승에서 시작하여 삼현(십주, 십행, 십회향)과 십성(십지의 보살)을 거쳐 바로 등각[4]에 이르러 겨우 없앨 수 있다. 이 두

---

1) 겨우 재(纔).

2) 인무아(pudgala-nairātmya)란 생명이 있는 존재는 고정적, 실체적인 존재가 아니라는 가르침이다. 人의 범어인 'pudgala'를 음사하여 '보특가라무아', 의역하여 '삭취취무아'라고도 한다.

3) 법무아(dharma-nairātmya)란 존재의 구성요소(법)는 고정적, 실체적인 존재가 아니라는 가르침이다. 유식에서는 언어와 관련지어, 법이란 언어로 말해져 실체로서 존재한다고 생각되는 것(변계소집성)이다. 이런 법은 고정적, 실체적인 존재가 아니다. 즉 법무아라고 한다. 그리고 인무아와 법무아를 합쳐서 人法二無我라고 하는데, 부파불교에서는 인무아에 대한 깨달음을 목적으로 삼지만, 대승에서는 인무아와 법무아의 둘 다를 깨닫는 것을 목적으로 한다. 또한 인무아를 '我空', 법무아를 '法空'이라고도 한다.

4) 등각이란 보살의 깨달음의 단계인 52단계 중 제51번째의 단계를 말한다. 즉 십신(1-10), 십주(11-20), 십행(21-30), 십회향(31-40), 십지(41-50), 등각(51), 묘각(51)에서 51번째

가지 집착(분별 · 구생)을 없애면 곧 일심을 증득(깨달음)했다고 한다. 이것을 부처라고 한다. ④ 지금 이 두 가지 무아에는 거침과 미세함의 두 가지 집착이 있는데, 모두 이 안(中)에 포섭된다.

▒ 용어해설

• 구생아집/구생법집

『성유식론』에서는 구생아집에 대해 다음과 같이 주석한다. "구생아집(선천적인 아집)은 무시이래로 허망하게 훈습한 내부 원인(종자)의 세력이기 때문에 항상 신체와 함께한다. 삿된 가르침과 삿된 분별을 기다리지 않고, 자연스럽게 일어나기 때문에 구생아집이라고 이름한다. 여기(구생아집)에 두 종류가 있다. 첫째는 항상 상속하는 것으로, 제7 말나식이 제8 아뢰야식을 조건(대상)으로 자기 마음의 모습을 일으키고, 집착하여 참다운 자아로 삼은 것이다. 둘째는 단절됨이 있는 것으로, 제6 의식이 식의 소변인 오취온의 모습을 조건(대상)으로 혹은 총괄적으로 혹은 개별적으로 자기 마음의 모습을 일으키고, 집착하여 참다운 자아로 삼은 것이다."[5)]

구생법집이란 존재의 구성요소인 법(존재)에 대한 집착 중에서, 선천적인 집착을 말한다. 이것은 제6 의식에 의한 법집과 제7 말나식에 의한 법집의 두 종류가 있다. 전자는 식이 전변하여 만들어 낸 마음속에 있는 오온을 마음 바깥에 있는 실체적 존재(실법)라고 생각하는 잘못된 의식이다. 후자는 심층에서 제7 말나식이 제8 아뢰야식을 대상으로 그것을 실체적 존재(실법)라고 생각하는 집착이다.

이것에 대해 『성유식론』에서는 다음과 같이 주석한다. "구생법집은 무시이래로 훈습한 내부 원인(종자)의 세력이기 때문에 항상 신체와 함께한다. 삿된 가르침과 삿된 분별을 기다리지 않고 자연스럽게 일어나기 때문에 구생법집

단계이다. 이 단계는 부처의 깨달음인 묘각과 거의 같기 때문에 등각이라고 한다. 현등정각, 현등각이라고도 한다.

5) "俱生我執. 無始時來虛妄熏習內因力故恒與身俱. 不待邪教及邪分別任運而轉. 故名俱生. 此復二種. 一常相續在. 第七識緣第八識起自心相執爲實我. 二有間斷在. 第六識緣識所變五取蘊相. 或總或別起自心相執爲實我."(『성유식론』, T31, 2a11)

이라고 이름한다. 여기에 두 종류가 있다. 첫째는 항상 상속하는 것으로, 제7 말나식이 제8 아뢰야식을 조건으로 자기 마음의 모습을 일으키고, 집착하여 실체의 법으로 삼은 것이다. 둘째는 잠시 단절됨이 있는 것으로, 제6 의식이 식의 소변인 오취온, 12처, 18계의 모습을 조건(대상)으로 혹은 총체적으로 혹은 개별적으로 자기 마음의 모습을 일으키고, 집착하여 실체의 법으로 삼은 것이다."[6]

2. 인무아를 설명하다

① 言補特伽羅. 云數取趣. 謂諸有情數數起惑造業. 名爲能取. 當來五趣. 名爲所取. ② 此蓋就凡夫所執分別五蘊假我及外道所執之神我以取分段生死之苦者而言也. 其實二乘所執蘊卽離我. 及涅槃我. ③ 與地上菩薩未破藏識. 七地已前俱未離俱生我執. 以取變易生死之微苦者. ④ 今論中但說凡夫分別之我. 未及聖人. 蓋就相宗一往所談耳. 其實佛意以聖教量盡皆破之. 方極大乘之義也.

① 〈이제 그 2가지 집착을 설명하겠다.〉 그중에 보특가라補特伽羅(pudgala)라는 말은 〈한역하면〉 삭취취[7]라는 뜻이다. 이른바 모든 유정이 자주 미혹을 일으키고 업을 짓는 것을 능취라고 하고, 〈다음 세상인〉 오취[8](지옥, 아귀, 축생, 인간, 천계)에 가는 것을 소취라고 한다. ② 이것은 범부가 분별하는 오온의 임시 결합인 가상적 자아[9]에 집착하고 외도가 아트만[10]에 집착

---

6) "俱生法執. 無始時來虛妄熏習內因力故. 恒與身俱. 不待邪教及邪分別. 任運而轉. 故名俱生. 此復二種. 一常相續在. 第七識緣第八識起自心相執爲實法. 二有間斷在. 第六識緣識所變蘊處界相. 或總或別起自心相執爲實法."(『성유식론』, T31, 6c27-7a3)

7) 삭취취란 자주 삭(數), 취할 취(取), 갈 취(趣) 자로 이루어진 말인데, 중생은 업 때문에 자주(數) 六趣를 취한다, 즉 '자주 육도세계에 가는 자'라는 뜻이다.

8) 趣(gati)란 동사원형√gam(가다)에서 파생한 말로 '가는 것 · 가는 자'의 뜻이다. 다시 말해 '어떤 목적을 가지고 그곳(다섯 세계)으로 가는 자'라는 것이다. 한역에서는 '∽향하여 달려가다', 즉 '업에 의해 사후세계로 향하여 가는 곳 · 가는 장소'라는 뜻에서 趣라고 하고, 道라고도 한다. 그리고 이런 의미에서 사후세계를 5취 또는 6취라고 한다.

하여 분단생사의 괴로움을 일으키는 일에 대해서(就) 말하는 것이다. 사실 성문과 연각이 갖는 오온은 진아와 다르다는 집착, 열반을 성취하는 자아라는 집착, 그리고 지상보살[11] 중 장식[12]을 미처 타파하지 못한 7지 이전의 보살들은 모두 구생아집을 벗어나지 못하여 변역생사를 취하는 미세한 고통이다. ④ 지금 론에서 단지 범부의 분별적 자아만을 말하고 십지十地 성인에 대해 말하지 않은 것은 상종의 기존 논의를 따른 것일 뿐이다. 사실 부처님의 뜻은 성교량[13]으로 모두 남김없이 논파되어야 비로소 대승의 이치를 남김없이 구현할 수 있다.

3. 법무아를 설명하다

① 法無我者. 謂我所執之法也. 凡夫法執. 卽身心世界六塵依報. ② 外道所執妄想涅槃. 二乘所執偏空涅槃. 菩薩所執取證眞如. ③ 論云. "現前立少物. 謂是**唯識性**. 以有所得故. 非實住唯識." ④ 以有證得. 是爲微細法執. 所謂存我覺我. 俱名障礙. 故八地菩薩已證平等眞如. 尙起貪著. 是謂微細法執. 此執未空. ⑤ 故未盡異熟. 尙屬因果. 直至金剛道後異熟空時. 卽入果海. ⑥ 卽起信云. "菩薩地盡. 覺心初起. 心無初

9) 五蘊으로 이루어진 '나'(我)는 임시적인(假) 존재라는 뜻이다. 다시 말해 불교는 무아를 주장하지만, 임시로 설정된 것으로서의 세속적인 '아'는 인정한다. 그러나 외도에서 주장하는 실체로서의 아(眞我)는 부정한다.

10) 진아란 외도가 주장하는 실체적인 자아(아트만)를 말한다. 實我라고도 한다. 그러나 불교는 무아의 도리로서 이러한 실체적인 자아를 부정한다.

11) 보살의 수행단계인 52개 가운데 십신, 십주, 십회향을 거쳐 (견도의 단계에서 처음으로 진리를 깨달은 이후에) 십지의 첫 단계인 초지 이상의 자리에 있는 보살을 말한다. 반대말은 地前菩薩이다. 지전보살은 아직 十地의 단계에 들어가기 이전의 보살을 말한다. 다시 말해 진리를 확실하게 믿지만, 아직 견도에서 진리를 증득하기 이전의 보살이다.

12) 제8 아뢰야식의 또 다른 명칭이다.

13) 聖言量(śabda)이란 부처님의 가르침에 근거한 올바른 인식수단을 말한다. 다시 말해 어떤 것의 옳고 그름의 기준을 부처님의 가르침(경전)에 근거한 것을 말한다. 그래서 至敎量이라고도 한다.

相. 遠離微細念故. 得見心性. 名究竟覺."

① 〈법무아란 어떤 것인가?〉 법무아란 자아가 집착하는 법이라는 뜻이다. 범부의 법집은 몸, 마음, 세계인 육진六塵의 의보依報[14]이다. ② 외도가 집착하는 것은 망상의 열반이고, 이승이 집착하는 것은 편공偏空[15]의 열반이다. 보살이 집착(執取)하는 것은 진여의 증득이다. ③ 그래서 『유식삼십송』(27게송)[16]에서 "현전에 소물을 세워 이것이 유식의 본질(진리)이라고 한다. 얻고자 하는 바(소득)가 있기 때문에 실로 유식에 머물지 않는다"[17]

---

14) 과거의 업의 결과로 받은 중생의 몸을 正報라고 한다. 반면 그 몸이 의지하고 있는 환경세계, 즉 기세간을 依報라고 한다.

15) 편공이란 '공견에 머물러 공에 집착하는 것으로 공을 잘못 이해한다'는 의미이다. 그래서 頑空이라고도 한다.

16) 『유식삼십송』, T31, 61b10.

17) 이 인용문은 유식의 두 번째 수행단계인 加行位를 설명한 것이다. 가행위는 능취와 소취의 두 극단적인 인식을 깨끗하게 없애는 단계이다. 그래서 번뇌가 없는 세계로 방향이 정해진 단계라는 의미에서 '순결택분'이라고도 한다.
게송 중의 '現前立少物'이란 자기 눈앞에 작은 물건을 세운다는 의미로서, 그것을 유식의 진리(唯識性)라고 착각한다는 것이다. 다시 말해 이런 생각(언어, 가치관 등)이 계속 남아 있기 때문에 유식성에 머물 수 없다는 것이다. '얻고자 하는 바(所得)가 있기 때문에'라는 것은 마음이 대상에 구속되어 있기 때문에 유식에 머물 수 없다는 의미이다.
『성유식론』에서는 가행위를 4단계의 과정(四善根: 4개의 선을 생기시키는 힘), 즉 첫째는 煖位, 둘째는 頂位, 셋째는, 忍位, 넷째는 世第一法位로 설명한다. 난위란 소취, 즉 대상이 존재하지 않는다는 것을 관찰하는 단계이다. 난은 '따뜻하다'는 의미로, 나무와 나무를 문지르면 마찰력에 의해 불이 피어나는데, 마찰력에 의해 불이 피어나기 직전에 따뜻한 기운을 느낀다. 그래서 번뇌를 태우는 불이 생기기 전에 접촉하는 선근을 '난'이라고 비유적으로 표현한 것이다. 위는 단계라는 뜻이다. 이 단계는 공이라는 진리를 체득하는 지혜가 처음으로 작용한다. 정위는 난위가 높아진 단계이다. 이 단계는 관찰하는 것이 최고 정상에 이른 상태이기 때문에 정위라고 한다. 그리고 난위와 정위를 합쳐서 四尋思觀이라고 한다. 인위란 소취가 존재하지 않는다는 것을 확실하게 이해하고, 이어 능취도 無라고 이해하는 단계이다. 여기서 忍이란 '인식하다'의 의미로서 진리(공, 무아)를 인식하는 지혜가 강해지는 단계이다. 세제일법위란 소취(대상)는 물론 능취(인식)도 공이라고 명확하게 이해하는 단계이다. 그리고 시간적으로 간격도 없이 견도에 들어가는 단계이다. '세제일법위'라는 명칭이 붙은 것은 세간(중생)의 단계에서는 최고(제일)이기 때문이다. 그리고 인위와 세제일법위를 합쳐서 四如實智라고 한다.
가행위에서 구체적으로 수행하는 관찰의 내용은 '사심사', '사여실지'이다. 그중에 사심사는 名, 義, 自性, 差別을 관찰하는 것이다. 명(nāma)이란 名言, 즉 이름이나 명칭을 말한다. 의(artha)란 언어에 의해 나타나는 책이나 컴퓨터 등의 대상을 말한다. 자성이라고 말하는 것이다.

④ 증득이 있다는 것은 〈여전히〉 미세한 법집이 〈남아 있다〉는 것이다. 〈그래서〉 이른바 존아(존재하는 자아)와 각아(깨달은 자아)[18]라고 하는 것은 모두 장애라고 한다. 그 때문에 제8 부동지[19] 보살은 이미 평등한 진여를 증득하였지만 아직 탐욕과 집착을 일으킨다. 이것을 미세한 법집이라고 한다. ⑤ 이 법집에 대한 집착에서 벗어나지 않으면 이숙식이 멸진한 것이 아니므로 여전히 인과에 얽매인다. 그러나 바로 금강도[20]에 이르러 이숙이 사라질 때,[21] 곧 깨달음의 바다(果海)에 들어간다.

⑥ 그런즉 『대승기신론』에서 "보살의 수행단계(菩薩十地)를 마치면(盡), 마음이 최초로 일어남을 깨달아 마음에 최초의 모습(相)이 없어지게 되며, 미세한 〈망령된〉 생각(妄念 = 제8 아뢰야식의 작용)을 멀리 떠나기 때문에 마음의 본성(心性)을 깨달아 체득하게 된다(得見). 〈이것을〉 구경각究竟覺(묘각 = 부처의 깨달음)이라고 한다"[22]라고 말한 것이다.

란 모든 것은 각각 특성을 가지고 있다는 것을 말한다. 그리고 차별은 다른 것과의 차이를 말한다. 예를 들면 책에는 두꺼운 책도 있고 얇은 책도 있고, 소설책도 있고 전공도서도 있듯이, 각각 차별이 있는 것이다. 그러나 이것들은 이름도, 대상도, 그것만의 특성도, 다른 것과의 차이도 실재하지 않는다. 다시 말해 이것들을 가유실무라고 관찰하는 것이 사심사이고, 이것들을 더욱 깊게 수행하여 확실하게 결정하는 것을 사여실지라고 한다.(김명우, 『유식삼십송과 유식불교』[예문서원, 2009], p.233)

18) 여래장 가운데 본각이 있다고 집착해 증득하고자 하는 것을 말한다. 보살이 일으키는 집착이다.

19) 부동지의 단계에서는 무분별지가 작동하여 無相(대상이 없는 것), 無功用(의지적인 노력이 없는 것)하며, 번뇌가 작용하지 않기 때문에 부동이라고 한다.

20) 모든 것을 깨뜨리는 금강(다이아몬드)처럼, 모든 번뇌를 끊어 없애는 힘이 강한 선정의 단계를 말한다. 비상비비상천(유정천)에서 마지막 제9품의 의혹을 끊는 無間道, 즉 제9 무간도에서 일어나는 선정을 말한다. 긴 수행의 마지막까지 남은 미세한 번뇌를 끊고 다음 순간에 부처가 되는 선정이다. 금강정, 금강유정, 금강유사마지라고도 한다.

21) 이 구절은 『팔식규구』에서 제8 아뢰야식을 설명한 게송인 "제8 부동지 전에 겨우(纔) 藏識을 버리고, 금강도 이후에 이숙식이 없어진다(空)"는 내용과 일치한다.

22) "如菩薩地盡, 滿足方便一念相應, 覺心初起心無初相, 以遠離微細念故得見心性, 心卽常住, 名究竟覺."(『대승기신론』, T32, 576b25) 밑줄 친 곳은 감산스님이 인용한 부분을 표시한 것이다.

성본스님은 앞의 구절을 "십지 이상의 경지를 체득한 보살들은 방편의 지혜를 원만하게

용어해설

• 유식성

유식성唯識性(vijñaptimātratā)이란 말은 『유식삼십송』 첫 게송에도 등장하는 아주 중요한 개념이다. 유식성이란 궁극적 진리, 즉 진여와 같은 말이다. 그래서 이 진여(유식성)를 증득할 때, 그 증득한 지智가 소득이 없는 상태가 되는 것을 말한다. 유식사상에서는 유식성, 즉 진여를 증득하는 것을 깨달음이라고 한다. 이 깨달음을 부처님은 '열반에 들어가다'라고 표현하지만, 유식사상에서는 열반을 '진여'라고 바꾸어 말한다. 이 진여를 처음으로 증득하는 단계를 '견도見道' 또는 통달위라고 하는데, 이 단계에 이르면 처음으로 자타불이自他不異의 평등한 세계를 접할 수 있다고 한다.

4. 유위법과 무위법을 개관하다

① 是則按此百法. 前九十四. 乃凡夫所執人法二我. 六種無爲. 乃二乘菩薩所執人法二我. ② 以雖證眞如. 猶屬迷悟對待. 總屬生滅邊收. 故今生滅情忘聖凡不立. 方極一心之源. 故皆無之. 此實卽相歸性之極則也. ③ 嗟[23]今學者. 但只分別名相. 不達卽相卽性歸源之旨. 致使聖教不明. 而有志參禪者. 欲得正修行路. 可不敬[24]哉.

구족하고 일념에 진여본심과 상응하는 깨달음을 이룬다. 즉 佛智見으로 번뇌 망념이 처음 일어난 것을 자각하는 발심수행으로 진여본심에 처음 번뇌 망념이 일어난 흔적도 없다. 따라서 중생심의 미세한 번뇌 망념도 멀리 여의고 진여본성(佛性)을 깨달아 체득할 수 있다. 진여본심이 항상 본래 그대로 여여하게 깨달음의 지혜로 상주하는 경지를 여래의 구경각이라고 한다"라고 해석한다. 그리고 한자경 교수는 "보살지가 다한 경우에는 방편을 충만하게 갖추어 일념이 상응해서 마음이 처음 일어나는 것을 깨달으므로 마음에 初相이 없게 된다. 미세한 념을 멀리 여의기 때문에 마음의 성을 볼 수 있어 마음이 곧 상주하므로 '궁극적 깨달음'(구경각)이라고 이름한다"라고 해석한다.(한자경, 『대승기신론강해』[불광출판사, 2013], p.132)

23) 탄식할 차(嗟).

24) 儆=敬(경계하다, 조심하다).

① 그러므로 이 백법에 따르면 앞의 94가지 〈유위법은〉 범부가 집착하는 인아집과 법아집의 두 가지 아집이고, 〈뒤의〉 여섯 가지의 무위법은 이승과 보살이 집착하는 인아집과 법아집의 두 가지 아집이다. ② 비록 진여를 증득하였지만, 여전히 미혹과 깨달음의 상대에서 벗어나지 못했다면 결국 생멸의 어느 한쪽에 속하게 되는 것이다. 그러므로 이제 생멸의 생각을 잊고 성인과 범부를 세우지 않으면 비로소 일심의 최종 근원에 이르게 되어 모든 집착이 사라지게 될 것이다. 이것이 실로 현상 그대로 본성으로 돌아가는 궁극의 법칙이다.
③ 아! 슬프게도 오늘의 학인은 단지 이름과 형상만을 분별하고, 현상이 곧 본성이고, 본성이 곧 현상이라는 근원으로 돌아가는 뜻에 이르지 못하여 부처님의 가르침을 밝히지 못하고 있다. 참선에 뜻을 둔 사람으로서 바르게 수행하는 길을 얻고자 한다면 이에 명심해야 하지 않겠는가!

〈이상으로〉 백법논의百法論義를 마친다(終).

제3부 『팔식규구』 원문과 해석

八識規矩

唐三藏法師 玄奘 集
당나라 삼장법사 현장이 짓다.

「오식송」

性境現量通三性 眼耳身三二地居
徧行別境善十一 中二大八貪嗔癡

〈전오식은〉 성경, 현량, 삼성 모두와 함께 작용한다.(通) 〈전오식 중에서 설식과 비식은 제외하고〉 안식, 이식, 신식의 3개는 이지二地(욕계의 五趣雜居地와 색계의 初禪 離生喜樂地)에서 작용한다(居). 〈그러나 색계의 제2선 정생희락지 이후에는 3가지 식(안식, 이식, 신식)은 작용하지 않는다.〉
〈전오식과 상응하는 심소법은〉 5변행, 5별경, 선심소 11개, 〈수번뇌 중에서〉 중수번뇌 2개(무참, 무괴)와 대수번뇌 8개, 〈근본번뇌 중의 삼독인〉 탐 · 진 · 치이다. 〈그래서 전오식과 함께 작용하는 심소법은 34개이다.〉

五識同依淨色根 九緣七八好相隣
合三離二觀塵世 愚者難分識與根

〈전〉오식은 동일하게 청정한 색근(淨色根)에 의지하며, 〈안식은〉 아홉 가지 조건(緣), 〈이식은〉 8가지 조건, 〈비식, 설식, 신식은〉 7가지 조건에 따라 딱(好) 순서대로(相隣) 〈생긴다.〉
셋(비식 · 설식 · 신식)은 합하고, 둘(안식 · 이식)은 떨어져 진세(세상에 있는 대상)를 관찰한다. 〈그렇지만〉 어리석은 사람은 식識과 근根을 분간하기 어렵다.

變相觀空唯後得 果中猶自不詮眞
圓明初發成無漏 三類分身息苦輪

상(상분)이 변화하고 〈진〉공을 관찰하는 것은 오직 후득지뿐이며, 〈그래서〉 여전히 불과위(果中)에서도 스스로 진여를 증득(詮)하지 못하는 것이다.
원명(대원경지)을 처음 일으켜 무루지(성소작지)를 이룬다면, 3종류의 분신分身으로 고통의 수레바퀴(윤회의 고통)에서 벗어난다.

「육식송」

三性三量通三境 三界輪時易可知
相應心所五十一 善惡臨時別配之

〈제6 의식은〉 삼성(선 · 악 · 무기), 삼량(現量 · 比量 · 非量), 삼경(성경 · 대질경 · 독영경)과 함께 작용한다. 〈제6 의식은〉 삼계를 윤회할 때 〈나머지 7가지 식보다 업력의 작용이 강하기 때문에〉 쉽게 알 수 있다.
〈제6 의식과〉 상응하는 심소는 51개이며, 선악에 임할 때 그것(심소)을 각각 배정(배열)한다.

性界受三恒轉易 根隨信等總相連
動身發語獨爲最 引滿能招業力牽

삼성, 삼계, 삼수는 항상 쉽게 변하며(轉易), 근본번뇌, 수번뇌, 신(선심소) 등이 총체적으로 서로 〈함께〉 작용한다.
〈제6 의식은〉 몸이 움직이고(신업) 말을 하는 것(구업)이 홀로 가장 뛰어나며, 인업과 만업으로 업력을 부르고 〈제8 아뢰야식을〉 이끈다.

發起初心歡喜地 俱生猶自現纏眠
遠行地後純無漏 觀察圓明照大千

초심의 환희지에서 〈묘관찰지가〉 생기發起하더라도 구생아집과 구생법집은 여전히 스스로 현행하는 번뇌(纏)와 잠복한 번뇌인 종자(眠)로 나타난다.
제7 원행지 이후에 순수하고 〈청정한〉 무루지가 되어, 관찰(묘관찰지)이 두루 밝게 대천세계를 비춘다.

「칠식송」

帶質有覆通情本 隨緣執我量爲非
八大徧行別境慧 貪癡我見慢相隨

〈제7 말나식은 삼류경 중에서〉 대질경을 〈조건으로 삼고〉, 〈삼성(선 · 악 · 무기) 중에서〉 유부〈무기〉에 〈포섭되며〉, 정(제6 의식)과 본질(제8 아뢰야식의 견분)에 통한다. 〈제7 말나식은〉 상대하는 대상인 〈제8 아뢰야식을〉 자아自我라고 집착하는 비량非量이다.
〈제7 말나식은〉 여덟 가지 대수번뇌와 5변행과 5별경 중의 혜와 아탐, 아치, 아견, 아만의 〈4번뇌〉가 서로 따른다(함께 작용한다).

恒審思量我相隨 有情日夜鎭昏迷
四惑八大相應起 六轉呼爲染淨依

〈제7 말나식은〉 언제나 세심하게(집요하게) 사량하여(恒審思量) 아상에 따르므로, 유정(중생)은 밤낮으로 혼미함에 머문다(鎭).
〈제7 말나식은〉 4혹(4번뇌), 대수번뇌 8개와 함께 작용하며(상응하여 일어나며), 6전식(제6 의식)이 〈제7 말나식을〉 염정(汚染 · 清淨)의 의지처(依)로 삼는다.

極喜初心平等性 無功用行我恒摧
如來現起他受用 十地菩薩所被機

초심인 극희지(환희지)에서는 평등성지이고 무공용행(부동지)에서 자아는 항상 꺾인다.
여래가 타수용신을 나타내어(현기) 십지보살이 〈그〉 가피를 받는다.

「팔식송」

性唯無覆五徧行 界地隨他業力生
二乘不了因迷執 由此能興論主諍

〈제8 아뢰야식은 4가지〉 성(선 · 악 · 유부무기 · 무부무기) 중에서 오직 무부〈무기와 함께 작용하며〉, 〈제8 아뢰야식과 상응하는 심소는〉 5변행뿐이다. 〈제8 아뢰야식은〉 삼계9지에서 〈각자〉 다른(제6 의식) 업력에 따라서 생기한다.
〈제8 아뢰야식을〉 이승(성문승, 연각승)은 이해(了)하지 못하므로 미혹하고 집착한다. 이것으로 인해 논주들의 논쟁을 불러일으켰다.

浩浩三藏不可窮 淵深七浪境爲風
受熏持種根身器 去後來先作主公

〈제8 아뢰야식의〉 광대한(浩浩) 삼장(능장, 소장, 집장)은 끝을 다 알 수가 없으며, 〈비유하면 제8 아뢰야식은〉 근원이 깊어서 〈바다이고〉, 7가지 식(전오식 · 제6 의식 · 제7 말나식)은 물결(파도)이며, 경계(대상)는 바람이 된다.
〈제8 아뢰야식은〉 훈습된 종자와 유근신과 기세간을 지녀서(대상으로 삼아), 갈 때는 나중에 가고 올 때는 먼저 와서 주인공이 된다.

不動地前纔捨藏　金剛道後異熟空
大圓無垢同時發　普照十方塵剎中

〈제8〉 부동지 전에 겨우(纔) 장식藏識을 버리고, 금강도 이후에 이숙식이 없어진다(空).
대원경지와 무구식이 동시에 일어나 시방의 미진(塵) 세계(剎)를 두루 비춘다.[1)]

1) 현재 현장스님의 『팔식규구』는 독립된 형태로 전해지지 않는다. 그래서 감산스님의 『팔식규구통설』에 실린 것을 발췌한 것이다.

제4부 『팔식규구통설』 주해

Ⅰ.『팔식규구』의 저자 및『팔식규구통설』의 주석자를 밝히다

唐 三藏法師 玄奘 集

당나라 삼장법사 현장이 짓다.

明 憨山 沙門 德清 述

명나라 감산 사문 덕청이 풀이하다.

용어해설

• 팔식규구 · 팔식규구통설

먼저『팔식규구』에서 '팔식'은 안식 · 이식 · 비식 · 설식 · 신식 · 제6 의식 · 제7 말나식 · 제8 아뢰야식의 8가지 식識을 말한다. 그리고 '규구'란 법 규(規), 법 구(矩) 자로서 '법규法規 · 법도法道 · 척도'라는 의미이다. 규規와 구矩는 옛날 목수가 건물을 지을 때 사용하는 도구이다. 규規는 둥근 것을 만드는 도구로서 오늘날의 컴퍼스에 해당한다. 구矩는 일직선으로 선을 긋는 도구로서 오늘날의 삼각자를 생각하면 될 것이다. 이처럼 옛날 목수들이 나무에 선을 긋거나 자를 때 꼭 필요한 것이 '규구'이듯이,『팔식규구』란 '8가지 식(팔식)에 대한 법도, 법규, 척도를 7언절구로 된 12개의 게송(336자)으로 전부 밝힌다'는 의미이다. 참고로『팔식규구』는 세친보살의『유식삼십송』(600자)의 5언절구 체제를 계승하면서도 8가지 식에 한정해서 그 핵심을 기술한 저작이다.

다음으로 **『팔식규구통설』**이란 현장스님이 저술한 '『팔식규구』의 핵심을 꿰뚫어 개괄적으로 해설(설명)하다'라는 뜻이다.『팔식규구』의 저자인 **'삼장법사 현장'** 및 이에 대해 주석한 **'감산'**에 대해서는『백법논의』부분을 참조하길 바란다.

• 집

집集이란 '모으다', 즉 '만들었다 · 지었다'는 의미이다.

• 술

술述이란 '펼치다, (글을) 짓다, 서술하다' 등의 뜻으로서, '펼쳐서 (글을) 쓰다', 즉 '풀이하다'의 의미이다.

Ⅱ. 『팔식규구통설』의 서문을 해설하다

1. 『팔식규구』의 저자 및 저작동기, 제목 등을 기술하다

[1]八識規矩者. 初玄奘法師. 糅成唯識論就. 窺基法師. 因見本論十卷. 文廣義幽. 乃請法師集此要義. 將八識分爲四章. 每章作頌一十二句. 將五十一心所. 各派本識位下. 有多寡之不同. 條然不紊. 故稱規矩. 然論雖十卷. 其義盡此四十八句. 包括無遺. 可謂最簡最要. 爲一大藏教之關鑰.
不唯講者不明難通教綱. 卽參禪之士. 若不明此. 亦不知自心起滅頭數. 所謂佛法之精髓也.

『팔식규구』란 처음 현장법사가 〈세친보살의 **『유식삼십송』**에 대해 주석한 호법보살의〉 **『성유식론』**을 〈중심으로 십대논사의 주석을〉 **합하고 섞어서(合糅)** 〈번역을〉 마쳤지만(就), **규기**법사가 본론(성유식론) 10권의 문장이 광대하고 의미가 깊은 것을 보고서 이에 현장법사에게 이것(성유식론)의 핵심 의미(要義)를 간략하게 지어 줄 것(集)을 청원하였다. 〈그리하여 현장스님이〉 8가지 **식**(안식 · 이식 · 비식 · 설식 · 신식 · 의식 · 제7 말나식 · 제8 아뢰야식)을 전체 4장으로 나누고, 각 장은 12구의 게송으로 지었다.[2] 그리고 51개의 **심소**를 취하여 각각 본식(제8 아뢰야식, 제7 말나식, 제6 의식, 전오식)의 자리(위치) 밑(位下)에 배치하였다(派). 〈하지만 본식과 상응하는 심소의 숫자가〉 많고 적음이 있어 같지 않다.[3] 그러나 〈그 내용이〉 조리가 있고(條然) 문란하지

1) 『팔식규구통설』, X55, 420b10.
2) 부연하면 감산스님은 먼저 4장(오식송, 육식송, 칠식송, 팔식송)으로 나누고, 각 장은 12구의 게송, 즉 전체를 7언절구로 된 48句의 336자로 주석한다.
3) 심소법 중에서 제8 아뢰야식은 5개, 제7 말나식은 18개, 제6 의식은 51개, 전오식은 34개와 각각 함께 작용(상응)하기 때문이다.

않았기(不紊[4]) 때문에 '팔식규구'라고 하였다.

『성유식론』이 10권으로 비록 〈방대하지만,〉 이 48구(336자)로 그 의미를 다 밝혀서(盡) 포괄하여 빠뜨린 것이 없다. 〈그러므로 『팔식규구』는〉 가히 가장 간단하고 요긴(簡要)하여 대장경의 가르침에 〈들어가는〉 관문의 열쇠(關鑰)[5]라고 할 수 있다.

교학을 공부하는 사람이 이것에 밝지 못하면 교학의 핵심에 통하기 어려울 뿐만 아니라(不唯) 참선하는 수행자라고 해도 이것에 밝지 못하면 자기 마음이 생멸하는 이치(두서)를 알지 못하게 되는 것이다. 이것이 이른바 불법의 정수이다.

용어해설

• 『유식삼십송』

『유식삼십송』은 세친보살이 유식사상을 불과 30개의 게송으로 요약, 정리한 대승불교의 논서이다. 『유식삼십송』의 범어 제목은 '오직 식(唯識)에 관한 30게송'(Triṃśikā-vijñapti-mātratā-kārikā)이다. 먼저 『유식삼십송』에서 유식唯識(vijña pti-mātra)이란 세계에 존재하는 모든 것은 오직(唯, mātra) 식識(vijñapti)뿐이라는 의미이다. 즉 외부 대상(artha or viṣaya)의 존재를 부정하는 것(無境)이다. 오늘날의 말로 하면 식識(vijñapt)은 '인식작용', 마트라(mātra)는 영어의 'only'(唯)에 가까운 의미이다. 그리고 송頌(kārikā)[6]이란 시詩 또는 운문韻文을 말하지만, 한자로는 '기리다 또는 칭찬하는 말'이라는 의미이다. 범어에서 하나의 게송은 대체로 32음절, 즉 모음 32개로 구성되어 있다. 이처럼 인도인이 운율韻律을 엄격하게 정한 것은 암송의 편의를 위한 것이다. 예로부터 인도인은 성스럽고 거룩한 것을 문자로 표현하지 않았는데, 그로 인해 암송문화가 발전한다. 인도 정통학파의 성전은 초기에 암송으로 전승되었는데, 이것은 불교의 경전도

4) 어지러울, 문란할 문(紊).
5) 관문 관(關) / 열쇠 관(鑰).
6) '偈頌'이나 '偈'라고 한역하는 범어로는 '카리카'(kārikā), '슬로카'(śloka), '가타'(gātha) 등이 있다.

마찬가지이다. 전통적으로 부처님의 가르침은 수세기에 걸쳐 제자들의 입에서 입으로 전승되었는데, 이른바 사자상전師資相傳 또는 사자상승師資相承의 전승법이다. 여기서 사師는 스승, 자資는 제자, 상전相傳은 '서로 이어받아 전한다', 상승相承은 '서로 이어간다'라는 의미이다. 이처럼 진리(법)의 가르침을 스승으로부터 제자가 이어받고 또한 그 제자가 그의 제자에게 전해 주는 방식이다.

『유식삼십송』에 대한 현장스님의 한역본은 한 게송이 4구(四句), 하나의 구句는 다섯 자로 하여 하나의 게송이 20자로 구성되어 있다. 한시漢詩의 형식으로 말하면 오언사구五言四句의 형태를 취하고 있는 셈이다. 이처럼 『유식삼십송』 한역본은 오언사구의 게송 30개, 한 게송의 글자 수 20자로, 전체 30×20=600자로 이루어져 있다.

현재 『고려대장경』(K17-484)이나 『대정신수대장경』(T31-60)에는 600자의 본문 앞에 '유식삼십송'이라는 제목명과 '세친보살조世親菩薩造'라는 작자, '대당大唐 삼장법사三藏法師 현장玄奘 봉奉 조역詔譯'이라는 한역자에 대한 기술이 있고, 서론에 해당하는 '귀경게歸敬偈, 발기송發起頌'이라는 한 개의 게송(20자)이 있다. 그리고 본론 마지막에는 칠언사구七言四句로 된 '석결시원분釋結施願分'의 28자가 덧붙어져 있다. 이처럼 한역본 『유식삼십송』은 서론(종전경서분=서분, 귀경게와 발기송)과 본론(정종분=의교광성분) 그리고 결론(유통분=석결시원문)을 합쳐 전체 648자로 이루어져 있다.

『유식삼십송』은 대략 다음과 같은 내용으로 구성되어 있다. 제1게송은 존재하는 모든 것(我法)은 식識이 전변(변화)하였다는 식전변識轉變(vijñāna-pariṇāma), 제2게송은 식의 종류(이숙식, 사량식, 요별경식), 제2게송 후반에서 제4게송까지는 심층의식인 제8 아뢰야식, 제5게송에서 제7게송까지는 모든 것을 자기중심적으로 생각하는 제7 말나식末那識(manas-vijñāna), 제8게송에서 제9게송까지는 제6 의식(viṣaya-vijñāna), 제10게송에서 제14게송까지는 51개의 심소(마음작용), 제15 게송에서 제16게송까지는 전오식前五識에 대해 각각 기술하고 있다. 그리고 제17송에서 제19송까지는 유식무경唯識無境(vijñaptimātra)의 논증, 제20송에서 제 25송까지는 삼성설 및 삼무자성三無自性(tri-niḥsvabhāva), 제26송에서 제30송까지는 유식의 수행론을 자량위, 가행위, 통달위, 수습위, 구경위의 5단계로 나누어 기술하고 있다.

현재 『유식삼십송』에 대한 1차 자료는 다음과 같다.

– 범본: S. Lévi, Sthiramati, *Vijñaptimātrāsiddhi*(Viṃśatikā, Triṃśikā), Paris, 1925.
– 티베트역본: 『티베트대장경』(북경판) 113-231, 1-3b1.
– 한역본: 『고려대장경』 17-484, 『대정신수대장경』 31-60.[7]

• 『성유식론』

『성유식론』은 유식의 완성자인 세친보살의 『유식삼십송』에 대한 호법보살의 주석이다. 본래 『유식삼십송』에 대한 주석은 10명의 논사(십대논사)가 달았다고 전해진다. 현재 『유식삼십송』에 대한 주석서는 한역만이 전하는 『성유식론』(호법 저작)과, 범본과 티베트 역이 남아 있는 『유식삼십송석』(안혜 저작)뿐이다.

『성유식론』에 대한 한글 번역서로는 김묘주의 『한글대장경 성유식론 외』, 이만의 『성유식론주해』 그리고 김윤수 편역의 『주석 성유식론』이 있다. 특히 『성유식론』의 구성 체제에 대해서는 김묘주의 해제가 상세하다. 그리고 범본 『유식삼십송석』에 대한 번역서로는 박인성의 한글 역주가 있다.[8]

• 합유

합할 합(合), 섞을 유(糅) 자로 이루어진 말로 '합하고 섞다'는 의미이다. 『성유식론』은 합유역合糅譯이다. 현장스님의 제자이자 중국 법상종의 개조인 자은대사 규기스님은 『성유식론』의 주석서인 『성유식론술기』에서 "『성유식론』은 호법의 사상을 중심으로 십대논사들의 의견을 반영하여 편집하고 한역하였다"라고 기술하고 있는데, 이와 같은 방법으로 번역한 것을 '합유역合糅譯'이라고 한다.

7) 김명우, 『유식삼십송과 유식불교』(예문서원, 2009), p.46.
8) 김묘주, 『한글대장경 성유식론 외』(동국역경원, 2000); 이만, 『성유식론주해』(씨아이알, 2016); 김윤수 편역, 『주석 성유식론』(한산암, 2006). 박인성, 『유식삼십송석』(민족사, 2000).

인도 유식학파 계보

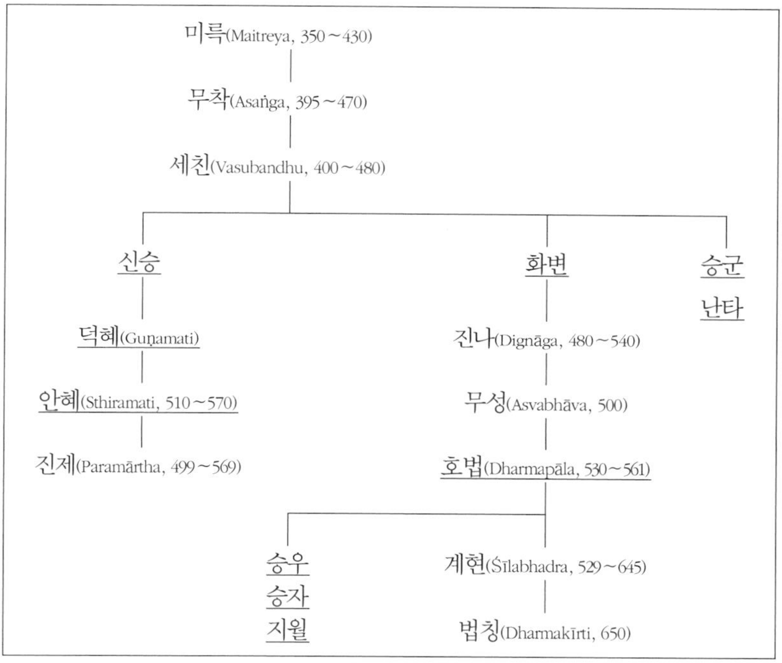

• 십대논사

십대논사란 『유식삼십송』에 대한 주석을 남긴 10명의 학승을 말한다. 위의 도표에서 밑줄 친 인물이 십대논사十代論師이다.[9]

• 규기

규기窺基스님은 중국에서 성립한 법상종의 개창자이다. 줄여서 기基 또는 자은사에서 주석駐錫한 까닭에 자은대사慈恩大師라고 불린다. 당나라 장안長安(지금의 서안) 출신으로 속성은 위지尉遲이고 자는 홍도洪道이다. 그의 조상은 한족이 아니라 위구르족 출신인 것으로 알려져 있다.

규기스님에 대해 『송고승전宋高僧傳』 제4권 「당경조대자은사규기전唐京兆大慈

9) 김명우, 『유식삼십송과 유식불교』(예문서원, 2009), p.40.

恩寺窺基傳』에는 다음과 같은 내용을 전한다.

그는 632년에 태어나 17세에 출가하여 현장스님의 제자가 되었다. 23세에 자은사慈恩寺로 옮겨 현장스님에게 범어와 불교 경론을 배웠고, 25세 이후로는 역경에 참여했다. 659년 현장스님이 유식 논서를 번역할 때 규기스님은 신방神昉, 가상嘉尙, 보광普光의 세 사람과 함께 검문(文), 찬의纂義 등을 담당했는데, 『성유식론』의 번역작업에는 단지 규기스님만이 참여했다. 그리고 661년 현장스님이 유식의 중요한 논서인 『변중변론辯中邊論』, 『변중변론송辯中邊論頌』, 『유식이십론唯識二十論』 등을 번역할 때도 대부분 규기스님이 받아쓰는 일을 했고, 또 그에 대한 소(술기)도 직접 지었다. 이후에도 규기스님은 현장스님의 유식설에 대한 바른 뜻을 전수하다가, 682년 11월 13일 자은사에서 입적하여, 그의 스승인 현장스님 곁에 묻혔다. 그는 후대에 '백본의 소주'(百本疏主)라고 불리듯이 새로 유입된 수많은 불교 경론을 번역하고 주석하는 일에 자신의 온 지성을 쏟아부었다. 그의 대표적인 저작은 스승인 현장스님과 함께 인도의 여러 유식학설을 집대성한 『성유식론成唯識論』과 그가 직접 쓴 주석서 『성유식론술기成唯識論述記』이다. 이 논서와 그 주석서들에서부터 중국의 새로운 유식학 즉 법상종法相宗이 시작되었기에 그를 법상종의 개창자라고 한다.[10)]

그가 개창한 법상종은 동북아시아에서 가장 먼저 종파로 성립하였지만, 애석하게도 중국과 한국에서 가장 먼저 사라진 종파이기도 하다. 그러나 일본에서는 여전히 법상종이 건재하다. 지금도 자은대사를 기념하는 법회가 일본 법상종의 본사인 나라의 흥복사興福寺나 약사사藥師寺, 교토의 청수사淸水寺에서 열리고 있다. 이 외 규기스님의 저작으로는 논리학의 주석서인 『인명입정리론소因明入正理論疏』와 『성유식론』의 주석서인 『성유식론장중추요成唯識論掌中樞要』 등이 남아 있다.

규기스님은 『해심밀경』에 근거하여 '삼륜전법설三輪傳法說'로써 부처님의 설

10) 백진순, 『불교신문』(http://www.ibulgyo.com/).

법을 3단계로 나눈다. 예컨대 최초 법륜을 초기불교와 부파불교, 제2 법륜을 반야경전과 중관파, 제3 법륜을 유식의 가르침으로 나누고, 최종적으로 유식을 부처님의 최고 가르침이라고 한다. 이것을 '삼시교판'이라고 한다. 이런 입장은 종파불교가 꽃을 피운 중국인들의 독특한 사고방식이다.

자은대사 규기스님은 많은 일화도 남기고 있는데, 『속고승전』에 전하는 일화를 하나 소개하고자 한다. 자은대사는 17세 때 현장스님을 만나는데, 한눈에 자은대사의 자질을 간파한 현장스님이 그를 제자로 삼고자 하였다. 현장스님이 황제의 존경을 받던 당대 최고의 고승이었다는 점을 생각할 때 아마도 보통 사람이라면 감지덕지하며 당장 출가했을 것이다. 그런데 자은대사는 현장스님에게 3가지 조건을 허락하면 제자가 되겠다고 한다. 그 첫 번째 조건은 출가자라면 반드시 절제하고 멀리해야 할 감각적 욕망을 끊지 않겠다는 조건이었다. 다시 말해 출가해서도 계속 여자를 만나겠다는 말이다. 두 번째 조건은 육식을 허락해 달라는 것이었다. 이것은 음식을 구애받지 않고 먹겠다는 말인데, 소위 고기뿐만 아니라 술도 마시겠다는 것이다. 세 번째 조건은 공양시간(식사시간)을 마음대로 해달라는 것이었다. 당시의 계율에 따르면 출가자는 12시 이후에는 음식을 먹을 수 없었다. 그런데 음식을 언제든지 먹고 싶을 때 먹겠다는 것이다. 알다시피 자은대사가 제시한 3가지 조건은 출가자가 반드시 지켜야 할 계율들이다. 결국 자은대사는 그 계율들을 무시하고 지키지 않겠다는 말도 안 되는 조건을 제시한 것이다. 그런데도 현장스님은 그 조건을 받아들이고 자은대사를 제자로 삼는다.

출가하여 스님이 되었지만 자은대사는 외출할 때 수레 3대를 대동하고 다녔다 한다. 첫 번째 수레에는 불교경전, 두 번째 수레에는 자신이 타고, 세 번째 수레에는 음식과 기녀들을 태우고 대로를 활보했다고 한다. 그래서 당시 사람들이 그를 삼거화상三車和尙이라고 불렀다고 전한다.

이런 자은대사의 행동을 보고 문수보살이 늙은 아버지로 화신하여 부처님의 가르침을 전해 준다. 이에 자은대사가 깨달음을 얻어 마침내 모든 것을 버리고 수행에 정진하고, 현장스님을 도와 여러 경전과 논서를 번역하게 된 것이다.

• 식

현장스님(중국불교)은 식識을 구별하지 않았지만, 인도 유식불교에서는 비즈냐나(vijñāna)와 비즈냐푸티(vijñapti)로 구별한다. 오늘날의 말로 하면 전자는 인식(識 · vijñāna), 후자는 인식작용(了別 · vijñapti)이라고 할 수 있다. 'vijñāna'는 동사 '√jñā'(알다)에서 파생한 명사형 'jñā+ana'에 '분리하다 · 쪼개다'라는 의미를 가진 접두사 'vi'를 붙여 만든 단어로, 본래 의미는 '둘(인식작용과 인식대상)로 나누어(분별) 알다'이다. 따라서 오늘날의 말로 번역하면 '인식'이라고 할 수 있는 것이다. 일반적으로 vijñāna는 아뢰야식阿賴耶識(ālaya-vijñāna), 말나식末那識(manas-vijñāna) 등과 같은 '식識'을 가리킬 때 사용한다. 반면 vijñapti는 'vi-√jñā'(알다)라는 동사원형에서 사역형 'vijñapapati'가 된 것으로, '둘로 나누어 알게 하는 것, 알려지는 것'이라는 의미이다. 그런데 vijñapti에는 대상이 전제되어 있다. 즉 이것은 어떤 대상을 나누어서 안다는 것이다. 그리고 이처럼 '어떤 대상(artha)을 알게 하는 것'이기 때문에 오늘날의 말로 번역하면 '인식작용'이라고 할 수 있는 것이다. 참고로 유식(vijñapti-mātra)이라고 할 때는 'vijñapti'를 사용한다.

• 심소

심소心所란 범어 차이타(caitta)의 번역이다. 심소는 심왕(8가지 식)에 속해 있기 때문에 '심왕의 권속眷屬'이라고 한다. 또는 '심소유법, 즉 마음에 소유된 것'이라고 하는데, 줄여서 심소라고 한다. 집필자는 심소를 현대적으로 풀어 '마음작용 · 마음의 움직임'이라고 번역하였다. 심소에 대해서는 『백법논의』를 참조하길 바란다.

2. 『팔식규구통설』의 저작 이유, 배경, 목적을 밝히다

但窺基舊解. 以論釋之. 學者難明. 故但執相. 不能會歸唯心之旨.
予因居雙徑寂照. 適澹居鎧公. 請益性相二宗之旨.
予不揣[11]固陋. 先依起信會通百法. 復據論義以此方文勢消歸於頌. 使

學者一覽了然易見.
而參禪之士不假廣涉教義. 卽此可以印心. 以證悟入之淺深. 至於日用見聞覺知. 亦能洞察生滅心數.
但此頌近解已多. 皆得其宗. 但就機宜. 或以此爲一助. 以隨文難明. 故先提大綱于前. 使知綱要. 則於頌文不勞細解. 亦易會矣.

다만 규기〈법사〉의 옛 해석[12]은 『성유식론』으로써 그것(유식의 가르침)을 해석했지만, 학인이 이해하기(明) 어려웠다. 〈왜냐하면〉 단지 이름과 형상에 집착해서는 유심唯心의 요지要旨[13]로 회통하여 되돌아갈 수가 없기 때문이다.[14]
내(감산)가 쌍경산雙徑山(중국 지명)의 적조사寂照寺에 머물 때, 마침 담거개[15]라는 사람(관리)이 **성상**性相 두 종宗의 근본 가르침을 청하여 배우고자[16] 하였다.
이에 나(감산)의 완고하고 식견이 없음을 헤아리지 못하고서[17], 먼저 『대승기신론』에 의지하여 백법[18]을 회통시키고, 다시 론(『성유식론』)의 뜻에 의

11) 헤아릴 취(揣).
12) 『성유식론』에 대한 주석서인 규기스님의 『성유식론술기』을 말한다.
13) 요긴할 요(要), 뜻 지(旨) 자로, 여기서 '유심의 요지(종지)'라는 것은 '상종'의 가르침을 말한다.
14) 이 구절은 감산스님이 자은대사 규기스님(법상종)을 비판하고 있는 부분으로서, 이른바 규기스님이 '성'아니라 '상'의 해석에 몰두했다는 것이다. 하지만 집필자는 여기에 동의하기 어렵다. 왜냐하면 유식은 요가 수행을 통해 相(현상적 존재)을 관찰 사유하여 그 性(본질)을 깨닫는 것, 즉 '상을 통해 성에 이르는 것'이 목적이기 때문이다. 그래서 유식학(법상종)을 '性相學'이라고 하는 것이다. 부언하자면 성종과 상종은 깨달음에 도달하기 위한 방법상의 차이일 뿐 두 종의 목적은 동일하다. 그러므로 불교를 성종과 상종으로 구분하는 자체가 잘못되었다고 집필자는 생각한다.
15) 『감산자전』(감산덕청 지음, 대성 옮김, 탐구사, 2015, p.165)에는 '法鎧스님이 상종에 대해 자세한 가르침을 청했으므로 『성상통설』을 저술했다'고 기술하고 있다.
16) 법문을 청해서(請) 들으면 그 듣는 사람은 이익(益)이 되기 때문에 '청익'이라고 한다.
17) 여기서 감산스님이 자신의 공부가 뛰어나지 못하다고 하지만, 이것은 일종의 겸손 어린 표현이다.
18) 여기서 '백법'이란 천친보살(세친보살)이 저작하고, 현장스님이 한역한 『大乘百法名門論』을 말하는데, 감산스님이 『대승기신론』에 근거하여 『百法論義』를 주석하고, '5위백법'으

거하는 이러한 방식으로 문장의 기운을 녹여 〈팔식규구의〉 게송으로 귀결되도록 하여 학인으로 하여금 한 번 봄(一覽)으로써 분명하게 이해하고(了然), 알기 쉽게(易見) 하였다.[19]

참선 수행자(參禪之士)가 〈유식의〉 교의를 널리 공부할 겨를이 없으므로 이것(『팔식규구통설』)으로 마음을 인증하여 깨달음으로 들어가는 것(悟入)의 깊이와 얕음을 증명하고, 보고 듣고 느끼고 아는(見聞覺知) 중에 또한 마음이 생멸하는 이치(數)를 능히 통찰할 수 있게 하였다.[20]

다만 이 『팔식규구』의 게송은 근래에 해석한 것[21]이 이미 많아 모두 그 핵심요지를 알게 되었다(得). 〈그렇다고 하더라도〉 다만 근기의 적절성에 있어 혹여 이것(『팔식규구통설』)이 하나의 도움이 될 것이다. 〈그렇지만〉 문장을 해석하는 것만으로는 〈그 의미를〉 알기 어렵기 때문에, 우선 그 전에

로 회통했다는 뜻이다.

19) 이처럼 감산스님은 100개의 심소법을 간략하게 설명한 『백법명문론』에 대해 『대승기신론』에 의지하여 『백법논의』을 통해 주석하고, 또한 『성유식론』에 근거하여 8가지 식(팔식)을 압축적으로 정리한 『팔식규구』에 대해 『팔식규구통설』을 통해 주석한다. 그리고 『백법논의』와 『팔식규구통설』의 저작 이유를 참선 수행자와 후대 학자에게 알기 쉽게 유식의 핵심 가르침을 제시하기 위함임을 분명하게 밝히고 있는데, 이것은 곧 참선 수행자라면 반드시 유식을 공부해야 한다는 것을 강조한 말이기도 하다.

20) 감산스님은 『팔식규구통설』의 저작 의도가 참선 수행자를 위한 것임을 분명하게 밝히고 있다.

21) 감산스님이 활동한 시기의 『팔식규구』에 대한 대표적인 주석서로는 다음과 같은 것들이 있다. 모두 〈X(속장경)〉에 남아 있다.

〈감산 이전의 주석서〉
『八識規矩補註』, 明 普泰 補註.
『八識規矩補註證義』, 明 明昱 證義.
『八識規矩略說』, 明 正誨 略說.
『八識規矩頌解』, 明 眞可 述.
〈감산 이후의 주석서〉
『八識規矩纂釋』, 明 廣益 纂釋.
『八識規矩直解』, 明 智旭 解.
『八識規矩淺說』, 淸 行舟 說.
『八識規矩頌注』, 淸 行舟 註.
『八識規矩論義』, 淸 性起 論釋 善漳 等 錄.
자세한 것은 CBETA(漢文大藏經) 참조하길 바란다.

〈『팔식규구』의〉 전체 내용의 핵심을 대략적으로 제시하여(大綱)[22] 전체 내용의 개요(綱要)를 알게 하였으며, 〈참선 수행자가 『팔식규구』의〉 게송 문장을 세세하게 이해하는 노력을 하지 않더라도 쉽게 회통하게 했다.[23]

용어해설

• 성상/성종 · 상종

성상은 성종과 상종을 말한다. 성종은 『법화경』이나 『화엄경』을 기반으로 성립한 천태종 · 화엄종의 가르침, 상종은 법상종 즉 유식의 가르침을 말한다. 아마도 '담거개'라는 사람이 감산스님에게 '성性'을 중시하는 화엄종이나 천태종의 가르침과 '상相'을 중시하는 법상종의 가르침의 차이를 질문한 것 같다. 그래서 감산스님이 『팔식규구통설』을 찬술했다는 것이다. 앞에서도 언급했지만, 유식은 요가 수행을 통해 상相을 관찰 사유하여 그 성性을 깨닫는 것이 목적이기 때문에 유식학(법상종)을 성과 상을 연구하는 학문(학파)이라는 의미에서 '성상학性相學'이라고 한다. 앞에서도 언급했지만 유식의 입장에서 볼 때 유식학(법상종)을 '상종相宗'으로 구분하는 것은 적절하지 않다고 생각한다.

• 견문각지

견문각지見聞覺知(dṛṣṭa-śruta-mata-vijñāta)란 어떤 것을 인식할 때의 4가지 방식을 말한다. 견見은 눈으로 보는 것이며, 문聞이란 귀로 듣는 것, 각覺이란 스스로 사유하는 것, 지知란 자신의 마음속에서 파악하고 체험하여 깨닫는다는 뜻이다.[24]

---

22) 大는 '큰, 전체', 綱이란 그물을 짤 때 중심이 되는 줄을 뜻하는 것으로서, 대강이란 '대략적인 핵심 내용'이라는 말이다. 그리고 綱要는 '가장 핵심의 요지'라고 번역했는데, 여기서 '대강'이나 '강요'는 같은 의미이다.

23) 감산스님은 본격적인 주석에 앞서 주석 내용의 '전체 내용을 강설함'(대강)을 제시하는데, 이것은 『팔식규구통설』의 저작 의도인 '참선으로 바쁜 참선 수행자'에게 시간적인 할애를 적게 하고서도 유식사상을 바로 이해시키기 위한 것이다.

24) "見聞覺知義者. 眼所受是見義. 耳所受是聞義. 自然思搆應如是. 如是是覺義. 自內所受是知義."(『잡집론』, T31, 695c8)

III. 팔식의 전체 내용을 간략하게 해설하다

1. 대강이란

大綱者. 謂一眞法界圓明妙心. 本無一物. 了無身心世界之相. 又何有根境對待. 妄想分別之緣影乎.
原此心境. 皆因無明不覺. 迷一心而爲識. 唯識變起見相二分. 故見爲心. 相爲境. 故緣塵分別好醜取捨者. 皆妄識耳.

전체 내용의 핵심을 간략하게 기술함(大綱)이란 어떤 의미인가? 이른바 하나의 참된 진리 세계인 원만하고 밝은 묘한 마음(一眞法界圓明妙心)은 본래 하나의 물건도 없어서 몸 · 마음 · 세계의 독립적 모양이 아예 없다.[1] 그런데 어떻게 감각기관(根)과 인식대상(境)의 상대(對待)와 망상분별의 대상(緣)을 일으키는 영상(影)이 있겠는가?
원래 〈마음은 일진법계원명묘심인데〉 **마음**과 **대상**이 모두 무명불각(밝은 지혜가 없어 깨닫지 못함)으로 인해 일심(일진법계원명묘심)을 미혹해서 식識이 되었다. '오직 식뿐'(唯識)이지만, 견분과 상분의 2분으로 변화하여 일어났다(變起). 그래서 견분은 심이 되었고 상분은 대상이 되었다. 그러므로 **대상(塵)**을 **조건(攀緣)**으로 삼아 분별하고서, 좋아하고, 싫어하고, 취하고, 버리는 것은 모두 허망한 식識일 뿐이다.

용어해설

• 일진법계원명묘심

일진법계원명묘심一眞法界圓明妙心이란 '하나의 참된 세계(법계)가 곧 원만하고

1) 중생의 본래 마음은 지극히 고요하고 모든 모습(상)을 떠나 있기 때문에 '하나의 물건도 없다'(本無一物). 왜냐하면 '텅 비어 있기'(空) 때문이다. 즉 '空한 존재'라는 것이다.

밝은 묘한 마음'이라는 뜻으로 본래의 마음자리를 말한다. 다시 말해 그 본래 마음은 '하나의 참된 법계(一眞法界)로 원만하고 밝은 묘한 마음(圓明妙心)'이라는 의미이다. 간단하게 말하면 진리의 세계(법계)=마음이라는 말이다.

• 대상(境) · 인식대상(塵) · 소연

유식(인도불교)에서는 인식대상 일반을 가리키는 말로 크게 4가지를 사용하는데, 아르타(artha), 비사야(viṣaya), 고차라(gocara), 알람바나(ālamabana)이다. 그런데 중국불교에서는 '대상'을 엄격하게 구별하지 않고 사용한다. 현장스님은 '아르타'(artha)와 '비사야'(viṣaya)를 구별하지 않고 '외경外境'이나 '경境', 진제스님은 '외진外塵', '진塵'으로 한역하고 있다. 아르타(artha)는 원래 '사물', '사물을 지시하는 의미', '목적', '가치' 등의 뜻이 있다. 이처럼 아르타(artha)는 인식대상뿐만 아니라 사물의 의미(義, meaning)도 포함하는 넓은 개념이다. 반면 비사야(viṣaya)는 아르타(artha)의 일부인 인식대상을 말할 때 사용하기 때문에 오늘날의 인식대상이라는 말로 번역하는 것이 타당할 듯하다. 그리고 '소행所行'으로 한역되는 '고차라'(gocara)는 지금 작동하고 있는 감각기관에 의해서만 인식되는 한정된 대상을 가리킬 때 사용하는 개념이다. 고(go)는 '소'(牛), 차라(cara)는 '걷다' 또는 '가다', 즉 소가 풀을 먹기 위해 걸어가는 목초지를 말한다. 목초지는 좁은 범위의 영역이기 때문에 한정된 범위, 즉 오직 감각기관에 한정된 대상을 말하는 것이다. 그리고 '알람바나'(ālamabana)는 한역에서 '소연所緣'이라고 하는데, 연緣이란 인식대상 일반을 가리키는 말로써 '인식되는 것'을 소연이라고 한다. 반면 능연能緣(ālamabaka)이란 '인식하는 것'(인식주체)을 말한다. 이 4가지 개념을 한역으로 구별하면, artha=경境, viṣaya=경계境界, gocara=소행所行, ālamabana=소연所緣이 된다. 집필자는 이것을 대상 또는 인식대상으로 통일해서 사용하였다.

• 심 · 심왕

심心이란 범어 치타(citta)의 번역이다. '생각하는 것'이라는 의미로서, 동사어근 √cit(생각하다)에 과거수동분사(ta)가 첨가되어 만들어진 명사이다. 'citta'는 〈업을〉 쌓다(ci), 〈종자가〉 집적되다(√cita), 〈대상 등이〉 갖가지(√citra)라는 뜻이 있다. 부파불교에서는 주로 '쌓다 · 집적되다', 유식학파에서는 '집적되다 · 갖가지의'라는 의미로 사용한다. 어원 중에서 가장 바른 어근은 '생각하다'(√cit)이다. 심소心所와 대조하는 의미로 심왕心王이라고도 한다.

이처럼 유식에서는 식識을 심왕心王과 심소心所로 구별한다. 심왕은 8가지 식(안식 · 이식 · 비식 · 설식 · 신식 · 의식 · 제7 말나식 · 제8 아뢰야식)을 말한다. 심왕은 마음의 왕이라는 의미로서, 군주국가의 왕처럼 주체적으로 움직인다는 것이다. 그리고 심소는 심왕에 부수하여 작용하는 마음, 즉 마음작용을 말한다. 심소는 '심소유법心所有法'(마음에 소유된 것)의 줄임말이다.

• 조건(攀緣)

잡을 반(攀), 인연 연(緣) 자의 반연은 외부의 어떤 대상에 '생각이 끌려가 작용을 일으키는 것'(인식하는 것)을 뜻한다. 예를 들면 담쟁이덩굴이 담을 타고(의지하여) 올라갈 때, 담쟁이덩굴이 담을 '반연'해서 넘어간다고 표현한다. 그래서 반연을 '조건'이라고 번역하였다.

2. 대강을 설한 이유를 말하다

若了心境唯識. 則分別不生. 分別不生. 則一心圓明. 永離諸相矣. 今以未悟一心. 故須先了唯識心境. 生滅心行則當下消亡. 一心可入. 故唯識必須先知大綱. 方可安心入觀耳.

만약 마음(心)과 대상(境)이 오직 식뿐(唯識)임을 이해한다면 분별은 생기지 않고, 분별이 생기지 않으면 일심은 원명하여 영원히 모든 형상(相)에서 벗어날 것이다. 지금 일심을 깨닫지 못한다면, 모름지기 마음과 대상은 오직 식뿐임을 먼저 이해해야 한다. 왜냐하면 **생멸심**의 작용(行)이 마땅히 그때 그 자리에서(당장 그 자리에서) 소멸하고 없어져야 일심一心에 들어갈 수 있기 때문이다. 그러므로 반드시 먼저 유식의 전체 내용 핵심(大綱)을 알아야 한다. 그래야 비로소 **안심입관安心入觀**할 수 있을 것이다.

용어해설

• 생멸심/불생멸심

생멸심이란 번뇌 망상이 일어나고 소멸하며 생사윤회하는 마음을 의미한다. 또한 중생이 일상에서 일으키는 마음이기 때문에 중생심이라고 한다. 반면 불생불멸심은 중생의 번뇌 망상이 일어나고 소멸하는 생멸심이 아니다. 그래서 불생멸심이라고 한다. 또는 진여심, 여래장이라고 한다. 그러나 둘은 같지도 않고, 다르지도 않다. 왜냐하면 일체 현상의 근본은 진여심(불생불멸심)이지만, 그것을 자각하지 못하고 망상분별하는 것이 생멸심이기 때문이다.

• 안심입관

안심安心이란 '마음이 편안하다', 관觀이란 '마음을 관하다'는 뜻으로서, 입관入觀이란 '마음을 관찰(觀)하여 들어간다(入)'는 말이다. 여기서 마음을 관찰한다는 것은 결국 '참선 수행을 실천하여 깨달음에 들어간다'는 의미이다.

3. 『팔식규구』의 전체 내용의 핵심은 8가지 식(심왕)이다

此頌大綱單擧八識'心王'. 緣境之時. 境有好醜. 故'心所'從之執取. 起憎愛取捨. 故作善作惡. 善惡爲因. 故感苦樂二報. 則業力牽引受苦受樂. 衆生生死之法. 唯此而已.

此中開列八識各具心所多寡之不同. 造業有強弱之不一. 分別皎[2]然. 使學者究心. 了知起滅下落. 易於調治. 不致盲修瞎練. 不是徒知名相而已. 衆生日用見聞覺知. 不離心境.

이 송(『팔식규구』)의 전체 내용의 핵심(大綱)은 바로(單擧) 8가지 식인 심왕[3]이

2) 달빛 교(皎). 달빛은 사물을 밝고 분명하게 보여 주기 때문에, 집필자는 '분명하다'로 해석하였다.

3) "대강은 바로 팔식인 심왕"이라는 말은 『팔식규구』에서 핵심적으로 기술하고자 하는 것이 100가지의 '심소'가 아니라 8가지 식인 '심왕'이라는 의미이다. 나아가 심소에 대해서는 감산 자신이 『대승백법명문론』의 주석서인 『백법논의』에서 이미 밝혔다는 것을

다. 심왕(8가지 식)이 대상을 조건으로 삼을 때, 대상을 좋아하고 싫어하는 것이 있다는 것이다. 그러므로 심소가 그것(심왕)에 따라 집착하고 취하며, 미움과 애착, 취함과 버림을 일으킨다. 그리하여 〈심소가〉 선을 짓고 악을 짓는다. 〈심왕은〉 선 · 악을 원인으로 삼아 고 · 락의 두 가지 과보를 받는다. 즉 〈심왕의〉 업력에 이끌려 괴로움을 받기도 하고 즐거움을 받기도 한다. 중생의 생사의 법은 오직 이것(심왕의 업력)뿐이다.

이 중에 8가지 식을 열고 나열하여, 그 각각이 갖춘 심소의 많고 적음이 동일하지 않고[4], 업을 짓는 것이 강하고 약한 것이 있어 같지 않다[5]는 것을 분명하게 구별하였다.[6] 그리하여 마음을 참구하는 학인(참선 수행자)으로 하여금 〈8가지 식이〉 생기거나 사라지는 것(起滅下落)을 잘 알게 하고, 번뇌나 분별을 다스리기 쉽게 하고(調治)[7], 〈유식을 전혀 모른 채〉 맹목적으로 참선하거나 수련하는 것(盲修瞎練[8])에 이르지 않게 하고자 하였다. 이것은 단지(徒[9]) 명칭과 형상만 알게 하고자 하는 것이 아니다. 그렇게 함으로써 중생의 보고, 듣고, 느끼고, 아는 일이 마음과 대상경계를 떠난 것이 아님을 〈알게 하고자 하는 것이다.〉

의미한다.

4) 심왕인 제8 아뢰야식은 5개의 심소, 제7 말나식은 18개의 심소, 제6 의식은 51개의 심소, 전오식은 34개의 심소와 각각 상응하는 것이 다르다는 것이다.

5) 8가지 식 중에는 업력이 강한 것과 약한 것이 있다는 것이다. 특히 8가지 식 중에서 제6 의식이 업력이 강하다고 한다. 이것에 대해서는 『팔식규구』의 팔식송(제8 아뢰야식)과 주석 부분에서 자세하게 설명할 것이다.

6) 8가지 식의 작용 및 함께 작용하는 심소의 차이를 각각 자세하게 기술하였다는 뜻이다.

7) 調治란 조화로울 조(調), 다스릴 치(治) 자로서 '조화롭게 또는 꼭 맞게 다스린다(바로잡다)'는 뜻이다. 그래서 집필자는 '〈번뇌나 분별을〉 잘 다스린다'로 해석하였다.

8) 盲修瞎練: 눈멀 맹(盲), 닦을 수(修), 눈멀 할(瞎), 익힐 련(練). 즉 맹수할련이란 '눈을 감고 수련한다'는 뜻으로서, 집필자는 '맹목적으로 참선하거나 수행한다'라고 번역했다.

9) 한갓 도(徒).

4. 삼량을 개괄하다

其能緣之心. 具有三量. 量者量度. 揀非眞智. 今妄識對境. 便[10]有量度. 故心有三量. 謂現量· 比量·非量.

능연[11]의 마음(인식주체)은 삼량과 함께 〈작용〉한다. 인식수단(量)이란 '헤아려 잘 아는 것'(量度)이라는 〈뜻으로〉 진실한 지혜(智)가 아닌 것을 간별한다(揀)[12]는 말이다. 지금 망령된 식(마음)이 대상을 만나면 바로 양탁이 있게 된다. 그리고 이 마음에는 3가지의 인식수단(삼량)이 있다. 이른바 현량現量(직접지각)·비량比量(추리)·비량非量(그릇된 인식)이 그것이다.

1) 현량(직접지각)을 해설하다

以第一念現前明了. 不起分別. 不帶名言[13]. 無籌度心[14]. 如鏡現像. 名爲現量.

〈현량(직접지각)이란 어떤 것인가? 현량이란〉 첫 번째 생각(第一念)[15]이 눈앞에 확실하고 명확하게 나타나지만, 분별을 일으키지 않고, 언어를 띠지(동

10) 문득 변(便).

11) 유식에서 緣이란 넓은 의미로 '인식'을 말하는데, 연에는 인식하는 주체인 能緣(ālambaka)과 인식되는 대상인 所緣(ālambana)이 있다. 유식에서는 소연(境)이 있기 때문에 능연(識)이 생긴다고 한다. 이 말은 곧 소연(境)이 없으면 識도 없어진다는 것이다. 이것을 境識俱泯이라고 한다. 여기서는 능연에 '심'을 첨가하여 능연심(어떤 대상을 봄으로 인해 생긴 마음)이라고 하였다.

12) 가릴 간(揀).

13) '명언'이란 '언어', '帶'는 '띠다'라는 의미로서, '언어를 띠다'라는 말이다. 그래서 집필자는 '언어를 동반하지 않는다'로 해석하였다.

14) 주탁에서 籌는 '산가지'를 의미한다. 이 말은 옛날 주판이 등장하기 이전 물건을 헤아릴 때 성냥개비와 비슷한 산가지로 숫자를 헤아린 것에서 유래하는데, 이른바 '헤아린다'는 의미이다. 탁도 헤아릴 탁(度) 자로서 '헤아린다'는 의미이다. 그래서 집필자는 '주탁심'을 '헤아리는 마음'으로 해석하였다.

15) 第一念이란 '다른 생각이 개입하지 않은 첫 번째 생각'이라는 뜻으로, 분별을 일으키지 않는 생각을 말한다.

반) 않고, 헤아리는 마음이 없는 것(籌度心)이다. 마치 거울이 영상을 비추는 것과 같다.[16] 그래서 현량이라고 한다.[17]

2) 비량比量과 비량非量의 차이를 해설하다

若同時率爾意識. 隨見隨卽分別. 名爲比量. 比度不著名爲非量. 此三量. 乃能緣之心也.

〈비량比量과 비량非量의 차이는 무엇인가?〉 만약 동시의식인 솔이의식率爾意識[18]이 견분을 따라 분별한다면 비량比量이라고 한다.[19] 반면 비탁比度[20]이 나타나지 않으면(잘못된 생각이나 착각) 비량非量이라고 한다. 이 삼량은 능연의 마음(인식주체)이다.

5. 소연(인식대상)인 삼류경을 간략하게 설하다

而所緣之境. 亦有三. 謂性境 · 帶質境 · 獨影境.

〈인식대상인 소연경은 어떤 것인가?〉 소연의 대상(소연경)도 3개가 있다. 이른바 성경[21] · 대질경[22] · 독영경[23]이 그것이다.

---

16) 거울이 대상을 그대로 비추듯이 현량은 '있는 그대로 대상을 인식하는 작용'을 말한다.
17) 이 구절은 전오식과 함께 작용하는 현량을 설명한 것이다.
18) 법상종에서는 5심을 솔이심, 심구심, 결정심, 염정심, 등류심으로 구분하는데, 그중에 솔이심은 대상에 대해 갑자기 일어나는 마음으로, 하나의 인식이 성립하는 과정 중의 최초의 마음이다. 그래서 솔이심을 동시의식, 솔이의식이라고 한다. 자세한 것은 박인성, 「의식의 솔이심에 대한 규기의 해석」(『불교학보』 51집, 서울: 동국대 불교문화연구원, 2009)을 참조하길 바란다.
19) 이 구절은 제6 의식과 함께 작용하는 比量을 설명한 부분이다.
20) 比度이란 '比量籌度'의 줄임말로, '헤아린다'는 의미이다. 그래서 집필자는 '比度不著'를 '잘못된 생각, 착오, 착각'으로 해석하였다.
21) 실물(실재하는 사물) 또는 본질(性, 실체)을 가진 대상(境)이라는 의미이다.
22) 대질경이란 띨 때(帶), 바탕 질(質) 대상 경(境) 자로서, 대상의 본질이 아니라 '대상의

1) 성경

現量緣性境. 性者. 實也. 謂根塵實法. 本是眞如妙性. 無美無惡. 以心無分別. 故境無美惡. 是爲性境.

〈이 중에 성경이란 무엇인가?〉 현량은 성경을 조건(대상)으로 삼는다. 성이란 실實(實性＝實體＝實物)이라는 뜻이다. 감각기관(根)과 감각대상(塵)은 실재하는 법으로 본래 진여의 오묘한 성품이며, 이것에는 미추호오美醜好惡가 없다. 마음에 분별이 없으므로 대상도 아름다움과 싫어함이 없다. 이것을 성경이라고 한다.

2) 대질경

帶質境者. 比量所緣. 若比度不著. 則爲非量. 其帶質境. 有眞有似. 以六七二識. 各有所緣故. 若六識外緣五塵比度長方圓美惡等相. 屬第二念意識分別. 故爲比量. 此長短等相. 是帶彼外境本質而起. 名似帶質. 以是假故.

〈대질경이란 어떤 것인가?〉 대질경이란 비량比量이 상대하는 대상이다. 반면 만약 비탁比度(헤아림)이 나타나지 않는다면(착오나 착각한다면) 그것을 비량非量이라고 한다. 대질경은 진대질경眞帶質境과 사대질경似帶質境으로 나눌 수 있다. 왜냐하면 제6 의식과 제7 말나식의 두 가지 식은 각각 소연(인식대상)이 다르기 때문이다.[24] 〈즉 제6 의식은 사대질경을 조건(대상)으로 삼고, 제7 말나식은 진대질경을 조건(대상)으로 삼는다.〉

본질을 띠고 있는 대상'이라는 의미이다.

23) 독영경이란 홀로 독(獨), 그림자 영(影), 대상 경(境) 자로서, 제6 의식이 '단독으로 만든 영상(환영)의 대상'을 말한다. 이것은 유질독영경(지금은 없지만 과거에 경험했던 것[有質, 본질이 있는 것]을 의식이 단독으로 만든 대상)과 무질독영경(토끼 뿔과 같이 실재하지 않는 것[無質, 본질이 없는 것]을 의식이 단독으로 만든 대상)으로 나눈다. 삼경(삼류경)에 대해서는 오식송(전오식)에 대해 설명한 게송을 참조하길 바란다.

24) 대질경이 제6 의식과 제7 말나식에서 작용함을 밝힌 것이다.

〈이 중에 사대질경이란 어떤 것인가?〉 만약 제6 의식이 바깥의 오진五塵(색경 등)을 조건(대상)으로 삼아 길거나 모나거나 둥글거나 아름답거나 추하다는 등의 모습을 비교하고 헤아린다면, 제이념第二念(어떤 것을 길다 또는 짧다 등으로 의식이 분별하는 것)인 제6 의식의 분별에 속한다. 그러므로 비량比量이라고 한다. 길거나 짧다는 등의 형상은 저 외경(境)의 본질(質)을 띠고(帶) 일어나므로 사대질경[25]이라고 한다. 〈사대질경은 대상의 본질이 아니라 대상의 본질을 비슷하게 띠고 있기 때문에〉 이것은 가짜(假)이다.

3) 독영경

其意識緣五塵過去落謝影子. 亦名有質獨影. 乃意識所變. 故云以心緣色似帶質. 中間相分一頭生. 謂單從能緣見分起故.
若緣空華兎角等事. 名無質獨影.

〈독영경 중에서 유질독영경은 어떤 것인가?〉 제6 의식이 오진(색진 등)인 과거의 사라진 대상(落謝)과 그림자(影子)를[26] 조건으로 삼은 것을 '유질독영경'이라고 한다. 이것은 제6 의식이 변한 것이다. 그러므로 마음이 색을 상대하면 형질(본질)을 띠고 있는 것과 같다(사대질)고 하는 것이다. 중간상분[27]에 한쪽(능연심)[28]이 일어난다는 것은 그것이 능연의 견분에서만 일어

25) 사대질경이란 제6 의식이 五塵(색경, 성경, 향경, 미경, 촉경)의 긺 · 네모 · 둥긂 · 아름다움 · 추함을 조건으로 삼은 것을 말한다. 이런 것들은 진짜 질(眞質)을 띠고(帶) 있는 것이 아니라 비슷한 질(似質)을 띠고(帶) 있는 대상(境)이다.

26) 落謝 · 影子: 떨어질 락(落), 사라질 사(謝) 자로서 〈과거에〉 '이미 떨어져 사라졌다'는 의미이다. 다시 말해 지금 五塵이 있는 것이 아니라 의식에 남아 있는 과거의 塵(인식대상)을 낙사라고 한다. 그리고 影子도 실재하는 대상(塵)이 아니라 그림자(影)처럼 의식 속에 남아 있는 것이다.

27) 삼경, 즉 성경 · 대질경 · 독영경은 모두 상분이다. 그중에 성경은 實相分, 대질경은 중간상분(실상분과 가상분의 중간), 독영경은 假相分이다. 그래서 대질경은 상분이지만 '중간상분'이라고 한다. 다시 말하면 중간상분이란 인식하는 것(견분, 주관)과 인식되는 것(상분, 객관)의 중간에 있는 것이다.

28) 일두(하나의 머리)란 能緣心을 말한다.

나기 때문이다.[29]

〈무질독영경이란 어떤 것인가? 만약 제6 의식이 존재하지 않는〉 허공의 꽃(空華)과 토끼의 뿔 등을 조건으로 삼는다면, 그것은 '무질독영경'이라고 한다.

4) 삼량과 삼경의 관계를 해설하다

若散心所緣. 又有夢中境界. 及病中狂亂所見. 皆是非量. 并定中觀魚米肉山等事皆現量. 明了意識雖通三量. 現多比非少也.

만약 산란한 마음으로 〈실재하지 않는 대상을〉 조건으로 삼거나 또는 꿈속에 경계(대상)가 나타나거나 또는 아픈 중에 광란으로 본 것 모두는 비량非量이다. 반면 선정 중(定中)에 본 물고기, 쌀, 고기, 산 등(선정 중의 상분)은 모두 현량이다. 그리고 명료의식(오동연의식)[30]은 비록 삼량三量과 통하기는 하지만, 특히 현량이 많고, 비량比量과 비량非量은 적다. 〈그러므로 선정 중의 상분(대상)과 명료의식은 성경에 속한다.〉

5) 진대질경

若七識緣八識見分爲我. 中間相分兩頭生. 以能所同一見分所變. 故名眞帶質境. 此心境之辨也.

〈진대질경이란 어떤 것인가?〉 만약 제7 말나식이 제8 아뢰야식의 견분을 조건으로 삼아 '나'라고 〈착각한다면〉 중간상분(대질경)에 능연심과 소연경(兩頭)[31]이 생기는 것이다. 능소(능연심[제7 말나식]과 소연경[제8 아뢰야식])가 동일

29) 보이지 않는 미래나 꿈을 좇는 것처럼 소연경(대상, 상분) 없이 단독으로 능연심이 생긴다는 것이다.

30) 명료의식이란 오구의식, 특히 오동연의식(전오식과 똑같은 대상을 파악하는 의식)이다. 전오식과 동일한 대상에 제6 의식을 향하게 하면 그 대상이 선명하고 명확하게 알려지기 때문에 '명료의식'이라고 한다. 예를 들면 스포트라이트와 같은 역할을 하는 마음이다.

31) 양두(두 머리)란 能緣心과 所緣境을 말한다. 소연경이란 제7 말나식이 '나'라고 착각하

한 견분(제8 아뢰야식의 견분)에서 변한 것이므로 진대질경[32]이라고 이름한다.[33] 이것으로 마음과 대상을 분석(辨)하였다.[34]

6. 감수작용(오수)을 개관하다

以心境對待. 境有逆順好醜則能緣心. 依之而起憎愛取捨等見. 故起惑造業. 染成善惡二性. 故感將來受苦樂二報. 故心王有苦受樂受. 若不起善惡. 屬無記性. 則平平受.
因此受亦有三. 所以三界衆生上下升沉[35]輪迴苦樂不忘者. 皆由唯識內習熏變. 發起心境. 故三量三境三性三受[36]. 由是不能出離生死. 皆心意識之過也. 故論云. 衆生依心意意識轉[37].

마음이 대상을 상대(對待)하여 대상에 거슬림, 흡족함, 좋음, 추함이 있다면[38] 능연심이 그것(대상)에 의지하여 미워하고 사랑하고 취하고 버리는 등의

는 제8 아뢰야식의 견분을 말한다. 즉 제8 아뢰야식의 견분이 소연경이 되는 것이다. 다시 말해 '나'라고 착각하는 그 마음 즉 제7 말나식이 능연심, 제7 말나식이 '나'라고 착각하는 대상인 제8 아뢰야식의 견분이 소연경이다.

32) 진대질경이란 '제7 말나식이 제8 아뢰야식의 견분을 '자아'라고 착각하여 대상으로 삼는 것'이다. 다시 말해 진대질경이란 제7 말나식이 '본질(質)인 제8 아뢰야식의 견분을 띠고(帶) 있는 대상(境)'을 자아라고 여기는 것이다.

33) 소연경을 정리하면, 성경은 전오식, 제6 의식, 제7 말나식, 제8 아뢰야식 모두에 관계한다. 대질경은 제6 의식과 제7 말나식, 독영경은 오직 제6 의식과 관계할 뿐이다.

34) 지금까지 능연의 마음(8가지 식)과 이것과 함께 작용하는 삼량(現量, 比量, 非量) 및 대상(성경, 대질경, 독영경)을 설명했다는 것이다. 자세한 것은 '전오식'에 대한 설명 부분을 참조하길 바란다.

35) 오를 승(升) / 가라앉을 침(沉).

36) 三量: 現量, 比量, 非量 / 三境: 성경, 대질경, 독영경 / 三性: 선, 악, 무기 / 三受: 고, 락, 사 / 五受: 고, 락, 사, 우, 희.

37) 『대승기신론』의 "生滅因緣者. 所謂衆生依心意意識轉故"(『대승기신론』, T32, 577b3)를 인용한 것이다.

38) 대상(경계)에는 逆境과 順境이 있다. 역경은 나쁜 대상(싫은 것), 순경은 좋은 대상(좋은 것)을 말한다.

견해(見)를 일으킨다. 그러므로 〈마음이〉 오염(번뇌)을 일으키고 업을 지어 선악의 두 가지 성품을 형성한다. 그리하여 장래에 고·락의 두 가지 과보를 받게 된다. 심왕(마음의 주체)에는 고수와 낙수가 있다. 만약 선악을 일으키지 않고 〈선도 악도 아닌〉 무기성에 속한다면, 그것은 **평평수(捨受)**이다.
이 감수작용(受)에도 3개가 있다. 삼계의 중생이 상하로 오르거나 잠겨서 윤회의 고락을 벗어나지 못하는 것(不忘)은 모두 오직 식(유식)이 안으로 훈습되어 변해서 마음과 대상을 생기(發起)시키기 때문이다. 그러므로 〈식은〉 삼량·삼경·삼성·삼수〈와 관계한다.〉 이것으로 말미암아 중생은 생사윤회를 벗어나지 못한다. 이것은 모두 심·의·식의 잘못(過)이다. 그래서 『대승기신론』에서 말하기를 "중생은 심心(제8 아뢰야식), 의意(제7 말나식), 의식意識(제6 의식)에 의지하여 일어난다(轉)"39)라고 한 것이다.

용어해설

• 감수작용(受)·평평수

'수'란 감수작용, 즉 받아들인다는 의미이다. 우리는 외부로부터 정보(센스데이터)를 받아들일 때 자신의 감각이나 감정을 섞어서 받아들인다. 즉 사물을 있는 그대로, 다시 말해 객관적으로 받아들이지 않는다는 것이다. 이처럼 우리는 자신의 주관적인 감정(싫어함, 좋아함, 취미)을 대상에 덮어씌워서 받아들이는데, 이런 마음작용을 범어로 베다나(vedanā)라고 한다. '베다나'(vedanā)는 동사 √vid(알다)에서 파생된 것이다. 그러면 무엇을 감수하는가? 고苦, 락樂, 비고비락非苦非樂을 감수한다. 감수작용(受)에는 고수苦受·낙수樂受·고수도 낙수도 아닌 사수捨受의 3종류가 있다. 이것을 삼수三受라고 한다. 또는 고苦·락樂·사捨의 삼수에 우憂와 희喜를 첨가하여 오수五受라고도 한다. 감산스님이 주석한 '평평수'(어느 한쪽으로 기울어지지 않고 평평하다)란 고도 아니고 락도 아닌 사수捨受를 말한다.

---

39) 여기서 심은 제8 아뢰야식, 意는 제7 말나식, 의식은 제6 의식을 말한다. 그리고 제8 아뢰야식에서 제7 말나식과 제6 의식이 생기한다.

7. 만법유식을 설한 이유를 밝히다

今唯識宗. 因凡夫日用不知苦樂誰作誰受. 外道妄立神我. 二乘心外取法. 故佛說萬法唯識. 使知唯識. 則知不出自心.
以心不見心. 無相可得.[40] 故參禪做[41]工夫. 教人離心·意·識參. 離妄想境界求. 正是要人直達[42]自心本無此事耳.
今八識頌而稱規矩者. 只是發明心境. 其所作善作惡. 皆是心所助成. 以各具多寡之不一. 故力有強弱之不等耳. 此唯識之大綱也.

지금 유식종에서는, 범부가 일상에서 고락을 누가 짓고 〈그 과보를〉 누가 받는지를 알지 못하며, 외도는 허망하게 신아神我[43]를 세우고, 이승(성문승, 연각승)은 마음 바깥의 법(존재)을 집착하기 때문에 부처님께서 '존재하는 모든 것은 오직 식뿐'[44]이라고 설하고, 〈중생에게〉 오직 식뿐임(유식)을 알게 하여, 자신의 마음(自心)에서 벗어날 길이 없다는 것을 알게 하였다.
마음으로 마음을 보지 못하면, 그 형상(相)도 얻을 수 없다. 그래서 참선을 공부할 때는 심·의·식을 떠나 참구할 것이며, 망상 경계를 떠나 구하라고 가르치는 것이다. 바로 자기 마음에 본래 그러한 일이 없음을 바로 깨닫도록 하라는 것이다.
지금 「팔식송」을 규구라고 부르는 것은 마음과 대상경계에 대해 짓는 선과 악이 다 마음으로 인해 지어진 것이며, 그 각각의 많고 적음이 한결같지 않고, 또한 그 때문에 그 힘에 강약의 다름이 있음을 밝힌 것이다.[45]

---

40) 이 구절은 『대승기신론』에도 등장한다. "以一切法皆從心起妄念而生, 一切分別卽分別自心, **心不見心無相可得.**"(『대승기신론』, T32, 577b3)

41) 지을 주(做).

42) 直達: 직접 도달하다, 즉 직접 안다는 뜻이다.

43) 인도 정통학파에서 주장하는 우주 창조의 정신적 원리인 아트만, 보다 구체적으로는 '푸루샤'(puruṣa)를 말한다.

44) 박태원 교수는 『원효의 통섭철학』(p.280)에서 유식무경을 "오로지 識에 의한 구성만이 있을 뿐, 식의 구성과 무관한 객관적 대상은 없다"라고 하며, 만법유식을 "모든 현상은 오로지 식에 의한 구성이다"라고 번역한다.

이것이 유식의 대략적인 내용(대강)이다.

8. 전체 내용의 핵심을 간략하게 기술한 이유를 밝히다

其心所法. 已見百法. 今預列心境則臨文不必繁解. 恐礙觀心耳. 參禪若了妄心妄境皆唯識所現. 則用功之時. 內外根境一齊放下. 不逐緣影. 能所兩忘. 絕無對待. 單提[46]一念. 攝歸自心. 則一切境量分別. 皆剩法矣.

심소법에서 대해서는 〈『대승백법명문론』의 주석서인 『백법논의』에서〉 백법[47]으로 이미 살펴보았다. 지금 미리 마음과 대상을 나열함으로써 문장에 대해 번거롭게 해석할 필요가 없도록 했는데, 〈그것은〉 마음을 관찰하는 것(참선 수행)에 장애가 될까 두렵기 때문이다. 〈참선 수행자가〉 참선할 때 만약 망령된 마음과 허망한 대상은 모두 오직 식이 현현한 것임을 체득했다면, 공부(用功)를 할 때 내근(6근)과 외경(6경)을 일제히 내려놓아 연영緣影(허망한 그림자를 조건으로 삼은 것)에 따르지 않고, 능소(능연심과 소연경)를 모두 잊으며, 〈모든 것에〉 상대가 없도록 끊어버리게 된다. 단지 한 생각을 잡아 자심에 돌아가 포섭되면 일체의 인식대상(境)과 인식수단(量)의 분별은 모두 필요 없는 법이 될 것이다.

---

45) 심왕(전오식, 제6 의식, 제7 말나식, 제8 아뢰야식)에 심소가 각각 상응하는 것이 차이가 있다는 뜻이다. 즉 전오식은 34개, 제6 의식은 51개, 제7 말나식은 18개, 제8 아뢰야식은 5개가 각각 상응한다.

46) 끌, 들 제(提).

47) 100개의 심소법을 열거한 천친(세친)보살의 저작인 『백법명문론』에 대해 자신(감산스님)이 『百法論義』라는 주석서를 저작하여 심소법을 이미 설명했다는 뜻이다.

Ⅳ. 전오식 게송(五識頌)

1. 전오식의 유루를 개괄적으로 해설하다

> 性境現量通三性 眼耳身三二地居
> 偏行別境善十一 中二大八貪嗔癡

〈전오식은〉 성경, 현량, 삼성 모두[1])와 함께 작용한다(통한다). 〈전오식 중에서 설식과 비식은 제외하고〉 안식, 이식, 신식의 3개는 이지二地(욕계의 五趣雜居地와 색계의 初禪離生喜樂地)에서는 작용한다(居)[2]). 〈그러나 색계의 제2선 정생희락지 이후에는 3가지 식(안식, 이식, 신식)은 작용하지 않는다.〉[3])

〈전오식과 상응하는 심소법은〉 5변행, 5별경, 선심소 11개, 〈수번뇌 중에서〉 중수번뇌 2개, 대수번뇌 8개, 〈근본번뇌 중에서 삼독인〉 탐·진·치이다.[4]) 〈그래서 전오식과 함께 작용하는 심소법은 34개이다.〉

---

1) 감산스님의 주석(三性皆通, 삼성 모두에 통한다)에 따라 '모두'(皆)를 삽입하였다.

2) '居'에 대해 성철스님은 '머문다'라고 해석하는데, 감산스님도 "居者. 止也. 謂此三識亦止於初禪. 若至二禪定生喜樂地. 以入定中三識亦無. 故云居止於此"(X55, 436a2)라고 하여 '머문다'(止)라고 주석하고 있다. '이곳(초선)에서 머문다'(居止於此)는 의미이다. 집필자는 '居'를 단순히 '머문다'로 해석하는 것보다는 "안식, 이식, 신식은 이생희락지에서는 작용한다"로 해석하는 것이 적절하다고 생각한다.

3) 제2구는 전오식 중에서 설식과 비식을 제외한 안식, 이식, 신식이 두 가지 단계(二地), 즉 욕계의 五趣雜居地와 色界의 初禪離生喜樂地에만 작용하고, 그 이후의 수행단계(정생희락지)에서는 사라진다는 것이다. 대승불교에서는 삼계(욕계, 색계, 무색계)를 9地로 나누는데, 이것을 三界九地라고 한다. 삼계를 9지로 나누면 욕계는 1地, 색계·무색계는 각각 4地로 나누어진다. 구체적인 것은 『백법논의』의 주석을 참조하길 바란다.

4) 제3, 4구는 전오식과 상응하는 심소법을 설명한 부분이다. 전오식과 늘 함께 작용하는 심소는 34개이다. 즉 5가지 변행심소, 5가지 별경심소, 선심소 11개, 중수번뇌 2개, 대수번뇌 8개, 그리고 근본번뇌 중의 삼독인 탐·진·치이다.

용어해설

• 삼류경(삼경)

유식에서는 오직(唯) 마음(識)만을 인정한다. 다시 말해 유식은 모든 존재(현상)가 제8 아뢰야식 속의 종자에서 생긴 것이며, 마음속에서 현현顯現한 것이라는 입장에서, 결국 모든 인식(앎)이란 마음이 마음을 보는 것이라고 주장한다. 여기서 보는 주관적인 부분을 견분見分, 보이는 객관적인 부분을 상분相分이라고 한다. 이것을 『성유식론』에서는 "식 자체(자증분)는 이분二分(견분과 상분)으로 사似하여 전轉한다"[5]라고 표현한다. 그리고 견분과 상분이 제8 아뢰야식 속의 각각의 종자로부터 생기한 것인가(相見別種生說), 동일한 종자로부터 생기한 것인가(相見同種生說)에 따라 인식된 대상으로서의 상분의 존재도 3종류로 나뉜다. 예컨대 상분이 견분의 종자와 별도의 종자로부터 생긴 경우 상분은 실제로 존재하는 것이다. 반면 상분이 견분과 동일한 종자로부터 생긴 경우, 제6 의식이 견분의 종자로부터 상분의 영상을 만든 것이기 때문에 상분은 실제로 존재하는 것이 아니라 임시로 존재하는 것(假法)이다. 그리고 이 견해에 따라 상분(인식대상)은 다시 성경 · 대질경 · 독영경으로 나뉜다. 이것이 삼류경(삼경)이다. 이 삼류경은 『유식삼십송』이나 『성유식론』 등에 등장하지 않는 용어로서 자은대사 규기스님의 저작에 처음으로 등장한다. 이것은 현장스님이 인도에서 배운 것으로, 자은대사 규기스님에게 직접 구두로 전했다고 한다. 그래서 이것을 중국 법상종의 주장이라고도 한다. 삼류경은 규기스님의 『성유식론장중추요成唯識論掌中樞要』[6]에 '삼장가타三藏伽陀'로서 처음 소개되고, 그의 제자인 혜소慧沼의 『성유식론요의등成唯識論了義燈』[7]에 자세하게 주석되어 있다. 현장스님의 '삼장가타'는 다음과 같다. "성경은 심(견분)을 따르지 않는다. 독영경은 오직 견분만을 따른다. 대질경은 정(견분)과 질(상분)에 통한다. 성(삼성)과 종(종자) 등(三界繫[8])이 각각의 경우에 따른다."[9] 그러면 삼류경에 대해 좀

---

5) "識體轉似二分." T31, 1b1.

6) T43, 620a-b.

7) T43, 677c.

8) '성'은 삼성, '종'은 종자, '등'은 '界繫'를 말한다. 계계에서 界는 삼계 즉 욕계, 색계, 무색계이다. 繫는 속박, 구속, 繫縛이라는 의미이다. 그런데 "성(삼성)과 종(종자) 등(三界繫)이 각각의 경우에 따른다"라는 구절에 대해서는 해석상의 차이가 있다. 앞에서도

더 구체적으로 살펴보자.

• 성경

성경性境이란 직접 지각한 대상(상분)이며, 진실한 체성體性을 가진 대상이며, 견분(마음)에 좌우되지 않는 대상이다. 예를 들어 전오식 중의 하나인 안식이 꽃을 볼 때 보이는 꽃은 성경이다. 이 꽃(상분)은 견분의 영향을 받지 않는다. 즉 견분인 마음(선·악·무기의 삼성, 종자 등)의 영향을 받지 않는다는 것이다. 왜냐하면 견분(마음)이 선하다고 하여 꽃이 선하게 되는 것은 아니기 때문이다. 이처럼 꽃(상분)은 꽃이기 때문에 마음(견분)에 좌우되지 않는 독자적인 특징을 가지고 있다. 그래서 현장스님도 '삼장가타'에서 "성경은 심(견분)을 따르지 않는다"고 한 것이다.

성경은 4가지 조건을 갖춘 대상(상분)이다.

첫째는 견분의 종자와는 별도의 종자로부터 생긴 것이다.(상견별종생설)

둘째는 생긴 상분에는 실재하는 실체와 실재하는 작용이 있다. 예를 들어 눈앞에 있는 연필은 실제로 연필이라는 실체가 있고, 글자를 쓰는 작용이 있는 것이다.10)

셋째는 성경을 인식하는 견분은 스스로 대상의 있는 그대로의 모습을 파악한다.

언급했지만, 상분과 견분은 같은 종자에서 생긴다는 '상견동종생설', 상분과 견분은 다른 종자에서 생긴다는 '상견별종생설', 어떨 때는 동일한 종자에서 생기고 어떨 때는 다른 종자에서 생긴다는 '상견혹동혹이생설'이 그것이다. 예를 들면 제6 의식이 거북의 털 등을 생각할 때, 다시 말해 독영경일 때 파악되는 상분이나 견분은 같은 종자에서 생긴 것이라고 할 수 있다. 그러나 제8 아뢰야식이 유근신이나 기세간을 대상으로 삼을 때, 상분은 유근신으로 존재하기 때문에 견분과 동일하다고 할 수 없다. 즉 이것은 별도의 종자에서 생긴 것이다. 이런 점에서 '삼장가타'의 제4구는 '상견혹동혹이생설'을 설명한 것이라고 할 수 있다.

9) "性境不隨心. 獨影唯從見. 帶質通情本. 性·種等隨應."(『成唯識論掌中樞要』, T43, p.620a)

10) 첫째와 둘째는 혜소의 "先定性境後顯不隨 何名性境. <u>從實種生. 有實體用.</u> 能緣之心得彼自相名爲性境"(『成唯識論了義燈』, T43, p.678a)에 따른 것이다. 이것에 의하면 성경은 '실재하는 종자로부터 생긴 것이며, 실체와 작용이 있으며, 능연심이 그것의 자상을 얻는 것'이다. 다만 여기서 '실체'(체)는 의타기성(다른 것에 의지하여 생기는 것을 본질로 하는 것, 즉 연기)의 실체로서, 서양철학에서 말하는 실재하는 것(존재)이 아니라 연기(인연)에 의해 생기한 임시적인 존재를 말한다.

넷째는 상분에 본질이 있다. 본질이란 제8 아뢰야식이 만들어 낸 그 제8 아뢰야식이 스스로 인식하고 있는 존재의 기체基體를 말한다. 여기서 '상분에 본질이 있다'는 것은 앞에서 '생긴 상분에는 실재하는 실체와 실재하는 작용이 있다'라고 한 것처럼 그 상분에는 실체와 작용이 있다는 것이다.

성경에는 다음과 같은 것이 있다. 제8 아뢰야식의 대상인 유신근, 기세간, 종자(무본질) 및 전오식의 상분, 전오식과 함께 작용하는 제6 의식(오구의식)의 상분, 정심定心에서의 의식의 상분(유본질), 무분별지의 대상인 진여가 그것이다.[11] 다시 말해 성경은 전오식, 제6 의식, 제7 말나식, 제8 아뢰야식에 두루 통하는 대상(상분)인 것이다. 그래서 감산스님도 '전오식은 성경과 통한다'고 한 것이다.

• 대질경

대질경帶質境이란 본질(質)을 띠고(帶) 있는 대상(상분)이라는 뜻이다. 그러나 성경처럼 바른 인식이 아니라 잘못된 인식을 말한다. 다만 이 상분은 본질을 가지고 자신의 종자로부터 생긴 것이지만, 성경과는 달리 제6 의식의 분별이 관계하고 있기 때문에 독영경과 마찬가지로 견분의 종자와도 관계하고 있다. 다시 말해 대질경은 성경과 독영경의 중간에 존재하고 있다는 것이다. 그래서 감산스님도 대질경을 성경과 독영경의 중간, 즉 '중간상분'이라고 한 것이다. 예를 들어 우리가 TV 화면으로 아름다운 지리산을 보고 있다고 가정하자. 실제로 보고 있는 것은 평면 TV의 화면이지만, 우리는 지리산을 보고 있다고 생각한다. 즉 본질(지리산)을 띠고 있지만, 사실은 대상(TV 화면)에 불과한 것이다.

대질경은 다음과 같은 것이 있다. 첫째, 제7 말나식이 제8 아뢰야식의 견분을 자아의 본질이라고 착각하여 인식할 때의 상분이다. 다시 말해 제8 아뢰야식은 무아인 자신이지만, 제7 말나식은 무아인 제8 아뢰야식을 허상의 자아로 설정하고 실체화 · 고정화하여 그것에 집착한다는 것이다. 이때 본질은 제8

---

11) 지욱스님은 "근본지는 친히 진여를 증득하므로 상분은 변화하지 않는 것이다"라고 주석한다.
深浦正文, 『唯識學硏究 下卷』(京都: 永田文昌堂, 1954), p.459.

아뢰야식이고, 제7 말나식이 착각한 자아는 제7 말나식의 상분이다. 이것을 진대질경이라고 한다. 둘째, 제6 의식이 비량非量을 인식할 때(착각, 착오)의 상분으로서, 이것을 사대질경이라고 한다. 이처럼 대질경은 견분과 상분의 영향을 받기 때문에 현장스님도 '삼장가타'에서 "대질경은 정(견분)과 질(상분)에 통한다"고 한 것이다.

• 독영경

독영경獨影境이란 본질 없이 독자적인(獨) 영상(影)만이 있는 대상(境)으로서 성경과는 반대 개념이다. 이것은 견분이 그대로 나타난 대상(상분)으로서, 실제로는 존재하지 않는 일종의 환상幻想이다.[12] 예를 들면 거북의 등에 붙은 해초류를 거북의 털로 착각하거나 토끼의 귀를 뿔로 착각하는 것 등을 말한다. 독영경에는 3가지가 있다.

첫째는 제6 의식이 거북의 털 등 존재하지 않는 것을 인식할 때의 상분이다. 이것을 무질독영경이라고 한다.

둘째는 제6 의식이 과거나 미래 등의 가법(임시로 존재하는 것)을 인식할 때의 상분이다. 이것을 유질독영경이라고 하는데, 지금은 없지만 과거에 경험했던 것(대상), 다시 말해 의식 속에만 남아 있는 대상을 말한다. 이것은 독산의식과 중첩하는 측면이 있다.

셋째는 제8 아뢰야식과 함께 작용하는 심소의 상분으로 유근신, 기세간, 종자를 말한다. 제8 아뢰야식은 모든 것을 생기시키는 본체로서 자재하게 실법實法을 변화·생기시켜 성경을 얻지만, 제8 아뢰야식의 심소는 심왕에 수반하는 성질이 없으면 본질이 없는 제법諸法과 마찬가지로 독영경일 뿐이다.

이처럼 독영경은 견분에 지배되는 것이기 때문에 현장스님도 '삼장가타'에

---

12) 규기스님은 독영경에 대해 "독영경은 오직 견분만을 따른다. 선·악, 무기의 삼성(性)·삼계의 속박(繫)·種子가 모두 반드시 같기 때문이다. 예를 들면 제6 의식이 거북의 털, 허공의 꽃, 석녀의 딸을 조건으로 삼거나, 無爲와 他界를 조건으로 삼은 모든 대상(경계)이다. 이것들은 모두 견분(心)에 따른 것이다. 별도의 실체와 작용이 없으며, 거짓의 대상(假境)에 포섭되기 때문에 독영경이라고 한다"("獨影之境唯從見分. 性·繫·種子皆定同故. 如第六識緣龜毛·空花·石女. 無爲·他界緣等所有諸境. 如是等類皆是隨心. 無別體用. 假境攝故. 名爲獨影." 『成唯識論掌中樞要』, T43, p.620b)라고 한다.

서 "독영경은 오직 견분만을 따른다"고 한 것이다.[13)]

다만 『팔식규구』의 게송에서 말하고자 하는 것은 전오식이 성경을 대상으로 삼는다는 것이다.

• 삼량三量

불교(논리학)에서는 어떤 주장이 타당한가를 판단하는 바른 인식근거 또는 인식수단을 량量(pramāṇa, instrument of valid knowledge)이라고 한다. 량은 접두어 프라(pra)에 동사어근 √mā(재다, 헤아리다)와 명사를 만드는 접미사 'ana'로 이루어진 말인데, '어떤 것'(사물, 일 등)의 옳고 그름, 유무有無 등을 헤아리는 기준(量)이라는 의미이다. 오늘날의 말로 번역하면 바른 인식수단, 인식근거, 인식방법 등이 된다. 이 인식수단(量)에는 직접 지각하는 현량現量(pratyakṣa, apprehended by the visual sense), 추리를 통한 비량比量(anumāṇa, inference), 신뢰할 수 있는 경전의 가르침을 근거로 하는 성언량聖言量(śabda; 至敎量, āptāgma이라고도 함)이 있는데, 합쳐서 삼량三量이라고 한다.

부연하면, 현량(pratyakṣa)은 접두어 prati(~대한)+akṣa(눈)로 이루어진 말이다. 현량은 감각기관을 통해 직접 인식하는 것으로서 '언어가 개입하지 않는 직접적인 지각'을 말한다. 다시 말해 직접 보고 들은 것을 근거로 한 판단 기준이다. 오늘날의 말로 하면 '직접지각'이라고 할 수 있다. 비량(anumāṇa)은 접두어 'anu'(나중의)+동사어근 √mā(측량, 헤아리다)와 명사를 만드는 접미사 'ana'(아나)로 이루어진 말인데, 언어가 개입한 추론, 추리이다. 예를 들면 저 산에서 연기가 나는 것을 보고 산불이 났다고 추론하여 아는 것이다. 성언량聖言量이란 성인(부처님)의 가르침(성전)을 근거로 한 것이다. 불교논리학자인 진나(디그나가)는 바른 인식수단(량)은 현량과 비량比量뿐이라고 한다.

그런데 삼량에 대한 또 다른 구분법이 있다. 현량現量(직접지각), 비량比量(추론), 비량非量의 삼량이 그것이다. 여기서 현량과 비량比量은 앞에서 설명한

---

13) 『成唯識論掌中樞要』, T43, 620a-b; 『成唯識論了義燈』, T43, 677c 이하; 深浦正文, 『唯識學研究 下卷』(京都: 永田文昌堂, 1954), p.459; 橫山紘一, 『唯識 佛教辭典』(東京: 春秋社, 2010), p.317; 太田久紀, 『唯識三十頌要講』(東京: 中山書房佛書林, 1994), pp.122~131; 박인성 역주, 『유식삼십송석』(민족사, 2011).

의미와 동일하지만, 비량非量은 꿈에서 본 것이나 도깨비 등과 같은 잘못된 인식수단(량)을 말한다.

• 삼성(선 · 불선 · 무기)

삼성三性은 8가지 식(팔식)이 가치론적으로 어느 때 작용하는지를 밝힌 것으로서, 이른바 선, 불선(악), 선도 불선도 아닌 무기를 말한다. 그러면 유식에서 말하는 선, 불선, 무기란 어떤 의미일까? 선이란 '이 세상과 저 세상에서 이익을 주는 마음이나 행위'를 말한다. 반대로 불선이란 '이 세상이나 저 세상에서 손해를 초래하는 마음이나 행위'를 말한다. 무기는 '이 세상이나 저 세상에서 이익도 손해도 가져다주지 않는 마음이나 행위'[14]를 말한다. 그래서 호법보살도 『성유식론』에서 무기를 "선과 불선의 이롭고 해로운 뜻 중에서 기별記別, 즉 선인지 악인지 별도(別)로 나타낼 수 없기(無記) 때문에 무기라고 이름한다"[15]고 한 것이다. 그런데 여기서 우리가 유념해야 할 것이 있다. 그것은 바로 현재 자신의 행복(즐거움)과 불행(괴로움)은 지금의 세상(현세)에만 영향을 미치지만, 선 · 악 · 무기는 현세뿐만 아니라 미래세에도 영향을 미친다는 사실이다. 다시 말해 돈이 많아 현세에서 행복하더라도 또는 돈이 없어 불행하더라도 그 행복이나 불행은 미래세까지 가지 않는 반면, 착한 일을 하거나 나쁜 짓을 하면 그것은 현세뿐만 아니라 미래세에도 영향을 미친다는 것이다. 너무나 당연한 말이겠지만, 그래서 우리는 자신의 삶을 열심히 살면서 선한 일은 많이 하고 악한 짓은 하지 말아야 하는 것(修善斷惡)이다.

• 사정려

사정려四靜慮(catur-dhāyana-bhūmika)는 초기불교에서 선정의 단계를 4가지로 구분한 것이다. 사선四禪 또는 사정四定이라고도 한다. 먼저 초선(초정려)은 이생희락지離生喜樂地(vivekaja-prītisukha-bhūmika)라고 하는데, 욕계의 악을 떠나 생긴 기

---

14) "此六轉識何性攝耶. 謂善不善俱非性攝. 俱非者謂無記. 非善不善故名俱非. 能爲此世他世順益故名爲善. 人天樂果雖於此世能爲順益非於他世. 故不名善. 能爲此世他世違損. 故名不善. 惡趣苦果雖於此世能爲違損非於他世. 故非不善."(『성유식론』, T31, 26b12-15)

15) "於善不善益損義中不可記別. 故名無記."(『성유식론』, T31, 26b16)

뻼과 쾌락을 받는 선정이다. 제2선(제2정려)은 정생희락지定生喜樂地(samādhija-prīti sukha-bhūmika)라고 하는데, 초정려의 선정을 닦아 생긴 기쁨과 쾌락을 받는 선정이다. 제3선(제3정려)은 이희묘락지離喜妙樂地(niṣprītisukha-bhūmika)라고 하는데, 제2정려의 기쁨을 떠나 얻은 오묘한 쾌락을 받는 선정이다. 제4선(제4정려)은 사념청정지捨念清淨地(upekṣā-smṛti-pariśudha-bhūmika)라고 하는데, 사청정捨清淨 즉 마음이 동요하지 않고 평등하게 되며, 염청정念清淨 즉 마음이 대상을 명석하게 기억하여 잊어버림이 없는 상태가 되는 선정이다. 여기서 '사捨'는 선심소 중의 하나인 행사, 념念은 별경심소 중의 하나인 스무르티(smṛti)를 말한다. 이것에 대해서는 오변행의 용어해설에서 설명한 '삼계9지'를 참조하면 도움이 될 것이다.

[16]此頌前五識. 首句言五識與八同體. 緣境之時. 單屬現量. 以前五識乃八識精明之體. 映在五根門頭了境之用. 以初映境時. 當第一念. 未起分別. 不帶名言. 無籌度心. 故名爲**現量**.
境卽性境. 若起第二念分別. 則是同時意識. 相應而起則屬比量. 故云**性境現量**.

이것은 전오식에 대해 노래(송)한 것이다. 첫 구절은 전오식과 제8 아뢰야식이 한 몸이지만, 대상경계를 상대(緣, 조건)할 때는 오로지 현량에 속한다는 점을 말하고 있다. 전오식은 제8 아뢰야식의 정명한 본체가 다섯 감각기관의 입구[17]에서 대상을 인식하는 작용이다. 그래서 〈전오식이〉 처음으로 대상을 비출 때 최초의 한 생각에는 분별이 일어나지 않으며, 언어를 동반하지 않으며, 헤아리는 마음(籌度心)이 없다. 그래서 〈전오식은〉 현량이라고 한다.[18]

---

16) 『팔식규구통설』, X55, 421b13.
17) 문두란 '출입문의 입구'라는 뜻이다. 마치 우리가 문을 통해 왔다 갔다 하듯이 전오식이 오근의 문을 통해 왔다 갔다 하기 때문에 오근문두라고 한다.
18) 그래서 『팔식규구』의 게송에서 현량은 전오식에 속한다고 한 것이다. 반면 比量은 제6 의식, 非量은 제6 의식과 제7 말나식이 관계한다.
지욱스님은 현량에 대해 "현량이란 무엇인가? 현이란 현현의 의미이고, 량이란 탁량(헤

〈게송 제1구의 경境이란 무슨 의미인가?〉 **'경境'**이란 〈삼류경 중에서〉 성경을 말한다. 〈전오식이 대상(경)을 인식할 때 분별이 개입하지 않는 생각(第一念)이 생기고, 이어서 분별이 개입한 두 번째 생각(第二念), 즉 분별을 동반한 의식이 생긴다.〉 그래서 만약 분별이 개입한 두 번째 생각이 분별을 일으키면, 곧바로 동시의식(오구의식)이 상응하여 일어나면 비량比量에 속한다. 그래서 〈게송 제1구 전반부에서 전오식은〉 **'성경이고, 현량(性境現量)이다'**라고 한 것이다.19)

아림)이라는 뜻이다. 오근이 대상을 분명하게 현현시켜, 이것(오근)에 의지하여 식이 〈대상을〉 조건(연려)으로 삼아 탁량하는 것이다. 〈현량에는〉 비록 수념분별과 계탁분별이라는 두 종류의 분별은 없지만, 그러나 자성분별이 있어, 저 성경을 지각한다. 〈그러므로〉 착오나 오류가 없는 것이다. 또한 자연스럽게 요별(인식)하며, 언어(명언)를 띠지(동반) 않기 때문에 현량이라고 한다"("現量者. 現謂顯現. 量謂度量. 五根對境分明顯現. 依之發識'緣慮'度量. 雖無**'隨念・計度'**二種分別. 然有**'自性分別'**得彼性境. 不錯不謬. 任運了別. 不帶名言也." 『직해』, X55, 436c25)라고 주석한다.

여기서 3종류의 분별(자성분별, 수념분별, 계탁분별)에 대해 잠시 설명하고자 한다. 먼저 자성분별이란 '현재 찰나의 대상 그 자체를 인식하는 것'을 말한다. 그래서 지욱스님이 '현량은 자성분별로써 성경을 인식한다'고 주석한 것이다. 그리고 수념분별이란 '과거의 것(대상)을 인식하는 것'이며, 계탁분별은 '과거, 현재, 미래에 걸쳐 대상(일)을 언어나 개념을 사용하여 인식하는 것'을 말한다.(『잡집론』, T31, 703a)

참고로 성철스님도 『백일법문』(중권, p.335, 51행)에서 지욱스님과 마찬가지로 '緣慮'라는 용어를 사용한다. 緣에는 두 종류가 있는데 하나는 緣藉이고, 또 하나는 緣慮이다. 연적이란 의지처나 원인이 되는 연, 즉 因緣, 四緣 등의 緣을 말한다. 연려란 어떤 대상을 인식하는 마음, 즉 인식작용의 총체적 표현으로써 '마음이 대상을 조건(인연)으로 생각을 만들어 내는 것'을 말한다.

19) 지욱스님은 『팔식규구직해』에서 성경에 대해 다음과 같이 주석한다. "성경에서 '성'이란 '실'의 의미이다. 이른바 상분의 색은 상분의 종자로부터 생긴 것이다. 그러므로 '실'이라고 한다. 이것은 다시 본질이 있는 것(有本質)과 본질이 없는 것(無本質)의 두 종류가 있다. 무본질이란 심왕인 제8 아뢰야식이 유근신, 기세간 및 모든 종자를 소연(대상)으로 삼은 것이다. 다만 스스로 전변하고 스스로 조건으로 삼기 때문에 외부의 본질을 빌리지 않는다. 그러나 기세간 및 타인의 부진근과 결합하여 이미 共相이 갖가지의 식으로 변화된 것(所變)이다. 그러므로 또한 외부의 본질이 있다고 말할 수 있다. 그리고 근본지는 친히 진여를 증득하기 때문에 상분은 변화하지 않는다. 그러므로 성경이라고 한다.

유본질이란 지금 전오식이 현재의 오진(색진 등)을 대상으로 삼은 것(전오식의 상분) 및 처음으로 생각하는 명료의식(전오식과 함께 작용하는 의식), 선정 중의 결과인 색 등을 대상으로 삼은 정중의식과 독두의식이다. 모두 제8 아뢰야식의 상분에 의탁하여

言三**性**者. 乃善惡無記三性. 由此五識體非**恒審**. **故三性皆通**.

〈계속해서 게송 제1구의 삼성이라는 말을 주석한다. 삼성이란 무엇인가?〉 **'삼성'**이란 선, 악, 무기의 삼성을 말한다. 이것으로 말미암아 전오식의 본체(본질)는 항상 작용하는 것(恒)도 아니고 세심하고 집요하게 작용하는 것(審)도 아니다. 그래서 〈게송 제1구 후반부에서〉 **'전오식은 삼성 모두와 함께 작용한다(通)'**고 한 것이다.[20]

용어해설

• 항심

항심恒審이란 『성유식론』에서 제7 말나식을 설명할 때 등장하는 개념이다. 제7 말나식은 다른 식(전오식, 제6 의식, 제8 아뢰야식)과는 달리 '항심사량恒審思量하

본질로 삼은 것이다. 그런즉 스스로 식이 전변하여 상분을 조건으로 삼은 것이다. 예를 들면 거울 속에 나타난 여러 가지 영상과 같은 것이다. 진제로써 그것을 말하면 모두 환영, 꿈과 같이 진실하지 않은 것으로 요해해야 할 것이다. 속제와 결합하여 그것을 말하면 오진은 전오식의 상분이다. 종자로부터 생기한 것이지만 다시 훈습되어 종자가 된 것이다. 〈그러므로〉 空華, 거울 속의 영상, 토끼의 뿔과 같지 않다. 또한 과거, 미래에서 얻을 수 없기 때문에 같지 않다. 그래서 성경이라고 한다."("一性境者. 性是實義. 謂相分色從相分種子所生. 故名爲實. 此復有二. 一無本質. 二有本質. 一無本質者. 卽第八心王所緣根身器界及諸種子. 但是自變自緣. 不假外質. 然約器界及他人之浮塵根. 旣是共相識種所變. 亦得說有外質也. 根本智親證眞如. 雖不變爲相分. 亦名性境. 二有本質者. 卽今五識所緣現在五塵. 及明了意識初念并定中獨頭意識所緣定果色等. 皆托第八識之相分以爲本質. 隨卽變爲自識相分而爲所緣. 猶如鏡中所現群像. 雖約眞諦言之則皆如幻如夢了無眞實. 而約俗諦言之則五塵卽是五識相分. 從種子生還熏成種. 不同空華鏡像兎角龜毛. 亦復不同過去未來之不可得. 故名性境也." 『직해』, X55, 435c12)

20) 『팔식규구』의 게송에서 전오식은 선, 악, 무기 모두에 통한다는 것이다. 반면 제7 말나식과 제8 아뢰야식은 무기이다. 무기에는 유부무기와 무부무기가 있다. 이 중에 제7 말나식은 유부무기이고, 제8 아뢰야식은 무부무기이다. 유부무기와 유부무기에 대해서는 제7 말나식 부분에서 자세하게 설명하겠다.
지욱스님은 "삼성이란 선, 악, 무기이다. 전오식이 제6 의식을 도와 선악을 짓는 것이다. 만약 信 등과 상응하면 善性에 포섭된다. 만약 무참 등과 상응하면 악성에 포섭된다. 선도 아니고 악도 아닌 것과 상응하면 무기성에 포섭된다. 그래서 삼성과 통한다고 말한다"("三性者. 善惡無記也. 五識能助第六意識作善惡業. 若與信等相應則善性攝. 若與無慚等相應則惡性攝. 俱不相應則屬無記性攝. 故云通三性也." 『직해』, X55, 436a7)라고 주석한다.

는 식識'이라고 정의한다. 이에 대해 『성유식론술기』에서는 "항심사량하는 것이 다른 식보다 뛰어나기 때문이다"(恒審思量勝餘識故)[21]라고 주석하고 있다. 먼저 글자의 의미를 보면, 항恒이란 항상 항(恒) 자이기 때문에 '언제나, 항상'이라는 의미이다. 즉 제7 말나식은 무간단無間斷(끊어질 사이가 없다)하게 작용한다는 뜻이다. 그래서 제7 말나식에 대해 잠을 자거나 깨어 있거나 착한 일을 하거나 나쁜 일을 하거나 언제나 자아중심적으로 사량하는 마음이라고 하는 것이다. 그리고 심審이란 자기중심적으로 '매사를 집요(세심)하게 살펴 생각한다'는 뜻이다. 다시 말해 무슨 일을 하든 깊고 깊은 심층에서 언제나 집요하게 자아에 집착한다는 것이다. 반면 전오식은 항도 아니고 심도 아니다(非恒非審). 제6 의식은 심이지만 항은 아니다(審而非恒). 제8 아뢰야식은 항이지만 심은 아니다(恒而非審). 이에 대한 것은 '칠식송' 부분에서 다시 자세하게 설명할 것이다.

問曰. 五識現量本無善惡. 何以通三性耶.
答曰. 此約同時意識. 而引自類種子. 同時而起. 則三性皆通. 此指意識任運而言非專五識也.

〈그렇다면 다음과 같은 2가지 질문을 할 수밖에 없다.〉 묻기를, 전오식은 〈대상을〉 직접지각(현량)하기 때문에 본래 선악이 없다. 〈그런데〉 어떻게 〈전오식은〉 삼성에 전부 통한다(작용한다)고 할 수 있는가?[22]
답하기를, 이것(전오식)은 동시의식(오구의식)이 자신과 비슷한 종자를 이끌어서 동시에 생기한다는 말이다. 그런즉 〈전오식은〉 삼성 모두와 작용한다.[23] 이것은 상대하는 대상이 오는 대로(任運) 의식한다는 뜻이지, 오로지 전오식만을 말하는 것이 아니다.

---

21) T43, 377a.
22) 전오식의 현량은 분별없이 직접 대상을 곧바로 인식하기 때문에 번뇌를 일으키는 선한 성품과 악한 성품이 약하다. 그런데 어떻게 전오식의 현량은 삼성에 모두 작용하는가? 라고 질문한다.
23) 다시 말해 전오식이 제6의식과 함께 작용할 때는 삼성이 모두 작용한다는 것이다.

용어해설

• 오구의식

감산스님의 주석 중에서 '동시의식'이 곧 오구의식五俱意識이다. 구체적으로 말하면 오구의식 중에서 오동연의식五同緣意識이다. 오구의식이란 전오식(五)과 함께(俱) 작용하는 의식意識으로서, 제6 의식이 전오식과 관계를 가지고 있는 상태를 말한다. 오구의식은 다시 오동연의식과 부동연의식不同緣意識으로 구분된다. 오동연의식이란 '전오식(五)과 동일한 대상(同緣)에 집중하는 의식意識'으로서, 예컨대 책을 읽을 때 안식이 글자를 보고 있고, 의식 또한 그것에 집중하여 책의 내용을 이해하는 것을 말한다. 반면 부동연의식이란 '전오식과 동일한 대상(同緣)에 집중하지 않는(不) 의식意識'으로서, 감각이 활동하고 있는 것은 오동연의식과 동일하지만, 제6 의식이 전오식과 다른 것을 생각하고 있는 상태를 말한다.

問曰. 若前與八同體. 然八識畢竟無善無惡. 而五識何獨通耶.
答. 八識畢竟不起分別. 五識則有任運分別. 約後分別位義說通耳.

묻기를, 전오식은 〈대상을〉 직접지각(현량)하기 때문에 본래 선악이 없다. 〈그런데〉 어떻게 〈전오식은〉 삼성에 전부 통한다고 할 수 있는가?[24]
답하기를, 이것(전오식)은 동시의식(오구의식)이 자신과 비슷한 종자를 이끌어서 동시에 생기한다는 말이다. 그런즉 〈전오식은〉 삼성 모두와 작용한다.[25] 이것은 상대하는 대상이 오는 대로 의식한다는 뜻이지, 오로지 전오식만을 말하는 것이 아니다.

---

24) 전오식의 현량은 분별없이 직접 대상을 곧바로 인식하기 때문에 번뇌를 일으키는 선한 성품과 악한 성품이 약하다. 그래서 어떻게 전오식의 현량이 삼성에 모두 작용하는가? 라고 질문한 것이다.

25) 전오식이 제6의식과 함께 작용할 때는 삼성이 모두 작용한다는 의미이다.

용어해설

• 임운분별

'임운任運'이란 '흘러가는 대로 맡겨 두다'(운명에 맡기다)라는 뜻으로, '임운분별'이란 인식하고 있는 대상의 힘이 강력하기 때문에 의지가 작용하지 않아도 자연스럽게 일어나는 생각(분별)을 말한다. 여기서는 '제6 의식이 자기 멋대로 전오식에 간섭하여 분별하는 것'을 말한다. 그래서 전오식이 의식과 함께 작용할 경우는 삼성(선, 불선, 무기)에 통한다(작용)고 한 것이다.

眼耳身三二地居者. 此言三界五識行止之地也.
二地者謂欲界五趣雜居地. 色界初禪離生喜樂地. 以欲界五識全具. 初禪天人以禪悅爲食. 不食段食故離舌識[26]. 既不受食. 則亦不聞香. 故無鼻識. 但有眼耳身三識而已.
居者. 止也. 謂此三識亦止於初禪. 若至二禪定生喜樂地. 以入定中三識亦無. 故云居止於此.

〈다음은 게송 제2구를 주석한다. 게송에서 **"전오식 중에서 설식과 비식은 제외하고〉 안식, 이식, 신식의 3개는 이지二地에서 작용(居)한다"**라는 것은, 이 삼계에서 전오식의 작용(行)과 멈춤(止)의 단계(地)에 대해 말하는 것이다. 〈게송 제2구의 '이지二地'란 무슨 의미인가?〉 **'이지二地'**란 욕계의 오취잡거지와 색계의 초선인 이생희락지를 말한다. 욕계(오취잡거지)에서는 전오식 전체가 함께 작용한다. 반면 초선천인(이생희락지)은 선열禪悅(수행의 즐거움)을 음식으로 삼아, **단식段食**을 먹지 않는다. 〈그런즉 이생희락지에서는〉 설식을 떠나 있음으로(離) 이미 음식을 받지 않는다. 또한 향기(냄새)를 맡을 수 없으므로(不聞)[27] 비식은 필요 없다. 단지 안식, 이식, 신식의 3가지 식識만이 〈이생희락지에서 작용하고〉 있을 뿐이다.

---

26) 『팔식규구통설』, X55, 421c4(cbeta)에는 "不食段食故離舌識. 旣不受食"으로 되어 있지만, 『性相通說』에 따라 "不食段食故. 離舌識旣不受食"으로 해석했다.
27) 냄새 맡을 문(聞).

〈게송 제2구의 '**거**居'란 무슨 의미인가?〉 '**거**居'란 머문다(止)는 〈뜻이다.〉 이른바 〈안식, 이식, 비식의〉 3가지 식識은 또한 초선(이생희락지)에서는 머문다(작용한다). 만약 제2선의 정생희락지에 이르러 선정에 들어가면 세 가지 식은 또한 없다. 그러므로 이곳(정생희락지)에 머물러 그친다(작용을 멈춘다)고 말한 것이다.

용어해설

• 단식(piṇḍa)

중생이 먹는 방식에는 4가지(四食)가 있다. 단식段食, 촉식觸食, 의사식意思食, 식식識食이 그것이다. 먼저 '단식'이란 조각 단(段), 밥 식(食) 자로서 조각조각 씹어서 먹는다는 의미이다. 예를 들면 밥, 김치, 야채 등의 조각(덩어리)을 먹는 것이다. '촉식'이란 접촉해서 먹는다는 의미이다. 예를 들면 귀신이 자기 몸을 문질러서 음식을 먹는 방식이다. 또는 눈으로 어떤 것을 보면 그곳에 기쁨이 일어나 그것이 신체에 좋은 영향을 미치는데, 이른바 본다는 접촉이 신체를 기르기 때문이다. '의사식'이란 생각으로 먹는 것이다. 색계에서의 선열식禪悅食이 대표적이다. '식식'이란 무색계의 먹는 방식이다. 의식도 몸도 없기 때문에 식識으로 먹는 것이다. 여기서 식識이란 제8 아뢰야식을 말한다. 그리고 제8 아뢰야식에 의해 신체가 생리적으로 유지되고 썩지 않고 지속되기 때문에 식식識食이라고 하는 것이다.[28]

偏行二句. 頌相應心所也. 其相應心所. 通有五十一. 而前五識. 但具三十四心所法. 餘不具者. 互相違故.

〈다음으로 게송 제3구와 제4구를 주석한다.〉 **변행** 이하의 2구(偏行別境善十一中二大八貪嗔癡)는 상응하는 심소에 대해 노래한 것이다. 〈심왕에〉 상응하는 심소는 전부 **51개**이다. 다만 전오식은 34개의 심소법과 함께(具) 작용한다. 전오식과 함께 상응하지 않는 나머지 심소는 서로 작용이 다르기 때문이다.

28) 『성유식론』, T31, 17b12 이하; 横山紘一, 『唯識 佛教辭典』(東京: 春秋社, 2010), p.327 · 689.

용어해설

• 51심소

유식사상의 대성자인 세친보살은 『유식삼십송』에서 심소를 크게는 6단계(六位), 구체적으로 말하면 51개로 분류한다. 그래서 이것을 6위 51六位五十一의 심소라고 한다. 먼저 6위六位는 8가지의 마음 모두와 상응하는 심소인 '변행', 각각 별도의 대상을 가진 심소인 '별경', 선한 마음의 심소인 '선', 인간의 마음을 괴롭히는 심소인 '번뇌', 번뇌로부터 파생한 심소인 '수번뇌', 선한 마음에도 나쁜 마음(번뇌)에도 선도 나쁜 마음도 아닌 무기에 작용하는 심소인 '부정'이다. 6위를 구체적으로 나누면 다음과 같다.

변행의 심소는 촉 · 작의 · 수 · 상 · 사의 5개이다. 별경의 심소는 욕 · 승해 · 념 · 정 · 혜의 5개이며, 선의 심소는 신 · 참 · 괴 · 무탐 · 무진 · 무치 · 근 · 경안 · 불방일 · 행사 · 불해의 11개이다. 번뇌(근본번뇌)의 심소는 탐 · 진 · 치 · 만 · 의 · 악견의 6개이며, 수번뇌(부차적 번뇌)는 다시 소수번뇌, 중수번뇌, 대수번뇌로 나눈다. 여기서 소수번뇌는 분 · 한 · 부 · 뇌 · 질 · 간 · 광 · 첨 · 해 · 교의 10개, 중수번뇌는 무참 · 무괴의 2개, 대수번뇌는 도거 · 혼침 · 불신 · 해태 · 방일 · 실념 · 산란 · 부정지의 8개로서, 수번뇌는 모두 20개이다. 그리고 부정의 심소는 회 · 면 · 심 · 사의 4개이다. 자세한 것은 『백법논의』를 참조하길 바란다.

五識同依淨色根 九緣七八好相隣
合三離二觀塵世 愚者難分識與根

전오식은 동일하게 청정한 색근(淨色根)에 의지하며, 〈안식은〉 9가지 조건(緣), 〈이식은〉 8가지 조건, 〈비식, 설식, 신식은〉 7가지 조건이 딱(好) 순서대로(相隣) 〈생긴다.〉
셋(비식, 설식, 신식)은 합하고, 둘(안식, 이식)은 떨어져 진세(세상에 있는 대상)를 관찰한다.[29] 〈그렇지만〉 어리석은 사람은 식識과 근根을 분간하기 어렵다.[30]

此頌初句言五識所依之根. 次句言生識之緣. 三句言了境之用.

〈먼저 게송의 전체적인 내용을 간단하게 정리하면〉 이 게송의 첫 구절(五識同依淨色根)은 전오식이 의지하는 근(안근 등의 감각기관)에 대해 말한 것이다. 두 번째 구절(九緣七八好相隣)은 〈8가지〉 식이 생기는 조건에 대해 말한 것이다. 세 번째 구절(合三離二觀塵世)은 〈전오식이〉 대상(경계)을 인식(了)하는 작용에 대해 말한 것이다.

言**依根**者. 謂八識精明之體. 今映五根門頭. 各了自境. 不能圓通者. 以被五色根之所籠罩[31]. 故各別區分. 然五根乃四大所造. 有浮[32]塵. 有勝義. 今淨色根. 乃淸淨四大所造. 爲勝義根. 則浮塵

---

29) '觀塵世'를 '진세(세상에 있는 대상)를 관찰한다'라고 번역한 것은 『백일법문』(중권)에 따른 것이다. 자세한 것은 감산스님의 주석 부분에서 다시 설명할 것이다.

30) 성철스님은 『백일법문』 중권(증보개정판), p.333에서 "식과 근은 분별하기 어렵다"라고 번역한다. 그리고 해설 부분(p.334)에서 "識이란 분별작용하는 **'인식의 주체'**를 뜻하고, 根이란 인식을 발생하는 구조적인 **'감각기관'**을 뜻하는데, 이들의 차이는 매우 미묘하여 그 참모습을 파악하기 어렵습니다. 감각작용이 일어나는 상태 또는 작용은 무명에 가려서 진실을 보는 지혜를 갖지 못한 어리석은 중생에게는 쉽사리 이해될 수 없는 현상이라 할 수 있습니다. 그러나 유식의 견지에서 본다면 根은 제8 아뢰야식의 상분에 해당하고 識은 제8 아뢰야식의 견분에 해당하므로 양자는 같지 않습니다. 또 그 작용도 엄밀히 따지면 둘 다 무분별이지만 식에서는 欲樂의 마음이 일어나므로 다른 것입니다"라고 하여, 식과 근을 2가지 의미로 해석하고 있다. 이것에 의하면 성철스님은 먼저 일반적인 구분인 식을 인식주체, 근을 '감각기관'으로 설명한 다음, 유식의 입장에서 근을 제8 아뢰야식의 상분, 식을 제8 아뢰야식의 견분으로 구분하고 있음을 알 수 있다.
그런데 『유식론』에서 각성스님은 '根'을 단순히 '감각기관'이 아니라 '전오식과 의식을 생기시키는 근본(根)', 즉 '근'을 제8 아뢰야식으로 해석한다. 그리고 이러한 각성스님의 견해에 따르면 이 구절은 "어리석은 사람은 식(전오식과 제6 의식)과 식의 근본(제8 아뢰야식)을 분간하기 어렵다"라고 해석할 수 있는 것이다.
여기서 한 가지 의문이 생긴다. 예컨대 현장스님은 『팔식규구』 게송에서 왜 '근과 식'이라고 하지 않고 '식과 근'이라고 한 것일까 하는 것이다. 여기서 집필자는 여러 문헌과 주석을 참고할 때 '식과 근'을 '식과 그 식의 근본(根)'으로 해석하는 것이 적절하다는 결론을 내리게 되었다.

31) 덮어 띄울 농(籠) / 보쌈 조(罩). 두 글자 모두 '물건을 싸거나 씌워 덮기 위한 것'이다. 그래서 농조를 '덮어씌우고 가리다'라는 의미로 해석하였다.

32) 도울 부(浮).

根不足依也. 且如盲者見暗. 與有眼處暗無異. 足知根壞而見不壞. 則所依乃淨色根耳.

〈게송 제1구를 주석한다. 게송 제1구의 '의근'이란 무슨 의미인가?〉 **'근에 의지한다'**(의근)는 말은 이른바 제8 아뢰야식의 정명한 본체가 지금 오근의 입구를 비추어 각각 스스로(자신의) 대상을 인식한다는 〈뜻이다.〉[33] 그렇지만 〈전오식은〉 원만하게 통할 수 없다. 왜냐하면 〈전오식은〉 오색근(안근 등)에 뒤덮여 있어 각각 구분되어 있기 때문이다. 그러나 오근은 사대소조(지수화풍의 사대로 만들어진 오근과 오경 등)로부터 만들어진 것이지만, 〈이것에는〉 부진근과 승의근의 〈두 종류가〉 있다. 여기에서 정색근은 청정한 사대로 이루어진 승의근으로서 부진근은 의지할 수 없다. 예를 들어 맹인이 어둠을 보는 것과 눈이 있는 사람이 어두운 곳에서 〈보는 것은〉 차이가 없는 것과 같다. 그러므로 〈맹인처럼 망막 등의〉 부진근이 파괴되더라도 보는 것(승의근)은 파괴되지 않는다는 것을 알 수 있다.[34] 그래서 의지할 것은 정색근뿐이다.

용어해설

• 근 · 유근신 · 승의근 · 부진근

불교는 신체를 '유근신', 즉 '근根을 가진(有) 몸(身)'이라고 한다. 여기서 근이란 감각기관을 말하는데, 범어로는 '인드리야'(indriya)라고 한다. 이 말은 원래 힌두교의 번개 신인 인드라(indra, 불교에서는 제석천)에서 파생한 명사로 '힘을 가진 자'라는 뜻이다. 힘을 가진 것 중에서 최고는 사물을 만들어 내는 힘이다. 이와 같이 안근 내지 신근, 즉 시각에서 촉각까지의 5가지의 감각기관도 사물을 생기시키는 강력한 힘을 가진 것이다. 예를 들어 눈을 뜨면 색이나 형체가

---

33) 안식은 안근을 매개로 색경, 이식 내지 의식은 이근 내지 의근을 매개로 각각 색경 내지 법경을 인식한다는 뜻이다.

34) 부진근(망막, 각막, 수정체 등)은 작동하지 않지만, 승의근(정근 또는 정색근)은 작용한다는 뜻이다.

있는 다양한 사물을 볼 수 있다. 다만 유식에서 '본다'라는 말은 '만들어 낸다'는 의미이다. 즉 감각기관에 능동적인 움직임(작용)이 있다고 보는 것이다. 자연과학의 입장에 따라 외계에 사물이 있다고 생각하는 사람은 외계로부터 어떤 미크론의 파장이 눈에 들어와 그것이 각막, 수정체를 통하여 망막 위에 영상을 만든다고 한다. 이것은 상당히 수동적인 사고방식인데, 유식은 반대이다. 즉 유식은 눈으로부터 에너지가 방출되어 마음속에 영상을 만들어 낸다고 생각한다. 앞에서 근根의 원어가 인드리야(indriya)라고 했는데, 본래 이 말에는 근이라는 의미가 없다. 그럼에도 이것을 식물의 뿌리에 비유하여 '근'이라고 번역한 것은 정말 기발하다고 생각한다. 예컨대 나무는 하나의 작은 종자로부터 뿌리와 싹이 생기고 그것이 커다란 나무로 생장하는데, 이처럼 나무를 성장시키는 근본이 바로 '근'인 것이다.

근에는 두 종류가 있다. 승의근勝義根과 부진근浮塵根이 그것이다. 승의근은 실로 진실한 근이라는 뜻이다. '빛을 발하는' 보주寶珠와 같은 정색에서 만들어진 것이기 때문에 정색근이라고도 한다. 다만 청정한 색근이기 때문에 형체가 없어 볼 수 없다. 여기서 '빛을 발하다'라는 말은 태양광선을 말하는 것이 아니라 우리 몸의 감각 에너지로 해석하는 것이 적절할 듯하다. 또한 승의근을 정근正根이라고 하는데, 부진근의 안쪽에 있는 진정한 근根이라는 의미이다. 부진근은 극미로 이루어진 물질적 감관(감각기관)을 말하는데 정색근과 물질 사이에서 도와주는 역할을 한다. 즉 정색근이 대상을 인식할 때 부진근이 도와준다는 것이다. 눈을 예로 들면 부진근은 각막, 수정체, 망막 등으로 구성된 눈의 감관으로서, 부진근이 2차적인 감각기관이라면 승의근은 1차적인 감각기관에 해당한다.

言**淨色**者舊解但云'四大初成之淨色'. 此最難曉. 唯天眼能見. 愚謂淨色. 卽無明殼[35]也. 何以明之. 且妙明眞心本來圓明廣大. 今變而爲識. 則被無明拘礙. 及結色成根. 而無明識體栖托[36]其中. 是爲五蘊之眾生. 且此妙心. 非無明力. 誰能裹[37]此而入軀[38]殼之中耶. 故中陰身. 亦

35) 껍질 각(殼).
36) 깃들일 서(栖) / 의지할, 맡길 탁(托).

有形狀. 但輕薄耳. 鬼神五通. 乃淨色之用. 足可徵矣.

〈게송 제1구의 정색이란 무슨 의미인가?〉 **'정색'**이라는 말은 옛날 해석에서는 사대가 처음 이루어진 정색[39]이라고만 말했다. 이 말은 심히 이해하기 어렵다. 〈왜냐하면 정색근은〉 오직 천안통을 가진 자만이 볼 수 있기 때문이다. 어리석은 자는 정색(정색근)을 무명의 껍질이라고 생각하는데 어떻게 그것을 알 수 있겠는가! 오묘하고 밝은 진실한 마음은 본래 두루 밝으며 넓고 크다. 〈그렇지만〉 지금 변하여 식이 되어 무명의 구속과 장애를 받는다. 또한 색(물질)을 모아 감각기관(근)이 형성되면 무명의 식체가 그 속에 거처하고 의탁한다. 이것이 오온으로 〈이루어진〉 중생이다. 그러니 이 오묘한 마음을 무명의 힘이 아니라면 무엇이 이것을 싸서 몸의 껍데기 속으로 들어가도록 하겠는가? 그리고 〈중음세계에 거주하는〉 **중음신**도 형상과 모습(形狀)이 있다. 단지 〈중음신이기 때문에 그 형상이 이승의 중생보다〉 가볍고 얇을 뿐이다. 귀신의 오신통(천안통, 천이통, 타심통, 숙명통, 신족통)은 바로 정색근의 작용이다. 이것으로 충분히 증명(徵)이 된다.

용어해설

• 사대

사대四大란 사대종四大種(mahā-bhūta)의 줄임말로, 색(물질)을 구성하는 지, 수, 화, 풍의 4가지 원소를 말한다. 정확하게 말하면 지성地性, 수성水性, 화성火性, 풍성風性, 즉 견고한 성질, 습한 성질, 뜨거운 성질, 운동성으로서, 물질이 이 4가지 성질(사대)로 이루어져 있다는 것이다.

『대승오온론』에서는 사대(사대종)를 다음과 같이 정의한다.

(한역) "무엇이 사대종인가? 이른바 지계 · 수계 · 화계 · 풍계이다. 무엇이

37) 쌀 과(裹): 싸다, 얽다.

38) 몸 구(軀).

39) 四大種所造淨色 또는 四大所造淨色으로서, 4개의 원소(사대종)로부터 만들어진 깨끗한 물질을 말한다. 淨色(rūpa-prasāda)이란 5가지 감각기관(오근)의 본질적인 부분인 正根 또는 승의근을 구성하는 특수한 물질로, 그 움직임을 보주가 빛을 발하는 것에 비유한다.

지계인가? 이른바 견강성堅强性이다. 무엇이 수계인가? 이른바 유습성流濕性이다. 무엇이 화계인가? 이른바 온조성溫燥性이다. 무엇이 풍계인가? 이른바 가벼움 등(輕等)과 동성動性이다.[40)]

(범본) "사대종(4개의 원소)이란 어떤 것인가? 그것은 땅(地)의 원소(地界), 물의 원소(水界), 불의 원소(火界), 바람의 원소(風界)이다. 땅의 원소란 어떤 것인가? 그것은 단단하고 강한 성질의 것이다. 물의 원소란 어떤 것인가? 그것은 유동적이고 습한 성질의 것이다. 불의 원소란 어떤 것인가? 그것은 따뜻하고 건조한 성질의 것이다. 바람의 원소란 어떤 것인가? 그것은 가벼움과 운동성이다."[41)]

부연하면, 한역에서의 계界(dhātu)는 흔히 말하는 '세계'를 뜻하는 것이 아니다. 예컨대 불성佛性의 범어는 '붓다 다투'(buddha-dhātu)인데, 이때의 '다투'(dhātu)는 부처가 될 가능성, 원인, 기반이라는 의미이다. 그리고 한역에서의 '계'도 '기반'이나 '구성요소'라는 의미이다. 또한 집필자가 다투를 '원소'라고 번역했지만, 물리학에서 사용하는 분자나 원자로 생각하면 안 된다. 즉 지계란 대지의 돌이나 나무 자체를 말하는 것이 아니라, 그 물질(돌·나무)이 가지고 있는 견고성, 단단함의 '성질'을 말하는 것이다. 그래서 한역에서도 '견강성堅强性', 즉 '견고하고 강한 성질'이라고 한 것이다.

그리고 사대소조색이란 '사대종에서 만들어진 물질적인 것'을 말한다. 『대승오온론』에서는 사대종소조색을 다음과 같이 정의한다.

(한역) "무엇이 사대종소조(사대소조)의 제색인가? 이른바 안근·이근·비근·설근·신근, 색·성·향·미·소촉일분(신체의 감각기능, 즉 무거운 성질 등)·무표색 등이다."[42)]

(범본) "4개의 원소(사대종)로부터 만들어진 모든 물질적인 것(色)이란 어떤

---

40) "云何四大種. 謂地界. 水界·火界·風界·云何地界. 謂堅強性. 云何水界. 謂流濕性. 云何火界. 謂溫燥性. 云何風界. 謂輕等動性."(『대승오온론』, T31, 848b8)

41) catvari mahābhūtani katamāni/ pṛthivi-dhātu ab-dhātus tejo- dhātu vāyu-dhātuś ca/tatra pṛthivi-dhātu katamaḥ/ khakkhaṭavam/ ab-dhātu katamaḥ/snehaḥ/tejo- dhātu katamaḥ/uṣma/vāyu-dhātuḥ katamaḥ laghusamudīraṇatvam/Li and steinkeller, p.1, 5-p.2, 2)

42) "云何四大種所造諸色. 謂眼根·耳根·鼻根·舌根·身根. 色·聲·香·味·所觸一分·無表色等."(『대승오온론』, T31, 848b11)

것인가? 그것은 눈 〈속에 있는 시각〉의 감각기능(眼根), 귀 〈속에 있는 청각〉의 감각기능(耳根), 코 〈속에 있는 취각〉의 감각기능(鼻根), 혀 〈속에 있는 미각〉의 감각기능(舌根), 신체 〈속에 있는〉 감각기능(身根)이라는 5개의 감각기능과 색채(색깔)나 형체(색), 음성(소리), 냄새(향기), 맛(味), 촉각되어진 것의 일부〈라는 감각기능의 대상이 되는 것〉, 그리고 드러나지 않는 것(무표색) 등이다."[43]

• 중음신

중음세계의 망자는 육체는 없고 의식만이 있다. 그래서 살아 있는 인간, 즉 사바세계의 인간의 눈으로는 그들을 볼 수 없다. 망자는 모습 없는 모습, 즉 의식밖에 없기 때문에 '의생신意生身'이라고 하며, 중음세계에 거주하기 때문에 중음신中陰身이라고도 한다. 또한 이들은 향을 먹는 자라는 의미로 건달바乾闥婆(gandharva), 건달박乾達縛이라고 음사하기도 한다. 왜냐하면 이 중음세계를 여행하는 망자가 먹는 것이 향香이기 때문이다. 그들을 다른 말로 식향食香 · 심향행尋香行 · 향음香陰 · 향신香神 · 심향주尋香主로 의역하기도 한다. 그래서 망자가 중음세계를 여행하기 위해서 반드시 준비해야 할 음식은 향香이다. 이런 이유에서 향밖에 먹을 수 없는 망자를 위해 살아 있는 자들은 불단에 향이 꺼지지 않게 아침, 저녁으로 향을 피우는 것이다.

참고로 의생신이란 부모로부터 받은 몸이 아니라, 깨달음을 얻은 보살이 중생을 구제하기 위해 의意(생각)에 의탁하여 화생化生한다는 의미도 있다.

• 오신통

오신통五神通이란 5종류의 무애 자재한 신통력을 말한다. 먼저 천안통天眼通이란 중생의 생사고락의 모습 및 일체 존재의 형색形色을 자재하게 보는 능력이다. 천이통天耳通이란 중생의 고락의 소리나 일체의 소리를 자유자재하게 들을 수 있는 능력이다. 숙명통宿命通이란 자신과 타인의 3세의 숙명 및 일어난

---

43) upādāya-rūpam katamat/cakṣur-indriya śrotra-indriya ghrāṇṇa-indriya jihva-indriya kāya-indriya rūpa śabdo gandho rasaḥ spraṣṭavyaikadeśo 'vijñaptiś ca/Li and steinkeller, p.2, 3-5)

일(과거)을 자재하게 아는 능력이다. 타심통他心通이란 중생이 마음으로 생각하는 것을 자재하게 알 수 있는 능력이다. 신족통神足通이란 뜻하는 대로 자재하게 변화해서 나타날 수 있는 능력이다. 이 오진통은 범부도 얻을 수 있다고 한다. 여기에 누진통漏盡通(일체의 번뇌를 끊은 능력)을 더하여 육신통六神通이라고 한다. 누진통은 아라한이 되었을 때 얻어지는 능력이다.

'九緣'等者. 言生識之緣. 謂八識生起共有九緣. 但具緣多寡之不同耳. 九緣者. 謂空・明・根・境・作意・分別・染淨・種子・根本. 此九通爲生識之緣. 以有爲之法. 非無緣而生. 偈曰. "眼識九緣生. 耳識唯從八. 鼻舌身三七. 後三五三四." 謂眼識必仗[44]九緣方生. 耳識八緣. 除明緣. 以暗中能聞故. 鼻舌身三識除明空二緣. 故唯七耳.

〈계속해서 게송 제2구를 주석한다. 게송의〉 **'9연'** 등(九緣七八)이란 식이 생기하는 조건(緣)에 대해 말하는 것으로서, 8가지 식이 일어나는데 총 9가지 조건이 있다는 것이다. 다만 그 갖춘 인연의 많고 적음은 동일하지 않다. 〈9가지 조건은 무엇인가?〉 이른바 9가지 조건이란 허공(장애 없이 텅 빈 것), 밝음, 근(감각기관), 경(대상), 작의(특정한 대상에 집중하는 마음작용), 분별의(제6 의식), 염정의(제7 의식), 종자의(종자로서 저장된 잠재적인 힘), 근본의(제8 아뢰야식)[45]이다. 이 9가지가 공통적으로 식을 생성시키는 조건이 되는 것이다. 유위법은 조건이 없으면 생기지 않는다. 게송에서 말하기를 "안식은 9가지 조건[46]으로 생기고, 이식은 오직 8가지[47]로부터 생기며, 비식・설식・신식의 〈3가지 식은〉 7가지 조건[48]으로 생긴다. 뒤의 〈3가지 식, 즉 제6 의식은〉 5가지 조건[49], 〈제7 말나식은〉 3가지 조건[50], 〈제8 아뢰야식

---

44) 기댈(의지) 장(仗).
45) 依를 추가한 것은 지욱스님의 『팔식규구직해』에 따른 것이다.
46) 안식: 허공, 밝음, 근, 경, 작의, 분별의, 염정의, 종자의, 근본의.
47) 이식: 밝음, 근, 경, 작의, 분별의, 염정의, 종자의, 근본의.(허공 제외)
48) 비식, 설식, 신식: 근, 경, 작의, 분별의, 염정의, 종자의, 근본의.(허공, 밝음 제외)
49) 제6 의식: 근, 경, 작의, 종자의, 근본의.(허공, 밝음, 근, 분별 제외)
50) 제7 말나식: 작의, 근본의, 종자의.

은〉 4가지 조건[51]으로 생긴다"라고 하였다. 이 중에서 안식은 반드시 9가지 조건에 의지해야 비로소 생겨난다. 이식은 8가지 조건으로 생기는데, 밝음의 조건은 제외된다. 왜냐하면 어둠 속에서도 귀는 소리를 들을 수 있기 때문이다. 비식·설식·신식의 3가지 식은 밝음·허공의 2가지 조건을 제외한다. 그래서 〈이식·설식·신식은〉 오직 7가지 조건으로 생기할 뿐이다.

용어해설

• 작의

작의作意(manaskāra)란 오변행 심소 중의 하나로, 특정한 방향으로 향하여 집중하는(心一境性) 마음작용이다. 또는 동일한 대상에 대해 언제나 반복해서 마음을 고정하는 작용을 말하기도 한다. 그래서 『성유식론』에서도 "마음을 경각시키는 것(警覺心)을 본성으로 하고 마음을 대상에 이끄는 것을 작용으로 한다"라고 한 것이다. 우리의 마음(인식)이 눈으로 동일한 대상을 본다고 해서 동일하게 대상을 아는 것은 아니다. 자신이 스스로 알고자 하는 마음, 즉 '그것이 무엇일까'라는 능동적인 움직임이 있고 난 후에 우리는 비로소 그 대상을 알게 되는 것이다. 이것에 대한 자세한 설명은 『백법논의』 변행심소 항목을 참조하길 바란다.

'相隣'次第也. 應云八七. 後意識五緣者. 謂除分別與根. 以根乃七識染淨依故. 七識三緣者. 但有作意種子根本耳. 八識四緣者. 謂根. 卽末那. 境. 卽種子根身器界. 作意. 卽徧行一. 種子. 乃八識親生種子.

〈계속해서 게송 제2구를 주석한다. 게송 제2구 후반부의 상린이란 무슨 의미인가?〉 **'상린相隣'**이란 순서대로(차제)라는 뜻이다. 응당 〈이식이 의지하는〉 8가지 조건, 〈비식, 설식, 신식이 의지하는〉 7조건이 〈순서대로 함께 작용하는 것〉이라고 말해야 한다.[52] 다음(後)의 제6 의식의 5가지

51) 제8 아뢰야식: 근, 경, 작의, 종자의.

조건은 〈근, 경, 작의, 종자의, 근본의이며, 허공, 밝음,〉 분별의와 근根(감각기관)은 제외된다. 〈앞의〉 근(감각기관)은 제7 말나식의 염정(더러움과 청정함)의 의지처이므로 제7 말나식의 3가지 조건은 단지 작의, 종자의, 근본의뿐이다. 제8 아뢰야식을 〈생기게 하는〉 4가지 조건은 〈근, 경, 작의, 종자의인데,〉 근根은 곧 제7 말나식이고, 경은 곧 종자 · 유근신 · 기세간이고, 작의는 곧 변행의 하나이며, 종자의는 곧 제8 아뢰야식이 친히 생기시킨 종자[53]이다.

此通言生識之緣. 意取前五識. 因便及後三也. 鼻舌身. 乃合中取境. 以合方知故. 眼耳離根取境. 以合則壞根故. 此言了境之用也.

〈계속해서 게송 제3구를 주석한다.〉 이것(제3구)은 식이 생기는 조건을 총괄적으로 말한 것이다. 마음(意, manas)은 전오식을 취하는 까닭에 바로 다음의 세 가지에 이른다. 〈세 가지란 제6 의식의 5가지 조건(緣), 제7 말나식의 3가지 조건, 제8 아뢰야식의 4가지 조건을 말한다.〉
비식, 설식, 신식은 〈근과〉 만나(合)[54] 대상(경계)을 취한다. 〈왜냐하면 식, 근이〉 접촉함으로써 비로소(方) 〈대상이〉 알려지기 때문이다. 반면 안식과 이식은 근根과 떨어져서 대상을 취한다. 〈왜냐하면 사물을 보거나 소리를 들을 때〉 너무 가까이 가면 〈볼 수 없거나 들을 수 없게 되어〉 근根을 파괴하기 때문이다.[55] 이것(合三離二)[56]으로 대상(경계)을 인식하는(了) 작용

52) 게송에서는 순서가 '七八'로 되어 있지만, 감산스님은 수정하여 '八七'로 주석하고 있다.
53) 종자의란 마음이 생기시키는 3가지 의지처(구유의, 등무간의, 종자의) 중의 하나이다. 종자의란 모든 존재를 생기게 하는 종자를 가진 제8 아뢰야식을 말한다.
54) 合이란 '가까이 대다 · 가까이에 접촉하다'라는 의미이다. 다시 말해 냄새를 잘 맡으려면 코에 음식을 가까이 대야 하고, 맛을 느끼려면 입에 음식을 넣어 씹어봐야 하듯이, '접촉'해야 알 수 있다는 것이다. 그래서 감산스님도 '3가지 식은 접촉하여(합하여) 대상을 취한다'고 주석한 것이다.
55) 주석에서 안식과 이식은 "근을 떠나서(떨어져서) 대상을 취한다"는 것은 물건을 보거나 소리를 들을 때 너무 가까이하면 보거나 들을 수 없기 때문에 약간 떨어져야(離) 한다는 뜻이다.
56) 지욱스님은 "合三離二"에 대해 "비식, 설식, 신식의 3가지 식은 합하여 대상을 취하고, 안식과 이식(眼耳)의 2종류는 떠나서 대상을 취한다. 그래서 合三離二라고 한다"("鼻舌

에 대해 설명했다.[57]

愚者難分一句. 言小乘人. 唯依六識三毒建立染淨根本. 不知八識三分. 以根乃相分色法. 識乃見分心識. 以不知此. 只說根識相生. 縱[58]許五識依五根生. 則六識依何爲根耶. 經云. 根能照境. 識能了別. 二乘不知. 故爲**愚者**.

〈계속해서 게송 제4구를 주석한다. 게송 제4구의〉 **'어리석은 자는 분간하기 어렵다'**(愚者難分)라는 구절은 소승을 가리킨다. 〈소승의 사람은〉 오직 제6 의식과 삼독(탐 · 진 · 치)에 의지하여 염정(제7 말나식)과 근본(제8 아뢰야식)을 세우기 때문에 8가지 식의 삼분(자증분, 견분, 상분)을 알지 못한다.[59] 〈오〉근은 상분인 색법(물질)이다. 식은 견분인 심식(마음)이다. 이것을 알지 못하므로 단지 근과 식이 상대하여 생긴다고 말하는 것이다. 〈소승의 사람은〉 설사 전오식이 오근에 의지하여 생기는 것을 인정한다 해도 제6 의식은 무엇을 근본(根)으로 삼아 의지하는가? 〈소승의 사람은 제6 의식의 뿌리는 제8 아뢰야식이라는 것을 모른다.〉 그래서 경전에서 말하기를 "근은 능히 대상을 비추고 식은 능히 인식(요별)한다"고 한 것이다. 그러나 이승(성문승 · 연각승)은 〈그것을〉 모른다. 그래서 **'어리석은 자'**라고 한다.

身三. 合中取境. 眼耳二種離中取境. 故曰合三離二." 『직해』, X55, 43b18)라고 하여 구체적으로 설명하고 있다.

57) 감산스님은 "觀塵世"를 주석하지 않았지만, 지욱스님은 "관이란 능연의 견분이다. 진세란 소연의 상분이다"("觀者能緣之見分. 塵世者所緣之相分." 『직해』, X55, 43b19)라고 주석한다. 그리고 지욱스님의 주석에 따르면 觀은 견분, 塵世는 상분으로서, 이 구절은 "셋을 합하고 둘을 떠나서 상분(소연, 塵世)과 견분(능연, 觀)이 된다"로 해석할 수 있다. 반면 성철스님은 이것을 "세상을 관하다"라고 해석하는데(『백일법문』 중권[개정증보판], p.333, 22행), '진세'란 '보여진 대상', 즉 중생의 세계(衆生界)이며, 중생의 세계는 바로 중생이 살고 있는 세상이기 때문에 '진세'를 '세상'이라고 번역한 듯하다.

58) 세로 종(縱). 여기서는 '設令 · ~일지라도'라는 의미로 해석하였다.

59) 부파불교에서는 제7 말나식과 제8 아뢰야식을 알지 못하고 의식만을 마음의 주체라고 주장한다. 또한 그로 인해 수행의 목적도 탐 · 진 · 치의 삼독을 없애는 것으로 간주하였는데, 이러한 부파불교(소승)의 주장을 비판한 것이다.

此上八句頌有漏識. 下四句頌無漏成智.

앞의 8구는 유루식을 노래(송)한 것이고, 다음의 4구는 무루지의 성취를 노래한 것이다.[60]

2. 전오식의 무루를 개괄적으로 해설하다

> 變相觀空唯後得 果中猶自不詮[61]眞
> 圓明初發成無漏 三類分身息[62]苦輪

상(상분)이 변화하고 〈진〉공을 관찰하는 것은 오직 후득지뿐이며, 〈그래서〉 여전히 불과위(果中)에서도 스스로 진여를 증득(詮)하지 못하는 것이다.
원명(대원경지)을 처음 일으켜 무루(성소작지)를 이룬다면(전변한다면), 3종류의 분신分身으로 고통의 수레바퀴(윤회의 고통)에서 벗어난다.

용어해설

• 분신分身 · 화신

화신化身(avatārana) 또는 권화權化란 우주 안의 지존(신)의 정신이 물질적인

60) 지금까지는 전오식의 유루를 설명했고, 다음 게송부터는 무루 부분을 설명한다. 감산스님은 8가지 식을 크게 '유루'와 '무루' 부분으로 나누어 주석하는데, 이 구절은 그것을 밝힌 것이다.

61) 감산스님은 '不詮'을 "진여무상의 도리를 친히 조건(대상)으로 삼지 못한다"(不能親緣眞如無相理)고 하여 '詮'(설명할 전)을 '대상 · 조건(緣)'으로 주석한다. 반면 지욱스님은 "진여의 체성을 스스로 친히 증득할 수 없다"(自不能親證眞如體性)고 하여 '詮'을 '證'으로 주석하고 있다. 여기서 집필자는 문맥상 지욱스님의 주석이 매끄럽다고 생각하여 '詮'을 '證'으로 번역하였다. 한편 성철스님은 "설명(詮)하지 못한다"라고 하여 단순히 글자의 의미대로 해석하는데, 독자들의 이해를 돕는다는 측면에서 보면 나름 의미 있는 해석이라고 생각한다.

62) 지욱스님은 '息'을 '度脫'(건너고서 벗어나다)로 주석하고 있다.

이 세상(현상) 속으로 건너온다는 말로서, 이른바 신神이 인간의 모습으로 강림하는 것이다. 이것은 신과 인간 사이의 간격을 메우는 가장 효과적인 방법인데, 불교의 삼신이나 '시방삼세에 계시는 부처님'이 가능한 이유도, 인도에 3억 3천의 신이 존재할 수 있는 것도 바로 이 '분신'(화신)이라는 독특한 개념 때문이다. 2009년에 개봉하여 세계적으로 히트한 '아바타'(avatar)라는 영화가 있었다. '아바타'는 범어 '아바타라'를 영어로 표현한 것이다.

63)此四句頌轉識成智也.

變. 謂變帶. **相**. 謂相分. 以五識一向緣五塵相分境. 以此識同八齊轉. 今托彼相. 變帶觀空. 而此方成智. 其相雖空. 亦未離空相. 以不能親緣眞如無相理故. 智有根本後得. 根本智緣如. 名眞智. 後得智緣俗. 名爲假智.

이 4구는 식이 전변하여 지혜가 됨(**전식득지**)[64]을 노래한 것이다. 〈즉 성소작지를 밝히는 부분이다.〉

〈게송 제1구의 '변'이란 무슨 의미인가?〉 **'변'**이란 상분을 변화시켜서 조건(緣)으로 삼는다(變帶)는 뜻이다. 〈그리고 제1구의〉 **'상'**이란 상분을 〈의미한다〉. 전오식은 오로지 오진五塵(색진 등)의 상분의 대상을 조건으로 삼는다. 이 전오식은 제8 아뢰야식과 똑같이 나란히 전변(轉)한다. 지금 저 형상에 의탁하고 변대(변화)하여 공을 관찰하면, 이것(전오식)이 비로소 지혜(성소작지)를 이룬다. 그러나 그 형상은 비록 공이지만, 아직 공상을 떠나지 못했다.[65] 진여무상의 도리를 친히 조건(대상)으로 삼지 못하기 때문이다. 〈그리고 전식득지 중의 지혜(智)에 대해 주석한다.〉 지혜는 **근본지**와 **후득지**

---

63) 『팔식규구통설』, X55, 422a22.

64) 일반적으로 '전식득지'라고 하는데, 감산스님은 '전식성지'라고 표현한다. 둘 다 같은 의미이다.

65) 공을 관찰했지만, 공을 관찰했다는 그 자체는 남아 있다. 즉 공을 觀한 것이 아직 남아 있기 때문에 공상을 떠나지 못한 것이다. 그래서 진여무상의 도리를 친히 조건으로 삼지 못한 것이다.

가 있다. 근본지는 진여를 대상(조건)으로 삼으므로 진여의 지혜라고 하고, 후득지는 세속을 조건(대상)으로 하므로 가짜 지혜라고 한다.

용어해설

- 전식득지/사지四智

유식에서는 5단계를 거쳐야 깨달음을 얻을 수 있다고 한다. 그런데 유식에서는 부처님의 지혜, 즉 불지를 획득하기 위해서는 8가지의 식을 전轉하여 4가지의 지智를 획득하는 것(轉識得智)이라고 한다. 다시 말해 전오식은 성소작지, 제6 의식은 묘관찰지, 제7 말나식은 평등성지, 제8 아뢰야식은 대원경지를 얻는 것이다.

성소작지成所作智란 '해야만 할 것을 성취하는 지혜'라는 뜻으로, 부처가 되면 전오식이 전하여 성소작지가 된다. 그러면 무엇을 해야만 하는가? 그것은 바로 지금 괴로워하고 있는 사람들을 구하는 것이다. 다시 말해 자신을 위해 전오식을 사용하는 것이 아니라 괴로워하는 중생을 위해 이타행을 실천하는 것이다. 우리의 전오식은 다섯 가지의 감각기관을 바탕으로 오로지 자기를 위해 작용한다. 즉 눈(안식)은 아름다운 것이나 예쁜 것, 귀(이식)는 아름다운 소리, 코(비식)는 좋은 향기, 혀(설식)는 맛있는 것, 촉(신식)은 기분 좋은 감촉에 끌리는 것이다. 사람들에게 '행복할 때가 언제입니까'라고 질문하면 대부분이 음악을 듣거나 그림, 영화, 아름다운 꽃을 보거나 등산 등을 할 때라고 대답한다. 이처럼 우리는 자기의 오감이 즐겁거나 만족할 때 행복을 느낀다. 즉 오로지 자기의 오감이 즐거우면 행복한 것이다. 성소작지는 이 오감을 자신만을 위해 사용하는 것이 아니라 타인을 위해 사용하는 것이다. 이처럼 오감이 전하여(전식) 다른 사람을 위해 사용하여 지혜를 얻는다(득지)는 것은 결국 중생을 위하여 자기의 전오식을 사용하면 깨달음을 얻는다는 것이다.

묘관찰지妙觀察智란 '제6 의식이 전하여 오묘하게 관찰하는 지혜'라는 뜻이다. 여기서 오묘하게 관찰한다는 것은 사실을 사실 그대로(여실지견) 관찰하는 지혜를 말한다. 여실지견하게 대상을 관찰하면 대상의 본질이 보이는데, 이른바 잘못된 견해인 '상락아정常樂我淨'을 진실한 견해인 '무상無常 · 고苦 · 무아無我 · 부정不淨'으로 보게 되는 것이다.

평등성지平等成智란 '제7 말나식을 전변(변화)시켜 성취한 지혜'로, 자타뿐만 아니라 존재하는 모든 것을 평등하게 보는 지혜를 말한다. 우리는 자신과 타인, 남자와 여자 등을 구별하고 차별하여 지배하는 존재이다. 평등성지는 이런 차별의 세계를 벗어난 지혜이다.

대원경지大圓鏡智는 제8 아뢰야식이 전변하여 얻은 지혜로, '크고 원만한 거울과 같은 지혜'라는 뜻이다. 즉 대원경지란 마음(제8 아뢰야식) 속에 있는 아집과 법집, 번뇌장과 소지장과 같은 모든 번뇌를 깨끗하게 제거한 상태이다.[66]

• 근본지 · 후득지

근본지는 선천적으로 얻은 지혜이고, 후득지는 후천적으로 얻은 지혜이다. 근본지는 진여(승의제)를 조건으로 삼기 때문에 진지眞智이다. 정체지正體智, 근본무분별지, 무분별지, 정체무분별지라고도 한다. 후득지는 세속제를 조건으로 삼기 때문에 가지假智이다. 후득차별지, 여량지如量智, 분별지, 속지俗智, 세속지라고도 한다.

果中不詮眞者. 正謂佛果位中尙名假智. 此破異師計也. 以安慧師宗言後得因中緣如. 故此破之.

〈계속해서 게송 제2구를 주석한다. 게송 제2구의〉 **"과중(불과위)에서도 진여를 증득하지(갖추지) 못한다"**는 것은 바로 불과위에서도 여전히[67] 거짓 지혜라고 부른다는 것을 가리킨다. 이것은 다른 논사(안혜논사)의 생각(計)을 논파하고자 설한 것이다. 안혜논사의 그룹에서는 후득지의 인위에서 진여를 상대한다고 말하므로 이에 그것을 논파한 것이다.

---

66) 김명우, 『마음공부 첫걸음』(민족사, 2011), pp.218~220.

67) 감산스님은 게송의 '猶自'를 생략했는데(**果中不詮眞**), 주석에서는 '猶' 대신에 '尙'을 넣어 주석하고 있다.

용어해설

• 안혜보살

안혜安慧보살(Sthiramati, 510~570)은 『중변분별론』의 주석서인 『중변분별론석소』, 『대승장엄경론』의 주석서인 『대승장엄경론세주』, 『대승아비달마집론』의 주석서인 『대승아비달마잡집론』, 『중론』의 부분 주석인 『대승중관석론』, 『유식삼십송』의 주석서인 『유식삼십송석』(Triṃśikāvijñapti-bhāṣya) 등의 저서를 남겼다.

그는 무상유식학파의 학맥을 계승하였다고 전해지고 있으며, 호법보살과 거의 동시대에 활약한 것으로 알려져 있다. 그는 대승사상인 유식, 논리학, 중관학뿐만 아니라 아비달마에도 정통하였다고 한다. 그의 주저인 『유식삼십송석』과 『중변분별론석소』는 한역과 티베트역뿐만 아니라 범본도 현존하고 있다. 그리고 『대승장엄경론』의 주석서인 『대승장엄경론세주』는 티베트역만이 전해지고 있다. 그리고 그는 글자 하나하나에 주석을 달만큼 엄밀한 성격의 소유자였다. 한편 안혜보살과 진제眞諦스님 사이에 직접적인 교류가 있었는지 명확한 증거는 없지만, 진제스님이 안혜보살의 사상에 영향을 받은 것은 분명한 듯하다. 왜냐하면 진제스님에서 출발하는 섭론종과 현장스님에서 출발하는 법상종의 중국적 대립은 결국 안혜보살과 호법보살에서 기인한 것이라고 볼 수 있기 때문이다.

圓明初發. 謂八識轉大圓鏡智. 初發之時. 此前五識卽成無漏. 以同體故. 所謂五八果上圓.
若此五轉成所作智在佛果中則能現三類身. 謂大化. 小化. 隨類化. 以此三身. 應機利物. 以在因中有外作用. 故果上亦成利生大用也. 參禪無明一破. 則五根門頭. 皆光明智照. 如鏡照物. 不將不迎[68]. 終日應緣. 了無一法當情矣.

〈계속해서 게송 제3구를 주석한다. 게송 제3구 전반부의〉 **'원명(대원경지)을 처음으로 일으켰다'**는 무슨 의미인가? 이 구절은 제8 아뢰야식이 대원경

68) 받들 장(將) / 맞을 영(迎).

지[69]로 전변한다는 뜻이다. 처음으로 일어날 때(제8 아뢰야식이 대원경지로 전변하였을 때), 곧바로 이 전오식도 무루지(성소작지)를 이룬다. 〈왜냐하면 전오식과 제8 아뢰야식은〉 같은 본체이기 때문이다. 그래서 전오식과 제8 아뢰야식은 깨달은 경지(과상원)에서 완전해진다.

〈계속해서 게송 제4구를 주석한다.〉 만약 이 전오식이 성소작지로 전변하면 불과위에서 3종류의 화신을 능히 나타낼 수 있다. 이른바 **대화신**, **소화신**, **수류화신**이 그것이다. 이 삼신으로써 〈중생의〉 근기에 따라 사물을 이롭게 한다. **인중**因中(처음 수행할 때)에는 외부 작용(중생의 근기와 상태를 살피는 것)이 있다. 그러므로 과상(과상원)에서도 중생을 이롭게 하는 큰 작용이 있다. 참선할 때 무명을 단번에 부수면 오근의 입구가 모두 광명의 지혜로 비추어질 것이다. 마치 거울이 물건을 비추는 것과 같다. 그리하여 쫓아가지도 않고 마중하지도 않고서 종일 동안 사물(緣)과 접촉해도 마땅히 하나의 사물(법)에도 마음(情)에 걸림(了)이 없게 된다.[70]

---

69) 박태원은 『열반종요』(p.329)에서 대원경지를 '완전한 지혜'로 번역하고 있다.

70) 성철스님은 『백일법문』(중권, p.336)에서 『팔식규구』의 전오식에 대한 게송풀이를 마친 다음 『유식삼십송』의 제15 게송을 인용하며 해설한다. 먼저 성철스님은 『유식삼십송』의 제15 게송에 대해 "근본식에 의지하여 오식이 인연을 따라 나타난다. 혹은 갖추기도 하고 혹은 갖추지 않기도 하니, 파도가 물을 의지함과 같다."(依止根本識 五識隨緣現 或俱或不俱 如濤波依水)라고 해석하는데, 집필자는 "〈전오식은〉 근본식(mūlavijñāna, 제8 아뢰야식)에 의지하여 〈작용한다〉. 전오식은 조건(緣)에 따라서 나타난다. 〈전오식은〉 때로는 함께 때로는 별도로 작용한다. 파도(전오식)가 물(제8 아뢰야식)에 의지하는 것과 같이"(김명우, 『유식삼십송과 유식불교』[예문서원, 2009], p.198)라고 해석하였다. 성철스님은 제15 게송의 '或俱或不俱'를 "혹은 갖추기도 하고 혹은 갖추지 않기도 하니"라고 해석하였지만, 집필자는 전오식을 주어로 삽입하여 "〈전오식은〉 때로는 함께 때로는 별도로 작용한다"라고 해석하였다.
또한 성철스님은 '或俱或不俱'의 해설 부분에서 "안식은 갖추어서 아홉 가지 연이 되고 이식은 여덟 가지 연이 되듯이, 전체를 갖추기도 하고 또 갖추지 않기도 하면서…… "(p.337)라고 한다. 이것은 곧 안식은 9가지 조건(緣), 이식은 8가지 조건, 비식·설식·신식은 7가지 조건, 전오식은 5가지 조건, 7식은 3가지, 8식은 4가지 조건을 갖춘다는 의미이다. 하지만 집필자는 '혹구혹불구'가 전오식과의 관계를 밝힌 것으로 보고, "前五識이 어떤 때는 함께 작용하고 어떤 때는 단독으로 작용한다"라고 해석하였다. 다시 말해 안식이 단독으로 작용할 때도 있고, 안식, 이식, 비식이 동시에 작용할 때도 있다는 것이다. 예를 들면 낙동강 을숙도에서 석양을 바라볼 때는 눈(안식)이 단독으로 작용한다.

용어해설

• 과상원/과위

후천적인 번뇌인 분별아집과 분별법집은 끊기가 쉽지만, 선천적인 번뇌인 구생아집과 구생법집은 끊기가 어렵다. 특히 전오식과 제8 아뢰야식은 '구생아집'의 성질이 없고 '구생법집'의 성질을 가지고 있다. 그래서 둘은 동체라고 한다. 그리고 번뇌를 끊기 어렵기 때문에 그것을 과상원이라고 하는 것이다. 과상원이란 수행의 결과 얻어진 경지, 부처의 경지로서, 과상, 과상전果上轉, 과위果位, 과두果頭라고도 한다. 인위因位, 인상因上의 반대말이다.

• 삼류화신(대화신, 소화신, 수류화신)

전오식이 전변하여 '성소작지', 즉 무루를 성취하면 세 종류의 몸으로 변화(삼류화신)하여 중생을 윤회의 고통에서 벗어나게 한다고 한다. 삼류화신 중에 대화신(큰 화신)이란 천장노사나신千丈盧舍那身, 소화신은 장육금신丈六金身을 말한다. 장丈은 길이 10척을 말하는데, 보통 사람의 키가 6척이므로 천장千丈이라면 상상을 초월할 정도로 엄청나게 큰 몸이라고 할 수 있다. 장육금신은

그렇지만 친구와 함께 횟집에 가서 생선회를 먹을 때는 먼저 눈(안식)으로 그 회가 싱싱한가를 확인하고, 혀(설식)로 그 맛을 즐긴다. 이처럼 감각이 단독으로 작용하기도 하고 몇 개의 감각이 함께 작용하기도 한다. 그래서 전오식은 '혹구혹불구한다'라고 해석한 것이다.

한편 '혹구혹불구' 앞에 "五識隨緣現, 즉 오식이 인연을 따라 나타난다"(성철스님), "전오식은 조건(緣)에 따라서 나타난다"(집필자)라는 구절은 전오식이 조건에 따라 일어난다는 의미이다. 즉 전오식은 제6 의식과 달리 언제나 생기하는 것이 아니라 조건(緣)이 맞지 않으면 생기하지 않는다는 것이다. 그러면 전오식은 구체적으로 어떤 조건을 만나야 생기하는가? 그 조건은 허공, 밝음, 작의(마음을 대상에 향하도록 하는 심소), 근(감각기관), 경(인식대상) 등이다. 이 구절 중에 '緣'이라는 단어가 등장하는데, 바로 이 '연'이 『팔식규구』의 게송(전오식을 설명한 게송)에 등장하는 구연(九緣七八好相隣)의 緣과 동일한 의미라고 생각한다. 왜냐하면 안식은 9연(허공, 밝음, 근, 경, 작의, 분별의, 염정의, 종자의, 근본), 이식은 8연, 비식·설식·신식은 7연, 제6 의식은 5연, 제7 말나식은 3연, 제8 아뢰야식은 4연이라고 할 때의 연(조건)이기 때문이다. 집필자가 이렇게 해석한 것은 『성유식론』에 따른 것인데, 『성유식론』에서는 "연이란 작의, 근, 경 등의 연이다"("緣謂作意根境等緣." T31, 37a17)라고 하여, 연(조건)을 9연 등으로 해석하고 있다. 하지만 성철스님의 '五識隨緣現'과 '或俱或不俱'의 연(조건)에 대한 주석도 잘못된 것이라기보다는 단지 緣을 구별이 없이 사용한 것일 뿐이라고 생각한다.

현생하신 석가모니 부처님을 말하며, 크기가 16척의 금신이라는 것이다. 수류화신이란 '종류(類)에 따라서(隨) 변화하신(化) 몸(身)'이라는 뜻이다. 다시 말해 제도할 중생의 근기에 따라 부처님께서 직접 몸을 나타내는 것이다.

성철스님은 『백일법문』[71]에서 삼류분신을 "대화신은 크게 몸을 나투신 것이고, 소화신은 조금 나투고, 수류화신은 종류에 따라서 몸을 나툽니다. 축생을 위할 때는 축생의 몸을 나투고, 남자를 위할 때는 남자의 몸을 나투듯이 각각 종류에 따라서 몸을 나투는 것입니다. 이렇게 세 종류로 분신을 해서 고해에 빠져 윤회하는 일체중생을 제도한다는 말입니다"라고 주석하고 있다.

• 인중/인위

인위란 '과위'(과상원)의 반대말로, 직역하면 '원인의 단계'라는 뜻이다. 다시 말해 깨달음에 이르기 위한 수행의 단계를 의미한다. 유식의 수행단계로 설명하면 가행위, 통달위, 수습위는 인위이고, 구경위는 과위이다.

71) 성철스님, 『백일법문』 중권(개정증보판, 장경각, 2014), p.336.

V. 제6 의식 게송(六識頌)

1. 제6 의식의 유루를 개괄적으로 해설하다

三性三量通三境 三界輪時易可知
相應心所五十一 善惡臨時別配之

〈제6 의식은〉 삼성(선·악·무기), 삼량(現量·比量·非量), 삼경(성경·대질경·독영경)과 〈함께〉 작용한다(通). 〈제6 의식은〉 삼계를 윤회할 때 〈나머지 7가지 식보다 업력의 작용이 강하기 때문에〉 쉽게 알 수 있다.
〈제6 의식과〉 상응하는 심소는 51개이며, 선악에 임할 때 각각 그것을 배정(배열)한다.

[1]此頌六識. 初句言六識善·惡·無記三性. 現量·比量·非量. 性境·帶質·獨影. 一一皆具. 以諸識中唯此具足.
故其力最強. 三界生死善惡因果. 唯此識造. 故云**'三界輪時易可知'**.
所以能取三界生死者. 以五十一心所法法全具. 故業力殊勝. 但就善惡一念起時. 則心所齊集. 以類相從. 故云分別配之. 則**易可知也**.

이것은 제6 의식에 대해 노래(송)한 것이다. 첫 구절(三性三量通三境)은 제6 의식이 선·악·무기의 삼성과 현량·비량比量·비량非量의 삼량, 성경·대질경·독영경의 삼경을 하나하나 모두 갖추고 있음을 말한 것이다. 모든 식 중에서 오직 이것(제6 의식)만이 〈삼성, 삼량, 삼경〉을 모두 갖추고 있다.[2]

---

1) 『팔식규구통설』, X55, 422b15.
2) 지욱스님은 대질경을 두 종류로 나누어 주석한다. "대질경은 다시 두 종류가 있다. 하

〈계속해서 게송 제2구를 주석한다.〉 그러므로 그 힘(업력)은 〈식 중에서〉 최고로 강하다. 삼계의 생사와 선악의 인과를 오직 이 제6 의식만이 만든다. 그래서 게송 제2구에서 **'제6 의식은 삼계를 윤회할 때 나머지 7가지 식보다 업력의 작용이 강하기 때문에 쉽게 알 수 있다'**고 한 것이다. 〈계속해서 게송 제2구 후반부와 제3구 및 제4구를 함께 주석한다. 제6 의식이〉 삼계의 생사를 취할 수 있는 까닭은 51개의 심소법을 낱낱이 갖추고 있기 때문에 업력이 뛰어난 것이다. 단지 선·악의 한 생각이 일어날 때라 해도 심소가 모두 모인다. 〈선심소는 선심소끼리, 번뇌심소는 번뇌심소끼리〉 서로 모이므로, 그래서 구별하여 그것(심소)을 배열했다. 그런즉 〈게송 제2구의 후반부에서 제6 의식은 삼계를 윤회할 때〉 **'쉽게 알 수 있다'**고 한 것이다.

然意識有五種 緣境不同. 五種. 謂明了意識[3). 散位獨頭意識. 定中獨頭意識. 夢中獨頭意識. 散亂獨頭意識. 此五種緣境. 唯後夢中散亂位

나는 마음이 마음을 조건으로 삼은 것으로 진대질경이라고 한다. 즉 제6 의식이 일체의 심과 심소를 두루 조건으로 삼은 것이다. 또한 제7 말나식이 제8 아뢰야식의 견분을 조건으로 삼은 것이 그것이다. 두 번째는 심이 색(물질)을 조건으로 삼은 것으로 사대질경이라고 한다. 이른바 저 상을 띠고 생긴 것으로 본질과 유사한 것이다."(『팔식규구직해』, X55, 437a8. "帶質復有二種. 一者以心緣心. 名眞帶質. 卽第六識通緣一切心及心所. 第七識單緣第八識之見分是也. 二者以心緣色. 名似帶質. 謂帶彼相起. 有似彼質.")

또한 독영경도 두 종류로 나누어 주석한다. "독영경도 두 종류가 있다. 첫째는 무질독영경으로 거북의 털 등을 조건으로 삼는 것과 같다. 두 번째는 유질독영경이다. 경전에 의지하여 관찰하는 것처럼, 비록 비슷한 것에 의탁하여 본질로 삼지만, 〈그것은〉 끝내는 독두의식에 나타난 영상이다."

그리고 제2구(三界輪時易可知)를 주석하며, "그리하여 현재의 제6 의식이 가장 밝게 드러나기 때문에 삼경을 조건으로 작용(通)할 수 있다. 그러므로 삼계를 윤회할 때 〈제6 의식은〉 가장 쉽게 알 수 있다"고 한다.(『팔식규구직해』, X55, 437a9. "獨影境亦有二種. 一者無質獨影. 如緣龜毛等. 二者有質獨影. 如依經作觀. 雖似托彼爲質. 終是獨頭意識所現影故. 今第六識最爲明利. 故能通緣三境. 而於三界輪轉之時最易可知也.")

3) 명료의식이란 오구의식, 특히 오동연의식(전오식과 똑같은 대상을 파악하는 의식)을 말한다. 전오식과 동일한 대상에 의식을 향하게 하면 그 대상이 선명하고 명확하게 알려지기 때문에 명료의식이라고 한다.

二種. 單緣獨影境. 其前三種. 皆能緣三境. 以凡有影像皆落意識窠臼. 故參禪工夫. 必要離心意識者. 要不墮光影門頭. 以非眞實故耳.

〈다음으로 제6 의식과 함께 작용하는 대상(삼경)에 대해 주석한다. 먼저〉 제6 의식은 다섯 종류가 있다. 〈그렇지만 그것들은〉 대상으로 삼는 조건이 같지 않다. 다섯 종류의 의식은 〈전오식과 같은 대상을 조건으로 삼는 오구의식인〉 명료의식과 〈의식이 전오식과 독자적으로 활동하는〉 산위독두의식, 정중독두의식, 몽중독두의식, 산란독두의식이 그것이다.[4] 이 다섯 종류의 의식은 대상을 조건으로 삼는데, 그중에 오직 뒤의 몽중독두의식과 산란독두의식의 2종류는 단독으로 독영경을 대상으로 삼는다(상대한다). 그 앞의 3종류(명료의식, 산위독두의식, 정중독두의식)는 모두 삼경을 대상으로 삼는 주관의식(능연)이다. 그래서 〈사물이 거울에 비친 것처럼〉 무릇 영상이 있는 것은 모두 의식의 구덩이에 빠져 헤어 나오지 못한다(窠臼)[5]. 그러므로 참선을 공부하는 사람은 필히 심 · 의 · 식(제8 아뢰야식, 제7 말나식, 제6 의식)을 벗어나야 한다.[6] 그러면 반드시(要) **빛의 그림자**(光影)[7]의 입구(門頭)에 떨어지지 않는다. 〈왜냐하면 이것들은 그 자체가〉 진실한 것이 아니기 때문이다.

---

4) 감산스님은 독두의식을 '散位獨頭意識(도거처럼 마음이 들떠 있는 상태), 定中獨頭意識(선정 중에 보는 것), 夢中獨頭意識(꿈속에서 보는 것), 散亂獨頭意識(열병 등으로 정신이 혼미하여 귀신이나 허깨비를 보는 것)'의 4종류로 분류하고 있다.

5) 과구란 새의 보금자리 과(窠), 절구 구(臼) 자로 이루어진 말이다. 즉 새의 보금자리와 절구에 떨어진다는 뜻이다. 그래서 '의식의 구덩이에 빠져 헤어 나오지 못한다'고 해석하였다.

6) 감산스님은 참선 공부를 '심 · 의 · 식(제8 아뢰야식, 제7 말나식, 제6 의식)에서 벗어나는 것'이라고 정의한다.

7) 빛의 그림자(光影)란 실물처럼 보이지만, 실물에서 나타난 것으로서 실물이 아니라는 말이다.

性界受三恒轉易 根隨信等總相連
動身發語獨爲最 引滿能招業力牽

삼성, 삼계, 삼수는 항상 쉽게 변화하며(轉易), 근본번뇌, 수번뇌, 신(선심소) 등이 총체적으로 서로 연관한다(함께 작용한다).
〈제6 의식은〉 몸이 움직이고(신업) 말하는 것(구업)이 홀로 가장 뛰어나며, 인업과 만업으로 업력을 부르고 〈제8 아뢰야식을〉 이끈다.[8)]

9)此頌六識業力強勝也.
受雖云三受. 其實有五. 內外麤細之不同. 謂苦樂憂喜捨. 逼悅心曰憂喜. 逼悅身曰苦樂. 憂喜苦樂不行時. 名爲捨受. 以此六識於三性三界五受恒常轉變改易也. 正如善時忽生一惡念. 喜時忽生一憂念. 改易不定.

이것은 제6 의식의 업력이 강하고 뛰어남을 노래(송)한 것이다.
〈그중에 게송 제1구는 제6 의식과 함께 작용하는 5가지 감수작용(오수) 및 삼성, 삼계에 대해 주석한다. 게송 제1구에서〉 비록 감수작용(受)은

---

8) 성철스님은 이 구절을 "몸을 움직이고 말을 하는 데에 홀로 가장 뛰어나서 업을 이끌고 과보를 만족하여 능히 업력을 부르고 팔식을 이끈다"(p.338)라고 번역한다. 여기서 因業을 '업을 이끌고', 滿業을 '과보를 만족하여'라고 번역한 것은 감산스님의 주석에 따른 듯하다. 예컨대 감산스님은 이 구절을 **"인이란 모든 식을 이끌어 업을 짓게 한다"**(引者. 能引諸識作業)라고 주석하고, 만업을 **"滿이란 능히 이숙과보를 원만하게 한다"**(滿者. 能滿異熟果報)라고 주석하고 있다.
참고로, 성철스님은 **'招業力牽'**을 "업력을 부르고 팔식을 이끈다"고 번역하는데, 이 구절도 감산스님의 주석을 반영한 듯하다. 예컨대 감산스님은 "업력을 지은 바대로 후에 과보를 초래한다(招)는 것은 **팔식을 끌어당겨(牽引)** 생사의 고통을 받게 한다"(其所造業力. 招後報者. 則牽引八識受生死苦)라고 하여 '팔식'을 삽입하여 주석하는데, 성철스님은 감산스님의 **'팔식을 끌어당겨'(牽引)**라는 주석을 보고 '팔식을 이끈다'로 해석한 듯하다.
한편 각성스님은 게송 중의 '能招'를 '강하다'라고 번역하는데, 이것은 아마도 제6 의식이 다른 식(제7 말나식, 제8 아뢰야식)보다 인업과 만업으로 업력을 끄는 힘이 가장 강하다는 의미를 나타내고자 한 의도인 듯하다.(각성스님, 『유식론』[統和총서간행회, 2000], p.740)
9) 『팔식규구통설』, X55, 422c5.

'삼수'(고락사)가 있다고 말했지만, 실제로는 5개의 감수작용(五受)이 있다.10) 〈5가지 감수작용은〉 안과 밖, 거칠고 미세함의 차이가 있다. 이른바 〈5가지 감수작용이란〉 고(괴로움), 락(즐거움), 우(슬픔), 희(기쁨), 사(고락우희가 아닌 것)이다. 마음을 핍박하면 근심(憂受)이고, 마음을 기쁘게 하면 기쁨(喜受)이다. 몸을 핍박하면 고통(苦受)이고, 몸을 즐겁게 하면 즐거움(樂受)이다. 그리고 슬픔 · 기쁨 · 괴로움 · 즐거움(우희고락)이 일어나지 않는 것을 사수捨受라고 한다.

〈계속해서 게송 제1구의 후반부인 **'항상 쉽게 변한다'**(恒轉易)를 주석한다.〉 이 제6 의식은 삼성, 삼계, 5가지 감수작용과 함께 작용할 때 항상 전변하고 바뀐다. 실로 선한 것을 〈생각할 때도〉 갑자기(忽) 하나의 악한 생각(念)이 생긴다. 기쁜 생각을 할 때도 갑자기 하나의 근심스러운 생각이 일어난다. 그러므로 〈제6 의식은〉 쉽게 바뀌어 일정하지 않다.

次句承之云. 若惡念起時. 則根本與隨煩惱連帶而起. 若善念起時. 信等善法亦相連而起. 以其善惡心所齊行. 故助其強勝耳. 於八識中. 能動身發語. 獨此識最強. 其造善惡之業. 亦此識最強.

게송 제2구에서도 이어서 말하고 있다. 그것(제6 의식과 함께 상응하는 심소)에 대해 말한다. 만약 악한 생각이 일어나면 **근본번뇌**와 **수번뇌**가 연대連帶하여 일어난다. 만약 선한 생각이 일어나면 **신**信 등의 선법도 서로 연관하여 일어난다. 〈제6 의식에서는〉 그 선과 악의 심소가 일제히 함께 작동(行)한다. 그리하여 〈51가지 심소는〉 그것(제6 의식)의 강하고 뛰어남을 도울 뿐이다. 〈게송 제3구를 주석한다.〉 8가지 식 중에서 몸을 움직이고(신업) 말을 하는 것(구업)이 홀로 이 식(제6 의식)이 가장 강하다. 그 선악의 업을 짓는 것도 또한 이 식(제6 의식)이 가장 강하다.

---

10) 감산스님과 지욱스님은 게송의 '三受'를 '五受'로 수정하여 주석하고 있다.

引者. 能引諸識作業. **滿**者. 能滿異熟果報. 故一業引一果. 多業能圓滿. 其所造業力. 招後報者. 則牽引八識受生死苦. 故八識頌云. 界地從他業力生者此耳. 故楞伽. "不立七識. 但言眞識 · 現識 · 分別事識." 足知此識過患最重也.

〈계속해서 게송 제4구를 주석한다.〉 게송 제4구의 **'인引'**이란 능히 모든 식을 이끌어 업을 짓는다는 〈뜻이다.〉 게송 4구의 **'만滿'**이란 능히 이숙의 과보를 원만하게 한다는 〈뜻이다.〉 그러므로 하나의 업은 하나의 과보를 이끌며, 많은 업은 능히 원만하게 한다. 그 업력을 지은 바대로 그 후에 과보를 받는다(招)는 것은 제6 의식이 제8 아뢰야식[11]을 끌어당겨(牽引) 생사의 고통을 받게 한다는 뜻이다. 그래서 '팔식송'(제8 아뢰야식을 설명한 게송)에서 아뢰야식이 **"삼계9지에서 다른 업력으로부터 생긴다는 것"**은 바로 이것을 〈말하는 것이다.〉 그러므로 『능가경』에서 "제7 말나식은 세우지 않고 단지 진식(여래장식, 암말라식), 현식(제8 아뢰야식), 분별사식(제6 의식, 여러 가지 일을 분별하는 식)만을 말한다"[12]고 한 것이다.[13] 이 식(제6 의식)은

---

11) 팔식을 '8가지 식'이 아니라 '제8 아뢰야식'이라고 해석한 것은 성철스님의 해석("윤회의 주체인 제8식을 이끄는 힘은 제6식이 제일 큰 것입니다." 『백일법문』 중권, p.339, 14행)에 따른 것이다.

12) 감산스님은 『능가경』을 인용하면서 제7 말나식을 따로 세우지 않고 '분별사식'에 포함시키고 있는데, 이것은 법상종(규기)의 입장과는 다른 것이다. 예컨대 감산스님이 인용한 『능가경』에서는 제7 말나식을 '분별사식'에 포함시키고 '진식' 즉 제9식을 주장하는데, 이것은 진제스님의 섭론종 계통의 입장으로서, 해당 구절은 다음과 같다.
"약설하면 세 종류의 식이 있다. 자세하게 말하면 8가지 모습(식)이 있다. 무엇이 3가지인가? 이른바 진식, 현식, 분별사식이다."(略說有三種識. 廣說有八相. 何等爲三. 謂眞識. 現識. 分別事識.)
그리고 『종경록』(57권)에서 이에 대해 구체적으로 해설하고 있는데, 해당 구절은 다음과 같다.
〈물음〉: 『능가경』에서 밝힌 세 종류의 식은 진식과 현식 및 분별사식을 말하는데, 이 세 가지 식은 8식 중에서 어떻게 분별하는가?
〈답함〉: 진식은 本覺을 말하고, 현식은 제8식을 말하며, 나머지 7식을 모두 분별사식이라 한다. 비록 제7식이 바깥 경계를 반연하진 않지만 제8식을 반연하므로 분별사식이라 한다. 진식을 본각이라 한 것은 8식의 성품이다. 경전 중에서 9식을 설명한 것이 있는데, 8식 외에 9식이라 하여 세운 것이 이 진식이다. 만약 성품의 측면에서 거둔다면

잘못과 해악이 가장 많다는 것을 충분히 알 것이다.

용어해설

• 인업·만업

인업이란 결과를 생기시키는 업 중에서, 총체적으로 결과를 생기시키는

또한 8식을 벗어나지 못하니, 성품이 모든 곳에 두루 하기 때문이다.
〈물음〉: 아뢰야식 등 여덟 가지 식만 설명해도 속제가 이미 드러나는데, 무엇 때문에 열한 가지의 식을 설명하는가? 또 구경의 귀결처는 오직 하나의 진실한 성품인데, 무엇 때문에 다시 자세하고 간략하게 모든 식을 말하는가?
〈답함〉: 상을 통해 성을 드러내니 이유가 없지 않고, 지말을 거두어 근본으로 돌아가니 본래 원인이 있다. 『섭대승론』에 다음과 같이 말한다.
"일체법에 오직 식만 있을 뿐임을 정확하게 설명하지 못하면 진실한 성품은 드러나지 못하고, 열한 가지 식을 갖추어 설명하지 않으면 속제를 온전히 설명할 수 없다. 만약 전오식만 설명한다면 속제의 근본만 얻을 뿐, 속제가 차별되는 이치는 얻을 수 없고, 만약 속제를 두루 설명하지 못하면 진식이 명료하지 못하게 된다. 진식이 명료하지 못하면 속제를 완전히 털어버리지 못하기 때문에 열한 가지 식을 갖추어 설명해서 속제를 통괄해 거둔다."
이 때문에 속제에 자성이 없음을 요달하면 진공을 요달한다. 진제의 공이 비록 공적하지만 속제의 모습을 파괴하지 않고, 속제의 有가 비록 존재하지만 항상 본체는 공적하다. 이로써 인연을 따르지만 有가 아닌 진제가 항상 형상과 다름없이 나타나고, 적멸하지만 무가 아닌 속제가 항상 진여와 다름없이 성립한다는 것을 알 수 있다. 위에서 인용한 2식, 3식, 8식, 9식 11식 등은 일심의 종지를 벗어나지 않는다.("夫楞伽經所明三種識. 謂眞識. 現識. 及分別事識. 此中三識. 於八識中. 如何分別.
答. 眞謂本覺. 現謂第八. 余七俱名分別事識. 雖第七識不緣外塵. 緣第八故. 名分別事. 眞謂本覺者. 卽八識之性. 經中有明九識. 於八識外. 立九識名. 卽是眞識. 若約性收. 亦不離八識. 以性遍一切處故.
問. 但說賴耶等八識. 俗諦已顯. 雲何說十一種識. 又究竟指歸. 唯一眞實性. 復雲何說廣略等諸識.
答. 因相顯性. 非無所以. 攝末歸本. 自有端由. 攝大乘論云. 若不定明一切法唯有識. 眞實性則不得顯現. 若不具說十一識. 說俗諦不盡. 若止說前五識. 唯得俗諦根本. 不得俗諦差別義. 若說俗諦不遍. 眞識則不明瞭. 眞不明瞭. 則遣俗不盡. 是故具說十一識. 通攝俗諦. 是以了俗無性. 卽達眞空. 眞空雖空. 而不壞相. 俗有雖有. 恆常體虛. 是知隨緣非有之眞諦. 恆不異事而顯現. 寂滅非無之俗諦. 恆不異眞而成立. 上來所引二識. 三識. 八識. 九識. 十一識等. 不出一心宗." 『명추회요』, 선림고경총서 2집, pp.445~446)

13) 그래서 성철스님도 『선문정로』에서 "7식은 실체가 없다"고 한 것이 아닐까 생각하는데, 이것에 대한 자세한 설명은 강경구, 『정독 선문정로』(장경각, 2022), p.121을 참조하길 바란다.

업을 말한다. 반면 만업이란 생긴 결과가 구체화된 업이다. 예를 들어 화가가 그림을 그릴 때 연필로 윤곽을 잡는(디자인) 것이 인업이고, 그것에 채색하는 것이 만업이다. 유식에서 보면 이것은 전생의 업에 의해 금생에 생을 받을 때 금생의 과보로써 생긴 제8 아뢰야식을 말하는데, 인간으로서의 제8 아뢰야식은 총체적인 존재방식을 띤 것이므로 총보總報, 이숙의 본체이기 때문에 진이숙眞異熟이라고 한다. 반면 현명함, 어리석음, 추함, 아름다움 등의 존재방식은 개별적인 과보이기 때문에 별보別報이며, 진이숙의 입장에서 보면 2차적인 것이기 때문에 이숙생異熟生이라고 한다. 전생의 업 중에 제8 아뢰야식(총보, 진이숙)을 생기시키는 업을 인업, 제6 의식(별보, 이숙생)을 생기시키는 업을 만업이라고 하는데, 인업을 새인업(牽引業), 초인업招引業이라고 하고, 만업을 원만업圓滿業이라고도 한다.[14]

2. 제6 의식의 무루를 개괄적으로 해설하다

> 發起初心歡喜地 俱生猶自現纏眠
> 遠行地後純無漏 觀察圓明照大千

초심[15]의 환희지에서 〈묘관찰지가〉 생기(發起)하더라도 구생아집과 구생법집은 여전히 스스로 현행하는 번뇌(纏)와 잠복한 번뇌인 종자(眠)[16]로 나타난다. 제7 원행지 이후에 순수하고 〈청정한〉 무루지가 되어, 관찰(묘관찰지)이 두루 밝게 대천세계를 비춘다.

---

14) 横山紘一, 허암(김명우) 옮김, 『마음의 비밀』(민족사, 2013), p.933; 『성유식론』 2권, T31, 7c.

15) '십지'(열 가지의 수행단계) 중의 첫 번째 수행단계이기 때문에 환희지를 '초심'이라고 표현하였다.

16) 얽힐 전(纏), 잠잘 면(眠) 자로서, 둘 다 '번뇌'를 뜻한다.

용어해설

• 대천세계

일반적으로는 삼천대천세계(trisāhasramahāsāhasra-lokadhātu)라고 한다. 고대 인도의 우주관에 의하면, 세계를 천 개 모은 것이 소천세계이고, 소천세계를 천 개 모은 것이 중천세계, 중천세계를 천 개 모은 것이 대천세계로서, 삼천대천세계란 대천(千)이 3번이라는 말이다. 세계란 범어 'loka'의 한역으로서, 불교 유입 이전 중국에서는 세계라는 말 대신에 '우주'라는 말을 사용하였다. 대천세계를 현대말로 번역하면 '헤아릴 수 없는 무한한 크기'라는 의미이다.

此頌六識轉成妙觀察智也.

以第六識. 順生死流. 具有分別·俱生我法二執. 若逆流還源. 亦仗[17] 此識作我法二空觀. 今轉識成智. 從觀行位. 入生空觀. 至七信位. 方破分別我執. 天台云. "同除四住此處爲齊." 從八信起. 作法空觀. 歷三賢位. 至初地初心. 方斷分別法執. 故云**發起初心歡喜地**.

이것은 제6 의식이 전변하여 묘관찰지를 이루는 것을 노래(송)한 것이다. 〈게송 제1구를 주석한다.〉 제6 의식은 생사의 흐름(유전)에 순응하여 분별(분별아집, 분별법집)과 구생의 아법(구생아집, 구생법집)이라는 두 가지 집착[18]을 함께 갖추고 있다. 만약 역류하여 근원으로 돌아가면, 마찬가지로 이 식(제6 의식)에 기대어 아법의 두 공관(아공과 법공)을 일으킨다(닦는다). 지금 식(제6 의식)을 전변하여 묘관찰지를 이루는 것은 관행위觀行位(천태종의 오품위 중의 하나)로부터 생공관生空觀(我空無漏觀)[19]에 들어가 칠신위七信位(十信)[20] 중에 7

17) 기댈 장(仗).

18) 번뇌는 선천적 번뇌인 구생과 후천적 번뇌인 분별의 두 종류가 있다. 여기서 구생은 다시 구생아집과 구생법집으로 나뉘고, 분별도 분별아집과 분별법집으로 나뉜다.

19) 생공관은 我空無漏觀, 즉 '아공의 무루를 관하는 것'을 말하는데, 보살은 바로 이 아공무루관을 닦아 아집을 없애야 한다.

20) 대승불교의 수행단계는 10信·10住·10行·10回向·10地·等覺·妙覺의 52단계(位)이다. 그중에 10신이란 보살의 수행 가운데 최초 단계로서, 그것을 信心, 念心, 精進心, 定心, 慧心, 戒心, 廻向心, 護法心, 捨心, 願心의 열 가지로 나눈 것이다. 여기서 7신위란

번째 수행단계)에 이르러 비로소 분별아집을 부순다는 것이다. 〈그래서〉 천태(천태대사 지의)가 말하기를 "사주번뇌를 함께 제거하는 것이 이 자리에서 같아진다"[21]라고 한 것이다. 그리고 8신(10信 중의 8번째인 護法心)으로부터 법공관을 닦아 삼현위三賢位(十住, 十行, 十廻向)를 거쳐 초지(십지 중의 첫 번째 단계인 환희지)의 초심에 이르면 비로소 분별법집을 끊는다. 그래서 〈게송 제1구에서〉 **'초심의 환희지에서 묘관찰지가 생기(발생)한다'**고 한 것이다.

용어해설

• 사주

4주四住는 4주지四住地 또는 4주번뇌四住煩惱의 줄임말이다. 주지住地에서 주住는 구주久住 즉 '오래오래 머물게 한다'는 뜻이고, 지地는 번뇌의 의지처 즉 발동의 근거를 뜻하는데, 이른바 주지住地란 번뇌의 근본으로 온갖 번뇌의 의지처가 되며, 또한 번뇌를 생기시킨다는 의미이다.

대승불교(『승만경』)에서는 근본번뇌(貪 · 瞋 · 慢 · 無明 · 有身見 · 邊執見)를 5종류로 구분하는데, 이것을 5주지혹五住地惑 또는 5주지五住地라고 한다. 5주지는 다음과 같다.

(1) 견일처주지見一處住地: 삼계(욕계 · 색계 · 무색계)의 근본번뇌 가운데 견혹見惑(지적인 미혹)의 성질을 가진 무명을 포함한 모든 견혹(三界見惑)이다. 이 번뇌는 견도에 들어갈 때 일시에 끊어지므로 견일처見一處라고 하며, 견도에서 번뇌(혹)가 끊어지기 때문에 견소단見所斷이라고도 한다. 또한 삼계의 모든 견혹을 끊는다고 하여 삼계견소단혹三界見所斷惑 또는 삼계견소단번뇌三界見所斷煩惱라고도 한다.

(2) 욕애주지欲愛住地: 욕은 욕계欲界, 애는 탐애貪愛로서 이른바 사혹思惑을 말한다. 사혹은 탐貪 · 진瞋 · 치癡 · 만慢의 4가지 근본번뇌와 관계하는

7번째의 수행단계인 회향심을 말하는 것이다.

21) "同除四住. 此處爲齊."(『法華玄義』, 5권; 『천태사교의』, T46, 774b6)
이 구절은 여러 논서에 인용되고 있는데, 특히 『종경록』 88권(X48)에도 인용되어 있다.

번뇌이다. 탐애는 다음 생生을 받는 뜻이 가장 강하므로, 탐애로써 사혹을 나타낸 것이다. 이 번뇌는 삼계의 근본번뇌 가운데, 수혹修惑의 성질을 가진 무명을 제외한다. 간단히 말하면 이것은 욕계의 수혹, 즉 욕계에서 생기는 번뇌이다. 그래서 욕계주지欲界住地라고도 한다.

(3) 색애주지色愛住地: 삼계의 근본번뇌 가운데 무명을 제외한 색계의 수혹修惑(貪·癡·慢)을 말한다. 여기서 색은 색계를 말한다. 그래서 색계주지色界住地라고도 한다.

(4) 유애주지有愛住地: 근본번뇌 가운데 무명을 제외한 무색계의 수혹修惑(貪·癡·慢)을 말한다. 유는 무색계를 말한다. 그래서 무색계주지無色界住地·무색애주지無色愛住地라고도 한다. 욕계의 수혹과 달리 색계와 무색계의 수혹에는 진瞋이 빠지는데, 색계와 무색계는 기본적으로 기쁨이 그 바탕에 깔린 세계로 진瞋(증오·분노), 즉 미워하는 마음이나 성내는 마음이 존재하지 않기 때문이다.

(5) 무명주지無明住地: 삼계의 근본번뇌 가운데, 수혹修惑의 성질을 가진 모든 무명을 말한다. 5주지 가운데 마지막의 무명주지를 제외한 것을 '4주四住'라고 한다.

앞에서 '견혹'·'사혹' 또는 '수혹'이라는 말을 했는데, 이것에 대해 잠시 부연하고자 한다. 먼저 견혹이란 미리혹迷理惑의 다른 말이다. 미리혹이란 '이치(理)에 미혹(惑)한 번뇌'로, 이지적 번뇌理智的煩惱(이성 즉 견해에 관련된 번뇌)를 말한다. 이것은 견도見道에 의해 끊어지는 번뇌이기 때문에 견혹見惑이라고 한다.

수혹이란 미사혹迷事惑이라고 하는데, 미사혹이란 '현상하는 사물의 참된 모습(實相)을 알지 못하는 번뇌'로서, 정의적 번뇌情意的煩惱(마음에 관련된 번뇌, 감정과 의지에 관련된 번뇌)이다. 이것은 수도修道에 의해 끊어지는 번뇌이기 때문에 수혹修惑 또는 사혹思惑이라고 한다.

설일체유부에 의하면, 사성제의 이치(理)를 바르게 알지 못하는 번뇌인 견소단見所斷은 견혹 즉 미리혹에 해당하며, 현상의 사물(事)에 미혹한 번뇌인 수소단修所斷은 수혹 즉 미사혹에 해당한다. 반면 유식학파의 입장에 따르면 후천적으로 습득된 번뇌인 분별分別번뇌가 견혹 즉 미리혹에 해당하고, 선천적으로 타고나는 번뇌인 구생俱生번뇌가 수혹 즉 미사혹에 해당한다. 98수면九十八隨眠 또는 98근본번뇌 가운데 욕계의 탐貪·진貪·만慢·치癡, 색계의 탐貪·만慢·치癡, 무색계의 탐貪·만慢·치癡의 10가지 근본번뇌가 미사혹·수혹·사혹 또는 구생번뇌에 해당한다. 나머지 88수면 또는 88근본번뇌는 미리혹·견혹 또는 분별번뇌(분별기)에 해당한다.[22]

俱生二執方現. 故云**現纏眠**. 纏. 目現行. 眠. 目種子.
以俱生我法二執. 乃七識所執者. 七識無力斷惑. 亦仗六識入二空觀. 初則有相觀多. 無相觀少. 至第七遠行地. 六識恒在雙空觀. 方破俱生我執. 俱生法執永伏不起. 至此六識方得純淨無漏. 相應心所亦同轉成妙觀察智也. 若此識成智. 則日用現前六根門頭. 放光動地. 一切云爲. 皆大機大用矣.

〈계속해서 게송 제2구를 주석한다.〉 구생의 두 가지 집착(구생아집과 구생법집)이 바야흐로 나타나기 때문에 〈게송 제2구 후반부에서〉 **'현행하는 번뇌(纏)와 잠복한 번뇌인 종자(眠)로 나타난다'**고 한 것이다. 〈게송 제2구의〉 **'전纏'**[23]이란 현행을 가리키고, **'면眠'**[24]이란 종자를 가리킨다.
〈계속해서 게송 제3구를 주석한다.〉 구생아법(구생아집과 구생법집)의 두 가지 집착은 제7 말나식이 집착하는 것이다. 제7 말나식은 번뇌(惑)를 끊을 힘이 없다. 〈그러므로 제7 말나식은〉 제6 의식에 기대어 이공관(아공과 법공)에 들어간다. 그렇지만 처음에는 유상관이 많고, 무상관은 적다.[25]

---

22) 『佛光大辭典』; wikipedia, japan.
23) 얽을 전(纏) 자로서, '구속이나 속박'을 의미하는데, 전이란 '마음을 구속하여 수행을 방해하는 번뇌'의 또 다른 표현이다.
24) 眠은 '잠을 자다, 쉬다'라는 뜻으로, 잠을 자는 것처럼 잠복하여 활동하지 않는 번뇌인 종자를 말한다.
25) 유상관이란 어떤 대상이나 관념을 가진 관찰을 말하고, 무상관은 어떤 대상이나 관념이 없는 관찰을 말한다. 보살의 수행단계인 십지의 초지에서 제5지까지는 유상관이 많고, 무상관은 적다. 제6지에 이르면 유상관은 적고 무상관이 많아지게 된다. 그러나 제7 원행지에 이르면 무상관만이 작용한다.(『성유식론』 9권, T31, 53b)

제7 원행지[26]에 이르면 제6 의식은 항상 둘의 공관(아공과 법공)에 머문다. 그리하여 바로 구생아집과 구생법집을 깨뜨려 영원히 항복시켜(永伏, 영원히 제압하여) 활동을 멈추게 한다. 이 제6 의식에 이르면 비로소 순수하게 청정한 무루를 얻는다. 그러면 제6 의식과 함께 상응하는 심소도 또한 동일하게 전변하여 묘관찰지를 이룬다. 만약 이 식(제6 의식)이 묘관찰지를 이루면 일상에서 6근(안근, 이근, 비근, 설근, 신근, 의근)의 입구(門頭)가 밝아지고 차원이 달라져 모든 말과 행위가 깨달음의 바탕이 되고 완전하게 작용한다.

26) 무상, 공, 무아를 증득한 지혜의 마지막 단계로서, 이른바 세간과 이승의 지혜를 멀리 떠났다는 말이다.

Ⅵ. 제7 말나식 계송

1. 제7 말나식의 유루를 개괄적으로 해설하다

帶質有覆通情本 隨緣執我量爲非
八大徧行別境慧 貪癡我見慢相隨

〈제7 말나식은 삼류경 중에서〉 대질경을 〈조건으로 삼고〉, 〈삼성(선, 악, 무기) 중에서〉 유부무기에 〈포섭되며〉, 정(제6 의식)과 본질(제8 아뢰야식의 견분)에 통한다.[1] 〈제7 말나식은〉 상대하는 대상인 〈제8 아뢰야식을〉 자아自我라고 집착하는 비량非量이다.
〈제7 말나식은 심소법 중에서〉 8가지 대수번뇌와 5변행과 별경 중의 혜와 아탐, 아치, 아견, 아만의 4번뇌가 서로 따른다(함께 작용한다).

[2]此頌七識境量心所也.
此識唯緣帶質境. 以心緣心. 名眞帶質. 言**通情本**者. 以揀六識緣外境爲似帶質也. 以此七識緣內見分爲我. 中間相分. 識與見分本質. 交帶

1) 이것에 대해 성철스님은 "情本 중의 情은 제8식의 견분을 말하고, 本은 본질을 뜻합니다. 제7식은 바로 정과 본질에 모두 통하여 작용하는 것입니다. 따라서 정과 본질에 통한다는 것은 제7식이 제8식의 견분을 반연함을 지적한 것입니다"(『백일법문』 중권, p.345)라고 해석한다. 반면 감산스님은 "정(제6 의식)과 본(제8 아뢰야식의 견분)에 통한다는 말은 제6 의식이 외경을 조건으로 간별하는 것을 사대질경이라고 한다. 이 제7 말나식이 내부(제8 아뢰야식)의 견분을 조건으로 삼아 자아라고 〈착각하는 것을 진대경이라고 한다.〉 중간상분(대질경), 식(제6 의식), 〈제8 아뢰야식의〉 견분을 본질로 한다"(言通情本者. 以揀六識緣外境爲似帶質也. 以此七識緣內見分爲我. 中間相分. 識與見分本質)라고 주석한다. 이에 따라 집필자도 '情은 제6 의식, 本은 제8 아뢰야식의 견분'으로 해석하였다.

2) 『팔식규구통설』, X55, 423a13.

變起. 故名爲眞.
三性之中. 唯有覆無記. 謂此識雖無善惡. 而有四惑我見. 相應而起. 蓋覆[3]眞性. 故名有覆無記.

이것은 제7 말나식〈과 함께 작용하는〉 대상(境), 인식수단(量), 심소(마음작용)를 노래(송)한 것이다.
〈먼저 게송 제1구의 '대질경'에 대해 주석한다.〉 이 식(제7 말나식)은 오직 대질경만을 대상으로 삼는다. 〈대질경 중에서〉 마음(제7 말나식)이 마음(제8 아뢰야식)을 대상(조건)으로 삼는 것을 진대질경이라고 한다.
〈게송 제1구에서 제7 말나식은〉 **'정(제6 의식)과 본(제8 아뢰야식의 견분)에 통한다'**는 말은 무슨 의미인가? 제6 의식이 외적 대상을 조건으로 삼아 분석(간별)하는 것을 사대질경이라고 한다. 이 제7 말나식이 내부(제8 아뢰야식)의 견분을 조건으로 삼아 자아라고 착각한다. 중간상분(대질경)과 식(제6 의식)과 〈제8 아뢰야식의〉 견분의 본질이 교차하며 전변을 일으키므로 진대질경이라고 부른다.
〈다음은 제7 말나식과 삼성의 포섭관계를 설명한다. 제7 말나식은〉 삼성(선, 악, 무기) 중에 오직 유부무기만 있다(함께 작용한다). 이 식(제7 말나식)은 비록 선악은 없지만 4가지 혹(4번뇌)인 아견 등과 〈언제나〉 상응하여 일어난다. 〈제7 말나식은 중생의〉 청정하고 순수한 본성(眞性)을 덮고 가리기 때문에 유부무기라고 한다.

'隨緣執我量爲非'. 此句揀量也. 若言帶質境. 則屬比量所緣. 今因執內見分爲我. 以非我計我. 恒謬執故. 故名非量.

〈다음은 게송 제2구를 주석한다. 게송 제2구에서 제7 말나식은〉 **'대상을 따라다니며(상대하는 대상인) 〈제8 아뢰야식을〉 자아自我라고 집착하는 비량非量이다'**[4]라는 구절은 인식수단(量)을 가리기(간별) 위한 것이다. 대질경이

3) 덮을 개(蓋) / 덮을 부(覆).

비량比量을 대상(所緣)으로 삼는 것이라면, 이것은 〈제7 말나식이〉 내부(제8 아뢰야식)의 견분을 아我라고 집착하는 것으로 말미암아 자아가 아닌 것(非我)을 '자아'라고 설정하여(計我) 언제나 잘못에 빠지고(謬) 집착하기(執) 때문에 **'비량非量'**이라고 하는 것이다.

此識唯具十八心所. 以雖無善惡. 而爲染污意. 故具八大偏行并別境中慧. 慧卽我見. 貪癡見慢. 同一我見故.
餘不具者. 以善是淨法. 此識染污. 小隨麤猛. 此識微細. 由見審決. 故疑無容起. 愛著我故. 嗔不得生.
故唯四惑. 然無別境四者. 以欲希望. 此識任運無所希望. 故無欲. 解者. 印持未定境. 此識恒緣定事. 故無勝解. 念乃記憶曾所習事. 此識恒緣現所受境. 無所記憶.
無不定四者.
悔者. 悔先所作. 此識恒緣現境. 故無惡作.
睡眠必依身心重昧. 外衆緣力. 此識一類內執. 不假外緣. 故無睡眠.
尋伺二法麤細發言. 淺深推度.
此識唯依內門而轉. 一類執我. 故皆無之.

〈계속해서 게송 제3구와 제4구에서는 제7 말나식과 함께 작용하는 심소와 함께 작용하지 않는 심소에 대해 주석한다.〉 이 식(제7 말나식)은 오직 18개의 심소만을 갖추고 있다. 〈제7 말나식은〉 비록 선악은 없지만, 염오의(더러운 마음)[5]이다. 그래서 대수번뇌 8개, 5변행 및 별경 중의 혜가 갖추어져 있다(함께 작용한다). 혜는 곧 아견인데, 탐, 치, 견, 만과 아견이라는 점에

---

4) 이것에 대해 성철스님(『백일법문』 중권, pp.345~346)은 "인연을 따라 我에 집착하여 헤아리는 것이 非量입니다.…… 제7식이 非量이라는 것은 제8 아뢰야식을 자아로 잘못 보고 집착하는 것을 말합니다"라고 해석한다. 그래서 집필자도 "〈제7 말나식은〉 조건(인연)에 따라 〈제8 아뢰야식을〉 自我라고 집착하는 非量이다"라고 해석하였다.

5) 제7 말나식은 선도 악도 아닌 '無記', 특히 유부무기이다. 오늘날의 말로 하면 '오염된 마음'이다. 그래서 제7 말나식을 오염된 마음이라는 뜻의 '染汚意'라고 하는 것이다. 또한 '染汚識'이라고도 한다.

있어서 동일하기 때문이다.[6)]

〈제7 말나식과〉 기타 갖추어지지 않은 심소들(함께 작용하지 않는 심소)은 선으로서 청정법이다. 이 식(제7 말나식)은 오염되었지만, 거칠고(두드러지고) 맹렬한 것이 적다. 소수번뇌는 뚜렷하고 강력하지만, 이 식은 미세하다. 자세하게 살펴 단호하게(決) 보기 때문에 의심하는 것(疑)이 생기지 않는다. 또한 자아(자신)를 애착하므로 분노(瞋)가 생기지 않는다. 〈그래서 근본번뇌 중의 의疑와 진瞋 및 소수번뇌와는 함께 작용하지 않는다.〉

〈제7 말나식은〉 오직 4가지 혹(4번뇌)과 〈함께 작용한다.〉 그러나 별경의 4개 심소인 〈욕, 승해, 념, 정과는〉 함께 작용하지 않는다.[7)] 욕은 희망하는 것인데, 이 식은 오는 대로 맡겨 두고 희망하는 것이 없기 때문에 욕이 없다. 〈별경심소인〉 승해는 〈예전에〉 결정되지 않은 대상(未定境)을 확실하게 이해하는 것(印持)이지만, 이 식(제 7 말나식)은 항상 결정된 일(대상)을 〈조건으로 삼아 확실하게 이해하는 것이 없다.〉[8)] 그러므로 승해는 〈제7 말나식과 함께〉 작용하지 않는다. 념은 일찍이 익힌 일을 기억하는 일이지만, 이 식은 항상 현재 감수하는 대상을 조건으로 삼기 때문에 기억하는 바가 없다. 〈그러므로 제7 말나식은 별경심소 중에서 오직 혜와 함께 작용한다.〉

〈계속해서 제7 말나식과 함께 작용하지 않는 부정심소에 대해 주석한다. 제7 말나식에는〉 부정의 4가지 〈심소가〉 함께 작용하지 않는다.

〈4가지 부정심소 중에서〉 회悔는 〈좋은 일이든 나쁜 짓이든〉 전에 지었던 것을 후회하는 것이다. 이 식(제7 말나식)은 언제나 현재의 대상을 조건으로 삼기 때문에 악작惡作[9)]이 없다.

---

6) 아탐, 아치, 아견, 아만을 제7 말나식과 늘 함께 작용하는 4번뇌라고 한다.
7) 별경심소 4개는 제7 말나식과 함께 작용하지 않지만, 오직 '혜'심소만이 함께 작용한다.
8) 『성유식론』, T31, p.22b24-26. "勝解. 印持曾未定境. 此識無始恆緣定事. 無所印持. 故無勝解"(승해란 일찍이[예전에] 결정되지 않은 대상을 확실하게 이해하는 것[印持]이지만, 이 식은 무시이래로 항상 결정된 일을 조건으로 삼아 확실하게 이해하는 것이 아니다. 그러므로 승해가 없다)라는 구절을 참조하면 이해하기 쉬울 것이다.

〈4가지 부정심소 중에서〉 수면은 몸과 마음의 무겁고 어두움에 의한 것으로서 여기에 외부의 여러 인연의 힘은 〈잠깐씩 일어날 때가 있을 뿐이다〉.[10] 이 식(제7 말나식)은 한결같이 안으로 집착하며 밖의 인연을 빌리지 않기 때문에 수면은 없다. 〈그래서 수면은 제7 말나식과 함께 작용하지 않는다.〉 심尋 · 사伺의 두 가지 법 중에서 〈심은〉 거칠고 〈사는〉 미세하다고 한다.(發言) 심 · 사 둘 중에서 〈심은〉 얇고, 〈사는〉 깊게 추론하고 헤아리는 것으로서 〈둘 사이에는 차이가 있다.〉[11]

이 식(제7 말나식)은 오직 내부(제8 아뢰야식)의 문에 의지하여 전변한다. 오로지 자아에 집착하기 때문에 〈심 · 사〉가 없다.

> 恒審思量我相隨 有情日夜鎭[12]昏迷
> 四惑八大相應起 六轉呼爲染淨依

언제나 세심하게(집요하게) 사량하여(恒審思量)[13] 아상에 따르므로 유정(중생)은 밤낮으로 혼미함에 머문다(鎭).

〈제7 말나식은〉 **4혹(4번뇌)**, 대수번뇌 8개와 함께 작용하며(상응하여 일어나며), 6전식(제6 의식)은 〈제7 말나식을〉 염정(汚染 · 淸淨)의 의지처(依)로 삼는다.

---

9) 좋은 일이든 나쁜 일이든 이전에 지었던(作) 것을 미워하거나 싫어하는 것(惡)이다.

10) 『성유식론』(T31, 22c5-7)에는 '有時暫起'를 첨가하여 "睡眠. 必依身心重昧. 外衆緣力. 有時暫起. 此識無始一類內執. 不假外緣. 故彼非有"라고 되어 있다. 그래서 집필자도 『성유식론』에 따라 '有時暫起'를 첨가하여 해석하였다.

11) 심은 대충 살피는 것이고, 사는 자세하고 세밀하게 살피는 마음작용이라고 정의할 수 있다.

12) 鎭: 항상, 언제나.

13) 성철스님(『백일법문』 중권, p.346)은 '항심사량'을 "항상 심사하고 헤아려"라고 해석하는데, 집필자는 '항(언제나)과 심(세심하게)'을 '사량'을 수식하는 것으로 보고 "언제나 세심하게 사량"이라고 해석하였다.

[14]此頌七識力用也.
此識恒常思察量度第八見分爲我. 故云**恒審思量我相隨**.
恒之與審. 八識中四句分別.
第八恒而非審. 不執我. 無間斷故.
第六審而非恒. 以執我. 有間斷故.
前五非恒非審. 不執我故.
唯第七識亦恒亦審. 以執我無間斷故.
有情由此生死長夜. 而不自覺者. 以與四惑八大相應起故.
第六依此爲染淨者. 由此識念念執我. 故令六識念念成染. 此識念念恒思無我. 令六識念念成淨. 故六識以此爲染淨依. 是爲意識之根. 以此識乃生死根本.
故參禪做工夫. 先要志斷四惑. 內離我見. 方有少分相應.

이것은 제7 말나식의 힘과 작용에 대해 노래(송)한 것이다.
〈먼저 게송 제1구의 '사량'에 대해 주석한다.〉 이 식(제7 말나식)은 항상 〈자기중심적으로〉 생각하여 살피고 헤아리는(量度) 마음이다. 그리고 제8 아뢰야식의 견분을 자아라고 〈착각한다. 그래서 게송 제1구에서〉 **'언제나 세심하게(집요하게) 사량하여 아상에 따른다'**고 한 것이다.
〈계속해서 게송 제1구의 **'항심'**에 대해 주석한다.〉 그 항恒(언제나)과 심審(매사에 세심함)은 8가지 식과 어떻게 관계하는지 4구로 구분할 수 있다.
제8 아뢰야식은 항恒(언제나, 항상)이지만 심審(매사에 세심함)은 아니다(恒而非審). 〈왜냐하면 제8 아뢰야식은〉 자아에 〈집요하게〉 집착하지 않지만, 〈언제나 작용하여〉 끊어짐(間斷)이 없기 때문이다.
제6 의식은 심이지만 항은 아니다(審而非恒). 〈왜냐하면 제6 의식은〉 자아에 〈집요하게〉 집착하지만, 〈기절하거나 깊은 수면에 빠지면〉 끊어지기 때문이다.
전오식은 항도 아니고 심도 아니다(非恒非審). 〈왜냐하면 전오식은 단절이

14) 『팔식규구통설』, X55, 423b11.

있을 뿐만 아니라 세심하고 집요하게〉 자아를 집착하지 않기 때문이다. 오직 제7 말나식만이 항도 있고 심도 있다(亦恒亦審). 〈왜냐하면 제7 말나식은 언제나 집요하게〉 자아를 집착할 뿐만 아니라 끊임없이 지속하기 때문이다.

이것으로 말미암아 유정의 생사는 길고 어둡다.(게송 제2구 주석) 〈이것을〉 스스로 자각하지 못하는 것은 〈아치, 아견, 아만, 아애의〉 4혹(4번뇌)과 8개의 대수번뇌[15]와 함께 작용하기 때문이다.(게송 제3구 주석)

〈게송 제4구에서〉 **'이것(제7 말나식)에 의지하여 제6 의식이 염정(더러움과 청정함)의 의지처로 삼는다'**란 무슨 의미인가? 이 식(제7 말나식)으로 말미암아 생각할 때마다(念念) 자아를 집착하기 때문이다. 그래서 제7 말나식이 제6 의식으로 하여금 생각할 때마다 염(더러움)에 빠지게 한다(成). 〈반대로〉 이 식(제7 말나식)이 생각할 때마다 항상 무아를 생각하면 제6 의식이 생각할 때마다 청정하게(淨) 된다(成). 그래서 제6 의식은 이것(제7 말나식)을 더러움과 청정함(染淨)의 의지처(依)로 삼는다고 한 것이다.[16] 〈제7 말나식은〉 제6 의식의 근본(根)이 된다. 그러므로 이 식(제7 말나식)은 생사의 근본이다. 이런 이유에서 참선을 공부하는 자는 먼저 반드시 4혹(4번뇌)을 끊는 것에 뜻을 두어야 하며, 안으로는 아견을 벗어나야 한다. 그래야 비로소 조금이라도 진리와 상응할 수(한 몸처럼 만날 수) 있을 것이다.

용어해설

• 사번뇌

사번뇌란 '4가지(치, 견, 만, 애)의 번뇌'라는 뜻이다. 번뇌란 자아(我)에 집착하고 자아에 구속된 마음의 활동을 말한다. 특히 4가지의 번뇌에는 언제나 아我라는 글자가 붙는데, 이른바 제7 말나식은 아我를 근원으로 삼고 있다는 것이다.

---

15) 대수번뇌에 대해서는 『백법논의』의 대수번뇌 항목을 참조하길 바란다.
16) 그래서 제7 말나식을 染淨意라고 한다.

(1) 아치我癡(ātmamoha): 아치에서 아我는 자아를 뜻하고, 치癡는 '어리석다'는 뜻으로서, 아치란 자아가 본래 공 · 무상 · 무아임에도 불구하고 그 진리에 대해 알지 못하는 것을 말한다. 즉 자아에 대해 무명 또는 무지無知하다는 것이다. 공이란 자성이 없다는 것(無自性)이며, 무상無常이란 존재하는 모든 것은 시시각각으로 변화한다는 것이다. 그리고 무아無我란 모든 것은 스스로 존재하지 않으며 다른 것에 의지하여 존재(연기적 존재)하기 때문에 자기의 본질(자성)이 없다는 것이다. 따라서 아치는 공, 무상, 무아의 존재인 자기의 진실한 모습을 알지 못하는 것, 한마디로 말하면 자아의 본질에 대해 무지몽매無知蒙昧한 것이라고 할 수 있다.

(2) 아견我見(ātmadṛṣṭi): 아견은 범어 'satkāya-dṛṣṭi'의 음사인 살가야견薩迦耶見이라는 번뇌를 말한다. 중국에서는 신체가 지금 여기에 실재한다는 의미로 유신견(sat[유]-kāya[신]-dṛṣṭi[견]) 또는 아견으로 한역하기도 한다. 우리는 많은 조건(연)에 의해 유지되는 존재이지만, 그것을 알지 못하고 허위의 자아를 구상하며 고정화 · 실체화하여 그 자아(자신)에 집착한다. 이것을 아견이라고 한다. 그리고 아견은 자아에 집착한다는 의미에서 아집我執이라고도 한다.

(3) 아만我慢(ātmamān): 아만은 타인과 비교하여 자신을 높이고 타인을 낮추어 보려는 번뇌를 말한다. 이것에 대해 자세한 것은 『백법논의』의 근본번뇌 항목을 참조하길 바란다.

(4) 아애我愛(ātmasneha): 아애는 무조건적으로 오로지 자기만을 계속해서 사랑하고 집착(愛着)하는 마음작용이다. 자기를 사랑하고 집착하기 때문에 아탐我貪이라고도 한다.

이러한 사번뇌 중에서 특히 사물의 도리(무상, 무아)를 모르는 '치'가 가장 중심적인 번뇌이다. 그래서 『성유식론』에서도 "모든 번뇌가 생기할 때 반드시 '치'로 말미암는다"라고 주석한 것인데, 이른바 자기 자신에 대해 모르는 것이 모든 번뇌의 시작이라는 것이다. 이처럼 자아의 본질에 대해 우치愚癡하기 때문에 자아가 인연에 의해 지탱되고 있는 존재라는 사실을 알지 못하고 허위의 자아상을 구상하여 고정화, 실체화하는 아견이 생기한다. 그리고 아견

에 집착하기 때문에 아만이 일어나고, 자기에게 애착愛着하는 아애가 생기하는 것이다.[17]

2. 제7 말나식의 무루를 개괄적으로 해설하다

> 極喜初心平等性 無功用行我恒摧
> 如來現起他受用 十地菩薩所被機

초심인 극희지(환희지)에서는 평등성지이고 무공용행(부동지)에서 자아는 항상 꺾인다.
여래가 **타수용신**을 나타내어(현기) 십지보살이 〈그〉 가피를 받는다.

此頌七識轉識成智也.
分別俱生我法二執. 乃六七識各有所執. 分別二執. 從初發心. 六識修生空觀. 至七信位. 斷分別我執. 隨入法空觀. 歷三賢位. 至初地方斷. 此則七識當轉平等性智. 因有俱生二執未淨. 故此識未得純淨無漏. 故曰極喜初心平等性.

이것은 제7 말나식이 '식을 전변하여 지혜(地)를 이룬다'는 〈평등성지〉에 대해 노래한 것이다.
〈먼저 게송 제1구를 주석한다.〉 분별과 구생의 아와 법의 두 가지 집착(분별아집 · 분별법집, 구생아집 · 구생법집)은 제6 의식과 제7 말나식이 각각 집착한다. 〈후천적 번뇌인〉 분별의 이집은 초발심지로부터 제6 의식 차원의 아공관을 닦아, 7신위(10信 중의 7번째 수행단계)에 이르면 분별아집은 끊어진다. 이어서(隨) 법공관法空觀에 들어가 삼현위(十住, 十行, 十迴向)를 거쳐 〈십지의 첫 번째 수행단계인〉 초지(환희지)에 이르면 비로소 〈분별법집은〉 끊어진다.

17) 김명우, 『유식삼십송과 유식불교』(예문서원, 2009), pp.131~135.

〈분별아집과 분별법집이 끊어지면〉 이것은 곧 제7 말나식이 마땅히 평등성지로 전변한 것이다. 〈그러나 선천적 번뇌인〉 구생의 이집(구생아집, 구생법집)이 〈여전히 남아〉 있음으로 아직 청정하지 않다. 그러므로 이 식(제7 말나식)은 순수하고 청정한 무루를 아직 얻지 못한 것이다. 그래서 〈게송 제1구에서〉 **'초심인 극희지(환희지)에서는 평등성지이다'**라고 말한 것이다.

無功用行我恒摧[18]. 謂六識恒住雙空觀中. 至第七遠行地. 方捨藏識. 破俱生我執. 至八地無功用行. 則我執永伏. 法執間起. 故云恒摧. 若此七識轉成無漏平等性智. 在佛果位中. 現十種他受用身. 爲十地菩薩說法. 菩薩所被之機也. 行人此識一轉. 則不動智念念現前. 法界圓明. 湛然常住矣.

〈계속해서 게송 제2구를 주석한다. 그러면 구생아집과 구생법집은 어떤 단계에서 끊어지는가?〉 게송 제2구의 **'무공용행(부동지)에서는 자아는 항상 꺾인다'**[19]란 이른바 제6 의식이 항상 둘(雙)의 공관(아공관과 법공관) 중에 머물러 〈십지의 7번째 수행단계인〉 제7 원행지에 이르면 비로소 장식(제8 아뢰야식)을 버리고 구생아집을 부수게 된다는 의미이다. 그리고 〈십지의 8번째 수행단계인〉 제8지 무공용행(부동지)에 이르면 〈구생〉아집은 영원히 멈춘다. 그러나 구생법집은 간간이 일어나기 때문에 〈게송 제2구 후반부에서〉 **'항상 꺾인다'(恒摧)**고 말하는 것이다.
〈계속해서 게송 제3구와 제4구를 주석한다.〉 만약 이 제7 말나식이 전변하여 무루 평등성지를 이룬다면 불과위(부처님의 깨달음) 에 있으면서 10종류의 타수용신을 나타내어 십지보살을 〈위해〉 설법한다. 〈그러면 십지〉보살은 근기에 따라 가피를 받는다.[20] 수행자(行人)가 이 식(제7 말나식)을 한번 전변

18) 꺾을 최(摧).
19) 이것에 대해 성철스님(『백일법문』 중권, p.348)은 '무공용행에서는 아집을 완전히 부순다'라고 해설한다.
20) 감산스님은 '所被機'를 '所被之機也', 즉 '근기에 따라 그(부처님의 가르침)의 가피를 받

하면 제8 부동지가 생각마다(念念) 나타나며(현전), 원만하고 밝은 진리세계(법계원명)에 고요하게 언제나 머물 것이다.

용어해설

• 타수용신

부처님의 몸은 법신, 보신, 화신 또는 수용신(보신), 변화신(화신), 자성신(법신)의 삼신으로 나타난다. 이 가운데 화신(변화신)에 대해서는 앞서 삼류화신의 설명에서 이미 언급했기 때문에 여기서는 생략한다. 보신은 수용신이라고도 하는데, 오랜 기간에 걸쳐 수행을 거듭하여 그 과보로 받은 결과를 향수享受하는 부처를 말한다. 수용신은 다시 타수용신과 자수용신으로 나눈다. 자수용신이란 다른 모습으로 나타나지 않고 획득한 진리의 즐거움을 자신만이 수용(즐기는)하는 부처이다. 반면 타수용신은 누구나 볼 수 있는 것이 아니라 십지 이상의 보살만이 볼 수 있다. 즉 십지 이상의 보살에게만 교화를 통해 진리의 즐거움을 향유하게 하는 부처이다. 그래서 게송 제4구에서 "여래가 타수용신을 나타내어(현기) 십지보살이 그 가피를 받는다"고 한 것이다. 또는 '수용받은 몸'이라고 번역할 수 있기 때문에 중생이 '부처의 몸을 수용하여 성불할 수 있다'는 의미도 된다.[21]

는다'라고 주석한다. 또는 '보살은 가피를 받는 계기가 된다'라고도 해석할 수 있다. 성철스님은 '所被機'를 '가피를 받다'라고 해석하는데, 게송의 번역은 성철스님의 해석에 따랐다.

21) "一自性身. 謂諸如來眞淨法界.……二受用身. 此有二種. 一自受用. 謂諸如來三無數劫修集無量福慧資糧所起無邊眞實功德. 及極圓淨常遍色身. 相續湛然盡未來際恒自受用廣大法樂. 二他受用. 謂諸如來由平等智示現微妙淨功德身. 居純淨土爲住十地諸菩薩衆現大神通轉正法輪決衆疑網令彼受用大乘法樂. 合此二種名受用身. 三變化身. 謂諸如來由成事智變現無量隨類化身.……"(『성유식론』, T31, 57c-58a)

Ⅶ. 제8 아뢰야식 게송(八識頌)

1. 제8 아뢰야식의 유루를 개괄적으로 해설하다

性唯無覆五徧行 界地隨他業力生
二乘不了因迷執 由此能興論主諍

〈제8 아뢰야식은 4가지〉 성(선, 악, 유부무기, 무부무기) 중에서 오직 **무부무기**와 〈함께 작용하며, 제8 아뢰야식과 상응하는 심소는〉 5변행뿐이다. 〈제8 아뢰야식은〉 삼계9지에서 〈각자〉 다른(제6 의식) 업력에 따라서 생기한다. 〈제8 아뢰야식을〉 이승(성문승, 연각승)은 이해(了)하지 못하므로 미혹하고 집착한다. 이것으로 인해 논주들의 논쟁을 불러일으켰다.

용어해설

• 무기(유부무기 · 무부무기)

유식에서는 무기를 무부무기(anivṛtākhyākṛta)와 유부무기(nivṛtākhyākṛta)로 구분한다. 무기는 선 · 악 어느 쪽도 아니라는 의미이다. 그리고 부覆는 '무엇을 덮다'라는 의미로, 『성유식론』에서는 "깨달음으로 나아가는 것(聖道)을 장애하고, 우리 자신의 무색無色한 마음(自心)을 은폐한다"[1]라고 주석한다. 따라서 유부有覆란 성도(깨달음)나 자심(청정한 마음)을 가리는 상태로서, 일종의 '더러운 마음의 상태'라고 할 수 있다. 반면 무부無覆란 유부와 반대로 '성도나 자심을 가리지 않는 상태'를 말한다.

그러면 우리의 가치판단에 선 · 악이 아닌 '무기'가 무엇 때문에 존재할까? 만일 우리의 가치판단에 선 · 악만이 있다면 인간의 행위를 구체적으로 설명

1) T31, 12a26~27.

하기 어렵다. 왜냐하면 끊임없이 반복되는 우리의 일상생활을 돌이켜 보면 선·악 어느 쪽도 아닌 행위가 훨씬 많기 때문이다. 예컨대 걷는 것(行)·머무는 것(住)·앉는 것(坐)·눕는 것(臥) 등의 행위 그 자체는 선·악 어느 쪽도 아니다. 우리는 걸으면서 선한 행위를 할 수도 있지만, 걸으면서 나쁜 행위도 할 수 있다. 그러나 걷는 행위 그 자체는 선·악 어느 쪽도 아니다. 또한 인간이 과학기술을 응용하여 원자폭탄과 같은 살인 무기를 개발한다면 선·악이 되지만, 과학기술을 탐구하고 응용하는 행위 그 자체는 선·악 어느 쪽도 아니다. 이처럼 우리의 행위는 선·악으로 판단할 수 없는 무기인 경우가 상당히 많다.

그러면 제8 아뢰야식은 왜 무기인가? 만약 제8 아뢰야식이 선·악으로 이미 결정되어 있다면 이른바 한 번 나쁜 놈은 영원히 나쁜 놈일 수밖에 없고, 우리의 선한 행위도 전혀 필요 없게 된다. 그래서 제8 아뢰야식은 선·악의 양면성을 가진 무기일 수밖에 없는 것이다. 다시 말해 제8 아뢰야식은 선·악 어느 쪽도 아니기 때문에 선한 행위의 의지처가 되기도 하고 악한 행위의 의지처가 되기도 한다는 것이다.

그리고 제8 아뢰야식은 우리의 모든 행위(선·악)를 종자로 받아들여 축적한다. 다시 말해 우리가 어떤 행위를 하면 반드시 그 행위는 종자로 우리의 인격 속에 남는다. 그래서 우리의 행위인 종자를 훈습하는 제8 아뢰야식은 선도 악도 아니다. 만약 제8 아뢰야식이 선이라면 악의 종자는 받아들일 수 없고, 악이라면 선한 종자를 받아들일 수 없게 된다. 따라서 선·악의 종자를 모두 받아들이려면 제8 아뢰야식은 무기일 수밖에 없다. 이처럼 우리는 선과 악의 가능성을 동시에 가지고 있기 때문에, 아무리 많은 선행을 쌓더라도 한순간에 악인으로 전락할 수도 있고, 반대로 아무리 극악무도하더라도 한순간에 선인으로 전향할 수도 있는 것이다.

此頌八識行相也.
此識唯一精明. 本無善惡. 故四性中唯無覆無記. 諸心所中. 唯與偏行五法相應.

이것은 제8 아뢰야식의 행상(작용)에 대해 노래한 것이다.

〈먼저 게송 제1구를 주석한다.〉 이 식(제8 아뢰야식)은 한결같으며 정명하여 본래 선과 악이 없다. 그래서 4가지 성(선, 악, 유부무기, 무부무기) 중에서 오직 무부무기와 〈함께 작용한다. 또한 제8 아뢰야식은〉 모든 심소 중에서 오직 5가지(촉, 작의, 수, 상, 사)의 변행과 상응할 뿐이다.[2]

以有微細流注生滅故. **三界九地. 乃生死六道**. 此識爲總報主. 當體雖無善惡. 而被他六識業力牽引而生. 前六識頌**引滿能招業力牽**者. 此也. 以此識深細. 世尊尋常不說. 故云"陀那微細識. 習氣成瀑流. 眞非眞恐迷. 我常不開演." 向爲二乘. 但說六識建立染淨根本. 二乘一向未聞. 故**'不了'**耳.

又云. "阿陀那識甚深細. 習氣種子成瀑流. 我於凡愚不開演. 恐彼分別執爲我." 故云**'因迷執'**.

〈계속해서 게송 제2구의 '삼계9지'를 주석한다.〉 미세유주의 생멸이 있기 때문에 〈게송 제2구 초반에서 말하기를, 제8 아뢰야식은〉 **'삼계9지'**에서 육도(지옥, 아귀, 아수라, 축생, 인간, 천계)를 생사윤회하는 〈주체라고〉 한 것이다. 즉 이 식(제8 아뢰야식)은 〈중생이 전생에서 지은 선악의 과보를 받는〉 총괄적인 과보(總報)의 주체이다. 그 당체에는 비록 선악이 없지만, 제6 의식의 업력에 이끌려 생겨난다. 앞의 제6 의식을 〈설명한〉 게송(육식송)에서 **'인업과 만업으로 업력을 부르고 〈제8 아뢰야식을〉 이끈다'**라고 한 것은 바로 이것〈을 말하는 것이다.〉 이 식(제8 아뢰야식)은 심오하고 미세하여 세존께서 일상(尋常)에서 설하신 것은 아니니다. 〈밀의(비밀스러운 가르침)로써 설하셨다.〉 그래서 〈세존께서〉 "아타나미세식(陀那微細識 = 제8 아뢰야식)은 습기가 폭류를 이룬다. 〈중생들이〉 참과 거짓에 미혹될까 두려워 나는 항상 시작(開演, 펼쳐 설명하다)[3]하지 않았다"[4]고 말씀하신 것이다. 이승을

---

2) 제8 아뢰야식과 상응하는 심소는 오직 다섯 가지의 변행(촉, 작의, 수, 상, 사)뿐이라는 의미이다.

3) 『명추회요』(p.384)에서는 '開演'을 '연설'로 번역한다. 이에 집필자는 어떤 일을 '열고

위해서는 단지 제6 의식만을 설하여 오염과 청정함의 근본을 세웠다. 이승들이 들은 적이 없기 때문에 **"이해하지 못한다"**고 한 것이다.

또한 〈세존께서〉 말씀하시기를 "**아타나식**(ādāna-vijñāna)은 심오하고(甚深) 미세하여(細) 습기종자가 폭류를 이룬다. 나는 어리석은 범부에게 이것을 시작(開演)할 수 없었다(이것을 펼쳐 설하지 않았다). 저것(제8 아뢰야식)을 분별하여 자아라고 집착할까 두렵기 때문이다"[5]라고 한 것이다. 그래서 〈게송

설명한다'는 의미를 살려 '시작'이라고 번역하였다.

4) 이 게송은 『수능엄경』(T19, 124c)의 가르침으로서, 영명연수 스님의 『宗鏡錄』에도 인용되고 있다. 영명연수 스님은 이것에 대해 다음과 같이 풀이한다.

"물음: 이 제8식은 진인가, 가인가?

답함: '이것은 진이다', '이것은 가이다'라고 결정할 수 없다.

『수능엄경』에서 "아타나의 미세한 식(阿陀那微細識=제8 아뢰야식)은 습기가 폭포수를 이루는데, '진이다', '진이 아니다'라고 미혹할까 염려되어 나는 항상 자세히 연설(開演)하지 않는다"고 하였다.

풀이하면 다음과 같다. 범어인 '아타나'는 漢語로는 '執持識'이라 한다. 이 식의 體는 청정하나, 무명의 훈습을 받아 물과 우유처럼 분간하기 어려워져서 오직 부처님만이 알 수 있다. 모르는 사이에 망령되이 오염되기 때문에 곧 습기가 되어 전7식의 폭류와 파랑을 전변해 일으켜서 생사의 바다를 요동치게 한다. 그러나 크게 깨달아 단박에 알아차린다면 무루의 淨識이 되어 끊임없이 執持하여 미래세가 다하도록 大佛事를 일으켜 지혜의 바다를 이룰 수 있다.

'진이다', '진이 아니다'라고 미혹할까 염려스럽다는 것에 대해 부처님의 뜻은 다음과 같다.

"내가 만약 한결같이 진이라고만 하면 중생들은 더 이상 닦아 나아가지 않고 증상만에 떨어질 것이다. 왜냐하면 오염되지 않으면서도 오염되어 객진번뇌가 없지는 않기 때문이다. 또 외도들은 제8식을 我라고 주장하는데, 만약 '이것이 바로 불성인 眞我이다'라고 말하면 그 삿된 집착을 부여잡고 참된 수행을 어지럽힐 것이다. 내가 만약 한결같이 진이 아니라고만 말하면 중생들은 또 자신에게는 불성이 전혀 없다고 여겨 斷見을 일으킬 것이므로 성불할 기약이 없다. 그러므로 범부와 이승을 상대해서는 결코 자세히 연설하지 않는다. 이것은 미혹된 전도를 일으켜 여래의 비밀스러운 종지를 알기 어렵기 때문이다."("夫此第八識. 爲定是眞. 是假. 答. 是眞. 是假. 不可定執. 首楞嚴經云. '陀那微細識. 習氣成瀑流. 眞非眞恐迷我常不開演.' 釋曰. 梵語阿陀那者. 此云執持識. 此識體淨. 被無明熏習. 水乳難分. 唯佛能了. 以不覺妄染故. 則爲習氣. 變起前之七識瀑流波浪. 鼓成生死海. 若大覺頓了故. 則爲無漏淨識. 執持不斷. 盡未來際. 作大佛事. 能成智慧海. 眞非眞恐迷者. 佛意. 我若一向說眞. 則眾生不復進修. 墮增上慢. 以不染而染. 非無客塵垢故. 又外道執此識爲我. 若言卽是佛性眞我. 則扶其邪執. 有濫眞修. 我若一向說不眞. 則眾生又於自身撥無. 生斷見. 故無成佛之期. 是以對凡夫二乘前. 不定開演. 恐生迷倒. 不達如來密旨. 以此根本識. 微細難知故." T48, 708a07; 『명추회요』, 선림고경총서 2집, 장경각, p.384)

제3구에서 제8 아뢰야식을 이승은〉 **'미혹하고 집착하기 때문이다'**(因迷執) 라고 말한 것이다.

以小乘不知. 故不信有此識. 是故大乘論師. 引大小乘三經四頌. 五教十理. 證有此識. 故云**由此能興論主諍**. 十證之義. 論中廣明.

〈계속해서 게송 제4구를 주석한다.〉 소승에서는 〈제8 아뢰야식을〉 알지 못하기 때문에, 이 식(제8 아뢰야식)이 존재한다는 것을 믿지 않는다. 그래서 대승논사(호법보살)께서 대승과 소승의 3경, 4송(3개의 경전과 4개의 논서)을 끌어와서 **5교**(경전에 근거한 5가지 논증)**10리**(세상의 이치에 근거한 10가지 논증)로써 이 식(제8 아뢰야식)이 있다는 것을 증명하였다. 그래서 〈게송 제4구에서〉 **'이것으로 인해 능히 논주들의 논쟁을 불러일으켰다'**(由此能興論主諍)라고 한 것이다. 〈제8 아뢰야식이 존재한다는〉 10가지 논증의 의미는 논서(『성유식론』) 중에 널리 밝혀져 있다.

---

5) 이 구절은 『해심밀경』(T16, 692c)과 『섭대승론』에도 등장한다. 『성유식론』에서는 『해심밀경』을 인용하는데(解深密經亦作是說), 그 게송은 다음과 같다.
"아타나식(ādāna-vijñāna)은 심오하고 미세하다. 일체종자는 폭류와 같다. 나는 어리석은 범부에게 시작할 수 없다. 저것(아타나식)을 분별하여 자아라고 집착할까 두렵기 때문이다."(阿陀那識甚深細 一切種子如瀑流 我於凡愚不開演 恐彼分別執爲我)
그런데 감산스님이 인용한 게송과 『해심밀경』 등에 등장하는 게송에는 조금 차이가 있다. 예컨대 『해심밀경』에서는 '一切種子如瀑流'라고 하는데, 감산스님의 게송에서는 '習氣種子成瀑流'라고 한다.
성철스님도 『선문정로』(p.73)에서 『해심밀경』의 이 게송을 인용하며 다음과 같이 번역한다.
"阿陀那識이 극심히 深細하여 일체 생멸의 종자가 폭포같이 유동한다. 내가 우매한 범부에게 이 阿陀那識을 開演하여 설명하지 않는 것은, 彼等이 분별하여 眞我라고 誤執할까 두려워하는 까닭이다." 여기서 성철스님은 '개연'을 '開演하여 설명하지 않는 것'이라고 번역하는데, '개연'이나 '설명'은 동일한 의미이기 때문에 이중 번역에 해당한다. 이것은 아마도 대중이 알아듣기 쉽게 반복해서 법문한 녹취록을 그대로 옮겨 적었기 때문이 아닐까 한다.

용어해설

• 아타나식 · 아다나식

아타나阿陀那란 '유지하다 · 보지保持(지키고 보존하다)하다'라는 의미인 범어 '아다나'(ādāna)의 음사로서, 아타나식(아다나식)이란 '생명을 유지하고 보지하는 식'을 말한다. 그래서 의역하여 '집지식執持識'이라고도 한다. 또한 이것은 심층의 근원적인 식인 제8 아뢰야식의 또 다른 이름이기도 한데, 제8 아뢰야식은 일체 존재를 생기하는 가능력(종자)과 감각기관(유근신)을 보지하고 유지하는 동시에 또다시 재생할 때 상속하여 이어 가는 식이기 때문이다.

『성유식론』에서는 아타나식을 "능히 제법의 종자를 집지하고, 능히 색근(승의근)과 의처(부진근)를 집수하며, 능히 결생과 상속을 집취하기 때문에 이 식을 아타나식이라고 한다"[6]라고 정의하고, "아타나식은 종자를 집지하고 모든 색근을 파괴시키지 않고 유지한다"[7]라고 주석한다. 이처럼 아타나阿陀那는 '집지執持', '집수執受', '집취執取'라는 의미가 있다.

그리고 세친의 저작인 『대승오온론』에서도 "능히 몸을 집지執持(잡아 간직하여 유지하다)하기 때문이다"[8]라고 하고, 범본에서는 "또한 그것은 신체를 받아들이기(upādāna) 때문에 아다나식(아타나식)이라고도 한다"[9]라고 한다. 여기서 '우파다나'(upādāna)를 '받아들인다'라고 해석했는데, 이 말에는 '확실하게 붙잡다, 독점하다'는 의미도 있기 때문에 집필자는 아타나식을 '신체를 확실하게 붙잡아 일정하게 유지하게 하는 마음'이라고 정의하였다.

• 5교10리

『성유식론』에서 제8 아뢰야식을 논증하는 '오교십리증五教十理證'을 말한다. 제8 아뢰야식의 존재 논증은 이증理證, 즉 세상의 이치를 바탕으로 논증하는 것과 교증教證, 즉 경전(부처님의 가르침)에 근거하여 논증하는 것이 있다.

---

6) "以能'執持'諸法種子. 及能'執受'色根依處. 亦能'執取'結生相續. 故說此識名阿陀那."(『성유식론』 3권, T31, 14c7)
7) "或名阿陀那. 執持種子及諸色根令不壞故."(『성유식론』 3권, T31, 13c10)
8) "卽此亦名阿陀那識, 能執持身故."(『대승오온론』, T31, 850a6-7)
9) ādānavijñānam api tatkāyopādānam upādāya/(Li and Steinkeller, p.17, 5-6)

『성유식론』에서는 제8 아뢰야식의 존재를 논증하는데, 다섯 가지 경전(五教)의 게송을 인용한다. 즉 『대승아비달마경』(2회 인용), 『해심밀경』, 『입능가경』, 『아함경』(근본식, 유분식, 궁생사온)이다. 그리고 제8 아뢰야식의 존재를 열 가지 바른 논리(十理證)로써 논증한다. 그것은 다음과 같다.

(1) 지종증持種證: 유루와 무루의 일체종자를 집지執持하고, 그것으로부터 현행을 생기게 하는 것은 오직 제8 아뢰야식뿐임을 논증한다.
(2) 이숙심증異熟心證: 이숙심이 있어야 유정의 존재가 긍정되므로 이숙심은 곧 제8 아뢰야식임을 논증한다.
(3) 취생증趣生證: 유정이 오취五趣와 사생四生에서 윤회하는 것은 제8 아뢰야식이 주체가 되기 때문이다. 여기서 오취란 지옥·아귀·축생·인人·천天을 말한다. 사생이란 4가지 태어나는 방식을 말한다. 인간이나 짐승처럼 모태에서 태어나는 태생胎生, 새나 물고기와 같이 알에서 태어나는 난생卵生, 벌레처럼 습기에서 태어나는 습생濕生, 어미 없이 태어나는 화생化生이 그것이다. 습생이란 벌레나 알에서 태어나는 것이 아니라 습기가 있는 곳에서 자연적으로 발생하는 존재이다. 화생이란 천계나 지옥에 태어날 때 전이적으로 태어나는 방식으로서, 이른바 부모 등을 통하지 않고 자신의 업에 의해 태어나는 것이다. 지옥의 옥졸이 화생의 대표적인 존재이다. 모든 존재는 4개의 태어나는 방식 중에 하나로 태어나 윤회전생을 반복한다.
(4) 능집수증能執受證: 신체는 집수執受되는 것이고, 제8 아뢰야식은 집수하는 것(能執受)이다. 6전식六轉識은 집수의 다섯 가지 조건을 갖추지 못한다. 만약 제8식의 존재를 인정하지 않으면 경전에서 신체에 집수가 있다고 말을 하였겠는가? 라고 논증한다.
(5) 수난식증壽煖識證: 수명(壽), 체온(煖), 식識은 서로 의지하는 것으로, 서로 의지한다는 것은 언제나 간격이 없어야 한다. 이처럼 유정의 수명, 체온을 상속하면서 머무는 것이 식이다. 여기서 말하는 식識은 제8 아뢰야식이다.
(6) 생사증生死證: 경전에서 유정이 태어나고 죽을 때는 반드시 산위散位와

유심위有心位에 머물며, 정심과 무심에 머물지 않는다. 유정이 태어나고 죽을 때 신심이 혼미하게 되어 명료한 전식轉識은 현기하지 않는다. 이때 마음이 없으면 안 된다. 이때의 마음이 곧 제8 아뢰야식이다.

(7) 식명색호위연증識名色互爲緣證: 명名 · 색色에서 명은 수상행식의 4가지 온을 말하고, 색은 색온을 말한다. 명, 색, 식識은 마치 갈대를 세울 때처럼 서로 의지한다. 여기서 말하는 식이 곧 제8 아뢰야식이다.

(8) 사식증四食證: 유정의 신명身命을 유지시키는 사식四食(단식, 촉식, 의사식, 식식) 중에서 식식識食의 뜻이 가장 뛰어나다. 그것은 단절되지 않고 삼성三性이 바뀌지 않으며 항상 현기現起하는 식이어야 하므로 제6 의식 이외에 제8 아뢰야식이 존재한다.

(9) 멸정증滅定證: 멸진정이란 수 · 상을 멸한 단계이다. 이때 수명이 끊어지지 않고 체온이 없어지지 않으며, 출정出定 후에도 제6 의식의 작용을 계속하게 하는 것은 그 근본이 되는 제8 아뢰야식이 있기 때문이다.

(10) 염정증染淨證: 염정은 마음을 근본으로 한다. 즉 마음이 오염되거나 청정함으로써 유정이 오염되거나 청정하다. 만약 제8 아뢰야식이 없다면 그 잡염과 청정한 마음이라는 것도 존재하지 않아야 한다.[10)]

그리고 『대승오온론』에서는 제8 아뢰야식이 존재하는 논증을 4가지로 제시한다.

① 또한 이 제8 아뢰야식이 있기 때문에 마음의 작용을 완전하게 멸한 명상(멸진등지), 개념화(想)가 없어진 명상(무상등지), 개념화(想)가 없는 장소에서의 생존(무상소유)에서 나온 자가 〈다시〉 인식대상을 구별하여 이해하게 된다. 이것을 활동하고 있는 식별(轉識 = 전오식, 제6 의식, 제7 말나식)의 부활이라고 한다.

② 안식 등의 각 식은 인식대상이라는 원인(소연연)에 응해서 각각의 인식으로써 활동하기 때문에 제8 아뢰야식이 존재하는 것을 알 수 있다.

---

10) 『성유식론술기』 4권, T43, 347a; 深浦正文, 『唯識學硏究 下卷』(京都: 永田文昌堂, 1954), pp.271~275; 김묘주 옮김, 『성유식론』(동국역경원, 2000), pp.17~18.

③ 〈제8 아뢰야식 이외의 식은〉 자주 끊어졌다 이어졌다 하지만 다시 〈마치 연속하고 있는 것처럼〉 활동하기 때문에 (제8 아뢰야식이 존재하는 것을 알 수 있다.)

④ 또한 생사를 유전시키고 반복시키는 것이 없으면 윤회가 설명되지 않기 때문에 제8 아뢰야식이 존재하는 것을 알 수 있다.[11]

여기서 ①과 ③은 제8 아뢰야식이 없으면 마음의 활동이 없어질 때를 설명할 수 없다는 점을 들어 제8 아뢰야식의 존재를 증명한 것이다. 그리고 ②는 제8 아뢰야식이 없으면 인식작용(心)의 연속성을 설명할 수 없다는 것을 증명한 것이다. 『구사론』에서는 '생명력(명근)이란 수명이다'라는 정의와 더불어 '생명력=수명이란 체온과 식을 유지하는 것'이라고 정의하고 있다. 한편 멸진등지(멸진정) 등의 선정단계는 심(제6 의식)의 작용이 완전하게 없어진 상태라고 정의하고 있다. 이것을 종합하면 멸진등지에 들어간 사람은 식이 없으므로 죽었다고 할 수 있지만, 실제로 부처님을 비롯하여 이와 같은 선정에 들어간 사람은 죽은 것이 아니다. 이 때문에 불교의 부파 사이에서도 다양한 논쟁이 있었는데, 제8 아뢰야식은 이런 교리상의 불합리를 해결하기 위한 하나의 해결책으로 도입된 것이다.

④에서 기술한 것도 ①~③과 공통하는 것이다. 앞에서 살아 있는 것의 조건으로 식이 있다는 것을 소개했지만, 반대로 죽어 버렸다면 식이 신체로부터 없어지게 되는 것이다.(식이 없어지면서 체온이 없어져 차갑게 된다고 설명한다.) 살아 있는 것은 살아 있는 동안의 행위의 선악에 의해 지옥에 떨어지거나 천계에 태어날 수도 있지만, 제6 의식은 죽을 때 한 번 없어지기 때문에 생사를 넘어서 행위한 선악의 결과를 축적하는 그릇으로는 사용할 수 없다. 그래서 이것을 위한 별도의 기억 장치가 필요하여 제8 아뢰야식을 고안한 것이다.[12]

---

11) "① 又由此故, 從滅盡等至・無想等至・無想所有起者, 了別境名轉識還生. ② 待所緣緣差別轉故. ③ 數數間斷還復轉故. ④ 又令生死流轉旋還故."(『대승오온론』, T31, 850a2)

12) 모로 시게키 지음, 허암 옮김, 『오온과 유식』(민족사, 2018), p.249.

浩浩三藏不可窮 淵深七浪境爲風
受熏持種根身器 去後來先作主公

〈제8 아뢰야식의〉 광대한(浩浩) **삼장**(능장, 소장, 집장)은 끝을 다 알 수가 없으며, 〈비유하면 제8 아뢰야식은〉 근원이 깊어서 〈바다이고〉, 7가지 식(전오식, 제6 의식, 제7 말나식)은 물결(파도)이며, 경계(대상)는 바람이 된다.
〈제8 아뢰야식은〉 훈습된 **종자**13)와 **유근신**과 **기세간**을 지녀서(대상으로 삼아), 갈 때는 나중에 가고 올 때는 먼저 와서 주인공이 된다.

용어해설

• 삼장(능장, 소장, 아애집장)

제8 아뢰야식은 현재 우리가 한 행위의 결과를 저장하는 마음이다. '아뢰야 阿賴耶'란 여러 가지 물건을 '저장하다, 축적하다, 보존하다'라는 의미의 범어 '아라야'(ālaya)를 중국인들이 발음 나는 대로 옮긴 것(音譯)이다. 그리고 현장스님은 이것을 의역하여 '장식藏識' 또는 '택식宅識'이라고 번역한다. 제8 아뢰야식은 직역하면 '저장하는 마음(식)'이라는 의미이므로 영어로는 'store consciousness'라고 번역한다. 그러면 제8 아뢰야식은 어떤 것을 저장하고 보존하는가? 제8 아뢰야식은 바로 우리의 행위 결과인 '종자'(bīja)를 저장한다. 그래서 제8 아뢰야식은 '일체의 모든 것(종자)을 저장하고 보존하는 마음'이라고 하는 것이다. 『성유식론』에서는 제8 아뢰야식의 저장 기능에 대해 다음과 같이 세 가지로 나누어 설명한다.

(1) 능장: 능장能藏이란 제8 아뢰야식이 행위의 결과인 종자를 보존하고 유지하는 측면을 나타낸 것이다. 즉 제8 아뢰야식이 종자를 품어, 그 종자를 계속 보존·유지하는 측면이다. 그리고 제8 아뢰야식이 종자를 품는 주체라면 종자는 제8 아뢰야식에 품어지는 객체(대상)이다. 이것을

---

13) 성철스님은 '수훈'을 '훈습을 받은 종자'라고 해석하는데, 게송에서 '수훈'이란 '제8 아뢰야식에 훈습된 종자'라는 의미이기 때문에 집필자는 '훈습된 종자'라고 번역하였다.

능能(작용하는 쪽)과 소所(작용 받는 쪽)로 나누면 제8 아뢰야식이 능이고, 종자는 소가 된다. 인간은 자신의 소질이나 능력, 경험을 인격의 근저에 새겨 계속해서 보존하고, 그 보존·유지되고 있는 종자를 바탕으로 다양한 인생을 전개하는데, 이 측면을 능장이라고 한다. 또한 종자를 보존·유지하는 측면이 있기 때문에 지종의持種義라고도 한다.

(2) 소장: 소장所藏이란 제8 아뢰야식이 수동적인 것으로 전변한 측면을 말한다. 여기서 작용하는 측면인 능能의 위치에 있는 것은 칠전식七轉識(전오식과 제6 의식, 제7 말나식)이고, 수동적인 위치인 소所에 있는 것은 제8 아뢰야식이다. 구체적으로 말하면, 활동하는 칠전식은 그의 움직임(종자)을 전부 인격의 심층으로 던져 넣는다. 즉 칠전식이 능能의 입장에 서게 되는 것이다. 반대로 제8 아뢰야식은 칠전식으로부터 던져지는 종자를 받아들이는 위치에 있기 때문에 소所가 된다. 이처럼 던져지는 것을 종자라고 하고, 그것을 받아들여 인격의 근저에 머물게 하는 것을 훈습熏習 또는 수훈의受熏義라고 한다.

(3) 집장: 집장執藏이란 제8 아뢰야식이 집착하는 기능을 가졌다는 것이다. 구체적으로 말하면 제8 아뢰야식이 제7 말나식에 의해 자아라는 집착의 대상이 된다는 것이다. 그래서 집아의執我義 또는 아애집장我愛執藏이라고도 한다. 집착하는 능能의 위치에 있는 것은 제7 말나식이고, 반대로 집착되는 측면인 소所의 위치에 있는 것은 제8 아뢰야식이다.

이처럼 제8 아뢰야식은 능장·소장·집장의 세 기능을 가지고 있다. 그중에서도 제8 아뢰야식은 '저장'(藏)의 의미가 가장 강한 마음이다. 그리고 능(능동)과 소(수동)로 분석하면 제8 아뢰야식은 '소'(수동)의 성질이 강한 마음이다. 『성유식론』에서는 삼장에 대해 다음과 같이 주석한다.

> 초능변식(제8 아뢰야식)은 대승과 소승의 가르침에서 아뢰야(저장하는 식)라고 한다. 〈왜냐하면〉 이 식은 능장, 소장, 집장의 의미가 있기 때문이다. 〈능장과 소장이라고 한 것은〉 잡염법(선, 악, 무기)과 서로 조건이 되기 때문이다. 〈집장이라고 한 것은〉 유정이 〈제8 아뢰야식

을〉 자기 내면의 자아라고 집착하기 때문이다. 이것은 초능변식에 있는 자상(자체의 양상)을 나타내 보인 것이다. 〈왜냐하면〉 원인과 결과를 섭지하여 자상으로 삼기 때문이다. 이 식(제8 아뢰야식)의 자상은 비록 분위(단계)가 많지만, 장식이라고 하는 것은 가장 과실이 무겁기(크기) 때문에 두루 설하는 것이다.[14)]

• 종자 · 유근신

모든 마음은 반드시 대상을 가지고 대상에 작용한다. 이것은 마음에도 반드시 대상이 있음을 말한다. 눈은 사물을 보고 귀는 소리를 듣고 코는 냄새를 맡듯이 반드시 대상이 있다. 따라서 심층의 마음인 제8 아뢰야식도 역시 대상이 있다. 그러면 제8 아뢰야식의 대상은 무엇인가?

이 구절(제3구: 受熏持種根身器)은 바로 제8 아뢰야식의 대상을 설명한 것으로서, 그 대상은 종자, 유근신, 기세간이다. 먼저 종자는 범어 'bīja'(비자)의 번역어로, 식물의 씨앗을 가리키는 상징적인 의미이다. 식물의 종자는 땅속에 묻혀 있다가 적당한 온도나 물과 햇빛 등의 조건을 갖추면 잎을 내고 꽃을 피우듯이, 인간도 자신의 경험을 인격의 근저에 보존하고 있다가 조건을 갖추면 행위로써 표출한다. 이와 같이 보존된 경험의 축적을 종자라고 한다. 『성유식론』에서는 종자를 '본식 중에서 친히 결과를 생기시키는 공능'[15)]이라고 정의하는데, 여기서 본식은 곧 제8 아뢰야식을 가리킨다. 그리고 공능功能(śakti)이란 힘 또는 작용 등의 의미로서 '결과를 나타내는 힘' 또는 '결과를 창출하는 작용'이라고 해석할 수 있다. 그러나 종자라는 말 때문에 식물의 씨앗과 같은 것으로 생각해서는 안 된다. 종자는 어디까지나 정신적인 '힘', '활동', '에너지'로서, 우리가 선한 행위를 하면 인격의 근저에 선한 행위가 축적되어 점점 선한 행위를 생기시키는 힘이 강한 인격이 된다.

유근신이란 '근根(감각기관)을 가지고 있는 신체'라는 의미이다. 이 유근신은

---

14) "初能變識大小乘教名阿賴耶. 此識具有能藏所藏執藏義故. 謂與雜染互爲緣故. 有情執爲自內我故. 此卽顯示初能變識所有自相. 攝持因果爲自相故. 此識自相分位雖多. 藏識過重是故偏說."(『성유식론』, T31, 7c20)

15) "本識中親生自果功能差別."(『성유식론』, T31, p.8a, 5)

오색근五色根과 근의처根依處로 나뉜다. 이처럼 감각기관을 근根이라고 하는 것은 사물을 생성시키는 강력한 힘을 가지고 있기 때문이다. 근根은 범어로 'indriya'라고 하는데, 'indriya'는 인드라(indra)신의 강력한 힘을 형용화한 것이다. 이 근을 안근, 이근, 비근, 설근, 신근의 다섯 가지로 구분하여, 오색근 또는 정근正根이라고도 한다. 그리고 근의처는 '색근을 돕는다'는 의미로 부근扶根 또는 부진근이라고도 한다. 예를 들어 눈(眼)의 각막이나 수정체 등은 감각기관에 해당하는데, 불교에서는 이러한 감각기관을 2차적인 것으로 보고 보다 깊은 곳에 진정한 감각체가 있다고 본다. 이것을 색근 또는 정근이라고 한다. 이 색근은 직접 확인할 수는 없으나, 요가차라들은 요가수행에 의해 이 감각기관의 존재를 확인하였는데, 그들은 어떤 자극에 의해 사물이 보이는 것이 아니라, 자기 자신이 어떤 에너지를 발산하여 사물을 본다고 생각하였다. 이처럼 오색근과 근의처가 합쳐진 것을 유근신이라고 한다.

• 기세간

기세간器世間(bhājana-loka)이란 문자상으로는 유정을 넣는 물건 · 용기(器)로서의 세간(세계)이라는 뜻이다. 일반적으로 산하대지 등의 유정이 활동하는 장소나 환경세계를 의미한다. 존재하는 모든 것은 '유정세간'(sattva-loka)과 '기세간'의 둘로 분류된다. 그중에 기세간은 유정들의 공업에 의해 만들어진다.

此頌八識體相力用也.

浩浩[16]者. 廣大無涯之貌. 謂藏識性海. 不思議熏變而爲業海. 故此識體廣大無涯.

이것은 8식(제8 아뢰야식)의 체상(본질과 현상)의 힘과 그 작용을 노래한 것이다. 〈게송 제1구의 호호란 무슨 의미인가?〉 **'호호'**란 광대하고 끝이 없는 모습을 〈나타낸 말이다.〉 장식의 성품 바다가 부사의한 훈습으로 업의 바다가 되었다는 뜻이다. 그래서 이 식(제8 아뢰야식)의 본체는 광대하고 끝이 없다

16) 浩浩蕩蕩의 줄임말로, '(바다와 같이) 끝없이 넓고 넓은 것을 표현한 말'이다. 그래서 성철스님도 '浩浩'를 '광대하다'로 번역한다.

고 한 것이다.

以具三藏義故. 名爲藏識. **三藏**者. 能藏. 所藏. 我愛執藏. 以前七識. 無量劫來善惡業行種子習氣. 唯此識能藏. 前七識所作異熟果報. 唯八識是所藏之處. 由第七識執此爲我. 故云我愛執藏.
論云. "諸法於識藏. 識於諸法爾. 更互爲果性. 亦常爲因性." 積劫因果不失不壞. 故云**'不可窮'**.

〈계속해서 게송 제1구의 '삼장'에 대해 주석한다. 제8 아리야식은〉 3가지를 저장(三藏)한다는 의미를 갖추고 있기 때문에 '장식'이라고 한다. 〈게송 제1구의〉 **'삼장'**이란 능장, 소장, 아애집장을 말한다. 앞의 칠전식七轉識[17](전오식, 제6 의식, 제7 말나식)이 무량의 시간 동안 선업과 악업을 행한 종자습기를 오직 이 식(제8 아리야식)만이 저장할 수 있다. 〈제8 아리야식이 능동적으로 행위한 결과물인 종자를 저장하기 때문에 능장이라고 한다.〉 〈또한〉 칠전식(전오식, 제6 의식, 제7 말나식)이 지은 이숙의 과보는 오직 제8 아리야식만이 저장되는(所藏) 장소(處)이다. 〈즉 제8 아리야식이 칠전식에서 던져지는 종자를 수동적으로 받아 저장한다는 의미로 소장이라고 한다. 또한〉 제7 말나식이 이것(제8 아리야식)을 자아라고 집착하기 때문에 아애집장이라고 한다. 그래서 『성유식론』에서 말하기를 "제법(칠전식)은 식(제8 아리야식)에 〈저장되고〉, 식(제8 아리야식)도 제법(칠전식)에 대해 그러하다. 서로 번갈아 가며 과성果性(결과)이 되고, 또한 언제나 인성因性(원인)이 된다"[18]라고 한 것이다. 〈왜냐하면 제8 아리야식은〉 무량한 시간 동안(積劫) 그 인과가 없어지지도 파괴되지도 않기 때문에 〈게송 제1구에서 제8 아리야식은〉 **'끝을 다 알 수가 없다'**(不可窮)고 한 것이다.

17) 지욱스님의 주석에 따라 '七轉識'이라고 표기하였다.
18) 『성유식론』, T31, 8c05-6. 이 게송은 『아비달마경』과 『섭대승론』(2권)에도 인용되어 있다.(김묘주 옮김, 『한글대장경 성유식론』[동국역경원, 2002], p.79)

本是湛淵之心. 爲境風鼓動. 故起七識波浪. 造種種業. 經云. “藏識海常住. 境界風所動. 洪波鼓冥壑. 無有斷絕時.” 故云**淵深七浪境爲風**.

〈계속해서 게송 제2구를 주석한다.〉 본래 깊고 깊은 연못(湛淵)과 〈같은〉 마음(제8 아뢰야식)은 경계(대상)의 바람에 출렁이므로 7가지 식의 파도와 물결[19]이 일어나 갖가지 업을 짓는다. 그래서 『대승입능가경』에서 말하기를 “장식藏識의 바다는 상주하면서 경계境界의 바람에 움직인다. 큰 파도(洪波)가 바다(冥壑)를 때리는 것처럼 단절되는 때가 없다”[20]라고 한 것이다. 이 때문에 〈게송 제2구에서〉 '**〈비유하면 제8 아뢰야식은〉 근원이 깊어서 〈바다가 되고〉, 7가지 식**(전오식, 제6 의식, 제7 말나식)**은 물결**(파도)**이며, 경계**(대상)**는 바람이 된다**'고 한 것이다.[21]

前七現行. 返熏此識. 以其體有堅住可熏性. 故云**受熏**. 前七善惡種子唯此識能持.

〈계속해서 게송 제3구의 '수훈'을 주석한다.〉 칠전식의 현행이 되돌아와 이 제8 아뢰야식을 훈습한다. 그 본체가 굳건히 머물면서 **훈습**을 받는 성품이 있으므로 〈게송 제3구에서〉 '훈습을 받는다'(受熏)고 말한 것이다. 칠전식이 〈작용하여 남긴〉 선악의 종자를 오직 이 식(제8 아뢰야식)만이

---

19) 물결 파(波) / 물결 랑(浪).

20) 이 구절은 “마치 큰 바다의 파도가 거센 바람으로 일어나 거대한 파도가 바다(冥壑)를 두드려 끊어질 때가 없는 것처럼, 藏識의 바다는 항상 머물러 있으며 境界의 바람에 움직여서 갖가지 모든 識의 파도가 치솟아 오르며 끊임없이(轉) 생기한다”(“譬如巨海浪. 斯由猛風起. 洪波鼓冥壑. 無有斷絶時. **藏識海常住. 境界風所動**. 種種諸識浪. 騰躍而轉生.” 唐 實叉難陀 譯, 『大乘入楞伽經』, T16, 594c10) 또는 “마치 큰 바다의 파도가 거센 바람으로 일어나 거대한 파도가 바다(冥壑)를 두드려 끊어질 때가 없는 것처럼, 〈아〉려야식(장식) 역시 이와 같다. 경계(대상)의 바람이 불면 움직여 갖가지 모든 식의 파도가 치솟아 오르며 끊임없이 생기한다”(“譬如巨海浪. 斯由猛風起. 洪波鼓冥壑. 無有斷絶時. 黎耶識亦爾. 境界風吹動. 種種諸識浪. 騰躍而轉生.” 元魏 菩提流支 譯, 『入楞伽經』, T16, 523b17)를 인용한 듯하다.

21) 이것은 바다를 제8 아뢰야식, 파도를 7가지 식(전오식, 제6 의식, 제7 말나식), 바람을 대상(경계)에 비유하여 설명한 것이다.

저장할 수 있다.[22)]

용어해설

• 훈습

앞에서 언급했지만, 독자의 이해를 돕기 위해 다시 한 번 설명한다.

훈습이란 종자가 제8 아뢰야식에 축적되는 것을 말한다. 훈습은 범어 '바사나'(vāsanā)의 번역으로, '보존하다', '두다 · 머무르다'라는 의미의 동사어근 √vas로부터 파생한 것이다. 훈습이란 경험한 모든 것이 인격의 근저(제8 아뢰야식)에 축적되는 것을 말한다. 다시 말해 반복해서 한 행위의 결과가 점차 쌓이는 것이다. 그리고 그 행위의 결과가 훈습되는 장소는 제8 아뢰야식이다. 예를 들면 우리가 절에 오랜 시간 머물면 향 내음이 자신도 모르게 옷에 스며든다. 또한 새벽에 안개 속을 걸으면 코트가 자신도 모르게 촉촉하게 젖는 것을 경험하게 된다. 이처럼 훈습이란 언제부터인지 알 수도 없고 또 명확하지도 않지만 확실하게 우리의 인격 속에 침투하여 우리의 인격과 세계를 형성하는 것이다. 즉 인격의 근저(제8 아뢰야식)에 새로운 경험이 쌓임으로써 인격이 새롭게 되며 또한 자기를 생기시킨다는 것이다.

또한 훈습을 습기라고 하는데, 습習이란 본래 '반복하다 · 익히다'라는 의미로, 어미 새의 날아오르는 모습(羽)을 보고 새끼 새가 날갯짓을 반복하는 것(百)을 말한다. 이처럼 반복적으로 행한 행위가 심층의 마음에 심어진 기분氣分을 습기라고 한다.

• 수훈 · 가훈

이 말은 제8 아뢰야식과 종자와의 관계를 설명하는 것이다. 제8 아뢰야식은 '일체종자식'이라고도 하는데, '일체종자를 가진 마음'이라는 뜻이다. 제8 아뢰야식은 현행하고 있는 마음인 제6 의식이나 제7 말나식으로부터 던져지는 종자를 받아 보존하고 유지하는 마음이다. 이것을 '훈습', 즉 현행훈종자現行熏

22) 전오식, 제6 의식, 제7 말나식이 작용한 결과물인 종자를 저장하는 마음은 오직 제8 아뢰야식뿐이라는 뜻이다. 다시 말해 우리의 모든 행위의 결과물인 종자를 제8 아뢰야식만이 저장할 수 있다는 것이다.

種子라고 한다. 이 의미를 『팔식규구』의 게송에서는 '수훈受熏'이라고 아주 간단하게 표현한다. 제8 아뢰야식은 수동적으로 종자를 받아들이는 훈습, 즉 수훈의 역할과 제8 아뢰야식 안에서 훈습된 종자가 조건이 맞아 제7 말나식이나 제6 의식으로 나타나게 하는 능동적인 역할, 즉 '가훈可熏'의 기능을 동시에 가지고 있다. 여기서 능동적인 역할을 '종자생현행種子生現行'이라고 한다. 그리고 제7 말나식이나 제6 의식이 행위한 결과물인 종자는 제8 아뢰야식에 저장되어 가만히 있는 것이 아니라 스스로 성장 변화하는데, 이것을 '종자생종자種子生種子'라고 한다.

又能持根身器界. 一期令不散壞者. 以是此相分. 乃所緣之境故. 以爲三界總報主. 故死時後去. 投胎先來. 爲衆生之命根. 故云**作主公**.

〈계속해서 게송 제3구의 후반부(持種根身器)를 주석한다. 그래서 게송 제3구에서 **'제8 아뢰야식은〉 유신근, 기세간을 능히 지녀서'** 한 생명이 유지되는 기간 동안 흩어지거나 파괴되지 않도록 하는 것은 이 상분이 바로 대상(所緣境)이기 때문이다. 그러므로 제8 아뢰야식은 삼계의 **총보**(총체적 과보)의 주인공이다. 이런 이유로 〈제8 아뢰야식은〉 죽을 때는 뒤에 가고 태아에 들어갈 때는 먼저 들어가 중생의 **명근**命根[23]이 된다. 그래서 〈게송 제4구에서〉 **'주인공이 된다'**(作主公)[24]라고 한 것이다.

---

23) 이것에 대해 자세한 것은 『백법논의』의 심불상응행법 부분을 참조하길 바란다.
24) 이것은 제8 아뢰야식이 '생사윤회의 주체'라는 말이다. 성철스님은 이 구절(去後來先作主公)을 다음과 같이 해설한다. "'갈 때'란 죽을 때를 말하고, '올 때'는 새로 몸을 받아서 태어날 때를 말하므로, 이것은 곧 생사윤회할 때를 가리키는 것입니다. '갈 때는 나중에 간다'는 것은 사람이 죽을 때는 의식이 다 걷히고 제7식도 작용을 못하지만, 제8 아뢰야식이 최후까지 남아 있기 때문에, 윤회를 할 때 가장 최후까지 남아서 따라간다는 말입니다. '먼저 와서 주인공이 된다'는 것은 중생이 윤회를 할 때 몸을 바꾸어 入胎를 하면 의식이나 말나식의 작용이 없으므로 아뢰야식이 제일 먼저 와서 주인이 된다는 것입니다. 아뢰야식이 갈 때는 제일 나중에 가고 올 때는 제일 처음 오니, 생사윤회를 계속하는 그 중생의 주인이 되는 것입니다."(『백일법문』 중권, p.354)

용어해설

• 총보 · 별보

과보에는 총보總報와 별보別報가 있다. 총보란 업에 의해 초래된 과보의 총체적인 모습으로서, 유식에서 보면 전생의 업에 의해 현세의 생을 받을 때 그 현세의 과보로써 생긴 제8 아뢰야식을 말한다. 다시 말해 인간으로서의 제8 아뢰야식은 총체적인 모습(상태)을 이루고 있는 것이기 때문에 총보이며, 이숙의 본체이기 때문에 진이숙眞異熟이라고 하는 것이다. 반면 현명, 우아함, 아름다움, 추함 등의 모습은 개별적인 과보이기 때문에 별보라고 한다.[25)]

其實不知不死不生法身常住也. 故經云. "識藏如來藏所謂如來藏轉三十二相入一切衆生身中." 故如來藏有恒沙稱性淨妙功德. 豈生死耶. 今迷而爲藏識. 亦具恒沙染緣力用. 能一念轉變. 則妙性功德. 本自圓成. 以眞妄觀體.
故頌四句歎其力用廣大也.

사실 알 수도 없고 사라지지도 않고 생기하지도 않는 법신(대원경지)은 상주한다. 그래서 경전에서 말하기를 "저장하는 식(識藏, 제8 아뢰야식)이 여래장이다. 이른바 여래장이 32상으로 전환하여 일체중생의 몸(신체) 속에 들어간다"[26)]라고 한 것이다. 여래장에는 성품이 청정하고 오묘한 공덕이 항하(갠지스강)의 모래 수만큼(稱) 있다. 그러면 어떻게 생사가 있는가? 지금 미혹하여 장식이 되고, 또한 항하강(갠지스강)의 모래만큼 오염된 조건의 힘과 작용을 갖추고 있더라도, 능히 한순간의 생각으로 전변할 수 있다면, 오묘한 성품의 공덕은 본래 스스로 완전히 성취되어 있다. 진여와 망념에서 본체를 보게(觀)[27)] 된다.

---

25) 橫山紘一, 『唯識 佛教辭典』(春秋社, 2013), p.644.
26) 이 구절은 『楞伽經』(T16, 489a)의 "여래장의 자성청정이 32상으로 전변하여 일체중생의 몸속으로 들어간다"(如來藏自性淸淨. 轉三十二相. 入於一切衆生身中)를 인용한 것이다. 이 구절은 『대승기신론직해』(X45, 488a)에도 인용되고 있다.
27) 볼 적(覿).

이 4구의 게송은 그것(제8 아뢰야식)의 힘과 작용이 광대하다는 것을 찬탄한(歎) 것이다.

2. 제8 아뢰야식의 무루를 개괄적으로 해설하다

> 不動地前纔捨藏　金剛道後異熟空
> 大圓無垢同時發　普照十方塵刹中

〈제8〉 부동지 전에 겨우(纔) 장식藏識을 버리고, 금강도 이후에 이숙〈식〉이 없어진다(空).
대원경지와 무구식이 동시에 일어나 시방의 미진(塵) 세계(刹)를 두루 비춘다.

[28]此頌轉成大圓鏡智也.
謂此識因七識執爲我. 故從無始時來相續長劫. 沉淪[29]生死. 圓教菩薩從初發心修行. 漸斷習氣. 歷過三賢登地以去. 至第七地破俱生我執. 此識方得捨藏識名. 顯過最重. 故云**不動地前纔[30]捨藏**.

이것은 〈제8 아뢰야식이〉 전변하여 대원경지를 이룬다는 것을 노래한 것이다.
〈게송 제1구를 주석한다.〉 이 식(제8 아뢰야식)을 제7 말나식이 자아라고 집착하기 때문에 무시이래로부터 긴 시간(長劫) 동안 상속하여 〈중생은〉 생사윤회한 것이다. 원교보살[31]은 처음으로 발심 수행하여 점차로 습기〈종자〉를 끊고 삼현위(십주, 십행, 십회향)를 거쳐 초지初地(환희지)에 오른 이후

---

28) 『팔식규구통설』, X55, 424b5.
29) 잠길 윤(沉) / 빠질 윤(淪).
30) 겨우 재(纔).
31) 글자대로 해석하면, '충만하고 완전한 가르침을 설하는 보살'이라는 뜻이다.

제7 원행지[32]에 이르러 구생아집을 끊는다. 그리하여 비로소 이 식(제8 아뢰야식)이 장식이라는 이름을 버리게 된다. 드러나는 과오가 가장 무거우므로 〈게송 제1구에서〉 **'〈제8〉 부동지[33] 전에 겨우(纔) 장식을 버린다'**고 한 것이다.

以微細法執. 及有漏善種間起. 尙引後果. 名異熟識. 至金剛心後. 證解脫道. 異熟方空. 故云爾也. 異熟若空. 則超因果. 方才轉成大圓鏡智. 言**無垢同時發**者. 以佛果位中. 名無垢識. 乃淸淨眞如.
謂鏡智相應法身顯現. 圓明普照十方塵刹. 故結云**普照十方塵刹中**.

〈계속해서 게송 제2구를 주석한다. 그러나〉 미세한 〈구생〉법집과 유루선의 종자가 간간이 일어나 오히려 뒤의 결과(과보)를 이끌기 때문에 **이숙식**이라고 한다. **금강심**에 이른 후 해탈도를 증득하여 이숙식이 비로소 없어지기 때문에(空), 〈게송 제2구에서 '금강도 이후 이숙식이 없어진다'고 말한 것이다.〉 만약 이숙식이 공하다면(없어진다면) 인과를 초월하여 〈제8 아뢰야식이〉 비로소 전변하여 대원경지를 이룬다.
〈계속해서 게송 제3구에서〉 **'무구식이 동시에 발현한다(일어난다)'**고 말한 것은 불과위(부처님의 깨달음)에서 그것을 무구식이라고 부르기 때문이며, 이것은 바로 청정한 진여이다.
〈계속해서 게송 제4구를 주석한다. 제8 아뢰야식이〉 대원경지에 상응하여 법신[34]이 드러나 원만하고 밝게 시방의 미진(무수) 세계를 두루 비추기 때문에 〈게송 제4구에서〉 마무리로 **'시방의 미진(塵)[35] 세계(刹)를 두루**

---

32) 원행지란 공, 무상, 무아를 증득한 마지막 단계로서, 세간과 이승의 지혜를 멀리 벗어난다.
33) 무분별지가 작용하여 어떤 相, 공용이나 번뇌에도 움직이지 않는 단계이다.
34) 전오식을 전식득지하면 성소작지, 제6 의식을 전식득지하면 묘관찰지, 제7 말나식을 전식득지하면 평등성지, 제8 아뢰야식을 전식득지하면 대원경지를 얻는다. 그리고 이것을 삼신불에 대입시키면 전오식은 변화신(화신), 제6 의식은 변화신과 보신(타수용신), 제7 말나식은 보신(자수용신), 제8 아뢰야식은 법(자성신)에 해당한다.
35) 微塵이란 '먼지만큼 작고 많다', 즉 無數라는 의미이다. 刹은 국토를 의미하기 때문에

비춘다'라고 한 것이다.[36)]

용어해설

• 이숙식

제8 아뢰야식의 또 다른 명칭이다. 이숙이란 범어로 '비파카'(vipāka)라고 하며, '이전의 원인과 나중의 결과가 다르게 성숙한다'는 의미이다. 이전의 원인이란 과거의 행위이고, 성숙한 결과는 제8 아뢰야식을 말한다. 다시 말해 과거의 행위는 선이나 악이지만, 결과로 생긴 제8 아뢰야식은 선도 악도 아닌 무기라는 것이다. 이것은 '과거와의 관계'를 설명한 것인데, 인간은 과거를 끊어버리고 살아갈 수 없으며, 어떤 의미로든 과거를 짊어지고 살아가야만 한다. 이숙이라는 명칭은 인간의 바로 이와 같은 측면을 파악한 것이라고 할 수 있다.

『성유식론술기』에서는 이숙을 3가지로 분류하는데,[37)] 첫째는 변이이숙變異而熟이다. 이것은 원인이 변화하여 결과로 성숙한다는 것이다. 예를 들면 우유가 버터나 치즈로 변화하는 것이다.

둘째는 이시이숙異時而熟이다. 이것은 원인이 시간을 달리하여 결과로 성숙한다는 것이다. 예를 들면 배꽃이 배가 되거나 복숭아꽃이 복숭아로 변화하는 것이다.

셋째는 이류이숙異類而熟이다. 이것은 이전의 원인과 나중의 결과가 다르게 성숙한다는 것이다. 예를 들면 원인은 선이나 악이었지만 제8 아뢰야식에 결과로 저장될 때는 선도 악도 아닌 무기로 변화하는 것이다.

그런데 『성유식론』에서는 이숙을 세 번째의 '이류이숙'으로 본다. 유식사상에서는 이숙을 대개 '인시선악因是善惡 과시무기果是無記'라는 말로 설명한다. 다시 말해 선악에 대한 인간의 행위가 원인이 되어 사람의 인격은 형성되지만, 그 결과로 결실한 자기, 즉 현재의 자기는 무기라는 것이다. '무기'라는 것은

'세계'라고 번역하였다.

36) 이처럼 수행의 단계에 따라 제8 아뢰야식에 대해 장식–이숙식–무구식이라는 각기 다른 이름을 붙인 것이다.

37) T43, 238c19, "異類而熟. 異時而熟. 變異而熟."

선인지 악인지 나타낼 수 없는 것(표시할 수 없는 것)을 의미한다. 즉 비선비악非善非惡이기 때문에 현재의 자기는 선악 어느 쪽도 아니라는 것이다. '인간의 마음이 본래 선하다고 한다면 선한 마음에 어떻게 악이 일어나며, 반대로 인간이 본래 악하다고 한다면 선한 행위의 근거를 어디에서 구해야 하는가'라는 의문이 생길 수밖에 없다. 만약 나쁜 인간이 갑자기 선한 사람으로 변하거나 착한 사람이 갑자기 나쁜 사람으로 변하는 이유를 찾고자 한다면 인간 이해에 대한 논리적인 정합성을 가진 무기가 답이 될 것이다. 이처럼 인간은 무기이기 때문에 선악 어느 쪽으로도 가능성을 가진 존재이다. 만약 인간에게 본래 선악의 성질이 있다면, 선악 또는 회심, 타락 등의 서로 모순되는 행위를 설명하기 어렵다. 이처럼 이숙식은 과거와의 관계 속에서 제8 아뢰야식을 파악한 것이다.

• 금강심

모든 것을 깨뜨리는 금강(다이아몬드)처럼, 모든 번뇌를 끊어 없애는 힘이 강한 선정의 단계를 말한다. 비상비비상천(유정천)에서 마지막 제9품의 의혹을 끊는 무간도無間道, 즉 제9 무간도에서 일어나는 선정이다. 이것은 마지막까지 남은 미세한 번뇌마저 끊고 부처가 되는 선정으로, 금강정, 금강유정, 금강유사마지라고도 한다.

• 무구식

무구식無垢識(amala-vijñāna)이란 제8 아뢰야식의 별칭으로 일체의 번뇌가 없어지고 청정한 마음의 의지처이기 때문에 붙여진 이름이며, 여래만이 가진 마음이다. 무구의 범어는 'a-mala'로 '때나 먼지(垢)가 없다(無)', 즉 번뇌가 없다는 뜻이다. 음사하여 아말라식阿末羅識, 아마라식阿摩羅識이라고도 한다. 진제스님 계통의 섭론종에서는 이 식을 제9식이라고 한다. 반면 법상종에서는 이것을 인정하지 않는다. 왜냐하면 앞에서 설명했듯이, 제8 아뢰야식에는 진망화합眞妄和合의 성격이 있기 때문이다.

『성유식론』에서는 제8 아뢰야식의 별칭을 기술하고 있는데, 심, 아타나식, 소지의, 유재이생유학, 종자식, 아뢰야식, 이숙식, 무구식이 그것이다.[38] 여기서 무구식은 제8 아뢰야식의 또 다른 이름이다.

• 진 · 미진

진塵 또는 미진微塵이란 '먼지만큼 작고 많다'는 의미이다. 그리고 찰刹은 국토를 의미하기 때문에 '세계'라고 번역하였다. 참고로 고대 인도의 단위(길이)에 대해 잠시 살펴보기로 한다.

① 극미極微: 물질의 최소의 단위로, 그리스의 원자(atom)와 같은 개념이다.
② 미微: 극미가 일곱 개 모인 것이다.
③ 금진金塵: 미微가 일곱 개 모인 것으로, 금(가장 미세한 물질)의 먼지이다.
④ 수진水塵: 금진이 일곱 개 모인 것으로, 물의 최소 미립자이다.
⑤ 토모진兎毛塵: 토끼의 털끝으로, 가장 가느다란 것이다.
⑥ 양모진羊毛塵: 양의 털끝.
⑦ 우모진牛毛塵: 소의 털끝.
⑧ 극진隙塵: 틈 사이의 먼지이다. 낡고 어두운 건물에 들어가면 판자의 틈 사이로 들어온 빛 속에 먼지가 떠 있는 것이 보인다. 이 먼지의 크기를 극진이라고 한다.
⑨ 슬유蝨卵: 이의 알.
⑩ 슬蝨: 이.
⑪ 맥麥: 보리의 크기.
⑫ 지절指節: 손가락 1마디이다. 인간의 손가락은 3마디인데, 그중 1마디의 크기이다.(지금까지는 이전의 길이가 7개 모여 다음의 길이 단위가 된다.)
⑬ 완腕: 손끝에서 어깨까지의 길이이다. 실제로는 손가락 24마디이다.
⑭ 궁弓: 화살은 팔목이 4개 합쳐진 길이이다.

---

38) "第八識雖諸有情皆悉成就. 而隨義別立種種名. 謂或名心. 由種種法熏習種子所積集故. 或名阿陀那. 執持種子及諸色根令不壞故. 或名所知依. 與染淨所知諸法爲依止故. 或名種子識. 能遍任持世出世間諸種子故. 此等諸名通一切位. 或名阿賴耶. 攝藏一切雜染品法令不失故. 我見愛等執藏以爲自內我故. 此名唯在異生有學. 非無學位不退菩薩有雜染法執藏義故. 或名異熟識. 能引生死善不善業異熟果故. 此名唯在異生二乘諸菩薩位. 非如來地猶有異熟無記法故. 或名無垢識. 最極淸淨諸無漏法所依止故."(『성유식론』, T31, 13c7-17)

⑮ 크로사(krośa): 화살이 500개 늘어선 길이로, 본래는 소의 울음소리가 들리는 거리이다. 불교에서는 숲속(수행터)에서 마을까지의 거리라고 한다.

⑯ 유순由旬(yojana): 8크로샤가 1유순이다. 오늘날의 단위로는 10 내지 14㎞ 정도이며, 소가 하루에 걸을 수 있는 거리를 말한다.[39]

---

39) 김명우, 『유식삼십송과 유식불교』(예문서원, 2009), p.28.

VIII. 나오는 말

以理智一如. 方證究竟一心之體. 此唯識之極則. 乃如來之極果也. 諦觀此識深潛難破. 此識絲毫[1]未透. 終在生死岸頭.
古德諸祖未有不破此識而有超佛越祖之談. 今人生滅未忘. 心地雜染種子. 未淨纖毫. 便稱悟道.
豈非未得謂得. 未證謂證. 可不懼哉.
[2]此論古存一解. 今人解者甚多. 但委細分別名相. 轉見難入. 而修行之士未親教者. 望崖[3]而退.
即久依講席罷學[4]參禪者, 但勘[5]話頭一著而心地生滅頭數, 亦沒奈何.
此論雖云相宗. 但顯唯心之相. 若不知此. 亦難究心. 不免得少爲足.
故予此解雖未盡依論文. 唯取其義而變其語. 使學者一覽便見. 正要因此悟心. 不是專爲分別名相也. 若責予杜撰[6]荒邈[7]之罪. 固不敢辭. 而爲修行者未必無功. 幸高明達士. 得意遺言. 是所望也.

이치와 그 이치를 체득한 지혜가 하나가 됨으로써 비로소 궁극적 경지인 일심의 본체를 증득할 수 있다. 이것이 유식의 궁극적 법칙(도달처)이며, 여래의 궁극적 과보(최종 결과)이다. 〈그러나〉 이 식(8가지 식)을 샅샅이(諦) 살펴보아도(觀) 깊게 잠겨 있어서(深潛) 깨뜨리기 어렵다. 이 식(8가지 식)을 조금(絲毫[8])이라도 뚫고 지나지 못하면 끝내 생사의 언덕에 머물게 된다.[9]

---

1) 실 사(絲) / 터럭 호(毫).
2) 『팔식규구통설』, X55, 424b20.
3) 끝, 경계 애(崖).
4) 마칠 파(罷).
5) 헤아릴 감(勘).
6) 막을 두(杜) / 지을 찬(撰): 글자가 잘못되거나 틀린 곳이 많음.
7) 거칠 황(荒) / 멀 막(邈).
8) 실 사(絲), 터럭 호(毫)란 '실오라기'라는 의미이지만, 극히 적은 양(추호)을 비유적으로 표현한 말이다.

덕 높은 옛 선지식과 모든 조사가 이 8가지 식을 타파하지 않고서 부처를 초월하고 조사를 넘어섰다는 말을 한 적이 없다. 〈그러나〉 요즘 사람들은 생멸심도 벗어나지 못하고, 마음자리(心地)에 잡염의 종자를 털끝만큼도 정결케 하지 못하고도 문득 도를 깨쳤다고 사칭한다.[10]

---

9) 성철스님은 제8 아뢰야식에 대한 설명을 마친 후 『유식삼십송』의 제8 아뢰야식 부분을 다음과 같이 해설한다. "처음은 아뢰야식이니 이숙식이며 일체종자이며 가히 알 수 없는 집수와 처이며 요이니 항상 촉, 작의, 수, 상, 사와 상응한다. 오직 사수이며 무부무기이니…… ."(初는 阿賴耶識이니 異熟이며 一切種이며 不可知의 執受處 며了니 **常與觸作意受想思로 相應하니라 唯捨受요** 是無覆無記니……) 여기서 집필자는, 성철스님의 "항상 촉, 작의, 수, 상, 사와 상응한다. 오직 사수이며"라는 해석은 **"處了常與觸 作意受想思相應唯捨受"(〈제8 아뢰야식은〉 촉, 작의, 수, 상, 사〈의 오변행〉과 언제나 함께한다. 〈제8 아뢰야식은 고, 락, 사 중에서〉 오직 사수와 상응할 뿐이다)**라고 해석하는 것이 적절하지 않을까 생각한다.

10) 『백일법문』 중권(증보개정판), p.356, 21-25.
또한 『선문정로』(pp.241~242)에서도 이 구절을 인용하며 다음과 같이 해석한다. "제8인 이숙식이 만약에 空滅하면, 곧 인과를 초월하여 바야흐로 대원경지를 轉成한다. 無垢가 동시에 발현한다 함은 불과위중에서는 鏡智를 무구라 하니 이것은 淸淨眞如인 까닭이다. 鏡智로 相應하면 法身이 顯現하여서 十方塵刹을 普照하여 리와 지가 일여하므로, 바야흐로 구경인 일심의 본체를 증득하는 것이니 이는 유식의 極則이며 여래의 극과이다. 밝게 관찰하니 이 제8식이 深潛하여 난파하니, 此識을 絲毫라도 透過하지 못하면 끝까지 生死岸頭에 滯在한다. 古德과 諸祖가 此諸八識을 타파하지 않고서는 초불월조의 玄談을 하지 않았거늘, 今人들은 生滅心도 未忘하여 心地에 雜染의 번뇌종자를 纖毫도 淨潔케 하지 못하고서 문득 悟道라고 邪稱하니 어찌 未得을 득이라 하고 未證을 증이라 함이 아니리요. 참으로 두렵지 않은가."(異熟이 若空則超因果하야 方才轉成大圓鏡智니 言無垢가 同時發者는 以佛果位中을 名無垢니 乃淸淨眞如니라 爲鏡智로 相應하면 法身이 顯前하야 圓明普照十方塵刹하야 以理智가 一如하야 方證究竟一心之體니 此唯識之極則이며 乃如來之極果也라 諦觀하니 此識이 深潛難破하니 此識을 絲毫未透하면 終在生死岸頭事니라 古德諸祖가 未有不破此識而有超佛越祖之談이어늘 今人은 生滅도 未忘하야 心地에 雜染種自도 未淨纖毫하고 便稱悟道하니 豈非未得을 謂證이리오 可不懼哉아)
성철스님의 인용문에는 누락이 있는데, 밑줄 친 부분이 그것이다. 먼저 "無垢가 동시에 발현한다"(言無垢同時發者)라는 구절은, 감산스님이 『팔식규구』의 게송을 주석하면서 인용한 것이다. 그리고 여기서 성철스님은 '무구'라고 하여 '識'을 생략하고 있지만, 감산스님은 단순히 '무구'(더러움, 먼지 즉 번뇌가 없다)가 아니라 '무구식' 즉 '제8 아뢰야식'임을 분명하게 밝히고 있다. 또한 성철스님은 "普照하여" 다음 구절에서도 감산스님이 인용한 『팔식규구』의 게송 "故結云普照十方塵刹中"(그러므로 시방의 무수한 세계를 비춘다)을 생략한다. 물론 성철스님의 생략이 의미론적으로 특별히 문제가 될 것은 없지만, 나름대로 이유는 있지 않을까 한다. 이것에 대해서는 강경구, 『정독 선문정로』(장경각, 2022), p.532를 참조하길 바란다. 한편 지욱스님은 무구식이 아니라 '無垢淨識'이

어찌 얻지 못하고 얻었다고 하는 것이 아니겠으며, 깨닫지 못하고 깨달았다고 하는 〈대망어가〉 아니겠는가? 참으로 두렵지 않는가!

이 론(『팔식규구』)은 옛날에는 한 가지 해설만이 있었지만[11], 지금은 해설한 사람이 매우 많다. 〈그러나〉 단지 이름과 형상만을 시시콜콜 자세하게 구별하여 볼수록 어렵게 만들었다. 〈그리하여〉 유식의 교학에 친숙하지 않은 참선 수행자는 높은 언덕과 같다고 생각하여 물러서고 만다.[12] 설사 오랫동안 강원에서 공부를 마치고서(講席罷學) 참선에 참여한 자라 해도 다만 화두 하나를 추구하기만 할 뿐 마음자리의 생멸하는 종류에 대해서는 또한 어찌할 줄 모른다. 왜 그렇게 되었는가?

이 론(『팔식규구』)은 비록 상종相宗에 속하지만 단지 유심唯心의 모습을 드러내고자 〈저술한 것이다.〉 만약 이것을 알지 못한다면 또한 마음을 찾기도 어렵고, 조금 얻고서 만족할 뿐이다.

라고 주석한다. 감산스님의 주석에 따르면 무구는 곧 '청정한 진여'로서, 지욱스님이 무구식을 섭론종의 '眞如淨識'(無垢淨識)인 제9식, 즉 아마라식으로 간주하여 주석한 것으로 보인다. 그렇다면 이것은 법상종의 입장과는 다르다고 할 수 있다.

참고로, 성철스님은 평석에서 "憨山은 禪敎에 解通한 明末의 巨丈이다. 제8 미세유주를 永離하여 여래의 極果인 大圓鏡智를 증득하여야 悟道며 見性임을 분명히 宣說함은 참으로 曹溪直傳을 상승한 稀有의 지식이다. 그리고 생멸망심도 未斷하고 悟道라 詐稱함을 통탄함은 古今 수도인의 痛病을 摘破한 快論(명쾌한 주장)이다. 그러니 추중과 미세의 일체 번뇌 망상을 蕩盡하여 구경무심인 鏡智를 실증하여 大休歇의 古人田智(옛사람의 마음자리. 전지란 밭이라는 뜻이지만 마음에서 일체의 인식이 생기는 것을 밭에 비유한 표현)에 도달하여야 한다. 제8 미세를 斷盡한 鏡智는, 大死却活한 무심 무념 무생 무주이며, 따라서 頓證圓證한 구경정각인 돈오와 견성이다"라고 하여, 감산스님의 주석을 따르고 있다. 특히 성철스님은 감산스님의 주석에 따라 제8 아뢰야식이 전변하여 대원경지를 이루었을 때를 돈오와 견성이라고 하면서 "6식의 망상경계에서 견성하고 돈오했다"는 주장은 잘못된 것임을 분명히 하고 있다. 나아가 성철스님은 "감산스님 같은 분들은 만고의 표본이 될 선지식이다. 이런 분들의 간절한 경책의 말씀을 귀감으로 삼지 않는다면 도대체 누구의 말을 따르겠다는 것인가?"(p.234)라고 하여 감산스님을 상당히 높이 평가하고 있는데, 이것은 곧 성철스님의 깨달음의 경계가 감산스님의 입장을 기반으로 하고 있음을 말해 주는 것이다.

11) 자은대사 규기의 주석을 가리킨다.

12) 유식을 잘 모르는 참선 수행자들이 유식을 공부하다가 너무 복잡하고 어려워서 중도에 많이 포기한다는 것이다.

그러므로 내가 해설한 이것(『팔식규구통설』)은 비록 완전하게 팔식의 논서에 의거한 것이 아니라 그저 그 뜻을 취하고 말을 바꾼 것이기는 하지만, 학자들로 하여금 한 번 보면 바로 바른 요체를 보아 이를 통해 마음을 깨닫도록 한 것이다. 전문적 명사와 모양을 분별하고자 한 것이 아니다. 만약 내 〈문장이〉 잘못된 것이 많고, 거칠고 아득한 죄로 책망한다면, 굳이(固) 〈변명〉의 말을 하지는 않겠지만, 〈그러나 내가 주석한 『팔식규구통설』은〉 참선 수행자에게 반드시 도움(功)이 될 것이다.
다행히 식견이 높고 명석한 수행자(達士)가 뜻을 얻고 말을 내려놓게 되기를 소망할 뿐이다.

Ⅸ. 육조대사의 전식득지에 대한 게송 해설(六祖大師識智頌解)

大圓鏡智性淸淨

대원경지는 자성의 청정함이다.

[1]敎中說轉識成智. 六祖所說識本是智. 更不須轉. 只是悟得八識自性淸淨. 當體便是大圓鏡智矣.

〈유식의〉 가르침 중에서 전식성지, 〈즉 '식을 전변하여 지혜(智)를 이룬다' 라고 한 것은〉 6조 〈혜능스님〉이 본래 식은 지혜(智)라고 말한 것과 같은 의미이다. 다시 전변할 필요 없이 단지 제8 아뢰야식의 자성청정을 깨달으면 바로 그 본체가 대원경지(완전한 지혜)라는 뜻이다.

平等性智心無病

평등성지는 마음에 병이 없는 것이다.

此言七識染汚無知. 乃心之病也. 若無染汚之病. 則平等性智念念現前.

이것은 제7 말나식의 염오와 무지가 바로 마음의 병이라는 말이다. 만약 염오의 병이 없다면, 곧 평등성지가 생각마다 나타날 것이다.

妙觀察智見非功

묘관찰지는 노력 없이 비춰 보는 것이다.

言六識本是妙觀察智. 於應境之時. 若以功自居. 則執我見. 此則爲識.

1) 『팔식규구통설』, X55, 424c7.

若不居功. 則日用應緣. 純一妙觀察智矣.

〈이 게송은〉 제6 의식이 본래 묘관찰지라는 말이다. 〈제6 의식이〉 경계(대상)와 접촉(應)할 때, 그 공덕을 자신의 것으로 자부한다면 〈그것은〉 곧 아견에 집착하는 것이며, 이것을 식으로 삼은 것이다. 만약 그 공덕을 자기 것으로 자부하지 않는다면, 일상에서 외적 대상을 상대하는 일들이 순수한(純一) 묘관찰지가 된다.

成所作智同圓鏡
성소작지는 둥근 거울과 같다.

言前五識轉成所作智. 此亦不必轉. 但悟八識清淨圓明. 則於五根門頭放光動地. 一切作爲. 皆鏡智之用矣.

〈이 게송은〉 전오식이 성소작지로 전변했다는 말이다. 이것도 반드시 전변할 필요 없이 단지 제8 아뢰야식이 청정하고 두루 밝다(청정원명)는 것을 깨닫기만 하면, 오근(안근 등의 다섯 가지 감각기관)의 입구가 밝아지고 차원이 달라져 행위가 모두 대원경지의 작용이 될 것이다.

五八六七果因轉 但轉名言無實性
전오식과 제8 아뢰야식은 부처의 과위에 오름과 동시에 전변되고, 제6 의식과 제7 말나식은 성불 전의 인위에 있을 때 전변된다. 이것은 단지 이름이 그렇다는 것이지 실체가 따로 있는 것은 아니다.

此言轉識分位. 雖說六七二識是因中轉. 五八二識乃果上轉. 其實轉無所轉. 但轉其名. 不轉其體. 故云但轉名言無實性.

이것은 식의 전변에도 단계(分位)가 〈있다는〉 말이다. 비록 제6 의식과 제7 말나식의 두 식은 인중(因中)에서 전변하지만, 전오식과 제8 아뢰야식의 두 식은 과상에서 전변한다는 말이다. 사실 전변한다고 해도 전변한 것이 아니다. 단지 그 이름만 전변한 것이지, 그 본체는 전변하지 않는다. 그래서 단지 말로만 전변할 뿐이지, 실체(實性)가 〈전변한 것은〉 아니라고 말하는 것이다.

若於轉處不留情 繁興永處那伽定
〈의식이 지혜로〉 전변되는 자리에서조차 마음(情念)을 두지 않으면 무수히 생멸한다 해도 영원한 선정에 머물게 될 것이다.[2)]

此結前轉而不轉之義也. 所言轉識成智者. 無別妙術. 但於日用念念流轉處. 若留情念繫著. 卽智成識. 若念念轉處. 心無繫著. 不結情根. 卽識成智. 則一切時中. 常居那伽大定矣. 豈是翻轉[3)]之轉耶. 觀六祖此偈. 發揮識智之妙. 如傾甘露於焦渴喉中. 如此深觀. 有何相宗不是參禪向上一路耶. 予昔居五臺. 夢升兜率. 親見彌勒爲說唯識曰. "分別是識. 不分別是智. 依識染. 依智淨. 染有生死. 淨無諸佛." 予因此悟唯識之旨. 此雖夢語. 不可向夢人說也.

이것은 앞의 게송에서 '전변'한다고 했지만, 전변하지 않는다는 의미를 설명한 것이다. 전식성지라고 말하지만, 별다른 신묘한 방책은 없다. 단지 일상에서 생각마다 유전流轉하는 자리에서, 만약 마음(情念)에 얽매여(繫著) 머문다면 지혜가 식이 된다. 만약 생각생각이 구르는 자리에서 마음이 얽매이지 않아 제6 의식(정)과 제8 아뢰야식의 견분(근)에 묶이지 않는다면, 식이 지혜가 된다. 그런즉 일체의 시간 속에서 항상 부처님 같은 영원한 선정(나가대정)[4)] 에 머물게 될 것이다. 어떻게 뒤집어 바뀌는 것이 전변이겠

2) 「사지송」의 번역은 강경구, 『평설 육조단경』(세창출판사, 2020)을 참조한 것이다.
3) 뒤집을 번(翻) / 구를 전(轉): 뒤집어 바뀌다.
4) 나가(nāga)는 龍을 의미하지만, 여기서는 '부처님'을 상징하며, 대정은 '커다란 삼매'를 말하는 것으로, 이른바 부처님의 깨달음을 용에 비유한 것이다. 이것에 대해 성철스님(『백일법문』, p.365)은 "부처님이 선정에 들어 자유자재하신 것이 마치 용이 허공이나 바다

는가? 6조 혜능스님의 이 게송을 관찰해 보면 전식득지의 오묘함이 잘 드러난다(發揮). 마치 타는 듯한 갈증(焦渴)에 〈시달리는〉 목구멍에 감로수를 붓는 것과 같다. 이처럼 깊이 관찰하면 상종이 참선의 깨달음(向上)으로 가는 길이 아니겠는가?

내가 옛날 오대산 북대에 머물 때, 꿈속에서 도솔천에 올라가(升) 미륵보살을 친견하였는데, 〈미륵보살이〉 유식을 다음과 같이 설명하셨다. "분별이 곧 식이고 분별하지 않으면 지혜이다. 식에 의지하면 오염이고, 지혜에 의지하면 청정하다. 더러움은 생사가 있고 청정하면 제불諸佛도 없다." 나는 이것으로 유식의 종지(핵심)를 깨달았다. 이것은 비록 꿈속에서의 말이지만, 꿈속에 있는 사람을 향해 설명할 수는 없다.

이상으로 팔식규구통설을 마친다.(八識規矩通說終)

에서 자유자재하게 노니는 것과 같음을 비유하여 '나가정'이라고 한 것입니다"라고 해설하고 있다. 그래서 이 말은 '부처님 같은 커다란 깨달음'이라고 번역할 수 있는데, 집필자는 강경구(『평설 육조단경』, p.354)의 해석에 따라 '영원한 선정'이라고 번역하였다.

참고문헌

□ 약호(Abbreviations)

대정신수대장경＝T
卍新纂大日本續藏經＝X
Ps＝Pañcaskandhaka
『대승아비달마집론』＝『집론』(AS)
『대승아비달마잡집론』＝『잡집론』
『대승백법명문론논의』＝『백법논의』
『대승백법명문론직해』＝『직해』
북경판 티베트대장경＝P
데르게(Derge)판 티베트대장경＝D
Vasubandhu's Pañcaskandhaka, critically edited by Li Xuezhu and Ernst Steinkeller＝Li and Steinkeller
Jowita Kramer Sthiramati's Pañcaskandhakavibhāṣā＝PSV
Vijñaptimātrāsiddhi(Triṃśikā)＝TV
Vijñaptimātrāsiddhi(Viṃśatikā)＝VV

□ 한자문헌(Chinese Texts)

大乘百法明門論(T31), 天親菩薩 造, 三藏法師 玄奘 譯.
大乘起信論(T32), 馬鳴菩薩 造, 梁西印度 三藏法師 眞諦 譯.
唯識三十頌(T31), 世親菩薩 造, 大唐 三藏法師 玄奘 奉 詔譯.
成唯識論(T31), 護法等菩薩 造, 三藏法師 玄奘 奉 詔譯.
大乘五蘊論(T31), 世親菩薩 造, 三藏法師 玄奘 奉 詔譯.
大乘廣五蘊論(T31), 安慧菩薩 造, 地婆訶羅 譯.
大乘阿毘達磨集論(T31), 無著菩薩造 三藏法師 玄奘 奉 詔譯.
大乘阿毘達磨雜集論(T31), 安慧菩薩糅 大唐三藏法師 玄奘 奉 詔譯.
成唯識論述記(T43), 沙門基 撰.
成唯識論掌中樞要(T43) 唐 窺基 撰.
成唯識論了義燈(T43) 唐 惠沼 述.
大乘百法明門論解, 本地分中略錄名數(X44), 天親菩薩 造, 唐 三藏法師 玄奘 奉 詔譯, 唐 慈恩法師 窺基 註解, 明 魯庵法師 普泰 增修.

大乘起信論直解(X45), 匡山逸叟憨山釋德淸述.
百法明門論論義(X48), 天親菩薩 造, 唐 三藏法師 玄奘 奉 詔譯, 明 憨山沙門 德淸 述.
百法明門論直解(X55), 三藏法師 玄奘 作, 蕅益沙門 智旭 解.
八識規矩通說(X55), 明 德淸 述.
八識規矩直解(X55), 明 智旭 解.
往生要集(X84), 源信.

□ 산스크리트문헌(Sanskrit Texts)

S. Lévi, Sthiramati, *Vijñaptimātrāsiddhi*(Viṃśatikā, Triṃśikā), Paris, 1925.
Tatia, *Abhidharmasamuccayabhāṣya*, ed. by N. Tatia, Tibetan Sanskrit Works Serires 17, Patna: kashi Prasad Jayaswal Research Institute, 1976.
V. V. Gokhale, "Fragments from the Abhidharmasamuccaya of Asanga", *Journal of the Royal Asiatic Society of Great Britain and Ireland Bombay Branch, N, S*, Vol.23, 1947.
Jowita Kramer Sthiramati's Pañcaskandhakavibhāṣā, Part1·2: Diplomati Edition, Beijing: China Tibetology House/Vienna Austrian Academy of Sciences Press, 2014.
Vasubandhu's Pañcaskandhaka, critically edited by Li Xuezhu and Ernst Steinkeller with a contribution by Toru Tomabechi Beijng: China Tibetology Publishing House/Vienna Austrian Academy of Sciences Press, 2008.

□ 2차 문헌(Secondary literture)

【단행본】

각성스님, 『유식론』, 統和총서간행회, 2000.
강경구, 『평설 육조단경』, 세창출판사, 2020.
강경구, 『정독 선문정로』, 장경각, 2022.
권오민, 『上座 슈리라타와 經量部』, 씨아이알, 2012.
권오민, 『上座 슈리라타의 經量部 사상』, 씨아이알, 2019.
권오민, 『上座 슈리라타의 『經部毘婆沙』 散逸文 集成』, 씨아이알, 2022.
김명우, 『유식의 삼성설 연구』, 한국학술정보, 2008.
김명우, 『범어로 반야심경을 해설하다』, 민족사, 2010.
김명우, 『유식삼십송과 유식불교』, 예문서원, 2010.
김명우, 『마음공부 첫걸음』, 민족사, 2011.
김명우, 『왕초보 반야심경박사되다』, 민족사, 2011.
김명우(허암), 『불교에서의 죽음이후, 중음세계와 육도윤회』, 예문서원, 2016.
김명우(허암), 『49재와 136지옥』, 운주사, 2022.

박인성, 『유식삼십송석』, 민족사, 2000.
박태원, 『열반종요』, 세창출판사, 2019.
박태원, 『원효의 통섭철학』, 세창출판사, 2021.
성철스님, 『옛 거울을 부수고 오너라(선문정로)』(개정판), 장경각, 2006.
성철스님, 『백일법문』 상권(개정증보판), 장경각, 2014.
성철스님, 『백일법문』 중권(개정증보판), 장경각, 2014.
이종철, 『世親思想の研究―釋軌論を中心として―』, 山喜房佛書林, 2001.
이종철, 『중국불경의 탄생』, 창비, 2008.
이종철, 『구사론 연구 계품・근품・파아품』, 한국학중앙연구원출판부, 2015.
한자경, 『대승기신론강해』, 불광출판사, 2013.

江島惠敎, 『中觀思想の展開』, 東京: 春秋社, 1980.
山口益・野澤靜證, 『世親唯識の原典解明』, 京都: 法藏館, 1977.
深浦正文, 『唯識學研究 下卷』, 京都: 永田文昌堂, 1954.
櫻部建, 『俱舍論の研究 界・根品』, 京都: 法藏館, 1979.
宇井伯壽, 『唯識三十頌釋論』, 東京: 岩波書店, 1979.
立正大學 法華經文化研究所, 『法華文化研究』 第9號, 京都: 平樂寺書店, 1983.
長尾雅人, 『大乘佛典15―世親論集』, 東京: 中央公論社, 1991.
齊藤明 外, 『俱舍論を中心した五位七十法の定義的用例集』, 東京: 山喜房佛書林, 2011.
齊藤明 外, 『瑜伽行派の五位百法―佛教用語の現代基準譯語集および定義的用例集―バウッダコーシャII』, Bibliotheca Indologica et Buddhologica 16, 東京: 山喜房佛書林, 2014.
竹村牧男, 『唯識三性說の研究』, 東京: 春秋社, 1995.
竹村牧男, 『唯識の探究』, 東京: 春秋社, 1995.
仲野良俊, 『佛教における意識と心理』, 京都: 法藏館, 1985.
太田久紀, 『凡夫が凡夫に呼びかける唯識』, 東京: 大法輪閣, 1985.
太田久紀, 『唯識三十頌要講』, 東京: 中山書房佛書林, 1994.
太田久紀, 『成唯識論要講』 第1・2・3・4卷, 東京: 中山書房佛書林, 1999～2000.
横山紘一, 『唯識思想入門』, 東京: 第三文明社, 1992.
横山紘一, 『唯識わが心の構造』, 東京: 春秋社, 2001.

L. schmithauen, *ālayavijñana-On the origin and the early development of centra of yogācāra philosohy*, Tokyo, 1987.
Stefan Anacker, *Seven Works of Vasubandhu: The Buddhist psychological Doctor*, Delhi: Motilal, 1984.
Abhidharmakośabhāṣyam by Louis de La Vallée Poussin, Volume1, English Translation by Leo M. Pruden, ASIAN HUMANTIES PRESS, Berkely California, 1988.

Sanskrit Word-Index to the Abhidharmasamuccyabhāṣyam edited by N. Tatia with the Corrigenda, Hidenori Sakuma, The Sankibo Press, Tokyo, 1996.

가마다 시게오 저, 정순일 역, 『중국불교사』, 경서원, 1985.
감산덕청 지음, 대성 옮김, 『감산자전』, 탐구사, 2015.
감산 지음, 오진탁 옮김, 『감산의 起信論풀이』, 서광사, 1992.
구보타 료온 지음, 최준식 옮김, 『중국유불도 삼교의 만남』, 민족사, 1990.
김묘주 옮김, 『성유식론』, 동국역경원, 2000.
김윤수 편역, 『주석 성유식론』, 한산암, 2006.
라다크리슈난 지음, 이거룡 옮김, 『인도철학사』, 한길사, 1997.
모로 시게키 지음, 허암(김명우) 옮김, 『오온과 유식』, 민족사, 2018.
샤론 살스버그 지음, 김재성 옮김, 『붓다의 러브레터』, 정신세계사, 2005.
안혜 지음, 현장 한역, 이한정 번역, 『대승아비달마잡집론』, 동국역경원.
요코야마 고이츠 지음, 허암(김명우) 옮김, 『마음의 비밀』, 민족사, 2013.
요코야마 고이츠 지음, 허암(김명우) 옮김, 『유식으로 읽는 반야심경』, 민족사, 2016.
정성본 역주 해설, 『대승기신론』 상 · 하, 민족사, 2019.
크리스토퍼 파머 외 지음, 김재성 역, 『마음챙김과 심리치료』, 학지사, 2014.
회당조심 엮음, 벽해원택 감역, 『명추회요』, 장경각, 2015.
효도 가즈오 지음, 김명우 옮김, 『유식불교, 유식이십론을 읽다』, 예문서원, 2011.

【논문】

강경구, 「『禪門正路』 문장인용의 특징에 관한 고찰」, 『동아시아불교문화』 15집, 부산: 동아시아불교문화학회, 2013.
강경구, 「『禪門正路』 문장인용의 특징에 관한 고찰(2)」, 『동아시아불교문화』 21집, 부산: 동아시아불교문화학회, 2015a.
강경구, 「『禪門正路』 문장인용의 특징에 관한 고찰(3)」, 『동아시아불교문화』 23집, 부산: 동아시아불교문화학회, 2015b.
강경구, 「『禪門正路』 문장인용의 특징에 관한 고찰(4)」, 『동아시아불교문화』 25집, 부산: 동아시아불교문화학회, 2016.
강경구, 「성철선의 이해와 실천을 위한 시론」, 『퇴옹학보』 18집, 서울: 성철사상연구원, 2021.
구미숙, 「『유식이십론』 한역 3본의 경명 변천과 역자 이설에 대한 고찰」, 『동아시아불교문화』 31집, 부산: 동아시아불교문화학회, 2018.
김명우, 「말나식과 함께 작용하는 심소법 고찰—대수번뇌를 중심으로—」, 『동아시아불교문화』 39집, 부산: 동아시아불교문화학회, 2019.
김명우, 「유식논서에 나타난 信심소에 관한 고찰」, 『동아시아불교문화』 41집, 부산: 동아시아불교문화학회, 2020a.

김명우, 「유식논서에 나타난 선심소 연구(1)—참괴를 중심으로—」, 『동아시아불교문화』 43집, 부산: 동아시아불교문화학회, 2020b.
김명우, 「『백일법문』에 나타난 퇴옹 성철의 유식사상—심소법(변행 · 별경)을 중심으로—」, 『퇴옹학보』 17집, 서울: 성철사상연구원, 2021.
박인성, 「의식의 솔이심에 대한 규기의 해석」, 『불교학보』 51집, 서울: 동국대 불교문화연구원, 2009.
박인성, 「「삼장가타」에 대한 규기의 해석」, 『인도철학』 36호, 서울: 인도철학회, 2012.
윤희조, 「마음의 기능을 중심으로 불교심리학의 정의와 분류에 대한 일고찰」, 『동서철학연구』 85호, 서울: 한국동서철학회, 2017.
윤희조, 「영역과 정의의 관점에서 보는 번뇌의 심리학」, 『동서철학연구』 89호, 서울: 한국동서철학회, 2018.
이복재, 「동아시아 法相宗의 四分說 연구」, 동국대학교 박사학위, 2017.
이수미, 「불교 우주론과 수증론 체계에서 본 意生身(S. manomaya-kāya)의 의미」, 『불교학리뷰』 18권, 금강대학교 불교문화연구소, 2015.
이윤옥, 「유식설의 변행심소와 별경심소」, 『동아시아불교문화』 제19집, 부산: 동아시아불교문화학회, 2014.
정성헌(징암), 「慢心(māna)의 의미에 관한 고찰」, 『인도철학』 제64집, 서울: 인도철학회, 2022.

高橋晃一, 「śraddhā/saddhāの譯語をめぐって」(「瑜伽行派文献のśraddhā」), 『佛教文化研究論集』 17號, 東京, 2014.
橋本信道, 「インド佛教における信仰と願い」, 『日本佛教學會年報』 70號, 東京, 2005.
吉元信行, 「心理的諸概念の大乘アビダルマ的分析—善心所」, 『佛教學セミナー』 39號, 京都: 大谷大學佛教學會編, 1984.
吉元信行, 「心理的諸概念アビダルマ的分析—遍行 · 別境心所」, 『中村瑞隆博士古稀記念論集』, 東京: 春秋社, 1985.
藤田宏達, 「原始佛教における信の形態」, 『北海道大學文學部紀要』 6號, 北海道, 1957.
鈴木伸幸, 「Śikṣāsamuccayaにおけるśraddhā(信)の特色」, 『東洋大大學院紀要』 54號, 東京, 2017.
望月海慧, 「Sthiramatiの著作における遍行 · 別境心所」, 『印度學佛教學』 45-1, 東京: 日本印度學佛教學會, 2008.
神子上惠生, 「インド佛教における信(śraddhā/saddhā)の研究」, 『眞宗研究: 眞宗連合學會研究紀要』 19號, 1974.
室寺義仁, 「信(śraddhā)と無明(āvidya)」, 『印度學佛教學』 135號, 東京, 2015.
香川孝雄, 「浄土教經典における信の樣態」, 『佛教文化研究』 37號, 京都: 浄土宗教學院研究所, 1992.

□ 사전류

이노우에 위마라 · 가사이 겐타 · 가토 히로키 편, 윤희조 역, 『불교심리학사전』, 씨아이알, 2017.
張怡蓀 主編, 『藏漢大辭典』 上 · 下, 北京: 民族出版社, 1993.
松長有慶 外, 『望月佛教大辭典』, 東京: 世界聖典刊行協會, 1980.
中村元, 『佛教語大辭典』, 東京: 東京書籍, 1981.
萩原雲來, 『梵和大辭典』, 東京: 講談社, 1975.
横山紘一, 『唯識 佛教辭典』, 東京: 春秋社, 2010.
AKIRA HIRAKAWA, *BUDDHIST CHINESE-SANSKRIT DICTIONARY*, THE REIYUKAI, TOKYO, 1997.
Chandra Das, *TIBETAN-ENGLISH DICTIONARY*, RINSEN BOOK CO, KYOTO, 1993.
KOITSU YOKOYAMA, TAKAYUKI HIROSAWA, *DICTIONARY OF BUDDHIST TERMINOLOGY*, SANKIBO BUSSHORIN, TOKYO, 1997.
Lokesh Chandra Das, *TIBETAN-SANSKRIT DICTIONARY*, RINSEN BOOK CO, KYOTO, 1990.
Monier Williams, *A Sanskrit-English Dictionary*, The University of Oxford Press, 1899 · 1956.
V. S. Apte, *THE PRACTICAL SANSKRIT-ENGLISH DICTIONARY*, RISEN BOOK COMPANY, 1992.

□ 웹사이트(Website)

대정신수대장경 텍스트 데이터베이스
(The SAT Daizokyo Text Database): http//21dzk.l.u-tokyo.ac.jp/SAT/
CBETA 中華電子佛典協會(https://www.cbeta.org/)
한글대장경(https://abc.dongguk.edu/ebti/)
佛光大辭典(https://www.fgs.org.tw/fgs_book/fgs_drser.aspx)
wikipedia japan(https://ja.wikipedia.org/wiki/)
불교신문(http://www.ibulgyo.com/)
佛學大辭典(http://buddhaspace.org/dict/)
https://blog.naver.com/s3939/110002006575

찾아보기

예문서원의 책들

원전총서

박세당의 노자(新註道德經)　박세당 지음, 김학목 옮김, 312쪽, 13,000원
율곡 이이의 노자(醇言)　이이 지음, 김학목 옮김, 152쪽, 8,000원
홍석주의 노자(訂老)　홍석주 지음, 김학목 옮김, 320쪽, 14,000원
북계자의 北溪字義　陳淳 지음, 김충열 감수, 김영민 옮김, 295쪽, 12,000원
주자가례 朱子家禮　朱熹 지음, 임민혁 옮김, 496쪽, 20,000원
서경잡기 西京雜記　劉歆 지음, 葛洪 엮음, 김장환 옮김, 416쪽, 18,000원
열선전 列仙傳　劉向 지음, 김장환 옮김, 392쪽, 15,000원
열녀전 列女傳　劉向 지음, 이숙인 옮김, 447쪽, 16,000원
선가귀감 禪家龜鑑　청허휴정 지음, 박재양・배규범 옮김, 584쪽, 23,000원
공자성적도 孔子聖蹟圖　김기주・황지원・이기훈 역주, 254쪽, 10,000원
천지서상지 天地瑞祥志　김용천・최현화 역주, 384쪽, 20,000원
참동고 參同攷　徐命庸 지음, 이봉호 역주, 384쪽, 23,000원
박세당의 장자, 남화경주해산보 내편(南華經註解刪補 內篇)　박세당 지음, 전현미 역주, 560쪽, 39,000원
초원담노 椒園談老　이충익 지음, 김윤경 옮김, 248쪽, 20,000원
여암 신경준의 장자(文章準則 莊子選)　申景濬 지음, 김남형 역주, 232쪽, 20,000원
소학질서小學疾書　이익 지음, 김경남 역주, 384쪽, 35,000원

퇴계원전총서

고경중마방古鏡重磨方 —퇴계 선생의 마음공부　이황 편저, 박상주 역해, 204쪽, 12,000원
활인심방活人心方 —퇴계 선생의 마음으로 하는 몸공부　이황 편저, 이윤희 역해, 308쪽, 16,000원
이자수어李子粹語　퇴계 이황 지음, 성호 이익・순암 안정복 엮음, 이광호 옮김, 512쪽, 30,000원

연구총서

논쟁으로 보는 중국철학　중국철학연구회 지음, 352쪽, 8,000원
논쟁으로 보는 한국철학　한국철학사상연구회 지음, 326쪽, 10,000원
중국철학과 인식의 문제(中國古代哲學問題發展史)　方立天 지음, 이기훈 옮김, 208쪽, 6,000원
중국철학과 인성의 문제(中國古代哲學問題發展史)　方立天 지음, 박경환 옮김, 191쪽, 6,800원
역사 속의 중국철학　중국철학회 지음, 448쪽, 15,000원
공자의 철학(孔孟荀哲學)　蔡仁厚 지음, 천병돈 옮김, 240쪽, 8,500원
맹자의 철학(孔孟荀哲學)　蔡仁厚 지음, 천병돈 옮김, 224쪽, 8,000원
순자의 철학(孔孟荀哲學)　蔡仁厚 지음, 천병돈 옮김, 272쪽, 10,000원
유학은 어떻게 현실과 만났는가 —선진 유학과 한대 경학　박원재 지음, 218쪽, 7,500원
역사 속에 살아있는 중국 사상(中國歷史に生きる思想)　시게자와 도시로 지음, 이혜경 옮김, 272쪽, 10,000원
덕치, 인치, 법치 —노자, 공자, 한비자의 정치 사상　신동준 지음, 488쪽, 20,000원
리의 철학(中國哲學範疇精髓叢書 — 理)　張立文 주편, 안유경 옮김, 524쪽, 25,000원
기의 철학(中國哲學範疇精髓叢書 — 氣)　張立文 주편, 김교빈 외 옮김, 572쪽, 27,000원
동양 천문사상, 하늘의 역사　김일권 지음, 480쪽, 24,000원
동양 천문사상, 인간의 역사　김일권 지음, 544쪽, 27,000원
공부론　임수무 외 지음, 544쪽, 27,000원
유학사상과 생태학(Confucianism and Ecology)　Mary Evelyn Tucker・John Berthrong 엮음, 오정선 옮김, 448쪽, 27,000원
공자曰, 공자는 이렇게 말했다　안재호 지음, 232쪽, 12,000원
중국중세철학사(Geschichte der Mittelalterischen Chinesischen Philosophie)　Alfred Forke 지음, 최해숙 옮김, 568쪽, 40,000원
북송 초기의 삼교회통론　김경수 지음, 352쪽, 26,000원
죽간・목간・백서, 중국 고대 간백자료의 세계 1　이승률 지음, 576쪽, 40,000원
중국근대철학사(Geschichte der Neueren Chinesischen Philosophie)　Alfred Forke 지음, 최해숙 옮김, 936쪽, 65,000원
리학 심학 논쟁, 연원과 전개 그리고 득실을 논하다　황갑연 지음, 416쪽, 32,000원
진래 교수의 유학과 현대사회　陳來 지음, 강진석 옮김, 440쪽, 35,000원
상서학사 —『상서』에 관한 2천여 년의 해석사　劉起釪 지음, 이은호 옮김, 912쪽, 70,000원
장립문 교수의 화합철학론　장립문 지음 / 홍원식・임해순 옮김, 704쪽, 60,000원
왕양명과 칼 바르트 —유교와 그리스도교의 대화　김흡영 지음, 368쪽, 33,000원
세계의 철학자들, 철학과 세계를 논하다 —제24회 북경 세계철학대회 대표철학자 25인 사전 인터뷰　李念 主編 / 오현중 옮김, 536쪽, 33,000원

강의총서

김충열 교수의 노자강의　김충열 지음, 434쪽, 20,000원
김충열 교수의 중용대학강의　김충열 지음, 448쪽, 23,000원
모종삼 교수의 중국철학강의　牟宗三 지음, 김병채 외 옮김, 320쪽, 19,000원
송석구 교수의 율곡철학 강의　송석구 지음, 312쪽, 29,000원
송석구 교수의 불교와 유교 강의　송석구 지음, 440쪽, 39,000원

역학총서

주역철학사(周易研究史) 廖名春・康學偉・梁韋弦 지음, 심경호 옮김, 944쪽, 45,000원
송재국 교수의 주역 풀이 송재국 지음, 380쪽, 10,000원
송재국 교수의 역학담론 —하늘의 빛 正易, 땅의 소리 周易 송재국 지음, 536쪽, 32,000원
소강절의 선천역학 高懷民 지음, 곽신환 옮김, 368쪽, 23,000원
다산 정약용의 『주역사전』, 기호학으로 읽다 방인 지음, 704쪽, 50,000원
주역과 성인, 문화상징으로 읽다 정병석 지음, 440쪽, 40,000원
주역과 과학 신정원 지음, 344쪽, 30,000원
주역, 운명과 부조리 그리고 의지를 말하다 주광호 지음, 352쪽, 30,000원
다산 정약용의 역학서언, 주역의 해석사를 다시 쓰다 —고금의 역학사를 종단하고 동서 철학의 경계를 횡단하다 방인 지음, 736쪽, 65,000원
정현의 주역 林忠軍 지음, 손흥철, 임해순 옮김, 880쪽, 56,000원
주역의 기호학—퍼스 기호학으로 보는 괘의 재현과 관계 박연규 지음, 352쪽, 32,000원

한국철학총서

조선 유학의 학파들 한국사상사연구회 편저, 688쪽, 24,000원
조선유학의 개념들 한국사상사연구회 지음, 648쪽, 26,000원
유교개혁사상과 이병헌 금장태 지음, 336쪽, 17,000원
쉽게 읽는 퇴계의 성학십도 최재목 지음, 152쪽, 7,000원
홍대용의 실학과 18세기 북학사상 김문용 지음, 288쪽, 12,000원
남명 조식의 학문과 선비정신 김충열 지음, 512쪽, 26,000원
명재 윤증의 학문연원과 가학 충남대학교 유학연구소 편, 320쪽, 17,000원
조선유학의 주역사상 금장태 지음, 320쪽, 16,000원
심경부주와 조선유학 홍원식 외 지음, 328쪽, 20,000원
퇴계가 우리에게 이윤희 지음, 368쪽, 18,000원
조선의 유학자들, 켄타우로스를 상상하며 理와 氣를 논하다 이향준 지음, 400쪽, 25,000원
퇴계 이황의 철학 윤사순 지음, 320쪽, 24,000원
조선유학과 소강절 철학 곽신환 지음, 416쪽, 32,000원
되짚어 본 한국사상사 최영성 지음, 632쪽, 47,000원
한국 성리학 속의 심학 김세정 지음, 400쪽, 32,000원
동도관의 변화로 본 한국 근대철학 홍원식 지음, 320쪽, 27,000원
선비, 인을 품고 의를 걷다 한국국학진흥원 연구부 엮음, 352쪽, 27,000원
실학은 實學인가 서영이 지음, 264쪽, 25,000원
선사시대 고인돌의 성좌에 새겨진 한국의 고대철학 윤병렬 지음, 600쪽, 53,000원
사단칠정론으로 본 조선 성리학의 전개 홍원식 외 지음, 424쪽, 40,000원
국역 주자문록 —고봉 기대승이 엮은 주자의 문집 기대승 엮음, 김근호・김태년・남지만・전병욱・홍성민 옮김, 768쪽, 67,000원
최한기의 기학과 실학의 철학 김용헌 지음, 560쪽, 42,000원

성리총서

송명성리학(宋明理學) 陳來 지음, 안재호 옮김, 590쪽, 17,000원
주희의 철학(朱熹哲學研究) 陳來 지음, 이종란 외 옮김, 544쪽, 22,000원
양명 철학(有無之境—王陽明哲學的精神) 陳來 지음, 전병욱 옮김, 752쪽, 30,000원
정명도의 철학(程明道思想研究) 張德麟 지음, 박상리・이경남・정성희 옮김, 272쪽, 15,000원
송명유학사상사(宋明時代儒學思想の研究) 구스모토 마사쓰구(楠本正繼) 지음, 김병화・이혜경 옮김, 602쪽, 30,000원
북송도학사(道學の形成) 쓰치다 겐지로(土田健次郎) 지음, 성현창 옮김, 640쪽, 3,2000원
성리학의 개념들(理學範疇系統) 蒙培元 지음, 홍원식・황지원・이기훈・이상호 옮김, 880쪽, 45,000원
역사 속의 성리학(Neo-Confucianism in History) Peter K. Bol 지음, 김영민 옮김, 488쪽, 28,000원
주자어류선집(朱子語類抄) 미우라 구니오(三浦國雄) 지음, 이승연 옮김, 504쪽, 30,000원
역학과 주자학 —역학은 어떻게 주자학을 만들었는가? 주광호 지음, 520쪽, 48,000원

불교(카르마)총서

유식무경, 유식 불교에서의 인식과 존재 한자경 지음, 208쪽, 7,000원
박성배 교수의 불교철학강의: 깨침과 깨달음 박성배 지음, 윤원철 옮김, 313쪽, 9,800원
불교 철학의 전개, 인도에서 한국까지 한자경 지음, 252쪽, 9,000원
인물로 보는 한국의 불교사상 한국불교원전연구회 지음, 388쪽, 20,000원
은정희 교수의 대승기신론 강의 은정희 지음, 184쪽, 10,000원
비구니와 한국 문학 이향순 지음, 320쪽, 16,000원
불교철학과 현대윤리의 만남 한자경 지음, 304쪽, 18,000원
유식삼십송과 유식불교 김명우 지음, 280쪽, 17,000원
유식불교, 『유식이십론』을 읽다 효도 가즈오 지음, 김명우・이상우 옮김, 288쪽, 18,000원
불교인식론 S. R. Bhatt & Anu Mehrotra 지음, 권서용・원철・유리 옮김, 288쪽, 22,000원
불교에서의 죽음 이후, 중음세계와 육도윤회 허암 지음, 232쪽, 17,000원
선사상사 강의 오가와 다카시(小川隆) 지음, 이승연 옮김, 232쪽 20,000원
깨져야 깨친다 —불교학자 박성배 교수와 제자 심리학자 황경열 교수의 편지글 박성배・황경열 지음, 640쪽, 50,000원

동양문화산책

주역산책(易學漫步) 朱伯崑 외 지음, 김학권 옮김, 260쪽, 7,800원
동양을 위하여, 동양을 넘어서 홍원식 외 지음, 264쪽, 8,000원
서원, 한국사상의 숨결을 찾아서 안동대학교 안동문화연구소 지음, 344쪽, 10,000원
안동 풍수 기행, 와혈의 땅과 인물 이완규 지음, 256쪽, 7,500원
안동 풍수 기행, 돌혈의 땅과 인물 이완규 지음, 328쪽, 9,500원
영양 주실마을 안동대학교 안동문화연구소 지음, 332쪽, 9,800원
예천 금당실·맛질 마을 —정감록이 꼽은 길지 안동대학교 안동문화연구소 지음, 284쪽, 10,000원
터를 안고 仁을 펴다 —퇴계가 굽어보는 하계마을 안동대학교 안동문화연구소 지음, 360쪽, 13,000원
안동 가일 마을 —풍산들가에 의연히 서다 안동대학교 안동문화연구소 지음, 344쪽, 13,000원
중국 속에 일떠서는 한민족 —한겨레신문 차한필 기자의 중국 동포사회 리포트 차한필 지음, 336쪽, 15,000원
신간도견문록 박진관 글·사진, 504쪽, 20,000원
선양과 세습 사라 알란 지음, 오만종 옮김, 318쪽, 17,000원
문경 산북의 마을들 —서중리, 대상리, 대하리, 김룡리 안동대학교 안동문화연구소 지음, 376쪽, 18,000원
안동 원촌마을 —선비들의 이상향 안동대학교 안동문화연구소 지음, 288쪽, 16,000원
안동 부포마을 —물 위로 되살려 낸 천년의 영화 안동대학교 안동문화연구소 지음, 440쪽, 23,000원
독립운동의 큰 울림, 안동 전통마을 김희곤 지음, 384쪽, 26,000원
학봉 김성일, 충군애민의 삶을 살다 한국국학진흥원 기획, 김미영 지음, 144쪽, 12,000원

중국철학총서

공자의 인, 타자의 윤리로 다시 읽다 伍曉明 지음, 임해순·홍린 옮김, 536쪽, 50,000원
중국사상, 국학의 관점에서 읽다 彭富春 지음, 홍원식·김기주 옮김, 584쪽, 55,000원
유가철학, 감정으로 이성을 말하다 蒙培元 지음, 주광호, 임병식, 홍린 옮김, 800쪽, 70,000원
중국유학의 정신 郭齊勇 지음, 고성애 옮김, 672쪽, 40,000원
중국철학의 기원과 전개 丁爲祥 지음, 손흥철, 최해연 옮김, 904쪽, 55,000원
중국사상의 지혜 郭齊勇 지음, 고성애 옮김, 624쪽, 38,000원

중국학총서

중국문화정신 張岱年·程宜山 지음, 장윤수·한영·반창화 옮김, 544쪽, 50,000원
중국, 문화강국을 꿈꾸다 許嘉璐 지음, 홍린 옮김, 536쪽, 33,000원
춘추공양학사 상 曾亦 郭曉東 지음, 김동민 옮김, 768쪽, 47,000원
춘추공양학사 하 曾亦 郭曉東 지음, 김동민 옮김, 752쪽, 46,000원

노장총서

不二 사상으로 읽는 노자 —서양철학자의 노자 읽기 이찬훈 지음, 304쪽, 12,000원
김항배 교수의 노자철학 이해 김항배 지음, 280쪽, 15,000원
서양, 도교를 만나다 J. J. Clarke 지음, 조현숙 옮김, 472쪽, 36,000원
중국 도교사 —신선을 꿈꾼 사람들의 이야기 牟鍾鑒 지음, 이봉호 옮김, 352쪽, 28,000원
노장철학과 현대사상 정세근 지음, 384쪽, 36,000원
도가철학과 위진현학 정세근 지음, 464쪽, 43,000원
장자와 곽상의 철학 康中乾 지음, 황지원, 정무 옮김, 736쪽, 45,000원

남명학연구총서

남명사상의 재조명 남명학연구원 엮음, 384쪽, 22,000원
남명학파 연구의 신지평 남명학연구원 엮음, 448쪽, 26,000원
덕계 오건과 수우당 최영경 남명학연구원 엮음, 400쪽, 24,000원
내암 정인홍 남명학연구원 엮음, 448쪽, 27,000원
한강 정구 남명학연구원 엮음, 560쪽, 32,000원
동강 김우옹 남명학연구원 엮음, 360쪽, 26,000원
망우당 곽재우 남명학연구원 엮음, 440쪽, 33,000원
부사 성여신 남명학연구원 엮음, 352쪽, 28,000원
약포 정탁 남명학연구원 엮음, 320쪽, 28,000원
죽유 오운 남명학연구원 엮음, 368쪽, 35,000원
합천지역의 남명학파 남명학연구원 엮음, 400쪽, 38,000원

예문동양사상연구원총서

한국의 사상가 10人 — 원효 예문동양사상연구원/고영섭 편저, 572쪽, 23,000원
한국의 사상가 10人 — 지눌 예문동양사상연구원/이덕진 편저, 644쪽, 26,000원
한국의 사상가 10人 — 퇴계 이황 예문동양사상연구원/윤사순 편저, 464쪽, 20,000원
한국의 사상가 10人 — 율곡 이이 예문동양사상연구원/황의동 편저, 600쪽, 25,000원
한국의 사상가 10人 — 하곡 정제두 예문동양사상연구원/김교빈 편저, 432쪽, 22,000원
한국의 사상가 10人 — 다산 정약용 예문동양사상연구원/박홍식 편저, 572쪽, 29,000원
한국의 사상가 10人 — 수운 최제우 예문동양사상연구원/오문환 편저, 464쪽, 23,000원

경북의 종가문화

사당을 세운 뜻은, 고령 점필재 김종직 종가 정경주 지음, 203쪽, 15,000원
지금도 「어부가」가 귓전에 들려오는 듯, 안동 농암 이현보 종가 김서령 지음, 225쪽, 17,000원
종가의 멋과 맛이 넘쳐 나는 곳, 봉화 충재 권벌 종가 한필원 지음, 193쪽, 15,000원
한 점 부끄럼 없는 삶을 살다, 경주 회재 이언적 종가 이수환 지음, 178쪽, 14,000원
영남의 큰집, 안동 퇴계 이황 종가 정우락 지음, 227쪽, 17,000원
마르지 않는 효제의 샘물, 상주 소재 노수신 종가 이종호 지음, 303쪽, 22,000원
의리와 충절의 400년, 안동 학봉 김성일 종가 이해영 지음, 199쪽, 15,000원
충효당 높은 마루, 안동 서애 류성룡 종가 이세동 지음, 210쪽, 16,000원
낙중 지역 강안학을 열다, 성주 한강 정구 종가 김학수 지음, 180쪽, 14,000원
모원당 회화나무, 구미 여헌 장현광 종가 이종문 지음, 195쪽, 15,000원
보물은 오직 청백뿐, 안동 보백당 김계행 종가 최은주 지음, 160쪽, 15,000원
은둔과 화순의 선비들, 영주 송설헌 장말손 종가 정순우 지음, 176쪽, 16,000원
처마 끝 소나무에 갈무리한 세월, 경주 송재 손소 종가 황위주 지음, 256쪽, 23,000원
양대 문형과 직신의 가문, 문경 허백정 홍귀달 종가 홍원식 지음, 184쪽, 17,000원
어질고도 청빈한 마음이 이어진 집, 예천 약포 정탁 종가 김낙진 지음, 208쪽, 19,000원
임란의병의 힘, 영천 호수 정세아 종가 우인수 지음, 192쪽, 17,000원
영남을 넘어, 상주 우복 정경세 종가 정우락 지음, 264쪽, 23,000원
선비의 삶, 영덕 갈암 이현일 종가 장윤수 지음, 224쪽, 20,000원
청빈과 지조로 지켜 온 300년 세월, 안동 대산 이상정 종가 김순석 지음, 192쪽, 18,000원
독서종자 높은 뜻, 성주 응와 이원조 종가 이세동 지음, 216쪽, 20,000원
오천칠군자의 향기 서린, 안동 후조당 김부필 종가 김용만 지음, 256쪽, 24,000원
마음이 머무는 자리, 성주 동강 김우옹 종가 정병호 지음, 184쪽, 18,000원
문무의 길, 영덕 청신재 박의장 종가 우인수 지음, 216쪽, 20,000원
형제애의 본보기, 상주 창석 이준 종가 서정화 지음, 176쪽, 17,000원
경주 남쪽의 대종가, 경주 잠와 최진립 종가 손숙경 지음, 208쪽, 20,000원
변화하는 시대정신의 구현, 의성 자암 이민환 종가 이시활 지음, 248쪽, 23,000원
무로 빛고 문으로 다듬은 충효와 예학의 명가, 김천 정양공 이숙기 종가 김학수, 184쪽, 18,000원
청백정신과 팔련오계로 빛나는, 안동 허백당 김양진 종가 배영동, 272쪽, 27,000원
학문과 충절이 어우러진, 영천 지산 조호익 종가 박학래, 216쪽, 21,000원
영남 남인의 정치 중심 돌밭, 칠곡 귀암 이원정 종가 박인호, 208쪽, 21,000원
거문고에 새긴 외금내고, 청도 탁영 김일손 종가 강정화, 240쪽, 24,000원
대를 이은 문장과 절의, 울진 해월 황여일 종가 오용원, 200쪽, 20,000원
처사의 삶, 안동 경당 장흥효 종가 장윤수, 240쪽, 24,000원
대의와 지족의 표상, 영양 옥천 조덕린 종가 백순철, 152쪽, 15,000원
군자불기의 임청각, 안동 고성이씨 종가 이종서, 216쪽, 22,000원
소학세가, 현풍 한훤당 김굉필 종가 김훈식, 216쪽, 22,000원
송백의 지조와 지란의 문향으로 일군 명가, 구미 구암 김취문 종가 김학수, 216쪽, 22,000원
백과사전의 산실, 예천 초간 권문해 종가 권경열, 216쪽, 22,000원
전통을 계승하고 세상을 비추다, 성주 완석정 이언영 종가 이영춘, 208쪽, 22,000원
영남학의 맥을 잇다, 안동 정재 류치명 종가 오용원, 224쪽, 22,000원
사천 가에 핀 충효 쌍절, 청송 불훤재 신현 종가 백운용, 216쪽, 22,000원
옛 부림의 땅에서 천년을 이어오다, 군위 경재 홍로 종가 홍원식, 200쪽, 20,000원
16세기 문향 의성을 일군, 의성 회당 신원록 종가 신해진, 296쪽, 30,000원
도학의 길을 걷다, 안동 유일재 김언기 종가 김미영, 216쪽, 22,000원
실천으로 꽃핀 실사구시의 가풍, 고령 죽유 오운 종가 박원재, 208쪽, 21,000원
민족고전 「춘향전」의 원류, 봉화 계서 성이성 종가 설성경, 176쪽, 18,000원

기타

다산 정약용의 편지글 이용형 지음, 312쪽, 20,000원
유교와 칸트 李明輝 지음, 김기주・이기훈 옮김, 288쪽, 20,000원
유가 전통과 과학 김영식 지음, 320쪽, 24,000원
조선수학사 ―주자학적 전개와 그 종언 가와하라 히데키 지음, 안대옥 옮김, 536쪽, 48,000원
중국수학사 李儼・杜石然 지음, 안대옥 옮김, 384쪽, 38,000원